"十二五"普通高等教育本科国家级规划教材

经济管理类课程教材

金融系列

电子支付与网络银行

第五版

周 虹 编著

DIANZI ZHIFU YU WANGLUO YINHANG

FINANCE

中国人民大学出版社
·北京·

出版说明

改革开放以来，中国的金融进入了高速发展的快车道，获得了前所未有的发展，有关院校都开设了金融课程，以便培养我国急需的金融人才。

一套高质量的教材是提高教学质量的前提之一。教材规定了教学内容，是教师授课取材之源，是学生求知和复习之本，没有优秀的教材，就无法提高教学质量。中国人民大学出版社推出"经济管理类课程教材·金融系列"，旨在推动国内金融人才培养工作的开展。

组织编写这套教材时，我们遵照以下原则：

1. 教材内容本土化。为了更快地与国际接轨，许多人主张采用"拿来主义"原则，直接引进国外的教材。实践证明，我国与发达国家相比，国情不同，文化背景不同，思维方式不同，语言表达方式不同。因此，广大的专家教授一致认为：我们培养的是中国金融人才，是为中国的金融服务的，教材内容还是本土化为宜。应在了解我国现况之后，再学习国外的知识，把中国的背景知识与国际接轨才是我们最需要的。本套教材均为本土原创作品。

2. 精选作者，保证教材质量。由于金融与国家政策联系紧密，应用性强，所以培养的金融人才既要懂理论又要会应用，这就要求我们的教材既要与国际接轨，又要考虑中国的国情。本套教材的作者涵纳全国"政产学研"方面的学者、专家，这就从源头上保证了这套教材的质量。

3. 始终保持教材的"精"与"新"。现代金融日新月异，课程设置不断变化。本套教材根据形势的发展，不断推出新课程教材，并不断修订、完善。

4. 形式多种多样，方便教材使用者。书中每章都设有"章首导言""关键术语""知识结构图""本章思考题"等栏目。此外，各书还有配套的"学习指导书"，以方便读者学习和使用。

总之，本套教材紧密结合当前国内外金融研究的最新成果与金融政策发展的实际情况，全面讲述金融基本理论和基础知识。我们相信“经济管理类课程教材·金融系列”的推出能够为读者掌握现代金融知识、社会培养金融人才起到应有的作用。

中国人民大学出版社

前　言

周虹，经济学博士，中国人民大学财政金融学院副教授。曾在美国华盛顿大学、法国里尔第二大学做高级访问学者，进行金融管理与金融风险管理博士课程的学习和相关研究。主要研究方向为财金信息化、电子支付、金融风险管理、股票趋势分析与建模、金融创新及其监管、信用评级与消费者金融以及信用卡理论与实务等。代表性著作有《电子货币论》等，代表性论文有 The Impact of E-money on the Economy、《手机支付——我国支付领域金融科技发展策略选择》、《从虚拟货币的生命周期论金融监管体系构建》等。

习近平总书记在中国共产党第二十次全国代表大会上的报告中提出：构建高水平社会主义市场经济体制；坚持和完善社会主义基本经济制度，充分发挥市场在资源配置中的决定性作用，更好发挥政府作用；深化金融体制改革，建设现代中央银行制度，加强和完善现代金融监管，强化金融稳定保障体系，依法将各类金融活动全部纳入监管，守住不发生系统性风险底线。

近年来，电子支付在我国迅速发展，一些应用已处于国际领先地位。电子支付具有很强的实务性，为适应学科发展，作者再次对教材进行了修订。

本次修订重点主要体现在以下几个方面：

(1) 进一步加强思政教育，以社会主义核心价值观和新时代中国特色社会主义思想引导学生，补充体现了中国电子支付最新发展的相关案例。

(2) 重点突出，与时俱进。补充新内容和新数据，对热点问题进行讨论，激发学生对于金融创新和技术驱动的兴趣，并通过案例分析和教学指导，引导学生加强理论学习。

(3) 具有创新性。增加二维码等知识链接形式，补充案例和新知识。

(4) 更具可读性。每章以章首导言开篇，通过知识结构图导出本章的知识点或重点和难点。

本书内容处于学科前沿，在编写过程中注重理论与实际的结合，通过对大量案例的深入分析来加深读者对理论的理解。本书文字生动，文风严谨，内容深入浅出，可以用作经济类（如金融学）、管理类专业本科生教材，也可供从事相关专业工作的人士以及对电子商务和电子支付感兴趣的人员参考。

在本书的编写过程中，邓欣雨、雷岩、朱思仪等同学帮助整理了部分资料，在此表示特别感谢。

作为金融创新的产物，电子支付正处于快速发展之中，受作者学识所限，书中难免会出现不妥之处，敬请同行与读者不吝指正，特此表示感谢。

目录

第一章 支付与电子支付

章首导言

支付是商品或劳务的转移以及债务的清偿过程，在现代经济生活中，支付更多地体现为货币资产的转移过程。支付手段是货币的基本职能之一。银行的出现是支付系统结构演变中的里程碑，银行系统提供的支付服务是现代支付系统的核心。在国家层面，由中央银行直接主持和组织的清算模式为许多国家所采用。电子支付是目前使用最广泛的支付方式。

伴随着经济与贸易的发展，支付工具也不断发展变化。作为支付工具，货币已经有很长的历史，经历了从实物货币（黄金和白银）、信用货币（纸币）到电子货币（数字货币）的发展过程。

在信用货币阶段，支票作为主要的非现金支付工具，其使用正呈现下降的趋势，而卡基交易工具（贷记卡、借记卡和预付卡）的使用正呈现不断上升的趋势，并在许多国家成为最主要的非现金支付工具。

支付体系是经济发展的产物，并伴随商务和贸易的发展而不断演进，经历了二元结构、三元结构、四元结构和五元结构的变迁，目前支付体系呈现出几种支付结构混合的多元结构和形态。

本章从支付的概念入手，分别从货币、银行和中央银行的角度阐述了支付的概念；然后阐述了支付工具演变的历史沿革，最后阐述了支付体系结构的演进过程，并对不同支付形态和特征进行了界定和分析。

关键术语

支付、货币、银行、中央银行、支付清算体系、电子支付、支付体系结构

知识结构图

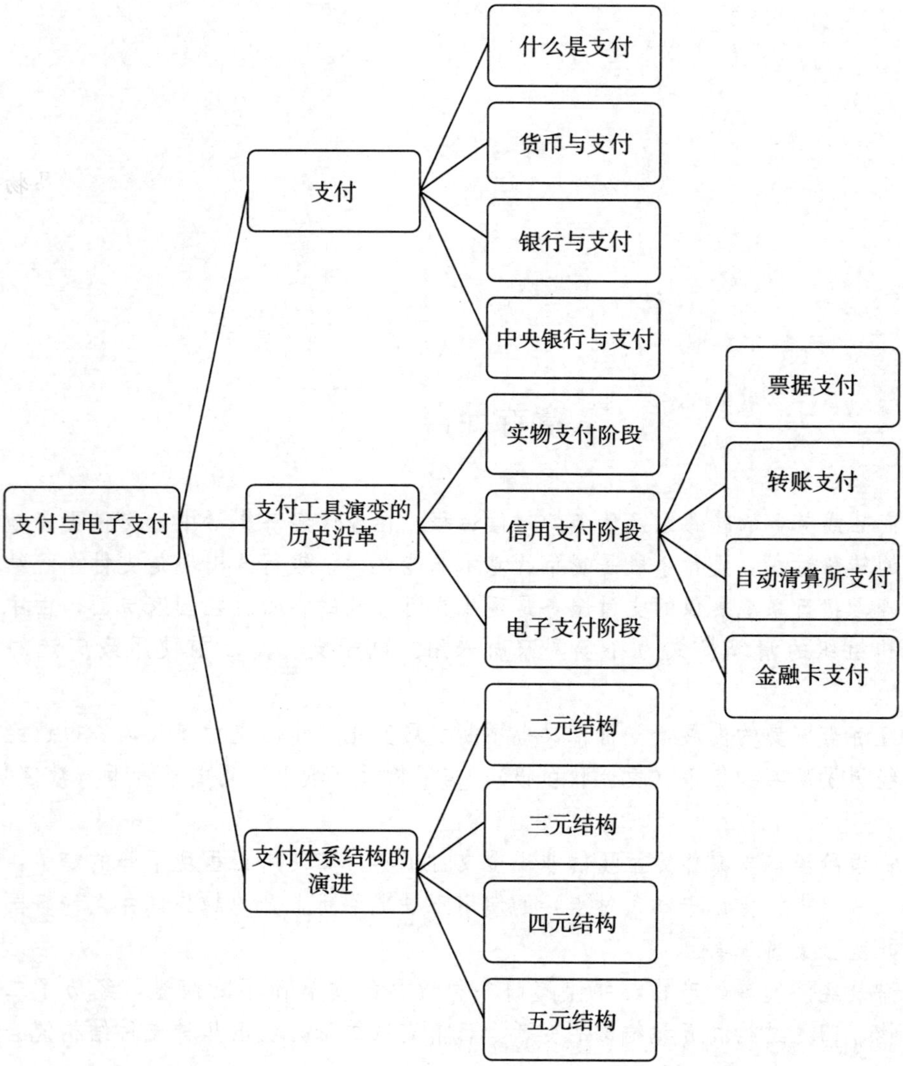

第一节 支付

一、什么是支付

在经济生活中，每个经济自然体（个人、企业、机构等）都会发生交易行为，交易的结束必然伴随物品所有权的转移，而支付就是商品或劳务的转移以及债务的清偿过程。在现代经济生活中，支付更多地体现为货币资产的转移过程。

根据《韦氏辞典》的解释，支付有三层含义：(1) 一种支付行为；(2) 支付了某种物品[①]；(3) 一种补偿和回报。

根据古德（Goode，1995）的定义[②]，支付包含两层含义：(1) 支付通常包含以货币形式进行的债务清偿，但不一定包含货币的交付和转移。(2) 支付是一种主动行为。

提示：目前，世界上大部分地区以货币作为支付和清算工具，但仍然存在以物易物的交易形式。

二、货币与支付

货币是商品经济发展到一定阶段的产物，是商品发展和商品交换的产物，是一种被广泛接受的、充当一般等价物的金融资产。货币是一种可接受的支付方式[③]，对于货币的定义，目前尚无统一的说法，但经济学家大多根据货币的基本职能，即货币的交易媒介职能、记账单位职能与价值贮藏职能来定义货币。[④] 如果人们愿意接受用某一物品来交换商品、服务或清偿债务，这一物品就充当了货币。因此从最简单的意义上说，货币只不过是一种被普遍接受的交易媒介，其最基本的职能就是充当支付手段。

在社会经济发展过程中，伴随着科学技术的发展，货币呈现出各种形态，人们利用货币在商品交换中转移价值。

从最初的实物交换（以物易物）发展为实物货币（例如黄金、白银等贵金属），标志着社会生产力的进步与技术的进步，这是支付手段发展史上的第一次飞跃。

从实物货币演变到信用货币（例如纸币）则是支付手段发展史上的第二次飞跃，银行存款作为支付手段是货币制度的一大进步。

目前，经济社会正在经历支付手段发展史上的第三次飞跃，即出现了由电子化支付技术、数据通信和数据处理技术催生的电子支付手段，同时一种新的货币形式——电子货

① 这种物品可能是商品，也可能是劳务，在现代经济中一般以货币的方式体现。

② 转引自 Michael Brindle and Raymond Cox. *Law of Bank Payments*, Second Edition, London: Sweet & Maxwell, 1999, p. 1。

③ ［美］大卫·H. 弗里德曼．货币与银行．北京：中国计划出版社，2001：4.

④ 马克思的货币职能是按照价值尺度、流通手段、贮藏手段和支付手段的顺序进行定义的，但现代经济学家通常按照这三个职能来进行定义，即将流通手段职能和支付手段职能包含在交易媒介职能中。

币——正逐渐进入人们的经济生活。也可以认为，电子货币是信用货币发展的更高阶段。

在现代金融体制与现代经济中，充当货币的资产主要有三类：

（1）现金。现金包括铸币和纸币，这是一种中央银行负债，是中央银行凭借其法定地位而推行的一种法定支付手段。

（2）经济行为者在商业银行体系中拥有的存款。这是商业银行的负债，也是现代经济中经济行为者用于清偿债务关系的主要货币手段。

（3）中央银行货币。这是商业银行体系在中央银行拥有的准备金账户存款，是商业银行间用于清算同业债务关系的最终货币手段。

这三种货币资产在现代经济中都是支付手段，是各经济行为者所拥有的资产，对这些货币资产的接受程度取决于经济行为者对这些资产的信心。

三、银行与支付

作为现代经济的核心，银行业的起源与贸易尤其是国际贸易密切相关①，也就是说，与商业发展和商品交换密不可分。贸易的发展不仅促进了经济的发展，也促进了银行业的产生与发展。自12世纪法国香巴尼集市贸易最早出现银行的雏形②之后，银行业经过长期发展，逐渐成为现代金融经济体系的核心。纵观中外银行业的发展史可以看出，商品贸易不仅孕育了银行业，而且深刻地影响着银行业的发展。中世纪的集市贸易（大量经营法兰姆布匹的集市）催生了最早的银行家；而在我国唐代，随着商业的发展及丝绸之路的延伸，有了中国古代银行的萌芽。③

银行的出现是支付系统结构演变过程中的一个里程碑。自1473年世界上第一家银行在意大利的威尼斯问世以来，以中央银行的出现为界，可以将银行发展划分为两个阶段。现代市场经济中的银行体制通常具有两层结构。在这种体制中，各商业银行（包括其他吸收存款的金融机构）向非银行机构和其他商业银行（指规模较小的银行机构）提供银行服务，而中央银行向各商业银行提供银行服务并发行纸币和硬币（在某些国家，硬币由财政部发行）。

银行提供的核心服务是吸收存款（银行负债）和发放贷款（银行资产）。为了吸收存款，银行需要保存客户的账户信息。银行提供给客户的最直接的服务就是支付服务。

作为经济运营的中心，金融的主要职能就是融通资金，而金融机构就是从事“金融媒介活动”④ 的企业。资金的融通和金融媒介活动的中心是支付。

在现代经济生活中，支付通常通过银行转账、支票、货币资金转移的形式实现，而现在更多地通过电子资金转账的形式实现。事实上，在发达的市场经济中，非现金支付已经占了全部支付金额的绝大部分。例如在美国，非现金支付占全部支付金额的99%以上（从支付业务量来看，现金支付仍占60%，主要体现为日常生活中的小额支付）。银行系统提供的支付服务构成了现代支付系统的核心。在中国，非现金支付的比例也在逐年上升。

自20世纪90年代中期以来，基于互联网的电子商务作为革命性的贸易方式登上了人

①② ［美］金德尔伯格．西欧金融史．北京：中国金融出版社，1991：51，16.

③ 萧清．中国古代货币史．北京：人民出版社，1984：210.

④ ［美］萨缪尔森．经济学：12版．北京：中国发展出版社，1992：443.

类历史的舞台。随着商品生产与交换的发展，电子商务促使包括银行业在内的整个社会经济发展发生了一场翻天覆地的变化，也极大地促进了支付系统的发展。新型电子支付工具和电子支付模式层出不穷，这进一步推动了全球贸易和经济的发展。

四、中央银行与支付

中央银行是发行的银行、银行的银行（集中存款准备、扮演最终贷款人角色、组织全国范围内的清算）和国家的银行（代理国库、代理国家债券的发行、向国家提供信贷支持、保管外汇和黄金储备、制定并监督执行有关金融管理法规）。

中央银行的支付清算服务是指中央银行作为一国支付清算系统的参与者和管理者，通过一定的方式和途径，帮助金融机构之间进行债权债务清偿和资金转移，以保证经济活动和社会生活的正常进行。支付系统是经济和社会生活正常运转的重要保障，对中央银行货币政策实施具有重要影响，与金融体系稳定与否密切相关。因此，中央银行的支付清算服务是很多国家中央银行的基本职责之一，支付清算系统的安全与效率对一国经济安全以及金融稳定具有重要意义。

支付清算系统是中央银行向金融机构以及社会经济活动提供资金清算服务的综合安排，包括清算机构、支付系统、支付清算制度以及银行间清算制度与操作。其中，支付系统的平稳运行关系到货币政策的实施效果，对稳定货币、稳定金融具有至关重要的影响。大额支付系统作为一国支付清算系统的主要组成部分更是受到各国中央银行的高度重视。加强对支付系统的风险管理，确保其高效、稳定、有序地运行，是中央银行的重要职责。

由中央银行直接主持和组织的清算模式为许多国家所采用。尽管各国中央银行提供支付清算服务的方式与范围有所不同，但运行原理基本一致。金融机构需要在中央银行开立清算账户，并通过银行间支付系统实现资金清算。中央银行的支付清算服务主要包括：组织票据交换清算、办理异地跨行清算、为私营清算机构提供清算服务、提供证券和金融衍生工具交易清算服务，以及提供跨国支付服务等。许多国家的实践表明，与净额结算系统相比，实时全额结算系统可以更有效地规避支付系统风险。大额实时全额结算系统是目前大额支付系统的主要形式。

跨国支付既是一项银行业务，又是一种跨国经济行为，尤其在世界经济一体化的发展过程中，跨国支付清算的作用愈加突出。中央银行由于负有代表国家发展对外金融关系、参与国际金融活动等重要职责，在跨国支付清算活动中扮演着重要角色，例如欧洲中央银行、美国联邦储备体系、中国人民银行、英格兰银行等均在一些重要的国际性支付系统中发挥着积极作用。

> **提示：**根据《中华人民共和国中国人民银行法》，中国人民银行作为中央银行，具有依法制定和执行货币政策，发行人民币，管理人民币流通，维护支付、清算系统的正常运行等职责。中国人民银行在支付系统中的法律职责为："组织或者协助组织金融机构相互之间的清算系统，协调金融机构相互之间的清算事项，提供清算服务。"

第二节　支付工具演变的历史沿革

伴随着经济的发展和社会的进步，银行作为最古老的金融机构，其业务形态与机构形态也在不断发生变化。在银行发展的几百年中，技术和社会需求一直是推动银行业不断发展的动力，而银行所经营的“产品”——货币，更是经历了从实物货币（黄金、白银）、信用货币（纸币）到电子货币（数字货币）[①] 的发展过程。

货币作为支付工具的历史很长。随着经济的发展，支付工具也有了很大变化，除了现金以外，还有支票、转账支付以及信用卡等非现金支付工具，以及近年来快速发展的移动支付工具。由于电子支付的快速发展，支票作为主要的非现金支付工具，其交易量在下降，而卡基支付工具的交易量呈上升趋势，而且在许多国家，卡基支付工具的交易量与交易额都已经超过支票，成为最主要的非现金支付工具。

一、实物支付阶段

从实物交换到货币交换的转变是支付技术发生的第一次重要变革，从最初的以物易物发展到以牛、羊等稀有物品作为支付工具，再到后来黄金和白银由于其自身的特性充当了一般等价物——货币，并具有支付工具的职能，就进入了实物货币（commodity money）阶段。但无论是最初充当货币的牛、羊等支付工具，还是后来充当一般等价物的黄金与白银，在支付过程中都体现了相当于其实物本身的价值。

二、信用支付阶段

纸币（paper note）的出现是支付技术发生的第二次重要变革。

现金（cash）支付是现今社会货币支付最普遍的形式，它使用方便，便于携带，特别适合小额交易，并且不留交易痕迹。

提示：现金并非没有成本。根据美联储网站 2019 年 2 月公布的统计数据，美国 2017 年全年约有 15 711 亿美元现金处于流通中，每年有 1 000 万美元以上的纸币由于缺损而被销毁，需要印刷新的纸币代替。

自动取款机（automated teller machine，ATM）的出现也是现金依然被作为主要支付工具的原因之一，ATM 的使用使纸币易于获取。但是纸币具有不可克服的问题，特别是对于大额支付来说，如支付效率低下、支付具有极大安全隐患。因此许多非现金支付方式应运而生，例如支票（check）、转账支付系统（Giro）、自动清算所支付系统（ACH）、银行卡（card）等。

支付系统分为借记支付系统与贷记支付系统。所谓借记支付系统，就是支付指令的发

① 黄金、白银，纸币，以及数字货币分别是这三个阶段的典型代表。

出方要求清算机构借记对方账户，比如电话费扣款就是电话公司对商业银行发出支付指令，要求借记电话消费者的银行账户。而贷记支付系统则是支付指令的发出方要求清算机构贷记对方账户。一般而言，大额支付系统都是贷记支付系统，且支付指令不可撤销，而小额支付系统采取借记支付的较多。

支付工具也可以分为借记支付工具和贷记支付工具。借记支付工具指使用该支付工具的付款人要求自己的开户银行借记自己的账户，如支票、借记卡等；贷记支付工具则指使用该支付工具的付款人要求自己的开户银行贷记自己的账户，如贷记卡。在支票系统中，由支票的接收方银行向清算系统发出支付指令，要求借记对方账户。

（一）票据支付

传统票据包括本票、汇票和支票。

本票是一项书面的无条件的支付承诺，由开票人完成，并交给其他人，经开票人签名承诺，立即或定期或在可以确定的将来时间，将一定金额的货币支付给某个特定的人或其指定的人，或持票人。

汇票是由开票人开给其他人的书面的无条件命令，即由发出命令的人签名，要求接受命令的人立即或定期或在可以确定的将来时间，将一定金额的货币支付给某个特定的人或其指定的人，或持票人。

提示： 汇票与本票的区别是：汇票的付款人可以是其他人，也可以是开票人，而本票的付款人是开票人。

支票是一种开票人对其银行存款账户开出的具有签字承诺、要求其银行立即将指定金额支付给指定的第三方的书面文件。

提示： 支票与汇票的区别是：支票的付款人是银行。支票在流动性上等同于现金，并且可以在经过背书后进行转让。支票是很多经济发达国家普遍使用的一种支付工具，是一种借记支付工具，其支付指令由收到支票的收款人发出，要求借记付款人账户，收款人银行再通过支票的托收使资金从付款人账户转移到收款人账户。

收款人在收到付款人提交的支票后，将支票存入银行，其开户银行在贷记收款人账户后，需要对支票进行大量的内部处理工作，例如将存入支票的金额用磁墨水编写成支票清分处理机可以认读的编码，根据支票下一步要送交的机构，例如付款人银行、支票清算所、代理行或中央银行对支票进行清分、安排托收等。在托收过程中，支票需要经过多个金融中介机构才能到达最终收款银行；同样，也只有在付款银行对支票进行内部处理后，付款人账户才能被借记。其支付过程如图 1－1 所示。

首先，付款人 A 将支票交付给收款人 B，然后 B 将支票交给其收单行银行 B。在多数情况下，支票交付后，银行 B 就会立即贷记 B 的账户，但是也有例外。银行 B 将当日所有收到的支票传送给自己的结算部门，并进行排序。第二天，这些支票被送往清算机构进行清算，A 开出的支票将被发往银行 A，并且通常在一天后银行 A 将确认支付金额并对 A 的账户进行借记操作。如果由于支票上的签名不匹配，或支票账户余额不足等问题，支付

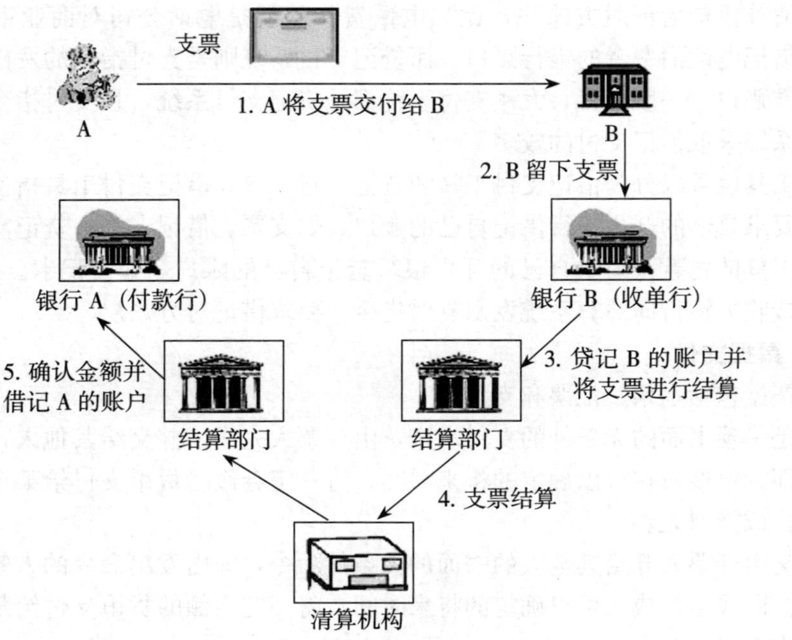

图1-1 支票的支付过程

说明：银行A和银行B分别为A与B的开户行，银行A是为A开出的支票付款的银行，银行B是B的收单行。

金额未获得确认，那么支票就会被退回收单行并给出提示，说明退单的原因。银行A通常会在一个工作日内处理该问题。如果支付金额获得确认，那么第二日，银行A和银行B将通过清算安排计算出应付或应收的头寸，并最终在各行在中央银行的特定账户上进行借记或贷记操作。

提示：这些退单（returned item）是支票作为一种支付工具而产生的最主要的问题，它会造成支付的不确定性并提高处理成本。退单的主要原因有：支票是假支票；支票是空头支票。

从支票的支付过程可以看出，使用支票进行交易面临的首要问题是支票的接受程度。商品或劳务的提供方用商品或劳务交换对方的支票，但支票必须经过银行的托收才能成为供货方的银行存款，而供货方在向对方提供商品或劳务时并不能确切地知道自己收到的支票是否为一张有效的支票，这就引发了交易中对支票的接受程度问题。为了增强支票的流通性，许多银行会为信誉好的客户提供保付支票服务，即在一定金额内，银行保证支票的解付，这实际上是银行用银行信誉对支票进行担保。

支票从开出到托收完成，资金从付款人账户转移到收款人账户，中间不可避免地存在一定的时滞（float），因此付款人就可以享受到迟滞付款的好处，获得资金的时间价值，这是很多人喜欢使用支票支付的一个重要原因。但随着信用卡的出现，其所提供的免息期对支票的使用造成了巨大的冲击。

现在支票仍然是一种主要的支付工具，但受到电子支付的挑战，其使用频率在逐年下降。

提示：为减少成本，目前大多数国家都可以通过发送支票的电子扫描样本进行确认，而不用提供支票的物理原件。

（二）转账支付

转账支付分为贷记转账和借记转账两类。贷记转账是指由付款人发出支付指令，要求其银行将一定金额转移到指定的收款人账户中的转账支付。消费者可以使用这种方式支付房租、医疗保险、煤气费、水电费、电话费以及归还银行的房屋贷款利息等；企业也常用这种方式支付职员工资；美国政府发放给美国公民的社会福利金也广泛使用这种方式支付。借记转账与贷记转账相反，借记转账是由收款人发出支付指令，要求对方银行将一定金额从对方银行客户的账户转移到收款人的银行账户中。债权人可以使用这种方式收取房租、水电费、保险费等。贷记转账支付与借记转账支付都非常适合自动化处理。为了解决支票的退单问题，出现了贷记转账支付系统，例如 Giro。

提示：Giro 的原意为自动化，最早出现于 20 世纪 70 年代的欧洲邮政部门，其为解决支票退单问题而建立了小额支付转账系统。

贷记转账支付（credit-transfer）过程如图 1－2 所示。Giro 是由付款人向收款行发出传送资金的指令，其转账支付过程与支票的处理过程很相似，主要的区别是：银行 A 只有在获得资金以后才会开始该交易，这就减少了支付的不确定性和退单造成的额外成本。这是电子支付的早期过程。借记转账支付过程与其类似，只不过是由收款人发出支付指令。

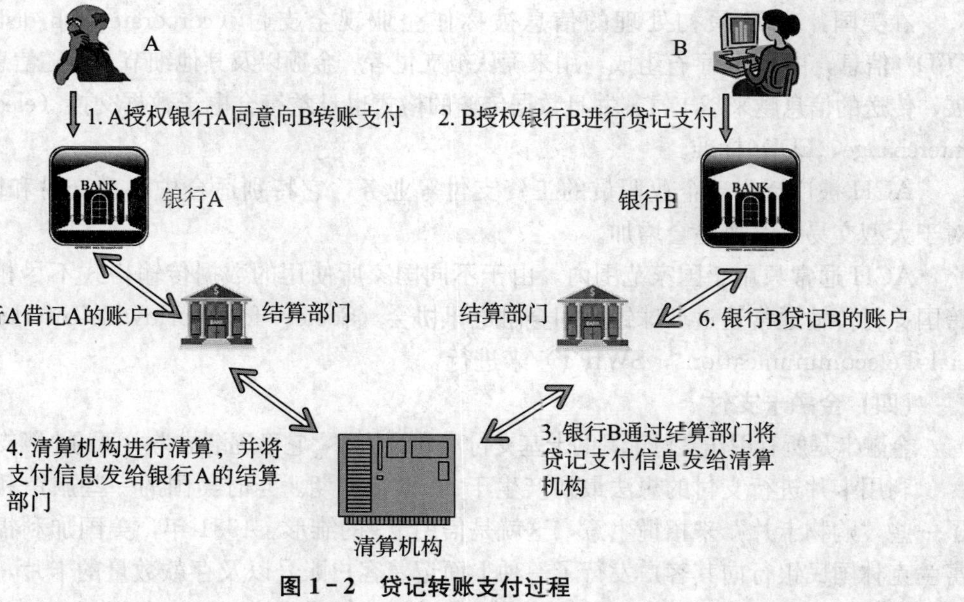

图 1－2　贷记转账支付过程

（三）自动清算所支付

自动清算所（automated clearing house，ACH）是由成员存款机构达成的在成员存款机构间以电子借记或电子贷记方式进行支付的一种安排，一般用于支付小额交易，通常采用批量处理、净额结算的方式。

随着纸质清算任务的不断增加，银行开始寻找自动化程度更高的支付方法，而计算机的出现和信息技术与通信技术的发展为此提供了契机。1968 年，美国加利福尼亚州的一个银行组织成立了一个特殊的无纸化委员会（Special Committee on Paperless Entries，SCOPE），并于 1972 年成立了加利福尼亚州清算所协会（CACHA），这是美国的第一个自动清算所。英国的情况也很类似，第一个自动清算中心于 1968 年产生，并成立了银行自动清算服务组织（Bankers Automated Clearing Services，BACS）。1974 年美国银行家协会组建了由各地方自动清算所参加的全国自动清算所协会，对跨地区电子支付的规则以及标准格式进行设计。目前 12 家联邦储备银行都对美国财政部以及其他政府部门发起的自动清算所支付进行处理。除纽约联邦储备银行外，其他 11 家联邦储备银行还对私营公司通过存款机构发起的自动清算所支付进行处理。目前美国重要的私营清算所有 3 家，分别是纽约自动清算所、威士美国公司以及 DELUXE 数据系统公司，但联邦储备体系仍承担了绝大部分自动清算所交易。美国自动清算所网络成员目前约有 14 000 家金融机构，分属 29 个地方自动清算所协会。同时，10 家银行持股公司和威士公司也是自动清算所的成员。目前美国自动清算所主要进行 5 种形式的支付：（1）现金集中，就是大型连锁公司通过 ACH 将各地零售机构的资金向其总部集中，便于总部对资金的利用；（2）雇员工资的直接发放；（3）财政部养老金以及社会福利的直接发放；（4）固定金额资金的支付，例如保险费、住房抵押贷款利息等；（5）企业间货款的支付。

ACH 的运作过程与纸质清算过程相似，只不过是以电子方式实施的。在 ACH 的早期阶段，是用磁带进行信息的传输，后来远程通信逐渐代替磁带，并实现了实时交易。

在美国，ACH 最初处理的信息被称作企业现金支付（corporate cash disbursement，CCD）信息，由 94 个字符组成，用来确认被支付者、金额以及其他细节。伴随信息技术的发展，传送的信息越来越丰富，并且数据传输的格式也日益符合电子数据交换（electronic data interchange，EDI）标准。

ACH 被广泛用于企业职员的工资支付等业务，它特别适合中小型交易和固定支付，对于大型交易，其风险会增加。

ACH 通常只用于国家范围内。由于不同国家所使用的数据传输格式不尽相同，所以跨国支付传输通常通过环球银行间金融电讯协会（Society for Worldwide Interbank Financial Telecommunications，SWIFT）来进行。

（四）金融卡支付

金融卡是所有用作支付工具的卡基支付工具的总称，它已逐渐成为主要的小额支付工具。

利用卡片进行支付的想法最初产生于 20 世纪初期。当时美国的一些旅馆和商店发行了一些“购物卡片”来招揽生意，这就是信用卡[①]的雏形。1951 年，美国加利福尼亚州的富兰克林国民银行向其客户发行了一种上面记着客户账号以及存款数量的卡片，客户可以用这种卡片在当地的零售商店购物。由于这种方式深受客户欢迎，各银行争相效仿。早期的信用卡不对持卡人收取费用和利息，但要求持卡人在既定的结算日前将债务全部归还，

① 本书中的信用卡如不特别说明，都为贷记卡。

最初通常为一个月的时间。

1965年，美洲银行在美国西海岸建立了第一个信用卡网络，随后伊利诺伊的银行也组建了中西部银行卡协会，这就是威士国际组织（VISA International）和万事达卡国际组织（MasterCard）的前身。信用卡为银行客户和广大零售商提供了一种方便且安全的支付工具，因此深受欢迎，信用卡业务迅速发展。

伴随信息技术的发展和客户需求的变化，出现了联机支付的卡片——借记卡、ATM卡，以及具有联机支付和脱机支付双重功能的卡片——预付卡等多种卡基支付工具，并且借记卡和预付卡的使用近年来在全球迅速增长。目前两大信用卡公司占据了世界主要市场，这就是威士国际组织和万事达卡国际组织。

信用卡是一种发卡行在取得信用卡发行公司的商标使用授权后，授予持卡人一定信用额度的塑料卡片。持卡人可以在既定信用额度内购物或提取现金，在指定的结算时间，持卡人可以将已使用的信用额度全部归还或部分归还。信用卡支付过程如图1-3所示。

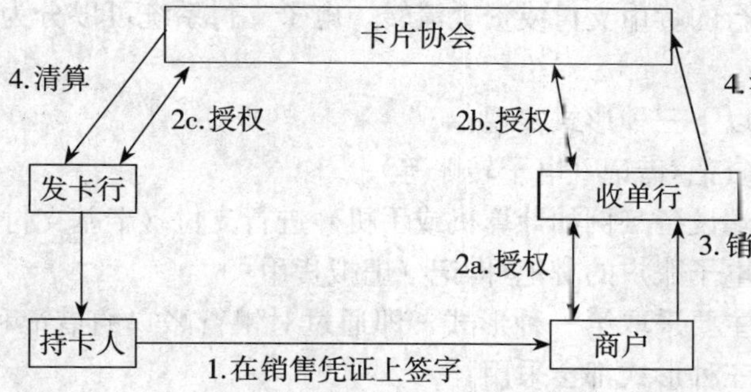

图1-3 信用卡支付过程

信用卡被设计用于零售交易，这意味着商户和持卡人都接受该卡片，而信用卡公司并不直接与商户和持卡人进行交易，而是由其会员（通常为银行）进行交易。发行信用卡的银行称作发卡行（card-issuing bank），为商户处理交易单据的银行称作收单行（acquiring bank 或 acquirer）。

在基于纸质信息的信用卡支付中，商户要准备销售凭证，该凭证包括付款人卡片号码、支付金额、日期以及商品描述等信息。依据信用卡运作规章，交易需要授权，授权包括查看卡号是否在黑名单上以及账户上是否有足够的信用额度进行支付。当天交易结束后，商户将销售凭证交付收单行，并通过相关机构进行清算，然后商户的账户被贷记，持卡人的账户被借记，交易细节会出现在下个月的月结单上。

近来，信用卡协会正致力于减少基于纸质信息的信用卡交易，这意味着带有持卡人签名的销售凭证只有在发生争议时才会起作用，所传输的众多信息都是电子信息。

由于交易成本的存在，信用卡交易不适合过小金额（一般为2美元以下）的交易。

从支付的角度看，金融卡可以分为三类：预付卡（储值卡）或电子钱包（先支付）、借记卡（实时支付）和信用卡（后支付）。

信用卡是先消费后付款的卡片，真正的信用卡，即贷记卡，通常不需要在交易发生的当月月末进行补款，也就是说，持卡人对其在银行的账户不必在当月月末进行支付；需要在交易发生的当月月末进行补款的卡片，通常称作充值卡（rechargeable card）、记账卡或签账卡。持卡人银行账户在交易发生的同时进行支付的卡片，通常称作借记卡（例如储蓄卡、ATM卡等）。先存款后消费的卡片（就是将银行账户中的金额存入某种卡片介质中）通常称作预付卡或储值卡，现在的电子钱包一般就是指这种卡。

金融卡是一种极具发展潜力的支付工具，后面的章节中将详细介绍其运作与管理。

三、电子支付阶段

基于计算机和网络技术的支付系统以及电子货币的产生是支付手段发展史上的第三次飞跃，尤其是互联网的出现促使支付系统发生了重大变革。电子支付系统正逐渐取代传统支付系统，支付工具和支付手段也在发生改变，电子支付的方式越来越丰富。伴随移动终端的发展，移动支付快速发展。

所谓电子支付，指的是交易的当事人，包括消费者、厂商和金融机构，使用安全的电子支付手段通过网络进行的货币支付或资金流转。电子支付系统可以分为大额支付系统和小额支付系统。

电子支付通常通过以下三种形式实现：

（1）对银行账户的贷记/借记（电子转账等）；

（2）通过卡片或终端设备（例如计算机或手机）进行支付（卡基支付工具）；

（3）对某个网站上电子账户的贷记/借记（虚拟货币[①]）。

大额电子支付系统主要采取第一种形式，即通过对银行账户的借记和贷记完成支付；小额电子支付系统上面三种形式都会采用。

电子支付系统大致可以划分成以下四大类。

1. 大额支付系统

大额支付系统（high value payment system，HVPS或large value payment system，LVPS）是一个国家支付系统的主动脉，对金融市场的发展和国家的整个金融体系乃至经济发展具有十分重大的意义。大额支付系统的特点表现为交易金额巨大、时间要求急迫，因此对可靠性、安全性、准确性和及时性要求较高。

大额支付系统通常由中央银行拥有和运行，建立高度安全可靠的大额支付系统非常重要。目前最主流的大额支付系统是实时全额结算（real-time gross settlement，RTGS）系统，相比净额结算系统，RTGS系统对支付风险具有更强的可控性。

2. 小额批量支付系统

小额批量支付系统（bulk electronic payment system，BEPS）是满足个人消费者和商业（包括企业）部门在经济交往中一般性支付需要的支付服务系统。这类系统能够支持多种支付应用，大体上可以把这些支付交易划分为两大类：经常性支付和非经常性支付。与大额支付系统相比，小额批量支付系统处理的支付交易金额较小，但支付业务量很大（占总支付业务的80%～90%）。所以这类系统必须具有极强的处理能力和吞吐能力，才能支持经济社会中发生的大量支付交易。大额支付系统仅向数量较少的专业化市场的参与者提

---

① 这里的虚拟货币和电子现金、数字货币是同一个概念。

供支付服务，而小额批量支付系统实际上向经济活动中每一个参与者提供支付服务。由于支付金额较小，时间要求较宽松，这类系统常采用批量处理、净额结算的方式。如果说在大额支付系统中政策和安全是头等重要的事情，那么在小额批量支付系统中，要考虑的首要因素就是处理效率。由于小额批量支付系统直接服务于广大消费者和商业（包括企业）单位，所以其服务质量极大地影响着人们对一个国家的金融体系的信心。

3. 联机小额支付系统

信用卡、ATM 和 POS 网络为小额零售支付提供通信、交易授权和跨行资金清算服务。从概念上，这类支付系统应划入小额批量支付系统范畴，但由于这类系统具有自己的特点，一般都单列为一类，被称作联机小额支付系统。这类支付系统的客户一般都使用各种类型的支付卡作为访问系统服务的工具，所以这类支付系统又可称作银行卡支付系统。这类支付系统的电子授信要实时进行，因而它要求比小额批量支付系统更快的处理速度（联机授信处理），但不要求大额支付系统中成本昂贵的控制和安全措施。联机小额支付系统一般提供两种功能：(1) 验证付款卡的有效性、持卡人身份的真实性和持卡人账户资金的充足性；(2) 在网络的各参与者之间传递支付指令。这类支付系统中的资金清算和结算一般都采用批量处理、净额结算方式。该支付系统的特点是支付过程完全自动化。

4. 电子货币支付系统

电子货币（electronic money）产品分为基于卡的系统和基于软件（数基）的系统。前者是通过专门的计算机硬件设备实现的，通常被称为智能卡。该智能卡具有实际购买能力，消费者通常要为此进行预先付款。这类产品一般被称为多用途预付卡或电子钱包。卡中的电子币值可以在持卡人之间进行转移而不用经过任何中央系统。这类产品已经具备了目前现金（纸币和硬币）的主要特征，而且提供了现金不具备的某些便利。这类电子支付工具又被称为电子现金。

基于软件的电子货币产品一般采用在标准的计算机硬件设备中安装专用软件的方式来储存或转移电子币值。这类产品的目标是通过开放式的计算机网络，如互联网进行安全的支付。这类产品又被称作数字货币。

第三节 支付体系结构的演进

支付行为是商品和贸易发展的产物，伴随商贸形态的变化，支付体系结构也在从非中心化逐渐向中心化演进。

一、二元结构

二元结构是最初的支付体系结构（如图 1-4 所示）。二元结构中只有两个参与方，即消费者和商户。

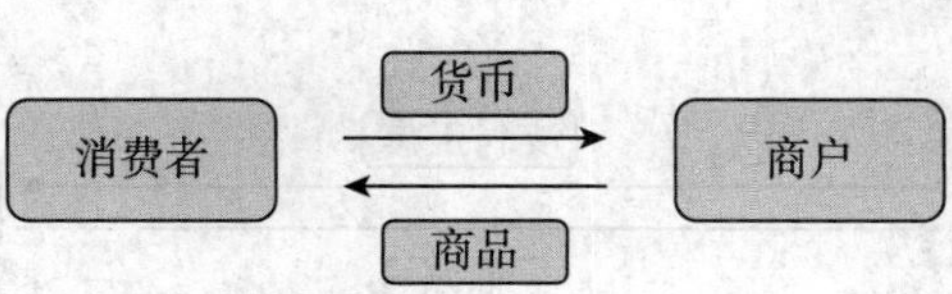

图 1-4 二元结构

消费者通过向商户支付一定的酬劳（通常为现金货币）获得商品。

此时，消费者与商户之间没有中介机构存在，交易以点对点的方式完成。这种支付方式具有分散化且点对点完成的特征。在二元结构中，最主要的支付工具是现金，偶尔也会发生以物易物的交易。

二、三元结构

伴随经济和贸易发展的需要，银行这一金融中介诞生了，并出现了票据和银行卡等非现金支付工具。为便于交易，消费者交易时，除了可以用现金支付外，还可以采用很多非现金支付工具进行支付。

银行的出现使得支付结算体系形成了三元结构（如图 1－5 所示）。三元结构中有三个参与方，分别为消费者、商户和中介机构（通常为商业银行）。

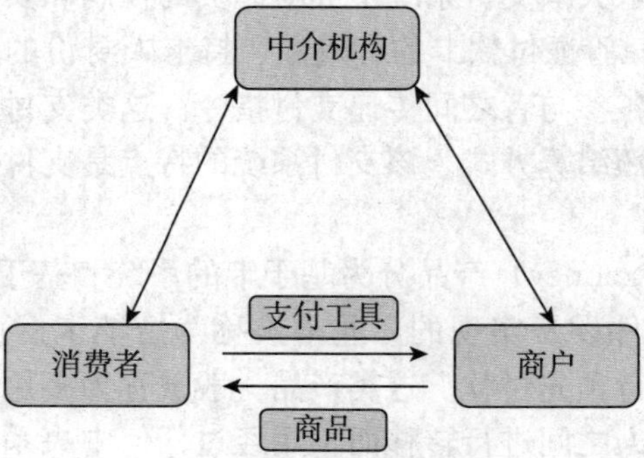

图 1－5　三元结构

最初的贸易通常发生在同城或附近区域，消费者和商户都在同一家银行开设账户，并拥有该家银行所授权的支付工具，如支票，那么消费者在购物时可以用支票进行支付，商户收到消费者发出的支票后，提交给自己的开户行，汇兑为银行账户内的存款。

三元结构具有中心化特征，银行是该支付体系结构的中心，支付以中心化的方式完成。

三、四元结构

随着异地贸易的出现，银行这一金融中介的作用日益显著，支付形态的四元结构逐渐形成。如图 1－6 所示，四元结构有四个参与方，分别为消费者、商户以及消费者和商户各自的开户行。

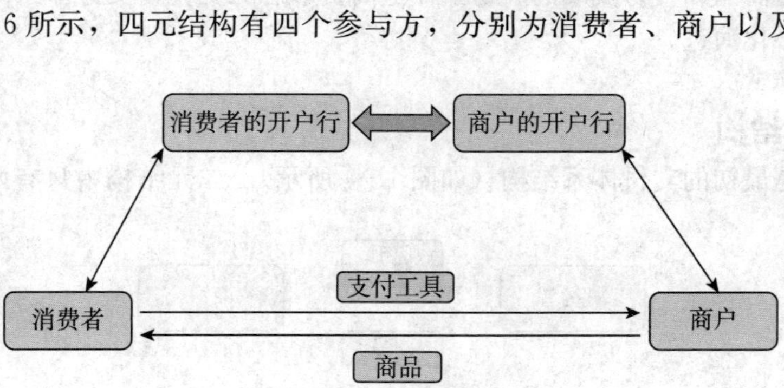

图 1－6　四元结构

异地的消费者和商户可以在自己所在地的银行开户，通过银行为贸易进行支付清算。

四元结构依然是点对点方式，体现为银行和银行间的点对点支付和清算。例如，商户收到消费者开出的支票后，将支票交付给自己的开户行，然后该开户行将这张支票传递给消费者的开户行请求付款，如果支票无误且账户余额充足，则消费者的开户行将会支付相应金额的现金。

四、五元结构

随着国内贸易与国际贸易的发展，异地贸易特别是跨国贸易的地位越来越重要，交易量越来越大，因此银行间对高效支付清算的要求越来越高，银行间点对点进行支付清算已经不能满足经济发展的需求，于是支付清算机构应运而生，中心化的支付体系结构（五元结构）形成。如图 1－7 所示，五元结构有五个参与方，分别为消费者、商户、消费者与商户各自的开户行以及清算机构。

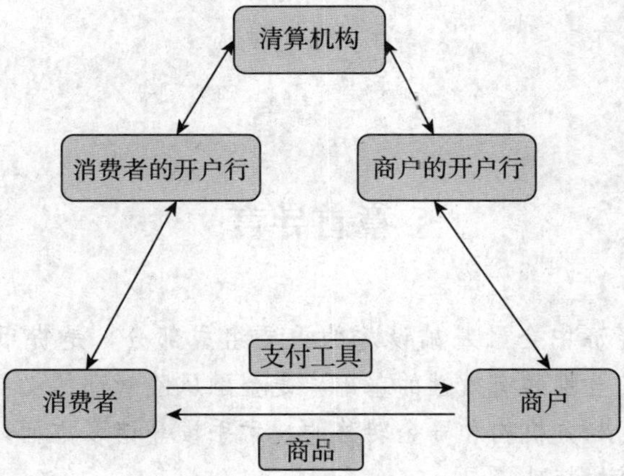

图 1－7　五元结构

五元结构具有中心化的特征，在支付效率与支付成本上优于点对点的分散化清算模式。

在现代金融体系中，考虑到成本和效率以及安全性等因素，新兴的支付工具大多采取中心化的支付体系结构，如支票支付清算体系、信用卡支付清算体系等。

本章思考题

1. 如何理解支付与支付体系？
2. 信用支付阶段主要的支付工具有哪些？简述其支付过程。
3. 电子支付有什么特征？
4. 如何理解支付体系结构的演进？

第二章 现代化支付系统概述

章首导言

支付系统是市场经济中金融基础设施的重要组成部分，是货币体系不可分割的一部分，是保证金融交易安全性和有效性的基础，是金融风险管理的必要保障；它涉及资金转移的规则、资金转移的相关机构和资金转移的技术手段等诸多方面，是银行系统提供的一个转移资金、发放信贷的特殊工具。

支付系统是由一系列支付工具、程序、有关交易主体、法律规则组成的用于实现货币金额所有权转移的完整体系。

成本、效率和风险是设计支付系统时要考虑的主要因素。同时，特定的支付与结算安排也会对货币市场利率产生影响，从而对货币政策传输机制产生影响。

一个稳定且高效的支付系统包括稳定的支付机构（如银行和清算机构）、有效且便利的支付工具、高效且稳定的清分结算系统，同时还要有一套运作规章和法律法规作为保证。

各国由于法律环境、经济环境以及历史习惯的不同，支付系统也呈现出多种不同的形式。按结算方式可分为全额和净额系统；按交易金额可分为大额和小额系统；按结算时效可分为实时和非实时系统；按系统的管理者可分为中央银行和清算机构。目前的支付系统一般可分为大额实时全额系统、大额轧差系统和小额批量净额结算系统三大类。

清分和结算是支付系统最主要的两个部分。清分是对支付指令进行计算、归类和传递等操作的过程，此时，资金并没有进行实际的转移。在清分结束之后，结算过程根据清分的结果在有关账户之间对资金进行实际意义上的转移。

本章首先讲述支付系统的定义与构成，并阐述支付系统各构成要素的职能；然后讨论支付系统的分类与运作原理。

关键术语

支付系统、支付系统的构成、全额、净额、大额、小额、实时、非实时、清分、结算

知识结构图

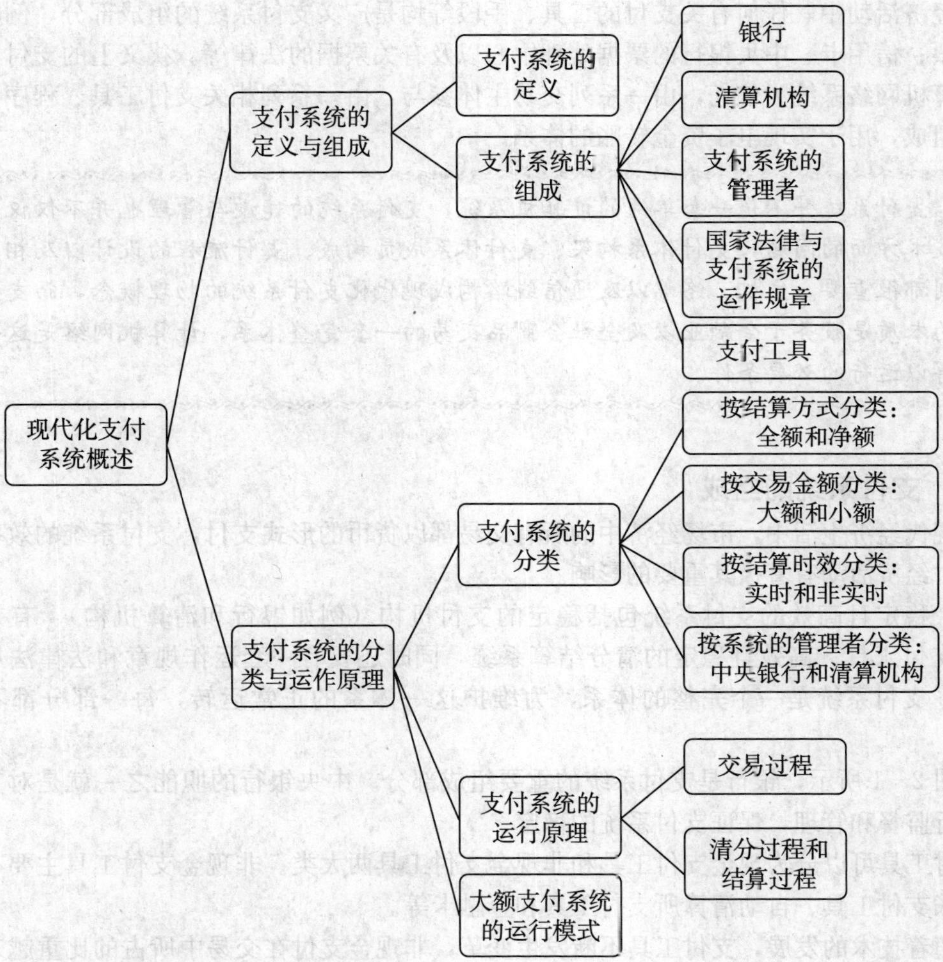

第一节 支付系统的定义与组成

在市场经济中，经济行为人每天都有可能进行交易，消费者、工商企业、政府机构每

天都要为满足各种需要而购买食品、原材料乃至金融产品甚至战斗机等军事武器。要完成交易，就需要实现商品和劳务的转移以及债务的清偿，这就离不开支付清算服务。

一、支付系统的定义

支付系统是市场经济下金融体系与货币体系不可分割的一部分。支付系统是由一系列支付工具、程序、相关交易主体、法律规则组成的用于实现货币金额所有权转移的完整体系。

根据国际清算银行（1992）的定义，“支付系统由特定的机构以及一整套用于保证货币流通的工具和过程组成”。任何支付系统都是为了尽可能高效地组织实际交易和金融交易的资源的传送。支付系统包括资金转移的规则、机构和技术手段。

在经济活动中，任何有关支付的工具、手段等均是广义支付系统的组成部分，例如现金、支票、信用卡、中央银行的票据处理中心以及有关票据的法律等。狭义上的支付系统指以计算机网络系统为依托，由一系列交易主体参与，由一系列相关支付工具、程序、有关法律组成，用于实现电子资金转账的体系。

提示：支付系统并不是一套单纯的计算机系统，支付系统的建设与管理也并不仅仅是工程技术方面的问题，支付体系构架、支付体系成员构成、支付流程的设计以及相应的规则都很重要。主机、终端以及通信线路构成现代化支付系统的物理概念，而支付系统的本质是服务于金融业以及全社会商品交易的一套完整体系，计算机网络是这一体系得以运行的必要条件。

二、支付系统的组成

在现代经济生活中，市场经济中的所有交易都以货币的形式支付，支付系统的效率和稳定性对经济活动有着极其重要的影响。

一个稳定且高效的支付系统包括稳定的支付机构（例如银行和清算机构）、有效且便利的支付工具、高效且稳定的清分结算系统，同时还要有一套运作规章和法律法规作为保证。支付系统是一个完整的体系，为维护这一体系的正常运转，每一部分都不可缺少。

如图 2-1 所示，银行是支付系统的重要组成部分。中央银行的职能之一就是对支付系统进行监督和管理，保证支付系统的稳定。

支付工具可以分为现金支付工具和非现金支付工具两大类。非现金支付工具主要有支票、转账支付工具、自动清算所支付工具和金融卡等。

伴随着技术的发展，支付工具不断发生变革，非现金支付在交易中所占的比重越来越大，特别是电子支付工具以及电子货币的出现对现金产生了巨大的替代作用。另外，尽管支票仍然是主要的支付工具之一，但其市场份额正逐渐被金融卡支付工具和电子转账支付工具取代。

（一）银行

支付是为了清偿商品交换和劳务活动所引发的债权债务，通常由银行提供金融服务业

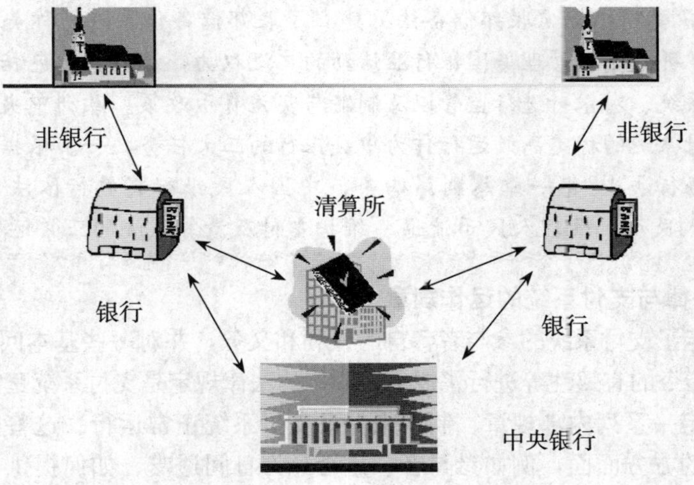

图 2-1　支付系统的构成

务，它源于银行与客户之间的经济交往活动。

由于银行这一“信用”中介的作用，支付演化为银行与客户、银行与银行之间的资金收付关系。在当前的各种支付系统中，银行扮演着重要的角色，绝大部分交易的支付都以银行转账的形式进行。

支付系统的要素来源于银行提供的服务和银行体系的基础设施。在发达的市场经济中，支付通常通过由商业银行和中央银行构成的银行体系进行。

商业银行提供必要的清算账户和流动性来满足其客户对支付的需求。银行间的清算通过银行间账户的资金往来进行。通过商业银行在中央银行的往来账，商业银行得以使用中央银行的货币实现最终的清算。

银行是向广大客户提供支付服务的主体，要具备高度发达的支付业务设施。

（二）清算机构（清算所）

清算机构负责金融机构（银行）之间以及金融机构和非金融机构之间资金的清分和结算。清算机构的出现使银行之间的资金收付交易必须经过清算所进行资金清算，才能最终完成支付的全过程。

（三）支付系统的管理者（中央银行/清算机构）

支付系统的管理者负责制定支付系统的运作规章，并维护支付系统的日常运行。一般来讲，国家层级的支付系统的管理者通常为中央银行。

在现代金融体系中，通常情况下，中央银行会积极参与支付系统的管理，从制定支付规则到提供支付服务，典型代表是美国联邦储备体系和中国人民银行。

在现今的支付系统中，也有民间组织成为支付系统管理者的情形，例如 SWIFT、美国的 CHIPS、威士国际组织和万事达卡国际组织等。伴随电子商务与互联网金融的发展，很多第三方支付机构也成为支付系统的管理者，如美国的 PayPal、中国的支付宝。

提示：1913年，美国根据《联邦储备法》建立了联邦储备体系（简称美联储）作为美国的中央银行，并授予其管理美国银行业活动的广泛权力，这些权力包括发行货币、经营美国的支付系统、对银行进行监管以及制定与实施货币政策。欧洲中央银行和法国中央银行也将支付系统的稳定高效运行作为中央银行的三大任务之一。根据《中华人民共和国中国人民银行法》① 第一章总则第四条，中国人民银行将履行依法制定和执行货币政策、发行人民币、管理人民币流通、维护支付及清算系统的正常运行等职责。

（四）国家法律与支付系统的运作规章

国家法律规定了支付系统的参与者各自的权利和义务，并对一些基本问题，例如支付工具的使用、支付指令的有效性等进行了规定，明确的法律规定是支付系统正常运行的基础。

需要通过制定一系列内部规章、制度来保证支付系统正常运行。这些内部规章、制度规定了支付系统的方方面面，例如参与者、是否允许日间透支、如何提供日间透支、透支利率如何计算、支付指令能否撤销、是否收费、怎样收费等。这些内部规章、制度的制定是支付系统建设和管理中极其重要的组成部分，要根据本国经济、法律方面的实际情况进行综合考虑。这些内部规章、制度不是一成不变的，而是要根据市场的变化不断完善，以适应经济发展的需要。

（五）支付工具

支付工具可被视作支付指令的载体，是支付系统内进行清算的中介，它必须是被交易双方同时认可的一种支付手段。它可分为有形的支付工具和无形的支付工具两种。有形的支付工具有现金、支票、汇票、本票、卡基支付工具等；无形的支付工具主要指承载支付命令的电子信息，这些信息必须为有关支付系统所承认。支付系统的类型是决定支付工具形式的重要因素。

一般来说，小额支付系统的支付工具为现金、票据和银行卡；为了保证支付效率，大额支付系统的支付工具往往以电子信息的形式存在。

第二节　支付系统的分类与运行原理

由于法律环境、经济环境以及历史习惯的不同，世界各国的支付系统也呈现出多种不同的形式。

一、支付系统的分类

（一）按结算方式分类：全额和净额

全额结算是指在资金转账前并不进行账户金额的对冲，而是以实际的支付金额进行转账的结算方式。由于全额结算系统能够进行实时结算，系统风险小，目前许多国家的中央

① 《中华人民共和国中国人民银行法》于1995年3月18日第八届全国人民代表大会第三次会议通过，根据2003年12月27日第十届全国人民代表大会常务委员会第六次会议《关于修改〈中华人民共和国中国人民银行法〉的决定》修正。

银行都选择实时全额结算（RTGS）系统。但全额结算系统的资金占用成本高于净额结算系统。

净额结算是指在进行双方或多方的资金转账前，先对各方账户上的余额进行相互冲减，之后才转移剩余资金金额的结算方式。净额结算又可分为双边净额结算和多边净额结算。

在净额结算的情况下，银行将把与每笔支付有关的信息传送到清算所。参加清算所清算的所有银行在发生支付义务的时候，并不立即通过银行间资金转账结算每一笔支付，而是在约定的时期（称作清算周期）内让债权和债务累积起来，然后在清算周期末的指定结算时间对其往来支付进行相互抵销。于是，银行只需把支付净额转给清算所。

净额结算通常于每日终了时在结算银行（一般是中央银行）的账簿上进行，但也可以在计算出净头寸后的一个或几个营业日内进行。净额结算也可以通过在商业银行开设的往来账户进行。

下面举例说明全额结算、双边净额结算和多边净额结算之间的差异。

假设有 4 家银行 A、B、C、D，共有 9 笔交易，交易金额如图 2－2 所示。

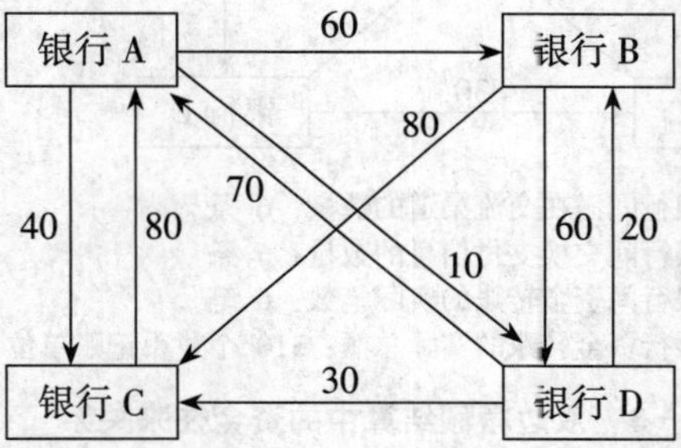

银行间潜在交流渠道的数量：6 条
银行间交换支付信息的数量：9 条
银行间资金转账的实际笔数：9 笔
银行资金转账的实际总额：450 个货币记账单位

图 2－2　全额结算中的资金往来关系

在全额结算情况下，每一笔交易都单独进行。每两个银行间都有支付信息的交换，潜在的信息交流渠道较多（4 家银行有 6 条信息交流渠道），银行通过资金转账对每一笔支付进行单独结算，共进行了 9 笔银行间的资金转账，总额为 450 个货币记账单位。银行间债权债务关系如表 2－1 所示。对银行体系而言，各银行的债权总额等于各银行的债务总额。

双边净额结算情况下的资金往来关系如图 2－3 所示。在双边净额结算中，潜在信息交流渠道的数目几乎没有变化，任何两家银行间必须维持一条通信渠道，在每个清算周期结束时发生一次资金转移。交易笔数仍然是 9 笔，交易总额仍为 450 个货币记账单位，但由于银行间相互抵销了一些债务，结算中涉及的实际划拨金额明显减少了，只有 310 个货币记账单位。于是，银行系统对结算资金的需求量几乎减少了三分之一，其债权债务关系如表 2－2 所示。

表 2-1　　全额结算时银行间的债权债务关系

		接收行				债务总额
		A	B	C	D	
发送行	A	—	60	40	10	110
	B	0	—	80	60	140
	C	80	0	—	0	80
	D	70	20	30	—	120
债权总额		150	80	150	70	450

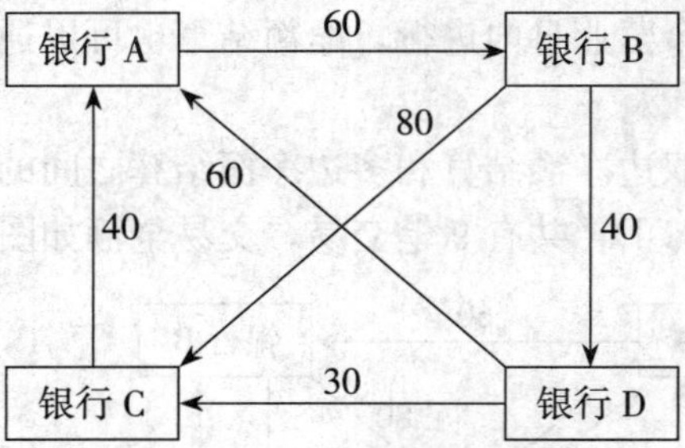

银行间潜在交流渠道的数量：6 条
银行间交换支付信息的数量：6 条
银行间资金转账的实际笔数：6 笔
银行资金转账的实际总额：310 个货币记账单位

图 2-3　双边净额结算中的资金往来关系

表 2-2　　双边净额结算时银行间的债权债务关系

		接收行				债务总额
		A	B	C	D	
发送行	A	—	60	0	0	60
	B	0	—	80	40	120
	C	40	0	—	0	40
	D	60	0	30	—	90
债权总额		100	60	110	40	310

多边净额结算情况下的资金往来关系如图 2-4 所示。在多边净额结算情况下，因为每家银行只需在清算所开设一条连接线路，而不必各自建立自己的往来通信渠道，因此信息交流渠道的数目大大减少（减少到 4 条）。这种结算方式进一步减少了实际的结算金额。在这个例子中，银行的资金转账总额为 220 个货币记账单位，相比双边净额结算节约了部分资金。有净借方头寸的银行通过把结算资金划到结算银行了结其债务。清算所可以充当净额处理的代理人，对结算账户进行监督，在净借方义务得到履行之后，把资金划给有净

贷方头寸的银行。在一个清算周期内，银行体系的资金净差额为零，其债权债务关系如表2-3所示。

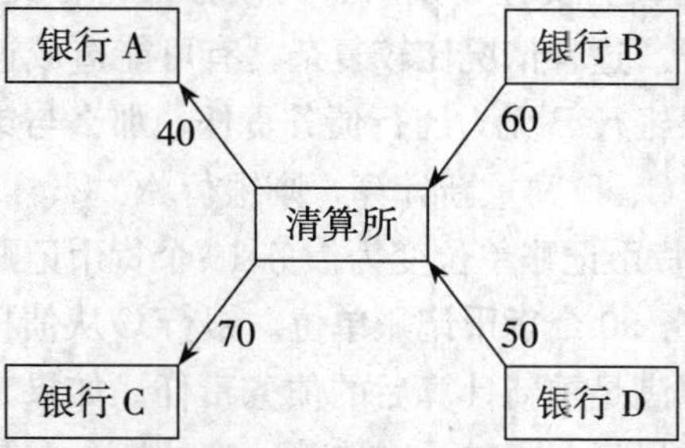

银行间潜在交流渠道的数量：4 条
银行间交换支付信息的数量：9 条
银行间资金转账的实际笔数：4 笔
银行资金转账的实际总额：220 个货币记账单位

图 2-4 多边净额结算中的资金往来关系

表 2-3 多边净额结算时银行间的债权债务关系

银行	A	B	C	D
差额	40	−60	70	−50
净差额	0			

对全额结算而言，不管是银行客户间的交易，还是银行的自营交易，每笔交易都可以单独通过银行间相应的资金转账进行结算。

对净额结算而言，银行间的某些支付义务可以相互抵销，这样的话就只需在指定结算期的期末对净债务进行结算。在这种情况下，银行对每一条支付指令都进行处理，并及时记录每笔交易，以便准确反映支付交易的情况，但在结算的时候，银行间只针对净额进行资金转账。

净额结算是在给定清算周期内对支付指令进行累加，并计算各银行的资金接收与发送情况，在清算周期结束时将各银行的差额头寸通过清算银行或中央银行进行资金转移。净额结算可以是双边的，也可以是多边的，净额结算的风险也集中在清算周期结束的时刻。

在整个清算周期内，参加清算的债权银行相当于向债务银行提供当日信贷，隐藏着信用风险和流动性风险。在清算时刻，债务银行应保证其清算账户上有充足的资金以满足支付要求。如果某债务银行在清算时刻无法履行其债务责任，清算可能就无法继续进行。

为了保证清算能够继续进行，有三种方法可供选择：

(1) 清算机构承担债务银行的债务头寸，向债务银行提供信贷，从而保证净额结算各方能继续清算，再设法将损失在各参与方之间分担。

(2) 参加净额结算的各方根据清算紧急安排承担债务银行的债务头寸，化解整个清算周期危机。这种情况要求参加清算的各方在事前就风险的分担方式达成协议，在危机发生后立即按既定方案处理。一个净额结算系统是否安全，在很大程度上取决于其危机应对措施安排是否得当。

（3）如果债务银行无法履行债务责任，则所有与债务银行有关的支付指令就会被取消，在其他银行间重新计算头寸情况。这种情况比较复杂，有可能造成连锁反应，产生系统性风险。例如在上面的例子中，如果银行B无力履行债务责任，那么与银行B有关的所有支付指令都会被取消，头寸在银行A、C、D间重新计算，则银行A、C、D的头寸情况如表2-4所示：银行C的头寸从债权70个货币记账单位变为债务10个货币记账单位，银行D的头寸从债务50个货币记账单位变为债务90个货币记账单位。银行C从债权银行变为债务银行，那么势必需要筹措足够多的资金以满足重新计算后的债务责任。如果其中一方无法在短期内筹措到资金，那么与该方有关的支付指令将被再次取消，支付指令在剩余银行间重新计算，有可能再次造成流动性风险，从而引发系统性风险。因此，在一家银行无力履行债务责任的情况下，采用取消支付指令的方式极易打乱整个支付秩序，造成系统性风险。在大额支付系统中，中央银行一般不鼓励采用此种方式。

表2-4　　净额结算时头寸变化示例

银行	A	B	C	D
差额	100	—	−10	−90
净差额	0			

（二）按交易金额分类：大额和小额

按照服务对象的不同与所处理的每笔资金的金额大小，支付系统可以分为大额支付系统和小额支付系统。大额支付系统用于每笔支付金额超过某一数量的支付业务，例如10万个货币记账单位；小额支付系统的支付金额一般较小。

大额支付系统是为经济行为者中的一些特殊类别，例如货币、黄金、外汇、商品市场的经纪商与交易商，以及从事货币市场交易活动的商业银行提供的支付服务。这些经济行为者的交易活动的特点是交易笔数相对较少，但每笔交易活动的金额巨大，对支付的时效性、准确性、安全性有特殊要求。例如在外汇交易活动中，外汇交易商每天要进行多笔交易，交易周转额巨大，同样一笔资金要支持多笔交易的周转，对交易的交割时间有相当严格的要求。

小额支付系统的服务对象通常是经济行为者中的广大个人消费者、从事商品和劳务交换的工商企业。这些经济行为者的交易活动的特点是交易发生频繁，但交易金额相对较小。

大额支付系统与小额支付系统是一国支付系统不可缺少的两个组成部分。大额支付系统支持一国的货币市场以及资本市场的交易活动以及大额商务活动，决定了一国金融市场、银行体系的效率，进而决定了一国经济活动的效率。大额支付系统还是支持跨国界多币种交易的支付服务系统，而且中央银行公开市场业务也依赖大额支付系统来实现。因此大额支付系统的设计是一国支付系统设计的关键，体现了一国支付系统的发达程度。

大额支付系统和小额支付系统在管理和维护方面考虑的侧重点不同。大额支付系统对系统稳定性、安全性、准确性、资金转移的时效性等方面的要求比小额支付系统严格。然而，小额支付系统处理的交易数量远远超过大额支付系统，而且系统网络往往会扩展到商店甚至个人家中，因而小额支付系统的管理者对系统数据吞吐量等方面的要求较高。

大额支付系统主要用于资本市场交易、货币市场交易和大额贸易的资金结算，而小额支付系统一般为小额贸易支付和个人消费服务。由于大额支付系统潜在的信用风险对整个系统的安全以至整个金融体系的安全至关重要，因此系统对用户的资格通常有严格的规定。

（三）按结算时效分类：实时和非实时

结算时效是指某一支付工具发出指令后，资金从某人转给某人或从某账户转到其他账户所用的时间长短。所用的时间越长，时效性越弱；所用的时间越短，时效性越强。

支付系统按时效性可分为实时支付系统和非实时支付系统两种。实时支付系统的时效性最理想，当一方发出支付指令时，结算也同时完成（即实时）。在非实时支付系统中，从系统收到支付指令到完成结算之间有一定的时间间隔，此间隔的长短随支付系统的不同而不同。

时效性的强弱与结算方式密切相关。全额结算方式的时效性最强。这是因为在全额结算中，支付系统将根据每一条支付指令进行资金的转移，资金转移的速度与计算机系统的处理速度直接相关。当今计算机的性能早已使得这种资金转移可瞬间完成。

但是对于净额结算来说，时间间隔（收到支付指令与进行实际资金转移之间）无法避免，这是由净额结算的方式所决定的。要进行净额结算，就必须设定结算周期，在结算周期结束时，再对账户进行轧差，因此，净额结算的时效性自然与结算周期的长短直接相关。

（四）按系统的管理者分类：中央银行和清算机构

管理者是支付系统顺畅运行的重要因素之一，由谁负责支付系统运行由历史、经济、政治等多方面因素决定。各国、各地区不同的支付系统一般可分为由中央银行主管和由清算机构主管两种。从理论上讲，由中央银行负责支付系统的运行更为科学。这是因为中央银行不存在信用方面的风险，而民间清算机构不论其实力多么雄厚，总会存在信用风险。然而，在现实经济生活中，由民间清算机构运营的支付系统遍布全球。典型的如美国的威士、万事达，以及中国香港 1996 年前由汇丰银行运行的支付系统等。市场需求和各方面的复杂因素造成了许多支付系统由民间清算机构负责运行，但由中央银行管理关键性支付系统，由民间清算机构管理其他支付系统，由此形成多层次支付机制将是一种趋势。

按照以上我们对支付系统的分类，目前的支付系统可以分为大额实时全额结算系统、大额轧差系统和小额批量净额结算系统三大类。

值得强调的是，在设计大额支付系统时，无论是全额系统还是净额系统都要求在支付信息接收与发送的当天对支付进行结算（同日结算），结算通过在中央银行的即期账户进行。

在实时全额结算系统中，支付逐笔清算，通过对发送行和接收行在清算机构的账户进行借记和贷记完成。根据这种程序，与支付清算有关的货币的转账是无条件的和不可撤销的。

多边净额结算系统的设计原则和实时全额结算系统存在本质的区别。在多边净额结算系统中，系统参加者之间可以实时交换交易的电子信息，在规定的结算周期内，银行之间可以相互抵销一些支付义务，在结算周期终了时，对交易净额进行结算，对各方在清算机构的账户进行借记和贷记。根据清算所的规则和程序，结算义务可以通过对支付信息做净额处理计算出来。在规定的结算时间，如果清算所的参加者有多边净借方头寸，就必须通过向中央银行支付货币履行其义务。

大额实时支付系统的建立可以提高同业货币市场和各银行机构的流动性。快捷、低成本的支付系统可使银行间的贷款交易、存款交易或其他货币合同及时结算，而且费用很低。这种系统降低了结算成本，提高了市场的流动性，增强了各银行调节流动资金的能力，使中央银行可以更灵活地实施货币政策。

二、支付系统的运行原理

支付系统包含一系列参与者和运行机制。运行机制包括传递支付命令的各种工具、物理设施以及有关当事人之间的契约关系。货币转移的信号在参与者之间根据既定的规则进行传递。

在讨论支付系统的运行原理之前，有必要了解一下有关支付系统各方的结构关系。图 2－5 显示的是支付系统中各个参与者之间的相互关系。主要参与者包括非银行机构（企业、个人等）、商业银行、清算所和中央银行。划拨的资金包括：（1）由非银行机构持有的中央银行债务（银行券）；（2）商业银行在中央银行的存款（商业银行的准备金余额）；（3）银行对非银行的负债（银行存款）；（4）银行对银行的负债（同业存款）。

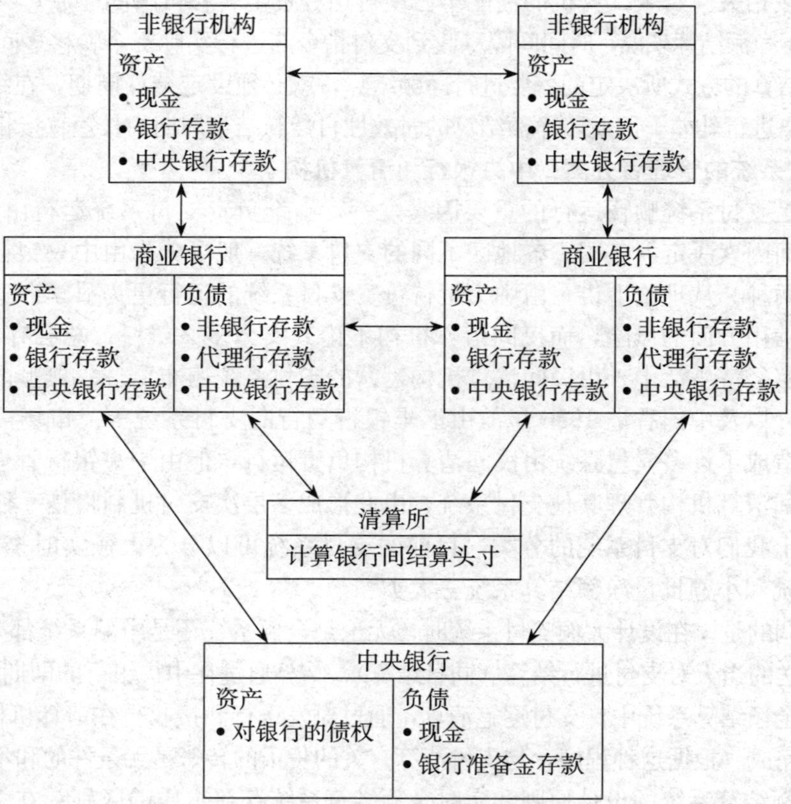

图 2－5　支付系统中各个参与者之间的相互关系

非银行机构之间划拨资金的最传统、最直接的方式是使用现金（银行券）。银行存款货币所有权的转移必须经在发行机构（即中央银行或商业银行）的账户上办理记账手续后才能完成。在这种情况下，某一经济实体会向一家银行发出指令，要求银行把资金从它

（付款人）的账户转到另一经济实体（收款人）的账户中。在发出支付指令和存款实际发生转移之间通常存在时滞。

在付款人和收款人的开户行不同的情况下，为了进行支付，付款人的银行就必须把资金转给收款人的银行，这就产生了银行间的资金转账。于是，涉及存款货币的支付会引发一连串指令和记账手续，一笔支付可能会涉及多次资金划拨。

在银行间的资金转账中，银行担当了付款人和收款人的角色。银行客户间的支付会引起银行间的资金转账。

资金转账主要有三种方法：

(1) 通过借记和贷记银行相互持有的双边往来账户进行，在往来账户的失衡累积到一定程度时，银行间将通过资金转账（支付）或银行间贷款进行调整；

(2) 通过借记和贷记双方在第三方代理行开设的账户进行；

(3) 通过借记和贷记银行在中央银行的账户进行，因为中央银行是银行的银行。

商业银行和中央银行之间这种资金结算的完成需要遵循一定的流程。图 2-6 显示的是商业银行资金结算流程。

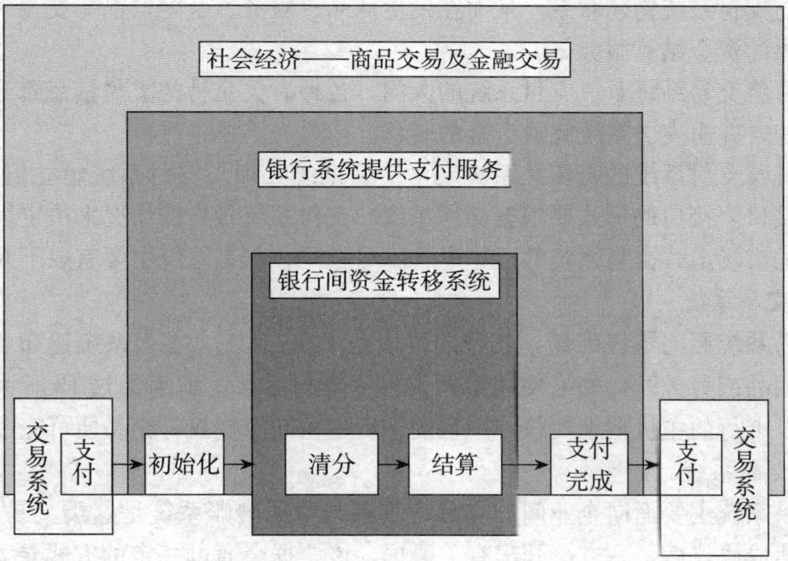

图 2-6 商业银行资金结算流程

在支付系统中，非现金支付全过程包括三种处理：支付（payment）、清分（clearing）和结算（settlement）。支付发生在收、付款人与其开户行之间，表现为付款人在其开户行的账面余额减少，收款人在其开户行的账面余额增加。清分是指收、付款银行交换支付信息，把支付指令按接收行进行分类，并计算其借、贷方差额的过程，为最终结算做准备。

清算通常涉及三方机构，即收款人开户行、付款人开户行和清算机构。通过各家银行在清算机构开设的备付金账户划转款项，清偿债权债务关系。

在支付活动中，银行与客户之间的支付与结算，是银行为客户提供多种金融服务的窗口，其特点是账户多、业务量大，涉及客户、银行双方的权益，是支付系统的基础，称为支付服务系统。中央银行与商业银行之间的支付与清算是政府授权中央银行实施货币政策，监督、控制商业银行金融活动，控制国家货币发行，经理国库，管理外汇的重要手段，称为支付资金清算系统。两个层次的支付系统紧密相关、相辅相成，是国家稳定货币、稳定经济的重要间接调控手段。

清分和结算是支付结算过程最主要的两个步骤。清分是对支付指令进行计算、归类和传递等操作的过程，此时，资金并没有进行实际的转移。在清分结束之后，结算过程根据清分的结果进行资金在有关账户之间的实际意义上的转移。而商品和劳务交易是引起支付的主要原因。

（一）交易过程

绝大多数支付起源于各类市场中的交易，每一类市场都使用其特定的交易系统。例如，零售业使用POS系统，而股票交易使用计算机撮合成交系统。这些交易系统由市场参与者自行开发，在一定意义上游离于支付系统之外。严格来说，交易系统不是支付系统的组成部分。支付系统的基本职能是转移资金的所有权，交易系统并不进行资金的转移，其职能是在进行交易活动时，计算交易金额、记录商品或服务的售出与买进。然而，这些交易系统要与支付系统构建联系，从而在发生商品、服务、金融产品等交易时，可以使用支付系统提供的资金结算服务。

因此，可将交易系统看成支付系统的大门，各种有关交易的支付信息都通过交易系统进入支付系统，并由支付系统完成资金的转移。

交易系统与支付系统的密切关系决定了交易系统必须与支付系统建立信息交流渠道，即系统间的接口。接口的形式要根据交易系统和支付系统各自的情况来决定。

在不同的市场上，交易系统的运作形式不尽相同，交易系统主要有以下几种类型。

1. 零售交易系统

零售交易系统面向零售市场，典型的代表是POS系统。零售系统遍布各类商店，在消费者购买商品或劳务时，如果使用银行卡作为支付手段，就需通过POS系统或其他前端设备，向发卡行的主机请求授权。一旦发卡行主机同意授权，交易便可完成。

2. 批发交易系统

批发交易系统主要面向企业间的交易。支票与电子转账系统是这类交易的主要载体。当两家企业达成协议后，一方会开出有关票据，该票据会通过一定的方式录入计算机，从而为向支付系统发出指令做好准备。

3. 资金市场和货币市场的电子交割系统

该系统的典型代表是大家都很熟悉的股票交易系统。股票交易系统必须有一定的支付系统为其进行资金的结算。

以上三种只是交易系统的典型代表，并不能涵盖所有的交易系统。随着经济的发展和社会分工的不断分化，新型的交易系统会不断涌现。

（二）清分过程和结算过程

1. 清分过程

交易系统在处理交易之后，会将支付指令传入支付系统。支付系统对支付指令进行处理的第一个步骤就是清分。

清分是指对进入系统的支付指令进行归类、排序、分析或计算，使随机传入支付系统的支付指令被整齐地分类，以便系统进一步处理。这就如同杂乱的看电影的人群，在买到电影票后，分别落座。电影院用票来管理人群秩序的过程，便是对人群进行清分的过程。然而，支付系统对支付指令的清分并非只是简单地给各支付指令"发座位票"，而是根据支付系统的设计要求、支付指令的不同属性，对支付指令进行不同的处理。它包括清分的对象和清分的流程两方面。

清分是对一系列杂乱的实体进行整理的过程。这旦的"实体"就是清分的对象。对支付系统来说，清分的对象是各经济主体发出的各类支付指令。支付指令就是交易的某一方向支付系统发出的向交易的另一方支付一定金额的命令。显然支付指令代表了交易双方的一种契约关系。这就要求支付指令必须获得法律上的承认。作为一种抽象的命令，支付指令要取得法律效应，必须借助一定的载体，这些载体就是我们常说的支付工具。

在不同的支付体系中，支付工具有多种形式。在现代经济生活中，主要有汇票、支票、本票、借记指令、贷记指令、银行卡等。

以上几种支付工具可以分为两大类：一类是基于纸张的，例如汇票、支票和本票，以及用纸质命令签署的借记指令和贷记指令；另一类是基于电子信号的，主要指以电子形式传递的借记指令和贷记指令。电子工具与纸质工具的区别显而易见：电子指令是无形的，而纸质工具看得见、摸得着；电子指令能够以光速从上海传到纽约，而纸质工具的传递即使采用最昂贵的传递服务，也需要 1～2 天的时间。两类工具的差别导致了对清分系统的不同要求。对于纸质工具的清分，自动化的清分系统一般要求票据用磁性墨水填写，并使用磁性墨水识别装置进行自动整理。对电子支付指令的清分则简单得多，只需软件自动处理即可。清分的一般流程如图 2-7 所示。

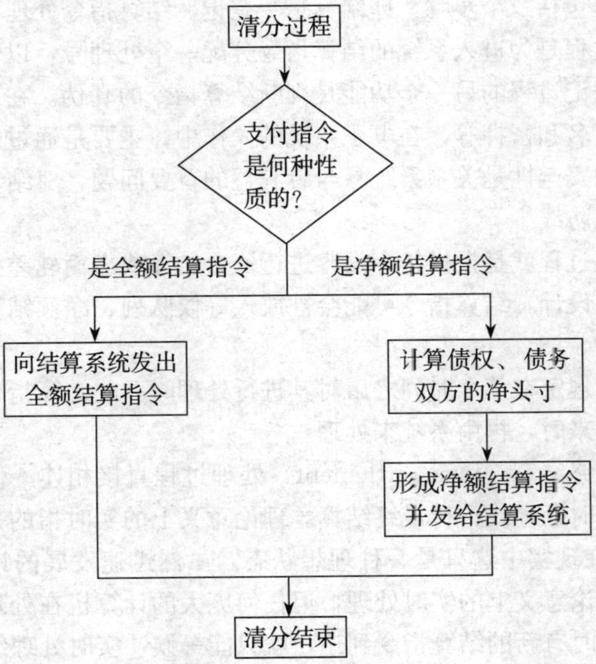

图 2-7 清分流程

首先，清分系统必须对支付指令的属性进行判断。有时，净额结算系统和全额结算系统共用同一清分系统。在这种情况下，清分系统需要区分支付指令的属性，并决定支付指令传向哪个结算系统。

在全额支付中，支付指令清分的步骤比净额结算中的少，清分系统只需根据支付指令的内容向结算系统发出结算指令即可。而净额结算的支付指令必须经过轧差操作。

当清分系统识别出一个用于净额结算的指令后，它就会根据此指令的内容计算债权和债务双方的净结算头寸。在清分周期结束时，它再根据系统参与者各自轧差之后的净债权、净债务生成结算指令，传入结算系统，清分过程就此结束。

2. 结算过程

结算过程进行实际意义上的资金转移。一般来说，这种转移主要体现为支付各方账户的变化。账户的变化分成两个层次：一是交易双方在各自开户银行内的账户的变化；二是提供支付服务的银行系统账户的变化。第一个层次一般在银行内部，通过银行业务系统完成。一般讨论的结算过程多为银行间资金转移服务，因此我们现在主要考虑第二个层次的意义。

结算过程涉及两种基本处理对象：结算指令和账户。结算指令是由清分系统根据支付指令生成的。结算指令的基本信息包括收款方、付款方、金额。结算指令虽是根据支付指令生成的，但并不是说一条支付指令便对应一条结算指令，往往支付指令多于结算指令。这是因为对于净额系统来说，在清分过程中会对许多支付指令进行轧差，真正用于资金转移的是账户之间的净债务，所以没有必要对每一条支付指令都进行资金的结算。然而，对于全额结算系统来说，支付指令与结算指令应该一一对应。账户是付款方和收款方在清算所开立的，所有的结算操作都对应该账户。

结算处理的流程包括三个步骤，即结算指令登记、结算指令处理和最终结算处理。

结算指令登记过程是为进入系统的结算指令分配一个处理号，以保证结算指令能够被正确记录和确认。登记过程的另一个功能是判断结算指令的真伪。在手工操作中，对真伪的判断依靠印鉴、签名和密押等。在电子系统的操作中，主要是通过加密和解密的手段进行判断。支付系统的安全性是关系系统参与者利益的首要问题，对结算指令真伪的判断是保证安全性的第一道防线。

结算指令的处理过程就是根据指令内容进行资金结算或净额轧差操作。根据指令本身的属性和结算系统的设计，结算指令可能会被放入等候队列、净额结算堆栈和实时处理线三种操作缓冲区之中。

当结算指令本身规定在某个时间之后对其进行处理时，此结算指令会被暂时放入等候队列，在规定时间到来时，再由系统来处理。

实时处理线与最终结算（final settlement）处理过程直接相连。任何进行实时处理结算的指令都需通过实时处理线进行最终结算。理论意义上的实时指的是没有任何时滞，哪怕是 0.01 毫秒。但在现实中这只是一种理想状态。虽然迅速发展的计算机技术和通信技术已经日益趋近于理论意义上的实时处理，但任何庞大的计算机在处理最终结算时，都需要一点时间。如果此时有新的结算指令到达，就只能等候，实时处理线为其提供了等候的场所。

利用净额结算堆栈延迟最终结算，是指结算指令已经到达，但会滞留一定的时间，以便与同一堆栈的结算指令进行差额计算，以节省对流动头寸的要求。净额结算堆栈中的结算指令通过实时处理线进行最终结算处理。

最终结算处理程序进行最终的且无法撤销的结算，这是结算过程的最后一个步骤，此过程将判断账户上是否拥有足够的资金。如果拥有充足的资金，最终结算处理程序就会发出符合会计规定的借记和贷记指令，有关账户将被相应地更新，同时会向付款者发出确认信息。

如果相关账户上的资金不足以进行结算，则根据不同系统的设计，结算系统可能会进行以下三种处理：

（1）将结算指令挂起，放入一个队列中，待账户中有足够的资金时再进行最终结算。

（2）对付款者提供日内贷款（或日内透支），使结算可照常进行。如果在当日付款者取得了足够的资金，则归还贷款。一般来说，日内贷款有两种形式：一种是信用贷款，另一种是抵押贷款。抵押品一般是记账式的债券。从防范风险的角度考虑，多数支付系统采用后一种贷款方式。

（3）向付款者提供隔日贷款。这是在付款者无力在当日结算系统关闭前取得足够的资金来归还日内贷款的情况下进行的。

目前，提供日内或隔夜贷款的系统通常要求提供抵押贷款。通常有两种做法，即配备相应的证券簿记系统，或者与已有的证券簿记系统相连。证券簿记系统是各种证券进行交易的系统，这一系统的参与者提供电子记账的方式进行相互间的交易。证券簿记系统避免了实物证券的物理传递，而代之以电子信号的往来，不仅提高了证券流通的速度，而且突破了单位时间内进行证券转移的数量限制。

证券簿记系统与支付系统关系密切、相互依存。作为交易系统，在证券簿记系统中发生的各项交易均需要通过支付系统进行资金清算；同时支付系统要依靠证券簿记系统进行抵押贷款。世界上大部分支付系统都采用抵押贷款，如何协调支付系统、证券簿记系统的关系是支付系统研究的重要课题。

提示：证券簿记系统是各国政府进行公开市场操作的重要机制，关系到货币政策的实施。

三、大额支付系统的运行模式

根据系统的提供者是中央银行还是私营清算所，结算方式是全额还是净额，时间上是连续还是间隔，以及是否有透支安排，目前世界各国的大额支付系统通常有四种运行模式。

1. 中央银行全额、连续、无透支模式

采用这种运行模式的典型代表是由瑞士国民银行经营的瑞士同业清算系统（Swiss Interbank Clearing，SIC）。SIC 只为银行同业资金转移提供清算服务。SIC 从 1989 年开始投入运行，目前有 160 多家银行参加，这些银行都在瑞士国民银行设有清算账户，资金转移以清算账户间全额拨款的方式进行。该系统是贷记支付系统，付款指令由付款银行发出。瑞士国民银行不为商业银行提供透支便利，如果付款银行发出付款指令时清算账户上没有足够的余额，则支付指令无法执行，命令转入等待执行状态。只有当资金从别的银行转入，使清算账户具备足够的余额时，命令才会被激活。等待执行的命令按时间顺序排列，命令按先入先出的顺序执行，但银行可以对命令的优先程度做出安排，优先的命令优先执行。银行也可以通过取消一些命令来使后面的命令提前执行。如果在一个营业周期结束时，支付命令仍处于等待状态，则该命令会被自动取消，银行需第二天再次提交命令。SIC 是连续系统，命令随时来随时处理，不需要等命令累积到既定处理时间再进行处理。如果发送来的支付指令因账户余额不足无法处理，瑞士国民银行会通知接收银行，然后在支付指令被激活后再次通知该接收银行，这样接收银行可随时了解其交易对方的头寸情况，各参与银行也可以随时向瑞士国民银行查询命令执行状况，以随时掌握自己的头寸情况并进行相应的头寸调剂。支付命令被执行后，资金转移最终完成，交易不可撤销。

2. 中央银行全额、连续、有限透支模式

采用这种运行模式的典型代表是由美国联邦储备体系（美联储）管理和运行的联邦电子资金转账系统（Federal Reserves Wire Transfer System，FEDWIRE）。FEDWIRE 是美国处理同业银行清算、记账证券交易以及公司间大额支付的大额支付系统。

FEDWIRE 始建于 1918 年，当时与商业银行的联络还是通过电报的形式进行，目前已经全部实现电子化。

与 SIC 一样，FEDWIRE 也是全额、连续的贷记支付系统，资金的转移也是无条件且不可撤销的。与 SIC 不同，FEDWIRE 能够为用户提供有限的日间透支便利（capped intraday credit）。FEDWIRE 的这一措施解决了商业银行资金的流动性问题，提高了支付系统的效率，但同时给中央银行带来了一定的支付风险，当某支付方发生清偿危机时，中央银行将承担全部风险。

（有关 FEDWIRE 支付系统的详细介绍请参见第三章第二节相关内容。）

3. 中央银行定时、净额结算模式

采用这种运行模式的典型代表是由日本银行经营的日本银行金融网络系统（Bank of Japan Financial Network System，BOJ-NET）。比较独特的是，BOJ-NET 实际上包含两种系统：一种是类似 SIC 的全额、连续、无透支系统，该系统与 SIC 的区别是，如果用户账户没有足够的资金，则命令会被自动拒绝，不允许进入等待状态；另一种是 BOJ-NET 的定时、净额结算系统，其处理量是全额、连续、无透支系统的 50 倍。BOJ-NET 定时、净额结算系统在一个营业周期（上午 9 时至下午 5 时）指定 4 个命令处理时间（分别为上午 9 时、下午 1 时、下午 3 时和下午 5 时），在两个指定时间内对收到的支付指令进行差额计算，在另外两个指定时间内对差额资金进行划拨。至于如果在指定时间内银行账户没有足够余额应如何处理，BOJ-NET 没有做出明确规定，由日本银行自主决定是提供贷款还是取消该行的支付命令。

4. 私营多方净额结算模式

采用这种运行模式的典型代表是由纽约清算所协会（New York Clearing House Association，NYCHA）经营并运行的清算所银行同业支付系统（Clearing House Interbank Payment System，CHIPS），它是全球最大的私营支付清算系统之一，主要进行跨国美元交易的清算。CHIPS的成员有两大类：一类是清算用户，另一类是非清算用户。CHIPS是一个净额多边清算的大额贷记支付系统，它提供了双边及多边信用限额来控制信用风险。

（有关CHIPS的详细介绍请参见第三章第二节相关内容。）

本章思考题

1. 简述支付系统的构成和各个组成部分的作用。

2. 中央银行对支付系统负有哪些责任？

3. 比较全额结算系统和净额结算系统的异同。

4. 为什么说实时全额结算系统有利于规避支付系统信用风险？

5. 大额支付系统和小额支付系统有哪些差异？为什么说大额支付系统是一国支付清算系统中的主干线？

6. 清分和结算的区别是什么？

7. 根据系统管理者、结算方式以及是否有透支安排，大额支付系统的运行模式可以分为哪几种？这些模式各有哪些特点？

第三章 现代化支付系统的国际比较

章首导言

尽管各国支付系统中的支付工具有所不同，支付方式各异，经营管理机构也不尽一致，但主要功能相同，都用于银行间资金调拨、清算转账和证券交易的清算等。由于各国经济、历史发展状况不同，各国的支付系统构成各有特点，有很多值得借鉴之处。

SWIFT 成立于 1973 年，由来自 15 个国家的 293 家银行出资兴建，目的是促进各国、各银行之间的通信自动化与规范化，快速、高效地完成银行间的资金清算，为国际贸易结算提供一个有效的支付平台。

美国的大额支付系统主要包括美联储管理和运行的联邦电子资金转账系统（FEDWIRE）、纽约清算所协会（NYCHA）经营并运行的清算所银行同业支付系统（CHIPS）、美联储的支票清算系统、自动清算所系统及电子数据交换系统。

欧盟的欧洲间实时全额自动清算系统（Trans-European Automated Real-Time Gross Settlement Express Transfer System，TARGET）是一个区域性的支付清算系统，它具有鲜明的一体化色彩。与 SWIFT 一样，TARGET 的总部设在比利时的布鲁塞尔，支付清算机制高度发达，支付清算服务优质、高效。

英国自动化清算所支付系统（Clearing House Automatic Payment System，CHAPS）是英国的银行间大额支付系统。1996 年 3 月，英国清算银行开始用这个新的电子系统进行同日内的英镑支付。CHAPS 附属于英格兰银行，由英国的中央银行——英格兰银行——进行运营监管和结算代理。

中国现代化支付系统（China National Advanced Payment System，CNAPS）主要提供商业银行之间的跨行支付清算服务，是为商业银行之间和商业银行与中国人民银行之间的支付业务提供最终资金清算的系统，是各商业银行电子汇兑系统资金清算的枢纽系统，是连接国内外银行的重要桥梁，也是中国金融市场的核心支持系统。

本章对不同国家的几个典型支付系统进行了对比分析。

关键术语

SWIFT、FEDWIRE、CHIPS、TARGET、CHAPS、CNAPS

知识结构图

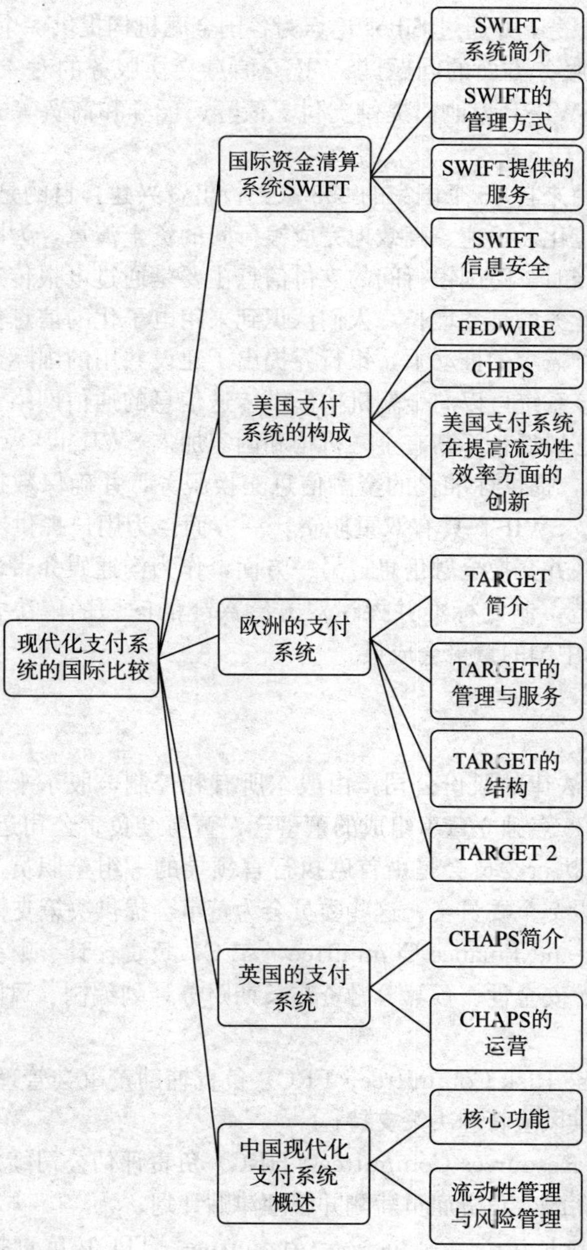

第一节 国际资金清算系统SWIFT

一、SWIFT简介

环球银行间金融电讯协会（SWIFT）是一个由金融机构共同拥有的私营股份公司，按比利时的法律登记注册，由会员银行（包括中央银行）和其他金融机构协同管理。SWIFT为金融机构提供安全的、标准化的信息服务和接口软件服务，以促进金融交易过程的自动化，完成资金的清算服务；并通过Sibos论坛为各国金融机构提供一个交流场所，用来讨论有关金融清算和通信服务方面的问题。SWIFT信息交换服务的对象包括银行、经纪人、经销商和投资经理，SWIFT为他们提供支付、债券、证券和商贸等方面的安全交易机制。

SWIFT成立于1973年，由来自15个国家的293家银行出资兴建，目的是促进各国、各银行之间的通信自动化与规范化，快速、高效地完成银行间的资金清算，为国际贸易结算提供一个有效的支付平台。当时，跨国银行间的支付信息主要是通过电报传递，费用昂贵且错误率高。随着国际金融业务的日益增长，人们认识到采用电子化的信息传送可以大幅提高通信质量和效率。在这种需求的推动下，银行界提出了建设共用的国际金融通信网络系统的计划（即SWIFT）。该系统可以向金融机构提供传送信息的通信网络，并且为信息交换设定了标准的格式。从这以后，不断有金融机构和国家加入SWIFT。

SWIFT是一家会员制机构，提供标准化的金融信息交换服务，并确保数据在安全交换的同时具有机密性和完整性。SWIFT具有双重职责：一方面，为用户提供专有的通信平台、产品和服务，让客户接入并交换金融信息；另一方面，作为沟通媒介带领金融界同仁一起协同工作，形成市场规范，制定标准并探讨双方感兴趣的问题的解决方案。2013年，SWIFT迎来了第一位来自中国的董事会成员。

二、SWIFT的管理方式

SWIFT是一个遵循比利时法律的股份公司，由股东所有和控制，股东来自会员。最高权力机构是由股东选举的由25名独立董事组成的董事会，董事会负责公司运营和管理。SWIFT的股东来自世界各地，执行委员会是由首席执行官领导的一组全职员工，并处于董事会的监管之下。董事会下设7个委员会，这些委员会为董事会提供决策支持。

审计与财务委员会（Audit and Finance Committee，AFC）负责会计、财务报告与财务管理、合规管理与伦理道德、安全性、预算、融资与长期财务计划编制、风险管理、监督SWIFT运作和内部控制；

风险管理委员会（Franchise Risk Committee，FRC）负责辅助董事会管理主要风险，包括制定风险管理战略，并提供风险管理决策支持；

人力资源委员会（Human Resources Committee，HRC）负责评估公司绩效，并决定董事会成员和其他主要高管的薪酬，负责雇员薪酬并管理津贴计划；

技术与产品委员会（Technology & Production Committee，TPC）负责技术和产品

开发；

银行与支付委员会（Banking & Payments Committee，BPC）和证券委员会（SWIFT Securities Committee，SSC）负责相关产品开发；

银行服务委员会（Banking Services Committee，BSC）负责标准、数据和商务构架制定。

SWIFT的成员分为三类：会员（member，持股会员或非持股会员）、附属会员（sub-member，由会员管理的附属机构）和参与者（participant）。

（1）会员：包括经董事会认可的银行、符合条件的证券和相关金融工具的经纪人/经销商、规范的投资管理机构。会员可以根据自身情况选择是否持股，但获得的服务相同，即SWIFT提供的所有服务。

（2）附属会员：持股会员对该机构拥有50%的直接控制权或100%的间接控制权。此外，该机构还需满足附属会员条例中第8款第1节的要求，即必须和会员所参与的业务相同。

（3）参与者：只能获得与其业务相关的一系列特定服务，并且需满足公司条例中为其设定的标准。参与者不能持股。参与者主要由证券业的各类机构及从业者组成，例如证券经纪人和经销商、投资经理、基金管理者以及货币市场经纪人等。

为了对SWIFT进行有效管理与监督，十国集团（G10）的中央银行做出了特定的安排。比利时（SWIFT总部设立于该国）的国家银行（Belgian National Bank，BNB）在SWIFT的监管中起主导作用，G10的中央银行从旁进行协助。BNB负责SWIFT的日常监管，支付结算体系委员会（Committee on Payment and Settlement System，CPSS）对检查的结果做出指示或建议，提示监管过程中应注意的问题。

对SWIFT进行监管的重点在于系统的安全性和操作的可靠性。具体地说，监管的目的是使SWIFT具备良好的系统结构、处理能力、风险管理与控制方式，这样SWIFT对金融稳定可能造成的威胁就能得到有效的控制。NBB每年至少举办两次高峰会谈，参与者包括从G10中央银行中选出的代表、SWIFT的资深管理者、SWIFT董事会的代表。会上G10中央银行提出有关监管方面的议题，并向SWIFT提出建议和计划。对于这些建议，SWIFT解释已采取的措施或提出将要采取的措施。监管并不对SWIFT提供的服务给予任何认可与保证，SWIFT仍需为其系统、产品和服务的安全性和可靠性负责。

三、SWIFT提供的服务

SWIFT为其会员提供快捷、安全的金融服务，如图3-1所示。SWIFT提供的服务分为以下三类：连接与访问（connectivity and access）、软件服务（software）和共享服务（shared service）。

1. 连接与访问

为了使用SWIFT的报文传送服务，客户需要接入SWIFT环境。为了满足不同的用户需求，SWIFT提供如下几种连接到SWIFT环境的方法：通过永久租赁线路、互联网或者SWIFT的云服务（Lite 2）直接连接；或者通过其指定的合作伙伴间接连接。

除了提供不同的连接选择和广泛的平台产品外，SWIFT还提供各种接口，以实现用户内部系统和SWIFT环境的无缝连接。SWIFT的各种接口都遵循接入SWIFT环境所需

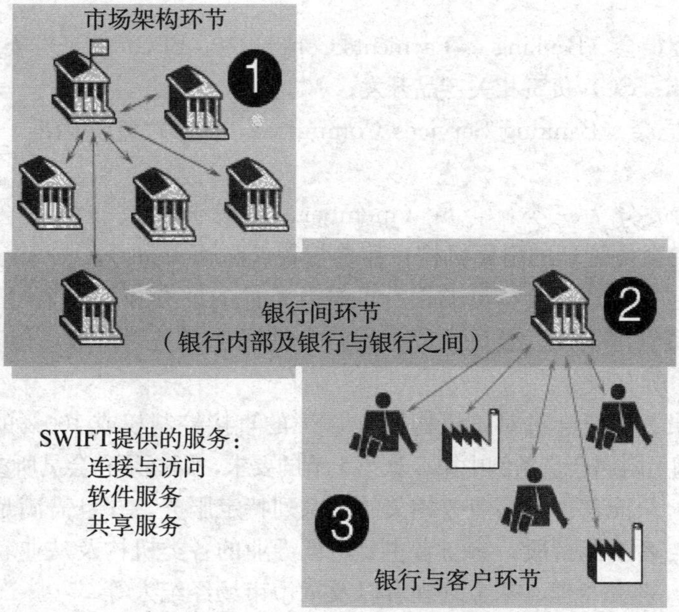

图 3-1 SWIFT 提供的服务

的所有 SWIFT 协议，同时，SWIFT 也根据客户需求为客户量身打造不同的选项，以支持不同的服务、提供不同的功能。

2. 软件服务

SWIFT 提供各种集成与报文传送管理解决方案，以支持各类需求（从世界级大型机构的较复杂、高容量的报文传送需求，到小型银行和企业的低容量的报文传送需求）。

为了更好地满足用户的金融报文传送需求，SWIFT 还提供存储、格式化、翻译与转换、协调、存档、修复等功能。

3. 共享服务

SWIFT 的服务组合能够解决金融机构所面临的某些最重大的运营难题。这些解决方案通常专注于对提高人工服务的自动化程度的处理进程、降低监管复杂性和技术复杂性。

例如，SWIFT 的金融犯罪合规服务可以帮助 SWIFT 的社区成员降低成本并提高效率，解决金融业面临的最紧迫的问题。中小型机构可以使用 SWIFT 的管理式服务监测金融交易，而大型机构则可以获取第三方支持，确保其交易的合规筛查环境运行正常。SWIFT 的 KYCRegistry 可以帮助银行获取一系列标准化的尽职调查信息，以减少数据收集成本，提高决策效率。SWIFT 的深入数据分析功能可以帮助银行精准定位、调查并消除与金融交易和往来银行业务相关的潜在合规风险。

SWIFT 还根据报文传送的数据编纂深入详尽的商业情报和宏观经济情报。通过数据分析，SWIFT 能够对经济表现进行评估，对跨国交易中货币的使用进行研究，并确保用户能够对自己的数据进行分析。

SWIFT 不仅为全球市场基础设施提供服务，还向金融市场基础设施提供可还原性定制服务和备份服务。

SWIFT凭借其ISO标准注册机构的核心身份，帮助用户实施并更新其各自的金融标准集。专用标准应用程序可以向用户显示标准何时修改、何时生效，以及客户的系统是否已进行更新。通过SWIFT的参考数据设施，SWIFT也与金融业共享关于往来银行的最新信息。

SWIFT社区通过提供多样化的咨询、专业培训和支持服务，让用户不再孤立无援，无论客户身处何地，都能随时得到SWIFT专家的帮助。

四、SWIFT信息安全

SWIFT信息安全具有以下特点：

1. 永无故障（FNAO）

SWIFT的信息安全措施旨在做到全面周到，能应对极端情形，以及防止未经授权进行任何物理和逻辑访问，此外还具备侦测、应对及还原能力。为确保IT资产和数据的物理安全，在设计和建造特定用途的数据中心时，SWIFT采取了以下做法：编制最高级别的保护机制；基于严格的业务需求审查机制严密控制对此等站点的访问；在整个运转周期中，对计算机硬件和媒体操作强制执行严格的控制机制。

在服务和软件的架构、设计、开发、维护及运行过程中，通过使用结构化开发设计，SWIFT确保客户在获得SWIFT服务时享有最高的安全级别。

2. 风险框架

SWIFT运营深度植入了风险管理理念和文化，这种文化体现在SWIFT的宗旨“永无故障”中。有三道坚固的防线支持和监督SWIFT的风险管理策略：第一道是管理层，此道防线负责开发和实施具有高度可靠性和安全性的框架；第二道是风险与合规部门，此道防线负责总体风险框架；第三道是审计部门。

SWIFT的总体风险管理框架为风险管理提供了统一、整体的视角，该框架旨在应对不断演变的风险管理难题。信息安全风险管理框架规定了如何识别、降低、跟踪安全风险并逐级向SWIFT董事会报告此等风险。

SWIFT的内部审计和外部安全审计持续就SWIFT的风险和控制功能进行独立和客观的审查、评估和报告，共同构建完善的信息安全风险管理系统。内部审计团队定期接受外部审查，以此向董事会和SWIFT管理层保证团队的运行符合国际审计标准和做法。

3. 网络安全

SWIFT非常认真地对待网络安全问题，主动从各种公共、专有或机密渠道了解外部网络事件、恶意手法和网络威胁，并在侦测、应对及还原能力方面持续投入，以便采取适当的行动降低此等风险，并保护SWIFT提供的服务。

SWIFT以三年为周期制定并实施网络安全路线图，该路线图可分为四个主要方面：

（1）了解——了解敌手并明白自身面临的风险；

（2）预防——加大敌手活动的内在难度，防止网络攻击；

（3）计划——永不低估敌手，侦测可能攻破自身防线的攻击；

（4）管理——设想各种可能出问题的情形，为最坏的情形做好准备，随时应对和牵制攻击并进行还原。

4. SWIFT 报文传送服务

SWIFT 报文传送服务在 SWIFT 内部环境中提供，此环境包括 SWIFT 及其全体成员所拥有和直接运营（及控制）的所有工作场所、基础设施、软件、产品和服务。SWIFT 环境对客户的报文实施严格的安全性、保密性及完整性保护。SWIFT 会采用一些程序来防止报文数据未经授权而被披露，保护消息来源，防止未经授权对报文进行篡改，并侦测报文毁坏情况，SWIFT 的内容验证功能可确保仅对有效报文进行处理并已传送给指定接收人。SWIFT 尽力保证报文传送服务的可用性，保证报文及相关客户数据的机密性和完整性，以及保护 SWIFT 环境中的隐私权。

SWIFT 的报文传送服务对全世界各金融市场的正常运行极为重要，因此 SWIFT 特别重视报文传送服务的还原能力。SWIFT 的基础设施拥有较强的还原能力，其设计、建造和测试都旨在使其在遇到压力、干扰、故障或恶意行为的情况下仍然可用，并满足规定的对还原时间的要求。

SWIFT 的外部安全审计机构每年对 SWIFT 的报文传送服务进行独立的外部审计。该审计按照适用的《国际鉴证业务准则》的要求进行。由此生成的报告就 SWIFT 在特定范围内的服务的安全性和可靠性提供第三方鉴证。

第二节　美国支付系统的构成

美国的支付系统是一个高度发达的系统，迄今为止已经形成一个规模庞大、结构科学、高效稳定、功能齐全的综合体系。

美国的支付系统具有以下特点：

(1) 提供多种类型的支付服务。在美国，除银行外，还有众多的金融机构提供支付服务。全美有包括商业银行、储蓄和贷款协会、信用社在内的约 27 000 家存款机构，它们为客户提供不同形式的支付服务。

(2) 私营清算组织众多。这些私营清算组织既包括众多从事支票托收、经营自动取款机网络以及终端销售网络的地方性同业银行组织，又包括经营全国性信用卡支付网络以及大额资金转账系统的私营机构。

(3) 具有较为完善的法律法规体系。美国制定了多项规范支付活动及金融机构支付服务的法律、法规，既有联邦、州一级的法律，又有大量私营清算组织为其成员的清算活动制定的规章，这些法律、法规共同起作用，形成了制约美国支付活动的基础。美国各州对商业与金融活动的管理主要遵循《统一商法典》(Uniform Commercial Code，UCC) 的规定，该法典 1952 年对外正式公布，是各州对包括银行业与证券业交易在内的商业与金融活动进行管理的标准法。该法典包括了关于可转让支付工具、银行存款及托收、资金转移与证券投资等活动的相关规定的条款。1987 年《加速资金到位法》(Expedited Funds Availability Act，EFAA) 赋予了美联储改进美国支票托收与退票体系的广泛权力。在此法律下，美联储颁布了 CC 条例，针对吸收存款机构、加速支票托收与退票过程出台了大量的规定。美联储 J 条例的 A 部分对通过联邦储备体系进行的支票托收与退票进行了规定，J条例的B部分对通过联邦电子资金转账系统进行的大额支付活动进行了规定。1978年《电子资金转移法》（Electronic Fund Transfer Act，EFTA）与美联储E条例是制约美国电子资金交易活动的主要法律，它对消费者及提供电子资金转移服务的组织（包括自动清算所、自动取款机及现场销售网络的金融机构）的权利和义务进行了规定，还对各金融机构的财务公开、银行卡发行以及错误更正程序制定了统一的标准。另外，各清算系统也制定了相应的规章以保证其正常运作。

（4）美国中央银行（美联储）在支付系统中发挥主导作用。中央银行既是支付法规的制定者与金融机构支付服务的监管者，同时又向金融机构提供支付服务，经营小额与大额支付系统。

（5）可供消费者、金融机构选择的支付工具众多。既有建立在纸质实物基础上的支付工具，又有各种不同类型的电子支付工具。

美国的支付系统由大额支付系统和小额支付系统构成。在小额支付系统中，根据经济行为者的不同需求，美国银行体系提供了现金、支票、贷记支付工具、借记支付工具、信用卡等支付工具。其中支票和信用卡是美国使用最普遍的小额支付工具。据统计，迄今为止，全美已发行信用卡超过10亿张，为广大客户提供了既方便又安全的支付手段；贷记支付工具主要用于支付房租、燃气费、水电费、电话费、工资、社会福利金等；借记支付工具则通常被用于周期性的固定支付业务；现金仍然是人们日常购物时的一种支付手段，但它在支付业务中所占的比例呈逐渐下降趋势，正逐步被各种更加方便、快捷、自动化的支付工具代替。

美国的大额支付系统主要包括FEDWIRE、CHIPS、美联储的支票清算系统、自动清算所系统以及电子数据交换系统。

在美国，绝大部分大额美元支付都由两大资金转移支付系统处理：其一是FEDWIRE；其二是CHIPS，这是一个专门处理国际交易中的资金转账的私营支付系统。通常，金融机构及其客户会使用这两大系统在全球范围内进行大额的、以美元为单位的、对时效性要求高的资金转账或簿记债券的转让。此外，金融机构也可利用独立的通信系统向相关机构发送支付指令并获得相应的资金，或启用FEDWIRE或CHIPS完成支付。这两大系统都属大额支付系统，通过它们能实现全美80%以上的大额资金转账。下面重点对这两大系统进行介绍。

一、FEDWIRE

FEDWIRE是由美联储开发与维护的电子转账系统，是一个贷记支付系统。FEDWIRE提供电子化的资金转账和债券转让服务，是一个实时大额结算系统，在美国的支付机制中发挥着重要的作用。

FEDWIRE自1914年11月开始运行，从1918年起开始通过自己专用的莫尔斯电码通信网络提供支付服务，从每周结算逐渐发展到每日结算，联邦储备银行安装了一套只供其使用的电报系统来处理资金转账。20世纪20年代，政府债券也开始用电报系统进行转让。截至20世纪70年代早期，国内资金转移、债券转让仍然主要依赖于该电报系统。随后美联储开始建立自动化电子通信系统。

FEDWIRE 的用户包括联邦储备银行及其分支机构、国库和其他政府代理机构，以及储蓄机构、信贷联盟、外国中央银行及政府机构等。储蓄机构主要使用 FEDWIRE 向伙伴银行转移账户余额，或根据客户的要求向其他机构转移资金。根据银行客户的要求所进行的转账包括买卖政府债券、存款和进行其他大额、时效性强的支付业务。国库和其他联邦政府代理机构也利用 FEDWIRE 大量筹集、分配资金。

通常一个金融机构若在联邦储备银行开立账户，就可成为 FEDWIRE 的参与者。要使用 FEDWIRE，在联邦储备银行设立账户的机构需符合运作规程 6（Operating Circular 6）中规定的条款，并遵循联邦储备委员会关于支付系统风险（payment system risk，PSR）管理的要求。在遵守 J 条例的 B 部分及运作规程 6 的条件下，联邦储备银行可以对使用 FEDWIRE 的机构提出附加要求。特别是各 FEDWIRE 参与者必须与联邦储备银行就安全过程达成协议。金融机构向联邦储备银行发送支付指令也需要有足够的资金，或者在联邦储备银行的账户上有足够的余额，或者未超出透支限额。

（一）FEDWIRE 的资金转账系统

FEDWIRE 的资金转账系统的主要功能是：通过各商业银行在联邦储备体系中的储备账户余额，实现商业银行间的同业清算，完成资金调拨。1918 年，FEDWIRE 通过电报的形式第一次向各商业银行提供跨区的票据托收服务，通过 FEDWIRE 实现资金调拨、清算净差额，但其真正建立自动化的电子通信系统是在 1970 年，此后 FEDWIRE 获得了飞速发展，由其处理的各类支付业务逐年增加。该系统的成员主要有：美国财政部、美国联邦储备委员会、12 家联邦储备银行、25 家联邦储备银行分行及全国 1 万多家商业银行和近 2 万家其他金融机构。

FEDWIRE 的资金转账系统是一个实时、全额、连续的贷记支付系统，即支付命令随时来随时处理，不需要等到既定时间统一处理，且每笔支付业务都是无条件的、不可取消的。

FEDWIRE 的资金转账系统是一个高速运行的电子支付系统。FEDWIRE 的参与者可以利用该系统发送、接收以中央银行的货币进行的最终支付指令，完成相互间的支付或代理客户间的支付。在营业日内，FEDWIRE 分别处理支付指令，并完成清算。发送方银行提交的支付命令都将在当日完成，完成支付一般只需几分钟。接收方银行通过 FEDWIRE 获得的支付是最终的、不可撤销的。FEDWIRE 的资金转账系统每个工作日运行 22 小时，从美国东部时间晚上 9:00 到第二日晚上 7:00。

通常，利用 FEDWIRE 进行资金转账采用在线方式提交支付指令，即通过美联储的通信网络访问 FEDWIRE。但对于交易量小的用户，也可以使用非在线方式，通过电话服务提交支付指令。大量收发信息的参与者一般都使用在线方式，通过特定的接入服务软件（如 FedLine Direct ® 或 FedLine Advantage ® ）访问 FEDWIRE 的资金转账系统和 FEDWIRE 的债券转让系统。

FEDWIRE 的运行过程如下：在一个典型的资金转移过程中，个人或企业向其开户银行提出资金转账要求。发送方银行贷记支付命令发送方的账户，启动一个 FEDWIRE 资金转账命令。相应地，美联储贷记支付命令发送方银行的账户，借记支付命令接收方银行的账户，然后 FEDWIRE 通知支付命令接收方银行有资金转账发生。支付命令接收方银行借记接收方的账户，通知资金接收方接收这笔资金。当资金被接收后，资金转移即成为最终性的、不可撤销。资金接收方就可以立即使用这笔资金。

FEDWIRE 的资金转账系统能为用户提供有限的透支便利，它根据各商业银行的一级资本来匡算其透支额度。只有在发生超过透支额度的支付业务时，该支付命令才处于等待或拒绝状态。如果商业银行的账户余额不足，那么只要支付金额在透支额度内，美联储就自动提供贷款，使支付命令得以执行。银行的账户余额在一个营业周期结束时必须轧平。如果在营业周期结束时，银行的账户余额仍然为负数，就意味着该银行当天无法在市场上找到资金来弥补结算头寸，从而必须求助于中央银行的贴现窗口，请求用中央银行信贷来轧平头寸。中央银行的贴现利率一般为一种惩罚性利率，高于当天的同业拆借利率。如果一家银行当天找不到愿意提供资金的其他银行，那么这往往表明其他银行对该银行的财务状况有所怀疑，中央银行对这种情况会严密监视并做出分析，判定这是流动性问题还是清偿性问题。FEDWIRE 的这一措施解决了商业银行的资金流动性问题，提高了支付系统的效率，能实现及时的资金转移，但同时也给中央银行带来了一定的支付风险：当某支付方发生清偿危机时，中央银行将承担全部风险。为了降低中央银行的信用风险，避免商业银行利用中央银行提供的透支便利转嫁风险，从 1994 年 4 月起，联邦储备银行开始对在其账户上的透支收取一定的费用，开始时年利率为 24%，至 1996 年年利率已提高到 60%，目的是控制商业银行的日间信贷。

（二）FEDWIRE 的债券转让系统

FEDWIRE 的债券转让系统建于 20 世纪 60 年代末，它的主要功能是：实现多种债券（如政府债券、企业债券、国际组织债券等）的发行、交易清算的电子化，以降低成本和风险。它是一个实时的、采用付款交割（delivery versus payment，DVP）方式的全额贷记转账系统。具体实现时，由各类客户（如金融机构、政府部门、投资者等）在吸收存款机构开立记账证券账户，而各吸收存款机构在储蓄银行建立其相应的记账证券账户。清算交割通过各吸收存款机构在联邦储备银行的记账证券账户进行。目前，已有近 98%、约 20 万种可转让政府债券通过该系统进行处理。

FEDWIRE 的债券转让系统同样也会出现储备账户透支的问题（例如当接收的记账证券量大于发送证券量时），但由于债券转让时交割与支付同时进行（即一手交钱、一手交货）的特性，资金账户的透支可以用证券抵押，因此降低了中央银行的信用风险。与此同时，联邦储备银行也采取了一系列措施，例如实行债券转让最大限额（1988 年规定，每一笔债券转让资金最大不得超过 5 000 万美元），以最大限度地降低由债券转让产生的透支所引发的风险。

由于 FEDWIRE 系统在安全控制、风险防范、电信格式、信息传递等方面都实行了严格的规范和标准化措施，因此，该系统大大提高了美国国内资金清算的效率，确保了联邦储备体系中大额资金清算和证券交易的安全。

FEDWIRE 债券是可进入市场流通的、以电子形式存在的债券，属于簿记（book-entry）债券。FEDWIRE 债券服务包括债券的安全保管、转让与结算。债券的安全保管即在监管账户中保存债券的电子记录；债券的转让与结算即在不同机构间转移债券。

FEDWIRE 簿记债券的转让与 FEDWIRE 资金转账的运作方式相同。超过 9 100 个参与者在联邦储备银行设立了准备金账户。债券（包括以抵押资产为基础发行的债券）的发行方包括美国政府（财政部）、金融代理机构、国际组织（如世界银行）和联邦储备银行认为有资格开立债券账户、进行债券转让的其他金融机构。联邦储备银行为 FEDWIRE 参与者维护债券账户，并实现簿记债券的转让。

FEDWIRE 债券转让系统是一个实时的、采用 DVP 方式的大额支付系统，可以支持在支付资金的同时迅速转让债券。尽管在某些情况下，债券的转让不需要进行支付，只需签名即可，但采用 DVP 方式进行债券转让是主要方式。DVP 是价值交换结算系统中的一种机制，可以确保在并且仅在发生他方的资产最终转让的同时发生本方的资产最终转让。因此，FEDWIRE 在货币政策实施中发挥了重要作用，提高了美联储公开市场操作的效率，确保了政府债券市场的流动性。

只有储蓄机构和少数政府组织，例如联邦代理机构、州政府的财政办公室，以及某些为特定目的成立的、属于联邦储备体系成员的信托公司可以访问 FEDWIRE 债券服务系统。非银行的经纪人和经销商必须通过特定的储蓄机构持有和转让债券，这类机构是 FEDWIRE 的参与者，并且提供政府债券的清算服务。

（三）FEDWIRE 的风险管理

联邦储备银行以账户日间透支的形式，为在它那里开立账户的金融机构提供中央银行的日间信贷。只要 FEDWIRE 的参与者遵循联邦储备委员会的支付系统风险（PSR）政策[①]的要求，中央银行就可以向其提供这项服务。

由于通过 FEDWIRE 进行的资金转账是以中央银行的货币进行清算的，具有最终性，因此消除了资金接收方的信用风险。联邦储备银行向 FEDWIRE 的参与者提供日间信贷，因而参与者面临的风险被转移给了联邦储备银行。为减少这种风险，联邦储备银行采用了一系列控制日间信贷额的政策，其中包括债务最高限额，以及日间信贷的管理与收费等。联邦储备委员会制定的 PSR 政策不仅可以用于控制联邦储备银行面临的风险，而且可以用于保证开立账户的机构拥有足够的流动性，能够及时完成支付。PSR 政策规定了风险评估、净债务的最高限额、日间透支的收费，以及在特定情况下金融机构需提供的抵押，以减少联邦储备银行因日间信贷所面临的风险。

直到 1980 年美联储的成员银行使用 FEDWIRE 提供的服务时，收费标准仍未明确，成员银行不缴纳或很少缴纳费用。但是，随着对储蓄机构监管的放松，以及 1980 年《存款机构放松管制与货币控制法案》的出台，FEDWIRE 服务的收费标准被确定下来（即利用 FEDWIRE 进行资金转移、债券转让都要收取费用），并且允许非美联储成员银行使用该转账系统。为鼓励私营部门的竞争，法律规定 FEDWIRE 服务的收费必须反映提供此项服务的全部成本，以及因资金占用所引发的潜在成本和应有的盈利。

为了加强风险管理，FEDWIRE 建立了以下风险控制系统：（1）账户余额监控系统

---

① PSR 政策原先只针对美联储资金调拨系统的单项资金调拨进行监管，后来其监管范围逐渐扩展到小额自动支付、债券结算、票据清算、现金调拨等其他使用美联储银行账户的领域。1994 年，PSR 政策开始对日间透支收取费用，以避免其被过度使用；2001 年，该政策允许部分机构通过提交抵押品来获得额外的日间透支额度；2010 年，修改后的 PSR 政策规定对有抵押品的日间透支予以免费，同时取消两周透支平均限额和 10% 的计算减项，无抵押的日间透支费率也由 36 个基点（basis point，bp）扩大到 50 个基点。

(account balance monitoring system, ABMS);(2) 日间透支报告和定价系统 (daylight overdraft reporting and pricing system, DORPS);(3) 风险管理信息系统 (risk management information system, RMIS)。

另外，FEDWIRE 还实施了以下风险管理策略：(1) 对大额清算系统日间透支收取费用 (daylight overdraft fee);(2) 规定透支上限 (net debit cap);(3) 实行记账证券交易抵押 (collateral);(4) 对金融机构的支付活动进行监控 (condition monitoring)。

二、CHIPS

(一) CHIPS 简介

CHIPS (清算所银行同业支付系统) 是由纽约清算所协会经营管理的清算所银行同业支付系统，它是全球最大的私营支付清算系统之一，主要进行跨国美元交易的清算。

CHIPS 是一个净额多边清算的大额贷记支付系统。该系统建立于 1970 年，与其直接联机的银行最初只有 15 家，现在已达 140 多家，目前，全球 95%左右的国际美元交易通过该系统进行清算。以前 CHIPS 每天只进行一次日终结算，其最终结算是通过 FEDWIRE 中准备金账户的资金转账来完成的。2001 年采用新系统后，CHIPS 已逐步成为实时清算系统。

CHIPS 的成员有两大类：一类是清算用户。清算用户在联邦储备银行设有储备账户，能直接使用该系统实现资金转移，目前共有 19 个，其中有 8 个在为自己清算的同时还能代理 2～32 个非清算用户的清算。另一类是非清算用户。非清算用户不能直接利用该系统进行清算，必须通过某个清算用户作为代理行，在该行建立代理账户实现资金清算。参加 CHIPS 的单位可以是纽约的商业银行、埃奇法公司[①]、投资公司以及外国银行在纽约的分支机构。

CHIPS 自 1970 年开始运行，代替了原有的纸质支付清算方式，为企业间和银行间的美元支付提供清算和结算服务。自 1998 年起，CHIPS 归 CHIPCo 公司所有并处于其管理之下。所有 CHIPS 的参与者 (participant) 都是 CHIPCo 公司的成员 (member)。CHIPCo 公司由一个 10 人董事会进行管理；董事会中的 4 人根据 CHIPS 的参与者的交易量从 CHIPS 的参与者中选出，其余 6 人由清算所任命。CHIPS 作为一个私营的支付清算系统，在以美元进行的交易结算和清算方面，已成为一种国际通用方式，对 FEDWIRE 有很强的替代性。

自开始运行起，CHIPS 的支付处理结构已经发生了数次改变。最近，CHIPCo 公司将 CHIPS 从日终的多边净额结算系统转变为一个新的系统：在营业日内，当指令从 CHIPS 支付队列中释放出来以后，该系统就为这些指令提供实时、终结性结算；当营业时间结束时，那些已在 CHIPS 的支付队列中但仍未结算的指令将首先通过多边净额结算进行处理，若仍无法结算才会被取消。

商业银行机构以及满足 CHIPS 规则中第 19 款要求的埃奇法公司也可以成为 CHIPS

---

① 埃奇法公司 (Edge Corporation) 是 Edge Act and Agreement International Banking Corporations 的简称，是投资银行参与国际业务的一种组织形式。

的参与者。CHIPS的参与者受州或联邦银行的监管，而CHIPS也要接受州或联邦银行的年度检查。如果一家非参与者机构想通过CHIPS进行支付，那么它必须聘请一个CHIPS参与者作为其支付代理。截至2022年年底，CHIPS共有43个参与者。

通过CHIPS进行的支付转账通常与跨国银行间的交易相关，包括因外汇交易（如当期合约、货币掉期合约）而产生的美元支付，以及欧洲美元的流入与流出。此外，人们还可以利用CHIPS调整往来账户的余额，进行与商业相关的支付、银行贷款以及债券交易。2022年，CHIPS平均每天处理529 040笔支付，总支付额达到4 692 852亿美元。

CHIPS的可靠性高达99.99%。它维护着两个数据中心，两者之间通过光纤电缆连接，可以在5分钟内从主系统切换到备份系统，以保证支付指令和数据的安全存储与备份。

CHIPS还支持电子数据交换（EDI），每次付款的同时还可以向客户提供客户编码、发票号、折扣等信息。这不仅减少了信息传送错误，而且提高了效率，促进了相互间的合作。

（二）CHIPS的运行

从2001年1月起，CHIPS已成为一个实时的终结性清算系统，对支付指令连续进行撮合、轧差和结算。CHIPS的运行时间是从早上7:00至下午4:30，资金转移的最终完成时间为下午6:00，遇到节假日运行时间会适时延长。对支付指令的处理通常只需几秒，85%的指令可在中午12:30以前完成清算，这极大地提高了流动性。一般地，新系统为从CHIPS队列中释放出来的支付指令提供实时的最终清算。支付指令的结算有三种方式：(1) 用CHIPS簿记账户上正的资金头寸进行支付；(2) 用反方向的支付来对冲；(3) 以上两者同时进行。

为实现该运行，纽约联邦储备银行建立了一个CHIPS预付金余额账户（prefunded balance account），即CHIPS账户。在结算是实时、终结性的安排下，每个CHIPS参与者都有一个预先设定的初始资金头寸要求（pre-established opening position requirement），一旦通过FEDWIRE资金账户向此CHIPS账户注入相应的资金，就可以在这一天中利用该账户进行支付指令的结算。如果参与者没有向CHIPS账户注入这笔资金，未达到初始资金头寸要求，则不能通过CHIPS发送或接收支付指令。在美国东部时间凌晨0:30，CHIPS和FEDWIRE开始运行以后（但不能晚于美国东部时间上午9:00），这笔规定的资金头寸就可以随时转入CHIPS账户。

在CHIPS的运行时间内，参与者向中心队列提交支付指令，该队列由CHIPS维护。在不违反CHIPS第12款规定的前提下，系统通过优化算法从中心队列中寻找将要处理的支付指令。当进行某一次结算时，优化算法会将相关的支付指令从中心队列中释放出来，对支付指令做连续、实时、多边匹配轧差结算，根据结果在相关参与者余额账户上用借记/贷记方式完成对支付指令的最终结算，同时标记CHIPS记录以反映资金头寸的增减变化。在美国东部时间下午5:00(6:00) 系统关闭前，参与者随时可以从队列中撤出指令。对当前头寸的借记、贷记只反映在CHIPS的记录中，并未记录在纽约联邦储备银行的簿记账户中。按照纽约的法律和CHIPS的规定，支付指令的最终结算时间就是从CHIPS队列中释放出来的时间。

美国东部时间下午 6:00，CHIPS 尝试进行撮合、轧差和结算，并尽可能多地释放尚在队列中的指令，但不允许某个参与者出现负头寸。当这一过程结束以后，任何未释放的指令都将通过多边轧差的方式进行处理。对每一个参与者而言，轧差后的净头寸与其当前头寸（为零或为正）相关。若轧差后的头寸为负，其数值就是参与者的“最终头寸要求”(final position requirement)。

有“最终头寸要求”的参与者必须将所要求的资金通过 FEDWIRE 转入 CHIPS 账户。当所要求的资金转账后，资金将贷记到参与者的余额中。当 CHIPS 收到所有 FEDWIRE 资金转账后，就能够释放余下的支付指令，并对其进行结算。在这一过程完成后，CHIPS 会将账户中尚存的余额转账给相应的参与者，日终时将其在 CHIPS 账户的金额减为零。

由于预付资金数量相对较少，并且对支付指令的清算和结算是在多边匹配轧差的基础上进行的，所以预付资金 240 万美元，就可以进行超过 12 亿美元的支付，1 美元资金的平均效率乘数达到 500 以上。这加速了资金再循环，减少了流动性需求和日末流动性短缺的风险。

（三）CHIPS 的风险管理

CHIPS 在风险管理方面一直处于领先水平，1990 年国际清算银行（BIS）制定跨国、多币种净额结算方面的规定时就采用了 CHIPS 的风险管理模型。现在，CHIPS 对风险的管理接近实时全额结算系统的水平，超过了国际清算银行的 Lamfaulssy 标准。

CHIPS 要求参与者在每天交易开始前存储一定数量的资金。在系统的运行时间内，只有当参与者当前的资金头寸足以完成借记时 CHIPS 才释放支付指令，而且任何参与者当前的资金头寸都不得小于零。对于接收方的参与者而言，从队列中释放出来的支付指令都是终结性的。为保证 CHIPS 的参与者可以获得信贷来源，并有足够的流动性以迅速应对每日初始和最终的资金头寸要求，CHIPS 为参与者提供了信贷限额。一家机构若要成为参与者，就必须接受纽约州银行或联邦储备银行规章制定机构的管理，以确保它接受了定期的检查，并且运行稳定。此外，它还需接受 CHIPCo 公司的信用评估。CHIPS 的参与者也必须向 CHIPCo 公司的董事会提交财务状况方面的文件，接受董事会的定期问讯。

CHIPS 可以提供双边及多边信用限额以控制信用风险。双边信用限额（bilateral credit limit）是指清算成员双方根据信用评估分别给对方确定一个愿意为其提供的信用透支额度；多边信用限额（multilateral credit limit）则是指根据各个清算成员对某清算成员提供的双边信用限额，按比例（如 5%）确定该清算成员的总信用透支额度。清算时，只要双边及多边信用限额不突破，CHIPS 就会根据支付命令对其清算成员银行进行相应的借记/贷记记录；如果超出限额，则拒绝执行其支付命令。自 1990 年起，CHIPS 规定在一天清算结束时，若有一家或多家银行出现清偿问题，且找不到为其代理的清算银行的话，则视这些银行为倒闭状态，这时，由其造成的损失由其余各成员银行共同承担，以确保一天清算的完成。这些风险控制措施的实施不仅控制了成员银行的风险，而且控制了整个系统的信用风险。因此，可以说 CHIPS 为国际美元交易支付提供了安全、可靠、高效的系统支持。

2003 年 11 月 4 日，CHIPS 对系统接入方式做了新的调整，并且提供基于互联网的管理报告和更高效的清算处理，参与者和其他用户可以利用互联网更加方便地使用该系统。

首先推出的网上服务是追加资金（supplemental funding），它允许参与者追加资金并指定优先处理某些支付指令，立即清算。作为终结性的多边净额结算系统，CHIPS 可以对多个参与者的支付指令进行匹配，然后进行实时的清算和结算。大部分指令的清算在 15 秒内完成，但有时银行会希望某些指令具有更高的优先级，能够立即清算。通过这项服务，银行就可以在网页上控制该过程，根据需要更改支付指令的处理顺序。

此外，CHIPS 提供在线的管理报告，而以前该报告只能在客户端生成。现在，金融机构在登录后就可以看到自己与交易对象的相对头寸，查询支付状况，进行与 CHIPS 相关的管理。

追加资金和管理报告这类网上服务为 CHIPS 的参与者提供了更大的便利。以前，CHIPS 提供新服务后，参与者必须调整自身的系统才能享受到新的服务。而现在 CHIPS 则调整了自身的系统，并通过网络提供这些服务，于是参与者的维护费用下降了，而且很快就可以利用这些服务。

2020 年 CHIPS 推出新规则，要求所有参与者在每日 9 点前提供一笔预付款，预付款金额由 CHIPS 计算决定。该规则可以有效降低信用风险，在推出这项规则后，CHIPS 变为无风险结算系统。

三、美国支付系统在提高流动性效率方面的创新

支付系统一般采用两种形式：实时全额结算（RTGS）系统和延时净额结算（delayed net settlement，DNS）系统。RTGS 系统可以保证按时结算，消除延迟结算的成本，但在流动性方面较为欠缺，过去主要通过为银行提供日间透支、回购协议等方式保证足够的流动性。DNS 系统的流动性较强，但是延迟结算成本更高。因此，发达国家对现有的支付系统进行了改造，力图提高流动性，同时降低延迟成本。

（一）FEDWIRE 在提高流动性方面采取的措施

为提高流动性，达到用更少的资金完成同样支付的目的，FEDWIRE 采取了几项措施：

（1）引入集中管理的支付队列（centrally managed queue）。以往，对于缺乏足够现金头寸的支付指令，RTGS 系统的处理方法是取消指令。在引入中央排队功能后，对资金不足的指令，既不立即结算，也不退回，而是输入中央排队程序。一旦收付流程中进入银行账户的款项足以结算队列中的支付指令，系统就释放指令，予以清算。

目前，世界上主要的 RTGS 系统采用的中央队列管理方式有以下几种：

1）按先进先出原则顺序处理，银行可以随时调整顺序，以防由于无法结算第一笔付款而造成全盘死锁。

2）允许银行根据支付指令的轻重缓急对指令进行排序，在流动性有限的情况下，优先结算紧急付款。

3）允许银行对其输入系统的指令自行做出灵活的流动性安排，控制支付流量、实质指令的执行时间。这种集中队列管理模式虽然使银行能够更灵活地安排支付，但对流动性的需求总量仍与结算总额相等，并未因此减少。

（2）在中央队列管理中采用优化算法，对收/付头寸进行连续匹配，在系统内实现双边/多边债务互抵；合理分配流动性头寸，帮助银行充分利用收入头寸来结算支付指令，

减少对流动性总量的需求。这实际上在RTGS系统中引入了净额系统的轧差功能，达到了与DNS系统相似的流动性效率。FEDWIRE引入此功能以后，日均资金周转次数/流动性效率乘数达到了12。

（3）将银行付款集中在一个相对短的时间内，在系统内形成付款高峰，使银行间可以互相利用收入头寸作为支付资金的主要来源，为银行提供同步结算的平台。例如，FEDWIRE每日支付额中约有25%的资金来源是与付款指令在同一时间进入系统的收入头寸，而在结算日下午4:30前后的高峰期，这一比例高达40%。将大量收付指令集中处理大大降低了额外流动性成本和需求。

（4）分解支付指令。付款方在缺少足够的头寸来结算某一笔支付时，系统将该付款分解成若干较小额度的款项，使收款方尽早收到部分收入头寸用于支付，在降低流动性需求的同时也减少了系统全盘死锁的风险。

（二）CHIPS在提高流动性方面采取的措施

DNS系统创新的主要目标是克服定时结算的缺陷，对支付指令做连续的、接近实时的处理，尽量缩短支付指令从进入系统到完成支付的时间，即资金到账的时间间隔。CHIPS将RTGS系统和DNS系统相互融合，形成混合型结算系统——实时净额结算（real time net settlement，RTNS）系统。

CHIPS现在已转为全新的RTNS系统，其主要特征是：在维持低流动性需求和无抵押的前提下，实现净额结算的实时终结性，保证每一条付款指令在释放后对收款方而言都是终结性的，资金可以动用。为保证这一结算的顺利进行，CHIPS采取了两项措施：参与者必须在美联储开立预付金余额账户，并引入连续轧差算法（balanced release algorithm，即平衡解付算法）管理中央队列，控制参与者之间支付指令的处理。

CHIPS的这一改革大大改善了银行对流动性的管理。因为优化算法可以对各种金额的支付指令做实时、连续、混合计算，使银行面临的流动性风险更小，并使超大金额的指令也可以得到迅速处理，因此银行不必将大额支付推迟到日末进行以维持流动性。由于系统可以同时接受更多的指令，也更容易匹配，因而付款的流动性需求减少了。

第三节 欧洲的支付系统

欧洲间实时全额自动清算系统（TARGET）是一个区域性支付清算系统，它具有鲜明的一体化色彩。与SWIFT一样，TARGET的总部设在比利时的布鲁塞尔，支付清算机制高度发达，支付清算服务优质高效。目前TARGET包括三部分，即TARGET 2（大额资金实时清算系统）、T2S（TARGET2-Securities，证券结算系统）以及2018年11月上线的TIPS（TARGET Instant Payment Settlement，实时支付服务系统，它是TARGET的延伸和扩展）。

一、TARGET简介

TARGET为欧盟国家提供实时全额清算服务。它于1995年开始建设，1999年1月4

日正式启用。TARGET 由 16 个国家的 RTGS 系统、欧洲中央银行的支付机构（EPM）和互联系统（interlinking system）构成。互联系统将各国的 RTGS 系统与 EPM 相连，这样支付指令就能够在欧盟各个系统间传递。

TARGET 的清算成员均为欧元区内各国的中央银行。任何一家金融机构只要在欧元区国家的中央银行开立汇划账户，即可通过与 TARGET 相连，进行欧元的国内或跨国清算。欧洲中央银行及成员国中央银行负责监督 TARGET 的运营，并作为清算代理人直接参与 TARGET 的运行。

1995 年 3 月，欧洲货币机构（European Money Institution，EMI）决定建立 TARGET 系统，目的是建立统一的欧洲货币市场以利于单一货币政策的实行；促进欧元支付系统的稳定运行，提高支付效率；在各国 RTGS 系统的基础上，为各国间资金清算提供一个安全可靠的机制，使支付清算的风险降到最低。

利用 TARGET，与外汇及货币市场的交易相关的大额支付就可以在欧元区内安全、高效地进行，且费用低廉。TARGET 使跨国转移资金就像在国内转移资金一样安全便捷，而且一天之中这笔资金可以使用多次。

TARGET 只处理以欧元为单位的信用转账业务。作为实时全额结算系统，TARGET 对无限制条件的支付指令逐一自动进行处理。在营业日内，这一过程连续不断地进行。所以，只要指令发出方在中央银行账户上有足够的资金或未超出透支限额，TARGET 就会为所有的支付命令提供实时的、最终的清算。

TARGET 的业务范围包括与欧洲中央银行执行统一货币政策有关的资金收付、银行间的大额欧元清算、银行客户间的大额欧元收付结算等。TARGET 有以下三个特点：

（1）采用 RTGS 模式，系统在整个营业日内连续、逐笔地处理支付指令，所有支付指令均是最终的、不可撤销的，从而大大降低了支付系统风险，但对参加清算的银行的资金流动性的要求较高。

（2）由于资金可以实时、全额地从欧盟一国银行划拨到另一国银行，不必经过原有的货币汇兑程序，从而减少了资金占用，提高了清算效率和安全系数，有助于欧洲中央银行货币政策的实施。

（3）欧洲中央银行对系统用户采取收费政策，用户业务量越大，收费标准越低，这一收费规则对大银行更有利。此外，系统用户必须在欧洲中央银行存有充足的资金或备有等值抵押品，即对它们的资金规模要求较高；加之各国中央银行对利用该系统的本国用户不予补贴，故 TARGET 的清算成本高于其他传统的清算系统。

二、TARGET 的管理与服务

根据 TARGET 的规则，只有在欧洲经济区（European Economic Area，EEA）成立的、符合欧洲议会 2000/12/EC 管理文件Ⅰ规定的、受监管的信用机构才能成为国内的 RTGS 系统的直接成员。此外，以下经济实体在获得国家中央银行的批准后也可以加入国内的 RTGS 系统：

（1）欧盟成员国中授权管理客户账户的公共机构；

（2）在 EEA 建立的、由权威机构授权并监管的投资银行；

(3) 由权威机构监管的、提供清算和结算服务的机构。

所有加入欧洲经济区的国家的 RTGS 系统的信用机构都可以自动获得使用 TARGET 进行跨国支付的权利。通过远程访问，TARGET 允许信用机构（必须设立在 EEA 的某个国家）成为另一国 RTGS 系统的直接使用者。该信用机构无须在该国设立分支机构，但必须在该国的中央银行开设欧元的清算账户，且具有一定的账户余额。电子货币机构（Electronic Money Institution，ELMIS）由于不符合金融清算管理机构（SFD）的信用机构定义，现在还不能加入 TARGET。目前 TARGET 几乎覆盖了欧盟的所有信用机构。

根据欧洲中央银行制定的 TARGET 指导方针（TARGET Guideline）、各国针对自己的 RTGS 系统制定的一系列规则与条款（国内 RTGS 规则）构成了 TARGET 的管理规章。TARGET 的指导方针适用于欧洲中央银行和欧元区的国家中央银行。它包括了一系列条款，明确了加入 TARGET 或与之相连的各国的 RTGS 系统应当达到的标准（例如接入标准，货币单位，定价规则，运行时间，通过 TARGET 可以进行哪些类型的支付，支付命令何时执行、何时不可撤回，日间信贷要求）；通过 TARGET 的互联系统进行跨国支付的安排；TARGET 的安全措施和相应要求；TARGET 的管理；等等。对于那些未加入欧元区的国家，其中央银行也可以与 TARGET 相连，同时要遵循上述条款。针对这些国家的特殊情况，TARGET 在与之协商后制定了一些相应的调整措施。

TARGET 支持以欧元为单位的、所有类型的信用转账服务。它可以处理银行间、客户与银行间的支付指令，而且对交易金额没有上下限要求。对所有支付指令都同样对待，无论其金额大小。TARGET 主要处理以下三种交易：

(1) 与中央银行的运作直接相关的支付（即与实施货币政策直接相关的支付），发送方或接收方使用欧洲中央银行系统。该项支付是委托 TARGET 进行的清算服务之一。

(2) 提供大额支付服务的净额结算系统以欧元为单位进行的清算，这一交易需委托 TARGET 完成，目的是降低支付系统的风险。

(3) 以欧元为单位的银行间支付以及商业支付。

此外，TARGET 也用于处理欧洲中央银行系统的交易指令、EURO Ⅰ(EBA) 系统的日终结算，以及 CLS（持续联系结算）银行及其成员间的欧元结算。

1. TARGET 的清算过程

TARGET 是一个实时全额结算系统。成员国 RTGS 系统成员在该国的中央银行设立清算账户，支付命令发出方在该账户中的资金被用来实现支付。在处理支付命令时，TARGET 采取实时、逐一处理的方式，支付信息在与之相关的两国的中央银行间直接传送，而不是通过某个中心机构进行双边结算。

在进行跨国支付时，提出请求的信用机构先通过本地的 RTGS 系统将支付指令传送到国内的中央银行。中央银行检查支付命令的有效性（提交的支付命令要符合标准并包含必要的信息）、该机构是否拥有足够的资金或是否超出透支限额。此外，中央银行还会检查接收方的 RTGS 系统是否为 TARGET 成员。发送方银行必须完成以下工作（若有必要）：将支付指令的信息格式转换为互联系统的标准格式；增加额外的安全信息以便于中央银行间的通信传输；运用互联系统向接收方银行发送支付请求（PSMR）。一旦发送方银行验证了支付命令的有效性，且该机构拥有足够的资金或在透支限额之内，那么发出支付命令的信用机构在该国 RTGS 中的账户就会立即借记这笔资金，同时发送方中央银行在互联系统的账户上贷记这笔资金。接收方的中央银行收到支付信息后，立刻检查安全信息，并验证支付命令中指定的接收方银行是否为国内 RTGS 系统的用户。如果满足以上条件，接收方中央银行就会将支付信息的格式由 TARGET 的标准格式转化为国内格式，借记发送方中央银行在互联系统中的账户，贷记接收方银行在 RTGS 系统中的账户，并向国内中央银行/欧洲中央银行发回交易成功的确认信息（PSMN）。最后，接收方中央银行通过本地 RTGS 系统将支付信息传送给受益的信用机构。若接收方银行不是 RTGS 系统的用户，则接收方中央银行拒绝支付命令，并要求发送方中央银行再次贷记同样金额到发送方银行。

TARGET 的清算过程有以下两大特点：

(1) 不可撤销性。各国的 RTGS 系统规定，当支付命令发送方在 RTGS 中的账户被该国的中央银行/欧洲中央银行借记后，支付命令不可撤销。

(2) 终结性。一旦接收方在该国的中央银行/欧洲中央银行的账户被贷记，支付即告终结。这意味着接收方银行可以将获得的资金立即转给最终的受益人，且没有信用风险。因此，TARGET 为用户提供了管理支付系统风险的有效方法，避免了用户在其他支付系统中会遇到的支付风险。

图 3-2 中列出了客户间进行跨国支付的一个案例。

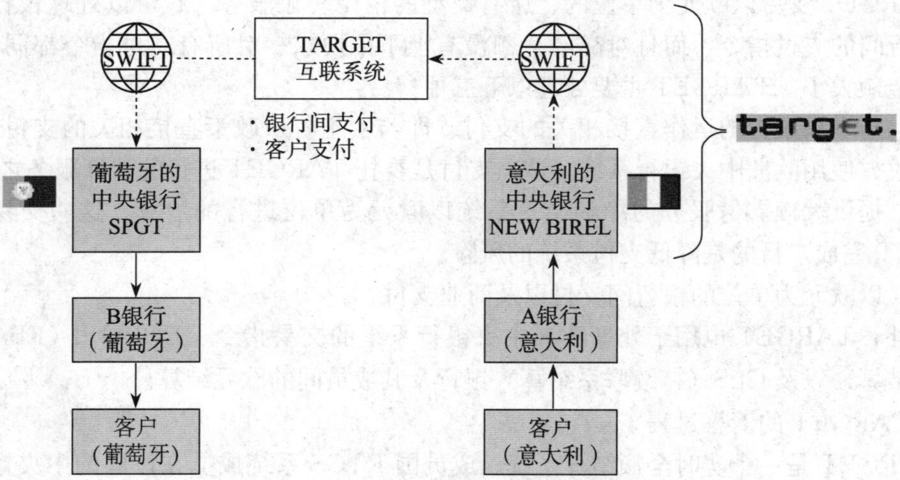

图 3-2 客户间跨国支付的案例

图 3-2 显示的是意大利的客户向葡萄牙的客户进行支付的过程。首先，意大利客户向该国的开户行 A 银行提出支付请求，然后 A 银行将支付命令传送到意大利的中央银行 NEW BIREL。NEW BIREL 对支付命令进行检查后，通过 SWIFT 网络接入 TARGET 互联系统，将命令传送到葡萄牙的中央银行 SPGT，进行相应的贷记、借记操作。SPGT 再将资金借记在客户的开户行 B 银行的账户上。

2. TARGET 的信用风险与流动性风险管理

TARGET 对支付指令采取立即结清的方式。在 TARGET 中，接收方的账户只有在发送方账户借记以后才会贷记。因此，对于接收方而言，通过 TARGET 得到的资金都是无条件且不可撤回的，接收方不会因这些支付而面临信用风险。

在实时大额清算系统中，保持高的流动性和降低维持这种流动性所需的费用是人们始终追求的两大目标。在 TARGET 中，流动性管理很灵活，而且获得这种高流动性所需的费用很低。TARGET 要求信用机构在中央银行保持一定数量的资金，即达到准备金最低限额，这笔资金将用于日间清算。此外，TARGET 只要求信用机构每日在中央银行资金的平均值达到该最低限额，这为银行日终的流动性管理提供了很大的灵活性。隔夜借贷也为银行处理突发的流动性问题提供了方便。此外，欧洲系统还向其成员（各国中央银行）提供无限的日间信贷，不计利息。不过，中央银行的所有借贷都必须是全额担保的，只是抵押品的范围很广，例如，用于货币政策方面的资产也可用作日间信贷的抵押品。

三、TARGET 的结构

TARGET 是一个非中心清算系统，支付信息在双方之间传递而不必通过某个中心机构，在营业时间内支付指令不会被送往欧洲中央银行。它由各成员国的 RTGS 系统、欧洲中央银行的支付机构和互联系统构成。欧洲中央银行只提供很少的中心清算服务，例如 TARGET 的日终（end-of-day）清算。TARGET 的结构如图 3-3 所示。

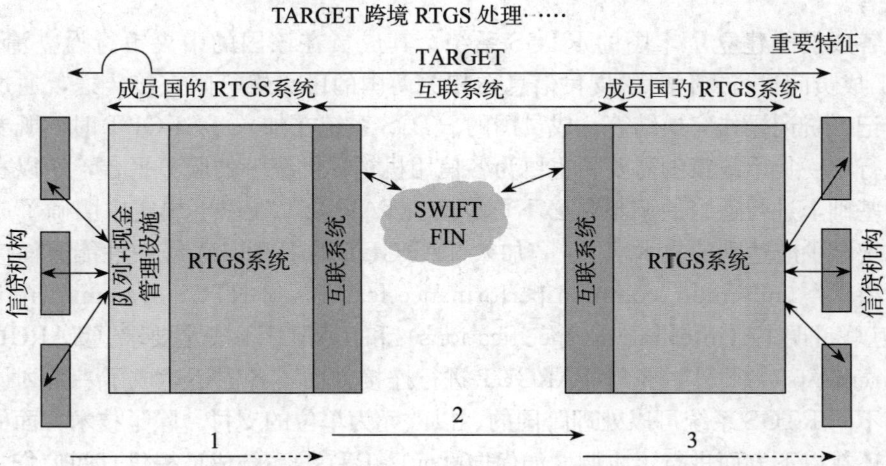

图 3-3 TARGET 的结构

TARGET 由以下三部分构成。

1. 成员国的 RTGS 系统/TARGET 互联系统

● 欧盟成员国的 RTGS 系统。这里的欧盟成员国包括加入欧元区的国家，以及未使用单一货币，但在欧盟发展到第三阶段之前已经是欧盟成员国的国家。后者只要能够在处理本国货币的同时处理欧元就可以与 TARGET 相连。

● 欧洲中央银行的支付机构。

● 互联系统。它将 EPM 以及成员国的 RTGS 系统连为一个整体。

成员国的 RTGS 系统和 EPM 由以下两部分构成：

● IT 系统主要提供终结性的且不可撤回的借记、贷记服务。此外，它还提供支付队列管理、GRIDLOCK 解决方案、信贷咨询服务。

● 通信系统可以实时传送支付命令，同时也为各国 RTGS 系统成员与中央银行/欧洲中央银行传送信息。

2. 信用机构

信用机构通过本国的 RTGS 系统接入 TARGET，接口由该国的中央银行确定。若要进行跨国支付，则信用机构需满足下列条件：是 RTGS 系统的直接参与者（在中央银行开立了清算账户）；或经直接参与者代理；或是参与者的客户；或是中央银行的客户。

3. SWIFT 网络

TARGET 互联系统的逻辑与物理平台建立在 SWIFT FIN/SWIFTNET FIN 网络的基础之上。各国的 RTGS 系统的用户界面通常也使用 SWIFT 的通用界面。成员银行发送支付指令时，采用本国 RTGS 系统的标准信息格式。通常，客户间支付使用 SWIFT 的 MT103/103＋格式或其他直达处理（straight through processing，STP）格式，银行间支付使用 SWIFT 的 MT202 格式。各国中央银行通过互联系统交换信息时使用通用互联信息格式（common interlinking message format），即指令发出方的中央银行把原有信息封装在 SWIFT 的 MT198 信息格式中，接收方的中央银行收到后再将信息拆封并传递给最终的受益者。

欧盟各成员国建立了本国的 RTGS 系统，其成员在该国的中央银行设立清算账户。TARGET 成员间进行支付时，支付信息在相关两国的中央银行间直接传送，通过往来账户上的借记、贷记操作完成结算。成员国的 RTGS 系统在加入 TARGET 时，既要满足欧洲系统执行单一货币政策的需要，也要为各信用机构提供统一的服务平台，所以在保持原有特色的基础上进行适当的调整是必不可少的。TARGET 在以下规定中明确了成员国的 RTGS 系统至少应达到的技术水平："加入 TARGET 的 RTGS 系统在性能方面应达到的最低一般要求"（minimum common performance features of RTGS systems within TARGET）；互联说明书（interlinking specifications）和 TARGET 安全要求（TARGET security requirements）。此外，在与 TARGET 进行连接方面，各国还达成了一系列协议，此举确保了不同 RTGS 系统可以处理跨国的、以欧元为单位的支付。除了技术方面的因素以外，各国还在以下方面进行了协调：如何向欧元区 RTGS 系统成员提供日间信贷，确保高的流动性；TARGET 运行时间以及休息日的确定；对以 TARGET 进行支付的收费。

跨国的 TARGET 支付指令在通过国内的 RTGS 系统进行处理后，直接传递给相应国家的中央银行。所有参与者都通过银行标识码（bank identifier code，BIC）进行识别，BIC 可以通过 SWIFT 获得。欧洲中央银行据此发布了 TARGET 目录，列出了与 TARGET 相连的所有信用机构。国内 RTGS 系统和 EPM 通过互联系统与 TARGET 连接，互联系统的通信网络通过被称为国内互联构件（national interlinking component）的区域接口将各个国家连接起来。这些接口使国内的支付数据可以在 TARGET 的标准数据格式与国内格式间进行转换，这样各国的 RTGS 系统就可以通过这些接口处理跨国支付。

国内 RTGS 系统以及互联系统的设计（RTGS 系统、硬件与软件、开发工具，以及构件间的连接组合等）由各国的中央银行和欧洲中央银行负责，其目标是尽量使 RTGS 系统与 TARGET 连接的花费最小，同时满足必要的安全要求和运行要求。需要协调的部分包括：运行时间、定价以及日间信贷条款。由于成员国的 RTGS 系统是根据各国的具体情况设计的，所以 TARGET 提供给各国终端用户的支付服务也就不完全相同。欧洲中央银行维护着一个检测中心，这样欧洲中央银行和各国中央银行就可以检测它们的系统与互联系统间是否运行平稳、协调。为同时满足大部分金融机构的一般需要和某些客户的特殊需要，TARGET 提供服务的时间是从 7:00 到 18:00（欧洲中部时间），周六、周日以及其他法定节假日休息。

为了便于系统用户更好地进行每日的流动性管理，商业客户的支付截止 17:00，银行间的支付截止 18:00。客户间的支付（MT103/103+）包括国内支付和跨国支付。依据各国的具体情况，在 17:00 时，如果有充裕的资金或未超出透支限额，已经在支付队列中的国内客户间的支付仍可能会被借记。在 17:00 以后，只有那些在 17:00 以前接收的支付指令才会得到处理。已经在支付队列中的跨国支付处理的最后时限是 17:07:30，因此请求应在此之前提交给中央银行的计算机终端（computer-based terminal，CBT）。对银行间支付而言，18:00 以前，只要资金充裕或未超出透支限额，支付就会被处理，否则就会被拒绝或排在等候队列中，这依各国 RTGS 系统的不同而不同。18:00 时中央银行不再受理新的支付请求。18:00 以后只处理在此之前收到的支付指令。跨国支付的最后处理时限是 18:07:30，此时只要资金充裕或未超出透支限额，国内支付就仍可能会被借记。

为保证系统内的跨国支付的正确处理，以及相应的各国中央银行账户余额的正确性，欧洲中央银行在营业时间结束前进行日终管理（end-of-day application），内容包括检查两国中央银行间的支付信息是否送达，以及对全部跨国支付进行轧差。各国中央银行只有与所有结算对象结清之后才可以停止营业。

四、TARGET2

（一）TARGET2 简介

2002 年 10 月 24 日，欧洲中央银行管理委员会确定了 TARGET 的未来发展战略：TARGET2。TARGET 的发展目标是：（1）向客户提供更为协调一致的服务平台，更好地满足客户的需要；（2）提高系统效率，降低系统成本；（3）增强适应性，为欧盟、欧洲系统的扩大做好准备。从 2007 年 11 月 19 日起，TARGET 逐渐向 TARGET2 过渡，并于 2008 年 5 月 19 日全部转移至 TARGET2。

2013 年，TARGET2 实现了 9 260 万笔交易，总金额约为 493 万亿欧元；日均交易 36 万笔，日均交易额为 19 350 亿欧元。所有交易都可以被分为大额银行间交易和小额零售交易，前者是指银行间大额实时交易，主要由大额支付系统（LVPS）负责，后者主要是指客户间相对小额的结算，每一笔小于 5 万欧元。大额交易笔数少、金额大，金额占全年交易总额的 91%；而小额交易笔数多，占全年交易笔数的 68%。

TARGET2 的一个明显优势是其可以向欧元区以外的国家提供支付服务，即非欧元区国家的中央银行也可以通过 TARGET2 实现欧元结算。目前，已经有 25 个欧洲国家的中央银行成为 TARGET2 的成员，包括 21 个欧元区国家和 4 个非欧元区国家（分别是保加利亚、丹麦、波兰和罗马尼亚）。

目前，有超过 1 000 名直接成员在 TARGET2 系统设立账户。通过 TARGET2 系统总共可以访问 57 000 家信贷机构。

TARGET2 建立了高效的流动性管理模块。第一是设立了支付优先级，所有交易按照对流动性的影响被分为正常、紧急和非常紧急三个级别。第二是设立了定时交易，TARGET2 允许成员提前申请交易，提前的时间最多为五天。定时交易可以设定最早交易时间或最晚交易时间，并在规定时间进行交易。第三是设立了流动性储备，所有成员都可以选择为紧急或非常紧急的情况储备流动资金。当账户内一部分流动资金成为非常紧急交易的储备后，就再也不能用于紧急交易或者正常交易。此外，成员也可以为结算的外围系统（ancillary system）做储备。第四是允许设定账户资金流出和流入的限制。第五是设立了资金池，银行可以选择使用资金池功能来保护自己的流动性。第六是设立了优化程序，该程序能够按照紧急程度为正在排队的交易排序。

TARGET2 的主要原则与基本框架是：

（1）TARGET2 仍是一个与多种平台兼容的系统，由各国开发的部分和共享的部分构成。后者是一个 IT 平台，由数家中央银行自愿结合为一个团体共同建设并使用该平台。

（2）与 TARGET 相似，TARGET2 的主要功能仍然是对大额的、以欧元为单位的支付进行清算。

（3）TARGET2 具有更强的一致性。核心服务的定义更为宽泛，包括 TARGET2 各组成部分，即各个系统平台所提供的服务与功能。当然，各国的中央银行仍可以在核心服务之外提供特殊的国内服务。TARGET2 提供的服务取决于 TARGET 用户的需要与期望。

（4）针对 TARGET2 的核心服务，管理委员会为国内、跨国交易制定了统一的价格机制（适用于整个欧洲系统）：根据用户发送的支付指令的数量或支付的急迫性，设定不同的价格。附加服务的价格仍由各国的中央银行制定。

（二）TARGET2 的运营

1. 支付业务

与 TARGET 一样，TARGET2 继续提供各类支付服务。因为 TARGET 设计的初衷是对欧洲中央银行的货币即欧元支付进行清算，TARGET2 继续与已有的、以欧元为单位的支付系统兼容。TARGET2 提供的支付可分为三类：（1）必须委托 TARGET 进行的支付，如根据 TARGET 的指导方针要求的与货币政策相关的支付，或大额支付系统的结算；（2）欧洲系统认为由 TARGET 进行处理较为合适的支付；（3）用户选择 TARGET 作为其支付系统而引发的支付活动。

TARGET2 的交易服务主要有以下几类：（1）客户与银行间交易。（2）银行间交易，包括两个信用机构之间或者国家中央银行和信用机构之间的交易，交易范围涉及货币市场支付交易、外汇交易和衍生品交易等；信用交易发起者和受益人的交易。（3）直接借记业务，该业务被定义为大额的银行间交易。部分 TARGET2 成员必须同意其账户内的部分存款可以用于这项业务。（4）保管中央银行的流动性资产。

2. 准入机制

为了让更多不同层次的机构加入清算和结算服务中，TARGET2 制定了准入标准。欧元区国家中的信贷机构是优先参与者，其他保险公司、归属于政府的清算结算机构也可以加入。其中，直接成员拥有 RTGS 账户，能够获得实时信息并掌握操作工具。它们为自己账户内所有收发到的支付负责。

3. 服务

当 TARGET 开始运行时，与其相连的或加入其中的各国 RTGS 系统都会把跨国的 TARGET 支付作为一项基本服务，但是各国所提供的服务水平各不相同。TARGET2 中核心服务的范围更广，即便采用了不同的技术手段，各国的服务水平也会趋于一致。然而，无论它使用的是自行开发的平台还是共享的平台，各国的中央银行仍会向客户提供核心服务以外的某些附加服务。附加服务仅根据用户的要求提供，并且各个国家提供的不同服务对其他国家的用户来说都是透明的和可用的。这使得由某一平台首先开发出的服务可以成为 TARGET2 核心服务的一部分。欧洲中央银行管理委员会有权定义或更改核心服务的组成项目，特别是，如果这些服务已被证实是高效的，或对整个 TARGET 用户群是有利的，那么可以决定在服务列表中加入一些新的附加服务。

（三）TARGET2-T2S 合并

2017 年 12 月 6 日，欧洲央行管理委员会批准了一个新项目，以巩固及加强和优化欧元体系提供的市场基础设施服务。TARGET2-T2S 整合项目引入新的 RTGS 系统，为市场提供增强服务，例如优化的流动性管理服务。该项目已进入实施阶段。

该项目采用消息传递标准 ISO 20022，同样，新的 RTGS 系统支持大额支付和辅助系统交易的多种货币结算。在所有 TARGET 服务系统中，欧元体系都引入了统一的工具，允许参与者管理和监控中央银行的流动性。

第四节 英国的支付系统

英国自动化清算所支付系统（CHAPS）是英国的银行间大额支付系统。1996 年 3 月，英国清算银行开始用这个新的电子系统进行同日内的英镑支付。CHAPS 系统的责任于 2017 年 11 月被移交给英格兰银行，由英国的中央银行——英格兰银行——进行运营监管和结算代理。

一、CHAPS 简介

CHAPS 始建于 1984 年，是世界上仅次于美国 FEDWIRE 的大额实时清算系统。CHAPS 为其成员行与参与者提供了一种有效的、无风险的、当日支付的机制。每笔 CHAPS 支付都是无条件的、不可撤销的和受保护的。其成员行包括英格兰银行、巴克莱银行、劳合银行、米兰银行、国民西敏寺银行、美洲银行、东京银行、花旗银行等 21 家世界大银行。为适应欧元和 TARGET 的启动，从 1999 年 1 月 4 日起，CHAPS 清算公司的清算系统分为 CHAPS 英镑（CHAPS Sterling）系统和 CHAPS 欧元（CHAPS Euro）系统两大系统。

CHAPS 属于实时全额支付系统，即它可以对支付指令逐一自动地进行处理，所有支付指令均是最终的和不可撤销的。在营业日内，这一过程连续不断地进行。在每个营业日结束时，CHAPS 会进行最终结算。目前，CHAPS 拥有 37 个直接成员，同时 5 000 多个金融机构能通过直接成员银行的代理，享受到 CHAPS 的间接服务。其结构如图 3-4 所示。

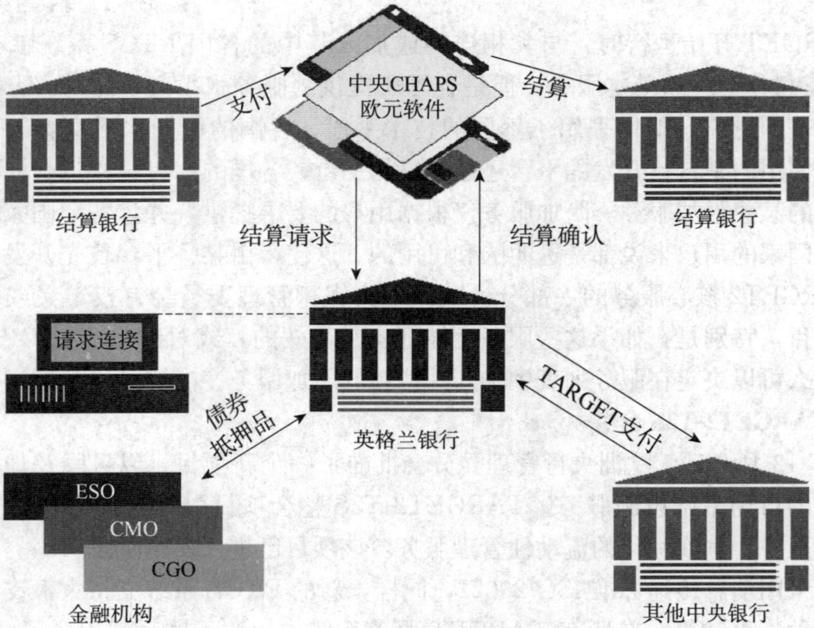

图 3-4 CHAPS 的结构

1999 年 1 月，随着欧元的诞生，欧洲需要一个实时的多边支付系统，一方面为实现单一货币政策提供支付程序方面的必要条件，另一方面促进欧洲的支付系统更加安全高效地运行。此时的 TARGET 连接着欧洲大部分国家的 RTGS 系统。英国的 RTGS 系统在该发展趋势下也开设了欧元账户，即 CHAPS 欧元系统，它直接与 TARGET 相连，从而使 CHAPS 的各成员能够进行国内和跨国的欧元支付。所以，目前 CHAPS 有两个组成部分，分别用英镑和欧元进行支付结算。

CHAPS 欧元系统在欧洲被认为是 RTGS 服务的有效方式，已成为欧洲间实时全额自动清算系统 TARGET 的第二大组成部分。CHAPS 英镑系统通过直接或间接的方式几乎覆盖了英国所有银行，该系统因此也被认为是英国各银行的支付系统的中央清算所。2022 年，CHAPS 的销量增长了 6.1%，达到创纪录的 5 090 万英镑，平均每天 203 538 英镑，该系统对英国经济的影响由此可见一斑。CHAPS 是世界上最大的 RTGS 系统之一，运行高效稳定，发展迅速。

二、CHAPS 的运营

CHAPS 在英格兰银行的监管下，由 CHAPS 清算公司进行具体的运营管理。该公司下设运营、技术、审计、法律四个常委会，它们直接向董事会汇报，这使系统的稳健性得以保证。

第五节 中国现代化支付系统概述

中国人民银行是我国支付系统的组织者、规划者、监督者、推动者，以及跨行支付服务的提供者。

目前，我国已建成以中国人民银行现代化支付系统为核心，银行业金融机构行内支付系统为基础，票据支付系统、银行卡支付系统为重要组成部分，支持多种支付工具应用，并满足社会各种经济活动支付需求的支付清算网络体系。中国的支付清算网络体系为加快社会资金周转、提高支付清算效率、促进国民经济健康平稳发展发挥着重要作用。

中国现代化支付系统（China National Advanced Payment System，CNAPS）为世界银行技术援助贷款项目，是中国人民银行按照我国支付清算的需要，利用现代计算机技术和通信网络自主开发建设的，能够高效安全地处理各银行办理的异地、同城支付业务及其资金清算和货币市场交易的资金清算的应用系统。

中国现代化支付系统是各银行和货币市场的公共支付清算平台，是中国人民银行发挥其金融服务职能的核心支持系统。它主要提供商业银行之间的跨行支付清算服务，是为商业银行之间和商业银行与中国人民银行之间的支付业务提供最终资金清算的系统，是各商业银行电子汇兑系统资金清算的枢纽系统，是连接国内外银行的重要桥梁，也是金融市场的核心支持系统。

中央银行和商业银行是支付服务的主要提供者。中国的银行体系包括五家大的国有商业银行、十几家小型商业银行、数目众多的城市商业银行和农村信用合作社（信用合作社正在合并成为银行）、合资银行以及外国银行的分行和办事机构。政策性银行和开发性金融机构也提供某些支付服务。五大国有商业银行都已经建立起各自系统内的全国电子资金汇兑系统，大约三分之二的异地支付交易是通过这些系统进行清算的。

中国人民银行运行着三个跨行支付系统，分别是同城清算所、全国手工联行系统和全国电子联行系统。中央银行运行的支付系统主要处理跨行（包括同城和异地）支付交易和商业银行系统内的大额支付业务。中央银行的支付系统还为一些没有自己系统内支付网络的小型银行提供支付服务，使它们能够不依赖于其竞争者提供类似的服务。

中国现代化支付系统建有两级处理中心，即国家处理中心（national processing center，NPC）和全国省会（首府）及城市处理中心（city clearing processing center，CCPC）。NPC分别与各 CCPC 连接，其通信网络采用专用网络，以地面通信为主，由卫星通信备份。

中国现代化支付系统集金融服务、金融经营管理和金融宏观货币政策职能于一体，以中国国家金融网为支持通信网络，主要是由上层支付清算系统组成的综合性金融服务系统。下层为支付服务系统，即各商业银行行内业务系统。上层支付清算系统是中国现代化支付系统建设的基础，其主要功能是实现商业银行之间支付资金的最终结算。该系统主要包括大额实时支付系统、小额批量支付系统等。

2008 年中国人民银行计划组织建设新一代支付系统，即第二代支付系统，并统筹兼顾建设中央银行会计集中核算系统（accounting data centralized system，ACS)。2009 年年底该计划正式启动。第二代支付系统引入先进的支付清算管理理念和技术，丰富系统功能，拓展服务范围，加强运行监控，完善灾备系统。2013 年 10 月，第二代支付系统顺利完成上线切换运行工作，实现了第一代向第二代的平滑过渡。

第二代支付系统具有以下主要特征：

(1) 统一接入，集中处理。第二代支付系统统一了第一代支付系统分散的接入渠道，在信息传输方面采用类似于 SWIFT 的传输渠道，将信息传输和业务处理分离，所有参与机构接入公共信息传输平台，业务信息经公共信息传输平台后，分别提交大额、小额、网银三个应用系统处理；调整 NPC 和 CCPC 的功能定位；引入云概念，全国 32 个 CCPC 仅作为参与机构接入第二代支付系统的物理接入节点，进行最基本的报文格式检查，不再具备第一代系统的轧差、管理和数据存储功能，各 CCPC 可以互为备份；所有轧差、数据存储和管理功能均集中到了 NPC，时序、权限和参数管理也由位于 NPC 的公共控制管理系统进行。

(2) 各个业务应用系统相互独立。第二代支付系统解除了大额系统和清算账户系统的绑定关系，以及小额系统和轧差服务器的内嵌关系，清算账户系统直接为大额、小额和网银系统提供资金结算服务。小额和网银系统无须通过大额系统提交轧差净额，轧差服务器从小额系统中分离出来，为小额和网银系统管理净借记限额并提供轧差服务，因此，大额、小额和网银三个应用系统相互独立，可分别运行。

(3) 提供多边轧差净额结算模式。除了支持各种贷记、借记、即时转账业务外，第二代支付系统还开发了多边轧差净额结算模式，能为支付清算组织提交的一揽子参与机构提供多边轧差净额资金结算服务。

(4) 支持外汇交易市场的“款款对付”结算。“款款对付”结算简称 PvP 结算，是指不同币种资金同步进行交收并互为交收条件的结算方式，一直被视为外汇交易结算系统应该实现的最重要功能之一。第二代支付系统设计了 PvP 结算的完整流程，通过大额支付系统、外汇交易清算系统和结算银行同步处理，即本、外币两笔即时转账业务将分别完成外汇交易中本币和外币的资金转账处理，这就避免了外汇交易的本金风险。

(5) 全面改进参与机构的服务体验。第二代支付系统提供各类账户查询功能。法人银行可于当日查询所有分支机构清算账户的余额、可用头寸、预期头寸，还可以查询其在中国人民银行非清算账户的余额信息；分支机构则可查询自身清算账户和在中国人民银行开设的非清算账户的有关信息。此外，与第二代支付系统同步上线的中央银行会计集中核算系统还为银行机构设计了零余额账户管理功能，有利于法人银行清算账户和非清算账户资金的集中归并和使用。如遇排队情形，也会及时通知缺款行，方便其筹措资金。此外，所有涉及清算账户的维护信息都会通知到清算账户所属的银行机构。

一、核心功能

中国人民银行肩负“维护支付、清算系统正常运行”等法定职责，是我国支付系统建设的组织者、推动者、监督者。中国人民银行建设并运行的大额实时支付系统、小额批量支付系统、中央银行会计集中核算系统、全国支票影像交换系统、境内外币支付系统等重要业务系统对于加速社会资金周转、促进经济金融发展发挥了重要作用。

（一）大额实时支付系统

大额实时支付系统主要处理同城和异地的、金额在规定起点以上的大额贷记支付业务和紧急的小额贷记支付业务。支付指令实行逐笔实时发送，全额清算资金。大额实时支付系统的参与者包括中国人民银行国库、中国人民银行营业部、商业银行、农村信用合作联社（农联社）、中国外汇交易中心、中央国债登记公司等机构以及电子联行系统。中央银行能够通过该系统直接监督和控制全国80%左右的资金，实时跟踪各清算账户的资金情况。

大额实时支付系统是现代金融市场基础建设中最关键的组成部分，是一国支付系统的主动脉，通过它能实现大额支付信息的处理和清算。

为适应经济和金融的发展，2000年10月，中国人民银行决定启动大额实时支付系统的建设。2005年6月，中国人民银行大额实时支付系统圆满完成在全国的推广和应用，取代全国电子联行系统，实现了我国异地跨行支付清算从手工联行到电子联行，再到现代化支付系统的跨越式发展。

大额实时支付系统与中央银行会计集中核算系统、银行业金融机构行内业务系统、中央债券综合业务系统、全国银行间外汇交易系统、全国银行间拆借交易系统、城市商业银行汇票处理系统等多个系统连接。

因为大额实时支付系统支付交易的金额大、速度快，又是最终性支付，要求实时逐笔进行支付处理，所以对支付交易信息报文传输、处理系统的安全性及可靠性要求很高，系统安全、可靠是大额实时支付系统的关键。

大额实时支付系统连接各银行金融机构参与者，实行从发起行到接收行全过程的自动化处理，每笔支付业务实时到账，实现了全国跨行资金清算的零在途。

大额实时支付系统设置了接入管理功能、业务控制功能、队列管理功能和清算账户控制管理功能。中国人民银行可对严重违规或发生信用风险的直接参与者的清算账户实施部分金额控制、借记控制直至关闭。

大额实时支付系统可为中央银行实施公开市场操作提供实时清算。大额实时支付系统与中央债券综合业务系统直接连接，支持中国债券交易及其资金清算采用付款交割方式，实现了债券交割和资金清算的同步。大额实时支付系统还与外汇交易及同业拆借系统连接，为外汇交易市场和同业拆借市场提供快捷、低成本的资金清算服务。

为防范风险，大额支付业务实施全额实时清算，不足支付的交易做排队处理，并建立债券质押与资金融通相结合的自动质押融资机制。对日终仍不足支付的交易，中国人民银行提供贷款。

截至2022年第一季度末，中国人民银行组织建设的人民币跨境支付系统（cross-border interbank payment system，CIPS）已接入76家直接参与者和1 228家间接参与者，连接 178 个国家和地区，实现对全球各时区金融市场的全覆盖，能够满足各类跨境贸易、投融资业务等的结算需求。2021 年，中国人民银行大额实时支付系统处理业务 4.82 亿笔，同比下降 5.95%，涉及金额 6 171.42 万亿元，同比增长 9.27%；日均处理业务 192.76 万笔，涉及金额 24.69 万亿元。

（二）小额批量支付系统

小额批量支付系统（bulk electronic payment system，BEPS）处理借记支付业务和规定金额起点以下的小额贷记支付业务。支付指令实行定时批量或即时发送，净额清算资金。小额批量支付系统的参与者包括中国人民银行国库、中国人民银行营业部、商业银行、农联社等机构。

这些业务的特点是金额相对较小，采用定时批量业务处理，对批文件进行分类，借记、贷记交易双方账户，用多边净额轧差清算方式控制支付风险。

小额批量支付系统主要用于实现基于消费支付的小额支付，通常包括：各类预授权的定期定额支付，如工资、津贴、保险金支付等；各类定期不定额的支付，如房租、水电费、电话费等；各种截留票据的贷记、借记支付等业务。

2005 年 1 月，中国人民银行启动了小额批量支付系统的建设。2006 年 6 月，中国人民银行完成小额批量支付系统在全国的推广建设。根据 2021 年的数据，小额批量支付系统处理业务 38.81 亿笔，涉及金额 162.55 万亿元，同比分别增长 12.21%和 10.67%；日均处理业务 1 063.18 万笔，涉及金额 4 453.44 亿元。

小额批量支付系统实行全天候服务，7×24 小时连续运行。小额批量支付系统处理的业务种类齐全，不仅可以处理小额汇兑、委托收款等传统的借、贷记业务，还可以处理财税库行横向联网、跨行通存通兑、支票圈存和支票截留等业务，公用事业费的收取等定期借记业务，以及工资、政府福利津贴、养老金和保险金的发放等定期贷记业务。自 2017 年 9 月 4 日起，全国支票影像交换系统并入小额批量支付系统。银行业金融机构统一通过小额批量支付系统处理全国支票影像交换系统业务。

针对小额批量支付系统业务的转发和资金清算不同步、易产生流动性风险和信用风险的情况，小额批量支付系统对直接参与者进行净借记限额管理，并要求其对净借记限额提供质押品或资金作为担保。参与者发起的支付业务只能在净借记限额内支付。小额批量支付业务轧差净额的清算统一纳入大额实时支付系统处理，通过自动质押融资限制，加强银行业金融机构的流动性管理。

（三）中央银行会计集中核算系统

中央银行会计集中核算系统是以中国人民银行地市以上机构为基本核算单位，运用计算机网络和电子通信技术，遵循会计基本原理、准则和特定方法进行设计，集中核算、反映和管理中国人民银行各类会计业务的电算化系统。该系统提供资金最终结算服务，是中国人民银行现代化支付系统的运行基础、中国人民银行履行各项职能的核心支付系统。其业务范围涵盖中国人民银行对金融机构的存贷款业务，公开市场业务，质押融资业务，货币投放、回笼业务，中国人民银行内部资金汇划、清算和财务核算等业务。

中央银行会计集中核算系统与中国人民银行现代化支付系统、会计报表系统和统计信息系统相连，可快速完成数据交换。

（四）全国支票影像交换系统

全国支票影像交换系统是运用影像技术将实物支票截留，将其转换为支票影像信息，通过计算机网络将支票影像信息传递至出票人开户银行提示付款的业务处理系统。

全国支票影像交换系统主要处理银行业金融机构跨行和行内支票影像信息交换，其资金清算通过小额批量支付系统处理。支票影像业务的处理分为影像信息交换和业务回执处理两个阶段，即支票提出行通过影像交换系统将支票影像信息发送至提入行提示付款；提入行通过小额批量支付系统向提出行发送回执完成付款。

2006 年 12 月，全国支票影像交换系统在北京、天津、上海、广东、河北、深圳六省（市）试点运行，六省（市）之间企事业单位和居民个人签发的支票可以互相通用。2007 年 5 月底，全国支票影像交换系统正式建成，实现了支票的全国通用，企事业单位和个人持任何一家银行的金额在 50 万元以下的支票均可在境内所有地区办理支付。从 2010 年开始，全国支票影像交换系统业务增长量持续下降。

自 2017 年 9 月 4 日起，全国支票影像交换系统并入小额支付系统。银行业金融机构统一通过小额批量支付系统处理全国支票影像交换系统业务。

（五）境内外币支付系统

境内外币支付系统是为我国境内银行业机构和外币清算机构提供外币支付服务的实时全额支付系统，它是我国第一个支持多币种运营的外币系统。2007 年，为了进一步完善中国支付系统，中国人民银行启动了境内外币支付系统和支付信用信息查询系统的建设。2008 年 4 月 28 日，中国人民银行组织建设的境内外币支付系统成功上线运行，先后开通了港元、日元、欧元、美元、英镑、澳大利亚元、加拿大元及瑞士法郎八个币种的支付业务。

外币支付系统采用“Y”形信息流结构，由外币清算处理中心负责对支付指令进行接收、清算和转发，代理结算银行负责对支付指令进行结算。各币种分别由四大国有银行作为代理结算银行，代理结算银行的任期均为三年。系统处理的主要是两类业务：一类是境内跨行贷记业务，即境内付款银行通过外币支付系统向境内收款银行发起的支付业务；另一类是轧差净额业务，即外币清算机构为结算其外币轧差净额而向外币支付系统发起的多边支付业务。

为了提高内地和香港跨境支付清算效率，中国人民银行利用境内外货币支付系统和香港金融管理局建立了两地多种货币支付系统，境内外币支付系统通过内地代理结算银行及其在香港的代理行或分支机构连接香港全额结算系统，内地银行和香港银行可分别通过本地支付系统发起和接收多种货币跨境支付业务。2009 年 3 月，两地支付互通安排开通了美元、欧元、港元和英镑四个币种的支付业务。

境内外币支付系统的优势主要有以下几点：

（1）资金到账速度更快。境内外币支付系统采用实时全额结算机制，支付指令一经清算，即时到达接收清算行，接收清算行即可动用可用额度。同时，参与者承诺 T+0 结算，付款人付出的资金可在当天转入收款人账户，解决了传统外币支付清算到账速度慢的问题。

（2）流动性管理更加方便。境内外币支付系统采用“一点接入、一个账户”架构，该架构有利于银行对其全行流动性进行统一调度，提高银行资金使用效率，解决传统外币支付清算安排资金存放分散的问题，降低外币清算成本和风险。

（3）商业秘密更加安全。境内外币支付系统由中国人民银行清算总中心对支付指令进行接收、清算和转发，转发给代理结算银行的记账信息不包含参与者的客户信息，可以有效保护参与者的商业秘密，有利于中小银行开展外币支付业务。

目前，境内外币支付系统业务量稳步增长。根据中国政府网的数据，2022 年，境内外币支付系统共处理业务 475.43 万笔，涉及金额 2.53 万亿美元（折合人民币约为 17.15 万亿元），同比分别增长 14.17%和 13.10%。

（六）网上支付跨行清算系统

网上支付跨行清算系统是专门针对网上支付等新型电子支付业务的发展需要，为银行业金融机构提供跨行清算和业务创新的公共平台。通过连接各银行业金融机构和非金融机构的业务系统，该系统主要支持网上跨行零售支付业务的处理，业务指令逐笔发送、实时轧差、定时结算。客户可以通过在线方式提交支付业务，并可以实时获取业务处理结果。2010 年 8 月 30 日，中国人民银行组织建设的网上支付跨行清算系统成功上线运行。2011 年 1 月 24 日，中国人民银行完成了网上支付跨行清算系统在全国的推广，网上支付跨行清算服务质量进一步提升，有效促进了电子商务的发展。

网上支付跨行清算系统能够支持非金融机构接入，为经央行批准许可的支付机构提供接入渠道，且 7×24 小时持续运行。系统处理的主要业务包括跨行贷记、跨行借记、第三方贷记、跨行账户信息查询以及在线签约等。依托该系统，客户通过商业银行的网上银行可以足不出户地办理多项跨行业务，并及时了解业务的最终处理结果。为防范业务风险，网上支付跨行清算系统处理贷记业务的金额上限暂定为 5 万元。从业务管理角度来讲，网上支付跨行清算系统是小额支付系统在网上支付方面的延伸；从系统管理角度来讲，网上支付跨行清算系统是与大额实时支付系统、小额批量支付系统并行的人民币跨行清算系统。

2018 年，网上支付跨行清算系统的业务量继续保持高速增长态势。根据中国人民银行的数据，2021 年，网上支付跨行清算系统共处理业务 174.91 亿笔，涉及金额 273.76 万亿元，同比分别增长 11.95%和 34.53%。

（七）电子商业汇票系统

电子商业汇票系统（Electronic Commercial Draft System，ECDS）是接收、存储、发送电子商业汇票数据电文，提供与电子商业汇票货币给付、资金清算行为等相关的服务的业务处理平台。该系统由电子商业汇票系统国家处理中心、电子商业汇票城市处理中心、接入银行或者接入财务公司内部系统三个层级组成。客户通过接入银行或接入财务公司内部系统接入电子商业汇票系统，以完成业务处理。电子商业汇票系统的核心业务功能包括票据托管、票据信息接收存储、信息发送、票款对付等。

2008 年，为支持商业银行票据业务创新，促进商业票据市场发展，中国人民银行正式启动了全国电子商业汇票系统的建设，并完成了需求拟定、需求确认、需求分析等工作。2009 年 10 月 28 日，中国电子商业汇票系统正式开通运行，第一批上线机构包括 11 家全国性银行、2 家地方性商业银行、3 家农村金融机构和 4 家财务公司。2010 年 6 月 28 日，中国人民银行实现了电子商业汇票系统在全国范围内的全面上线运行。

（八）银行卡支付系统

银行卡支付系统由银行卡跨行支付系统及发卡行行内银行卡支付系统组成，专门处理银行卡跨行交易信息转接和交易清算业务，由中国银联建设和运营，具有借记卡和信用卡、密码方式和签名方式共享资源等特点。2004 年银行卡跨行支付系统成功接入中国人民银行大额实时支付系统，实现了银行卡跨行支付的实时清算。

2013 年，中国银联银行卡跨行支付系统共成功处理交易 151.40 亿笔，涉及金额达 32.30 万亿元，较上年分别增长 21.20%和 48.40%。其中，ATM 成功交易笔数和涉及金额分别为 66.40 亿笔和 3.60 万亿元，同比分别增长 12.60%和 28.0%；POS 成功交易笔数和涉及金额分别为 78.10 亿笔和 23.80 万亿元，同比分别增长 24.80%和 44.50%。

银行卡跨行支付系统业务量持续稳步增长。根据中国人民银行的数据，2020 年，银行卡跨行支付系统共处理业务 1 505.60 亿笔，涉及金额 192.18 万亿元，同比分别增长 11.38%和 10.70%。

二、流动性管理与风险管理

1. 流动性管理

第二代支付系统启用多种排队业务解救机制进行流动性管理。

（1）不仅为小额排队业务提供了撮合功能，还为大额排队业务设计了日间双边撮合和业务截止多边撮合机制，只要排队业务符合撮合条件，即可解救因账户余额不足导致的排队队列。

（2）为在央行开立多个清算账户的法人银行提供了“资金池”管理功能。当分支机构清算账户因缺乏头寸而出现排队业务时，系统依据法人银行的事先授权自动将资金从法人银行调入分支机构账户解救排队业务。

（3）为不同法人银行提供自动拆借功能。当法人银行头寸不足支付时，系统依据法人银行事先签订的拆借协议，启动法人银行之间的资金拆借功能，化解流动性风险，确保当日不能解退的轧差净额清算业务完成最终结算。

2. 风险管理

为了完善支付系统风险防范机制，2007 年中国人民银行建成小额支付系统全国处理中心应急灾备系统，并修订、完善了《支付清算系统危机处置预案》，启动了支票影像交换系统总中心应急备份系统的建设。

2008 年，CCPC 集中应急灾备系统和支票影像交换系统应急备份系统已经具备应急演练条件，央行还制定了支付系统有计划切换和应急指南。

随着 2010 年第二代支付系统的建设，对应的灾备系统也同时开始建设，最终形成了以北京中心为运行中心、以北京主站为同城备份中心、以上海中心为远程备份中心的“两地三中心”架构。第二代支付系统的灾难处置以快速恢复系统运行为目标，采取内部试算平衡后即恢复运行的策略，支持各应用系统从运行中心向备份中心的独立或整体切换和回切。国家处理中心运行中心业务数据与同城备份中心之间实时同步备份，实现系统自动切换和数据零丢失目标；运行中心与远程备份中心之间实时异步备份，实现 2 小时内快速切换和数据零丢失目标。各 CCPC 以通用 CCPC 为备份系统，与支付清算系统运行中心、同城备份中心及远程备份中心同位摆放，实现 2 小时内快速切换和数据零丢失目标。

案例 1 人民币跨境
支付系统（CIPS）

本章思考题

1. 简述 SWIFT 在管理上的特点。
2. SWIFT 能提供哪些服务？
3. 简述美国支付系统的构成。
4. 简述 FEDWIRE 与 CHIPS 如何进行风险管理与流动性管理。
5. 分析 FEDWIRE 与 CHIPS 的异同。
6. 简述 TARGET 的特点。
7. 简述 CHAPS 的作用。
8. 简述 CNAPS 的作用。

第四章 银行卡运作与管理

章首导言

银行卡是商品经济高度发展的产物，发达的信用经济和现代科技是银行卡快速发展的基础。

银行卡是银行发行的卡基支付工具，包括借记卡、贷记卡和储值卡。现代卡基支付工具经历了从商业卡到银行卡的发展过程。伴随金融监管的发展，目前银行卡是最主要的卡基支付工具。

银行卡的基本功能可概括为转账结算、存取现金和消费信贷。

现代银行卡运作的构成要素通常包括持卡人、特约商户、发卡行、收单行和卡组织五方。

在银行卡管理中，特约商户与持卡人管理是成功的关键。

由于银行卡风险通常源于持卡人、特约商户和银行自身三个环节，因此银行卡的风险防范和控制主要包括对持卡人、特约商户和银行自身的风险防范和控制三个方面。

本章首先阐述了银行卡发展的过程与趋势，然后对银行卡的概念、性质和功能进行了介绍，之后讨论了银行卡的运作机制、银行卡管理与风险防范。

关键术语

银行卡、信用卡、借记卡、贷记卡、储值卡、发卡行、收单行、持卡人、特约商户、信用卡管理、持卡人管理、特约商户管理、合作营销、信用卡风险防范

知识结构图

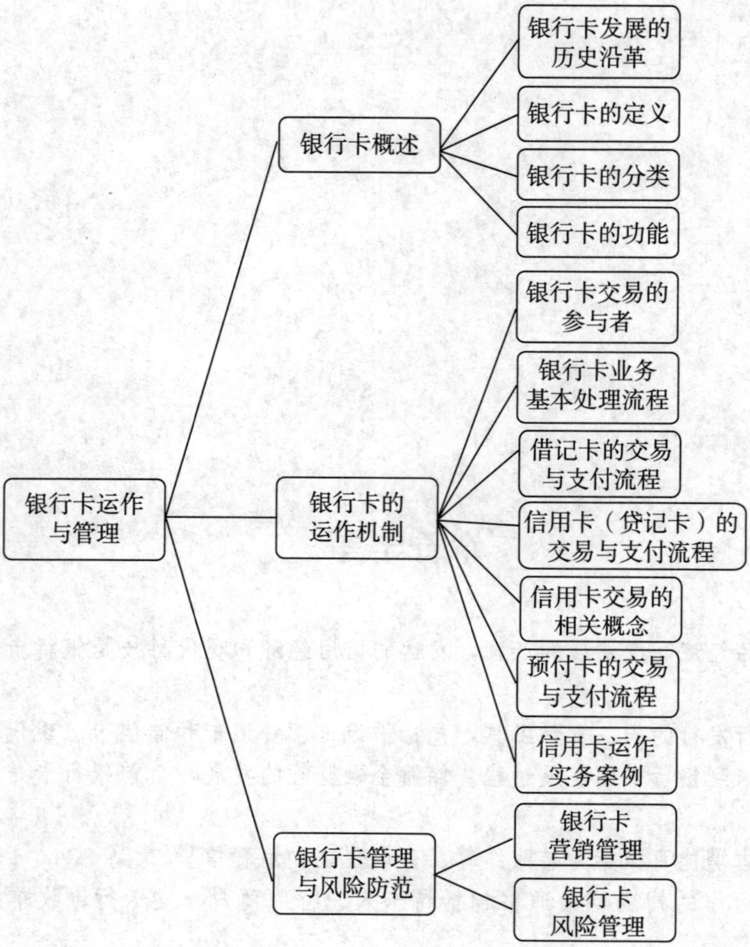

第一节　银行卡概述

银行卡是商品经济高度发展的产物，发达的信用经济和飞速发展的现代科技是银行卡快速发展的基础。银行卡是银行发行的卡基支付工具，卡基支付工具的发展经历了从商业卡到银行卡的过程，并且由于金融监管的发展，目前呈现以银行卡为主要卡基支付工具的局面。银行卡等新型支付工具的出现提高了社会资金的使用效率，方便了人们的生活。

一、银行卡发展的历史沿革

银行卡最初的形态是信用卡，信息技术和通信技术的发展催生了借记卡和预付卡，芯片卡已成为目前银行卡的主流产品形态。

一般认为，世界上第一张信用卡是1915年在美国诞生的。当时美国的一些商品零售商，如百货商店、饮食店和加油站等为了招揽生意，扩大营业额，向他们比较熟悉且又有一定信用和支付能力的客户发放了一种类似金属徽章的信用凭证，这一凭证称为“购物卡”(shopper's plate)。

作为一种信用凭证，持有该凭证的人可以到该店或其分号赊购商品，之后再于约定的日子结清欠款。这种凭证就是今天信用卡的鼻祖。也许是出于仿效硬币的考虑，最初使用金属牌作为凭证。由于塑料技术的产生与发展，金属牌沿用了一段时间之后，就被换成了轻巧、便于携带的塑料卡片。

这是最初商业信用卡的形成过程。这一时期的信用卡实质上以信用度标志和优待券的形式存在，而且仅能在发行的商号内使用，因而使用范围较为狭窄。它的另一个局限性还表现在：它主要是记账性质的支付卡，除少量可以先消费后付款外，大量是先存款后消费，这也限制了它的使用范围及用途。由于这种做法能够吸引客户，方便购物，扩大销售，因而众多商家纷纷效仿。商业信用卡的出现是一个了不起的金融创新。

随后，1920年美国各大电器公司、石油公司纷纷推出了签账卡；1924年美孚石油公司发行了用于加油站服务的贷记卡。20世纪50年代初期，商业信用卡的应用范围进一步扩大，但主要还是集中在商品销售方面，信用卡所体现的信用关系仍然是商品销售者与商品消费者之间的一种直接的商业信用关系。

现代信用卡的发展是在20世纪50年代以后，大莱俱乐部的诞生标志着现代信用卡运作机制的产生。据说，1949年的一天，美国商人麦克纳马拉请人吃饭，吃完结账的时候他大吃一惊：钱包忘带了！于是他不得不赶紧打电话请夫人带着现金来结账。这引发了一件可以载入信用卡发展史的事件——麦克纳马拉产生了创建信用卡公司的想法。[①] 1950年他与朋友施奈德合作投资1万美元，开办了大莱俱乐部（Diners Club）[②]，为会员提供一种能够证明身份和支付能力的卡片（大莱卡），会员可以凭卡片到饭店记账消费，这就是大莱信用卡公司的前身。大莱信用卡公司的出现与运营标志着现代信用卡运作机制的诞生，即一个非交易双方的第三方机构出现了，该机构负责为特约商户和消费者间的交易进行支付和结算。

起初，大莱俱乐部只有200位会员，每年交3美元会费就可以在纽约27家饭店中的任何一家使用大莱卡先吃饭，月末再付款。一年后，截至1951年年底，大莱卡的交易额已达到100万美元以上，公司开始盈利。

大莱卡虽然也是一种商业信用卡，但它与以往发行的信用卡已有所不同，其最大的不同就是发卡人——大莱俱乐部——已不是买卖双方中的一方，而是买卖双方之外的第三方，这是一种实质性变化。大莱俱乐部自身并不经营餐馆，也不靠其餐馆的盈利生存，而是专靠发展持卡人和特约商户来赚钱。持卡人因享受了商业信用，感觉到了方便，为此心甘情愿交纳会费；而特约商户，也就是那些接受大莱卡的饭店，因为承诺接受持卡消费的

① 实际上这个具有戏剧性的故事只是一位记者的夸张和演绎。

② Diners（大莱）是“dinner”（晚餐）一词的变形，因而也有人称大莱俱乐部为晚餐者俱乐部。

方式而有了新的固定的客户群，为此也乐于从扩大的交易额中分一些好处给大莱俱乐部。大莱卡的出现使商业信用的形式发生了变化——从直接的商业信用形式发展到间接的商业信用形式，已经非常类似于银行信用。大莱卡的运作机制也是第三方支付的雏形。

1950年，大莱俱乐部首先发行“旅行与娱乐”卡。8年后，美国运通卡（American Express）诞生。1978年大莱俱乐部改名为大莱国际信用卡公司。

1952年，美国富兰克林国民银行开始发行信用卡，首开银行信用卡的先河。这时，信用已由商业信用发展到了银行信用，同时正是由于有银行提供的信用担保，信用卡的信用范围进一步扩大。富兰克林国民银行发行的信用卡允许持卡人透支，即在账面余额不足的情况下，可以先消费后付款。这一特点大大加速了银行信用卡的发展，不断有更多的银行加入发卡行的行列。

1959年年底，参与发卡的银行迅速扩大到150多家。逐渐地，银行成为信用卡发行的主要机构。

追溯信用卡的发展，自1952年美国银行业介入信用卡领域以来，到20世纪80年代初跨国信用卡集团雄睨世界，其间也就是30多年。银行信用卡之所以获得如此巨大的发展，有以下几点原因：

（1）相对于商业部门，银行部门更容易了解持卡人的经济实力和货币收支情况，能够更好地进行风险管理。

（2）相对于商业信用卡，银行信用卡的信用程度更高，使用范围更广，功能更为多元化（同时具有消费信贷、转账结算、存取现金的功能），多元业务的优势无与伦比。

（3）银行信用卡提供的延期支付、循环信贷功能大大冲击了支票的使用，已成为最方便的小额支付工具。迄今为止，世界上大多数国家的信用卡在使用频度上已经超过支票。

（4）银行信用卡对银行自身来说已日益成为其利润增长的新的支撑点。银行信用卡的出现及其发展在信用卡的历史上和现代支付结算的历史上都具有划时代的意义。

随着信用卡的普及，消费者跨地域交易成为趋势，但由于当时美国国内的金融监管，银行发卡受到诸多限制，信用卡的发展也受到影响，于是多家发卡机构被迫联合起来，组成信用卡联合组织。

目前，国际上较大的信用卡组织主要有6个，即威士国际组织、万事达卡国际组织、美国运通公司、大莱信用卡公司、JCB信用卡公司和中国银联。

1. 威士国际组织

威士国际组织是目前世界上最大的信用卡组织，所占有的市场份额最大。它的总部设在美国洛杉矶市，总处理中心位于洛杉矶的卫星城曼托市，它的前身是美洲银行信用卡公司，1959年开始发行“美洲信用卡”。1974年，美洲银行信用卡公司与一些银行联手，共同发起成立了国际信用卡服务公司。1977年国际信用卡服务公司改称威士国际组织，并以“VISA”为标志。截至2018年年底，威士卡发卡量已超过25亿张，可在全球超过200个国家使用。

2. 万事达卡国际组织

1966年美国富国银行联合77家银行成立了联合信用卡协会，1969年该协会改名为万事达集团，1979年起改称万事达卡国际组织。万事达卡国际组织是一个业务范围覆盖全球的大型组织，市场份额仅次于威士国际组织，拥有会员机构 3 万多家，特约商户超过 980 万家。

3. 美国运通公司

美国运通公司是美国最大的信用卡公司之一，成立于 1941 年，于 1958 年开始发行运通卡。目前，运通卡的业务范围覆盖了世界各地的 170 多家旅游公司和 330 多万家特约商户。旅游服务是运通卡的特色。运通信用卡和旅行支票是运通卡主要的组成部分。运通卡的特点是重视吸收中上层人士，消费层次高的政府官员、大款往往是运通卡的持卡人。

4. 大莱信用卡公司

大莱信用卡公司是由大莱俱乐部发展而来的，它在世界范围内发行大莱卡。大莱信用卡公司走的是一条高端路线，发卡条件较苛刻，注重社会地位和收入，优惠也较多。例如，大莱卡的高端卡片不设最高消费限额，并提供应急现金服务。1981 年，花旗银行收购了大莱信用卡公司的大部分股权，也就是说，大莱信用卡公司已成为花旗银行的附属公司。

5. JCB 信用卡公司

1967 年三和银行和日本信贩公司合作设立了日本信用卡公司，开始发行 JCB 卡，经过几十年的发展，该卡现已成为世界知名信用卡之一。1981 年 JCB 卡进入国际市场。目前 JCB 卡的业务范围覆盖了 140 多个国家和地区，有 340 万家特约商户。JCB 卡在日本国内占有绝对优势。

6. 中国银联

中国银联（China UnionPay）成立于 2002 年 3 月，全称是中国银行卡联合组织。通过银联跨行交易清算系统，可实现银联卡在商业银行系统间的互联互通和资源共享，保证银联卡跨行、跨地区和跨境使用。

中国第一张信用卡发行于 1985 年，即中国银行珠海分行发行的中银卡。1 年后，中国银行北京分行开始发行长城卡。目前，中国银联已与境内外数百家机构开展广泛合作。银联网络遍布中国城乡，并已延伸至亚洲、欧洲、美洲、大洋洲、非洲等境外多个国家和地区。

中国银联是经国务院同意，中国人民银行批准，在合并 18 家银行卡信息交换中心的基础上，由 85 家机构共同出资成立的中国银行卡联合组织，总部设于上海。截至 2020 年 11 月底，银联全球受理网络已延伸至 179 个国家和地区，银联卡境内外累计发行超过 90 亿张。

作为中国的银行卡联合组织，中国银联处于我国银行卡产业的核心和枢纽地位，对我国银行卡产业发展发挥着基础性作用，各银行通过银联跨行交易清算系统实现了系统间的互联互通，进而使银行卡得以跨行、跨地区和跨境使用。在建设和运营银联跨行交易清算系统、实现银行卡联网通用的基础上，中国银联积极联合商业银行等产业各方推广统一的银联卡标准规范，创建银行卡自主品牌；推动银行卡的发展和应用；维护银行卡受理市场秩序，防范银行卡风险。通过银联跨行交易清算系统，可以实现商业银行系统间的互联互通和资源共享，保证银行卡的跨行、跨地区和跨境使用。

截至 2021 年底，中国银联共设有 36 家分公司，50 家境外分支机构，银联国际、上海联银创投等全资子公司以及银联商务、银联数据、北京银联金卡科技有限公司、中金金融认证中心等控股子公司。银联受理网络已延伸至全球180个国家和地区，境内外成员机构超过2 500家。

2019年12月，中国银联入选“2019中国品牌强国盛典榜样100品牌”。2020年8月31日，中国银联发布首款数字银行卡“银联无界卡”。2021年12月，支付宝与中国银联在全国范围内实现收款码扫码互认。

案例2 WTO裁决银联与VISA之争

二、银行卡的定义

银行卡是由银行发行的卡基支付工具，包括借记卡、预付卡（储值卡）和信用卡（贷记卡）。①

借记卡是指由商业银行向社会发行的具有转账结算、存取现金等全部或部分功能的支付工具，通常不能透支。持卡人只能在存款额度内办理现金存取、转账和消费等业务。

预付卡（储值卡）是指非金融机构发行的具有电子钱包性质的多用途卡种，可消费，不可取现，通常不可透支，适用于小额支付领域。

信用卡（贷记卡）是由银行或信用卡公司向资信良好的个人和机构签发的一种信用凭证，持卡人可在指定的特约商户处购物或获得服务。信用卡既是发卡机构发放循环信贷和提供相关服务的凭证，也是持卡人信誉的标志，可以透支。

信用卡的本质是信用。信用的范围较广泛，从道德观念上讲，主要指行为人是否诚实守信、遵守诺言；从经济意义上讲，主要指以一定的经济标的物为内容、以借贷为特征的经济契约行为。信用具有如下特征：（1）借贷时间的规定性。即规定了是一年期的借贷，还是几年期的借贷，不能随意延长。（2）借贷本金的归还性。如本金若是10 000元，则不能只还8 000元。（3）借贷资金的增值性。借贷资金具有时间价值，会产生利息，由于债权人让渡了使用资金增值的机会，所以债务人需要归还本息。

信用卡是信用机构向受信人发行的卡基信用凭证，受信人一旦持有了信用卡，信用机构与受信人之间的契约关系就开始生效。

按照授信程度的不同，信用卡分为真正意义上的信用卡和准贷记卡。信用卡是指发卡行给予持卡人一定的信用额度，持卡人可在信用额度内先消费、后还款的信用卡。准贷记卡是指持卡人须先按发卡行的要求交存一定金额的备用金，可在发卡行规定的信用额度内透支的银行卡（通常透支额度不能超过备用金的额度）。

信用卡是国际上广泛使用的支付手段与结算工具，它在很多场合（比如支付货款等）可以代替现金发挥作用。

一般来说，信用卡是金融机构或专营公司向消费者签发的一种信用凭证，持卡人到发卡机构指定的商店或场所购买商品或劳务时，可以凭卡结算而不必支付现金，这是信用卡本源上的意义。信用卡上印有信用卡的标志、信用卡的名称、发卡行的名称和代码、持卡人的姓名、有效期等信息。

---

① 由于历史发展原因和翻译的原因，在中国，信用卡的概念有些模糊。在本书中，信用卡就是贷记卡，后文中统一用信用卡表示贷记卡。目前，由于各国的金融监管需要，商业信用卡大多为银行发行的联名卡。

对于持卡人来说，信用卡具有以下优点：

(1) 使用方便。持卡人在前往特定的商店和场所购买商品及在宾馆住宿、酒店就餐的时候，可以凭卡轻松消费；在异地旅行时还可以持卡通过 ATM 取现，以满足临时现金需求等。信用卡的使用避免了携带大量现金所带来的不便，使购物过程变得轻松、舒适。

(2) 循环信贷。信用卡能自动提供一定的循环透支信用额度，持卡人在额度内获得了银行的授信，可以“先消费，后付款”。

(3) 安全。首先，信用卡避免了客户携带大量现金进行支付所引发的问题，如容易丢失、被盗等，增强了持卡人资金支付的安全性。其次，信用卡本身就带有各种安全信息，如信用卡本身有防伪标志、持卡人签名、卡号、发卡行标识等，同时信用卡还提供了各种安全的交易机制，如检查止付名单、授权管理机制等，这些机制都有效防止了信用卡的非法使用，大大增强了信用卡交易的安全性。

(4) 便捷。通过信用卡交易，持卡人可以享受到发卡行提供的相关的高效资金结算服务。持卡人在信用卡账户上可以快速办理存款、取款、转账等服务，同时随着网络银行和手机银行的发展，发卡行可以 24 小时不间断地为持卡人服务，无论持卡人在什么地方、什么时候，均能享受到所需要的服务。

对商户而言，使用信用卡一方面能大大促进其库存商品的销售，另一方面可以通过银行高效、及时的清算服务，实现资金的顺利回流和资金的快速增值。

对于发卡行来说，开办信用卡业务有助于形成一个银行服务消费的固定客户群体，同时还可获得可观的手续费和服务费。

正是由于信用卡具有这么多优点，因此信用卡自出现以来，就受到了社会各界的普遍欢迎，从而获得了迅速的发展。

在现实中，广义上的信用卡既包括商业信用卡，又包括银行信用卡，还包括其他行业发行的信用卡；而狭义上的信用卡则特指银行发行的信用卡。

三、银行卡的分类

根据银行卡的清偿方式、发卡对象等的不同，银行卡可分为不同的种类，如表 4-1 所示。

表 4-1　银行卡的分类

银行卡划分依据	清偿方式	发卡对象	营销手段	载体材料	流通范围	信誉等级	结算币种
银行卡类型	借记卡 (不允许透支) 信用卡 (允许透支) 签账卡 预付卡 (预支付) 准贷记卡	个人卡 单位卡 (商务卡)	联名卡 认同卡 品位卡	塑料卡 磁卡 IC 卡 激光卡	国际卡 地区卡	金卡 普通卡	本币卡 外币卡

1. 根据清偿方式的不同，银行卡可分为借记卡（实时支付）、信用卡（即贷记卡，后支付）、签账卡、预付卡（预支付）和准贷记卡

借记卡的清偿方式是先存款，后消费，一般不允许透支。目前我国大多数银行卡都是借记卡。借记卡又可分为转账卡和专用卡。转账卡是指具有转账结算、存取现金功能并实时扣账的借记卡。专用卡是指在百货、餐饮、饭店等行业之外在特定区域使用的借记卡，它也具有转账结算、存取现金的功能，如 ATM/PLUS 卡、VISA Interlink 卡、VISA Electronic 卡等。

贷记卡是本源意义上的信用卡。其持卡人可获得发卡行提供的信用额度，先消费后还款，而且可以透支。国外发行的信用卡大多是贷记卡。

还有一种签账卡，又叫充值卡（rechargeable card）。当使用签账卡时，交易金额会被累加到持有者的账户余额上，余额必须在付款期内全部支付（通常为 1 个月）。

预付卡（储值卡），也称为“电子钱包”，它具有替代零钱的作用，不需要建立持卡人档案，不需要提供担保，只需事先在卡内储存一定的款项，在交易时直接从卡内扣款，一般用于小额交易。这种卡的持卡人在消费时无须输入密码，方便快捷，同时可方便地通过 ATM、柜台等多种设备向电子钱包转入“电子钱”。电子钱包限额存款，一旦丢失，给持卡人造成的损失不大。对于商户来说，无须准备大量零钞，且能够接受电子钱包的交易设备较简单，无须即时与卡中心通信，可节省大量费用。如 VISA CASH 卡就是一种多功能电子钱包，可替代零钱；面向小额支付（小于 20 美元）；无须使用个人密码（PIN）；可重复充值，脱机处理，无须授权；预先付款，不允许取现。

介于借记卡与贷记卡之间的银行卡称为“准贷记卡”，它是指持卡人须先按发卡行要求交存一定金额的备用金，可在发卡行规定的信用额度内透支的银行卡。

在国内，属于贷记卡的信用卡品种有中国工商银行的牡丹国际卡、中国银行的长城国际卡、广东发展银行的国际卡等。属于准贷记卡的曾经有中国工商银行的牡丹卡、中国农业银行的金穗卡、中国银行的长城卡、中国建设银行的龙卡、交通银行的太平洋卡等。[①] 属于借记卡的有中国工商银行的牡丹灵通卡、中国农业银行的金穗万事顺卡、中国银行的长城电子借记卡、深圳市商业银行的万事顺卡、招商银行的“一卡通”卡等。

2. 根据发卡对象的不同，信用卡可分为个人卡和单位卡（商务卡）

（1）个人卡即供个人消费的卡，任何有固定收入的个人都可以向发卡行申请办理个人卡。而发卡行将根据年龄、职业、工作年限、月收入等项目来进行资信审查。个人卡的发行对象是具有完全民事行为能力的公民。个人卡的主卡持卡人可以为其配偶及年满 18 岁的子女申领副卡，但最多不能超过 2 张。个人卡按照信用卡的信誉等级还可划分为普通卡、金卡、白金卡、钻石卡等，持卡人可以根据信誉的高低分别享受不同的信用额度和银行服务。

（2）单位卡就是用于单位消费的卡。单位在申办信用卡时也要接受银行的资信调查。单位卡的发行对象是企业、机关、团体、部队、学校等法人组织，它们以法人组织的名义申领并承担在信用卡使用中的责任。但是，单位卡其实也是由具体的个人使用的。凡在中

---

① 目前，这些准贷记卡已基本转为贷记卡。

华人民共和国境内金融机构开立基本存款账户的单位均可申领单位卡。单位卡可申领若干张，具体持卡人的资格由申领单位法人代表书面指定或注销。

3. 根据营销手段的不同，信用卡可分为联名卡、认同卡、品位卡等

联名卡是由银行和营利性合作伙伴合作开发的信用卡产品，它为了吸引社会公众而对该卡的持有人提供一定的奖励，如一定比例的折扣优惠和服务支持。对于银行来说，这是增加发卡量的一条重要途径。

认同卡是指银行和非营利性机构联合开发的信用卡产品，它的对象是有着共同意愿的消费者，所以发卡的范围有限。

品位卡是银行和营利性机构联合开发的信用卡产品，它的对象是对同一品牌有共同消费愿望和认可度的消费者，所以发卡的范围有限。品位卡与联名卡很相似。

4. 根据载体材料的不同，信用卡可分为塑料卡、磁卡、IC 卡和激光卡等

(1) 塑料卡。20 世纪 50 年代末 60 年代初开始用塑料卡制成信用卡，持卡人消费时要出示此卡以示身份，验明无误后即可享受信用消费。当时这种塑料卡与计算机无关。

(2) 磁卡。磁卡诞生于 20 世纪 70 年代初。磁卡是在其上贴有磁性条纹或涂上一层磁性材料或在其内部植入磁带的卡片。磁性材料上记录着持卡人的姓名、卡号等信息，以供读卡机器读出这些信息来查证磁卡及其持卡人的真伪。它在变形特性、耐热性、可燃性等物理特性上都必须符合国际 ISO 标准。磁卡由于在塑料卡片上粘贴了一根磁条而得名。

磁卡的主要优点是技术简单，成本低廉。缺点是：1) 记忆容量小，只有 100 字节左右；2) 安全性能差，破译和仿制磁条信息成了信用卡犯罪的常用伎俩；3) 不适合脱机处理。从技术上看，可以说磁卡已是明日黄花，但目前在一些功能简单的应用领域，例如小额购物、电话、车票、门锁等，仍大量使用磁卡。

(3) IC 卡。IC 卡 (integrated card) 是一种安装了集成电路的卡片，其中仅有存储器的 IC 卡被称为存储卡，不仅有存储器还有微型计算机芯片的 IC 卡常被称为智能卡 (intelligent card)。它具有存储量大、功能较多、难以伪造以及联网要求低等特点。IC 卡是由法国电脑工程师 Roland Moreno 于 20 世纪 70 年代发明的，是在塑料卡上封装一张非常小的微型 IC 芯片，用来存储和记录数据。IC 存储卡中不含 CPU，但是含有数据存储器 (EEPROM)、工作存储器 (RAM) 和程序存储器 (EPROM)。存储器可存储持卡人的个人信息和账户信息。智能 IC 卡是在塑料卡片上嵌入含有 CPU、存储器和 I/O 接口的芯片，该芯片除了具有存储功能外，还具有信息处理功能。现在所说的 IC 卡通常指智能卡。

IC 卡具有安全性高、难以仿制、有 CPU 和较大的存储量、有联机处理和脱机处理双重能力等优点，是未来信用卡的发展方向。近年发展起来的射频卡是目前使用最广泛的非接触式 IC 卡。与接触式 IC 卡相比，它具有快捷方便、可靠性强、安全性高、抗干扰性强等特点。

(4) 激光卡。激光卡是在塑料卡片中嵌入激光存储器的卡片，同样具有安全性高和存储量大的优点。由于激光卡易磨损，因此未能市场化。

5. 根据流通范围的不同，信用卡可分为国际卡和地区卡

国际卡是一种可以在发行国之外使用，即可在全球使用的信用卡；地区卡是只能在发行国国内或一定区域内使用的信用卡。例如，中国银行发行的外汇长城万事达卡就属于国际卡，而中国银行发行的人民币长城万事达卡就是地区卡。此外，威士卡、万事达卡是国

际卡。

6. 根据信誉等级的不同，信用卡可分为普通卡和金卡等

普通卡的发卡对象通常为所有资信审查合格的持卡人群体。普通卡是一种大众市场产品，由于在持卡消费方面所提供的便利性和安全性而深受广大持卡人的欢迎。普通卡持卡人还能享受到一定程度的“核心”服务，例如紧急补卡和紧急提现服务（当然有可能会收取一定的费用，但也提供了相当的便利）。对于发卡行来说，由于普通卡持卡人的大众化，通过年费、交易费和货币转换费可以获得可观的收入。

金卡的服务对象与发卡对象通常是富裕的、高消费的个人。金卡持卡人因为能够享有完全的“核心”服务和更高、更宽松的消费额度而乐于持卡，这些“核心”服务通常包括旅游辅助服务、24 小时电话服务、免费的紧急补卡与取现服务等。手持金卡，有时候（特别在亚洲）似乎也是社会地位的一种象征。对于发卡行来说，由于金卡的持卡人每月的消费额通常是普通卡持卡人的 4 倍，所以盈利颇多，同时还可以通过年费、交易费和货币转换费获得可观的收入，而且与市场上其他持卡群体相比，一般而言金卡持卡人的信用风险较小。

随着信用卡的发展，很多信用卡组织又推出了可享受更多特殊服务的白金卡、钻石卡等。

7. 根据结算币种的不同，信用卡可分为本币卡和外币卡

例如，中国国内发行的本币卡就是人民币卡。中国国内发行的外币卡有美元卡、日元卡、欧元卡和全币种卡等。

四、银行卡的功能

银行卡的基本功能为：转账结算（支付）、存取现金和信贷消费。

转账结算与消费支付是银行卡最主要的功能。当持卡人在特约商户消费之后，不以现金货币付款，而是以银行卡为凭证，通过特约商户、收单行、发卡行的一系列受理、授权、清分、结算、清偿等操作最终完成交易的过程，就叫作转账结算。在转账结算的全过程中，没有现金的流动，因此通常说银行卡能够有效减少社会现金流量。

银行卡的转账结算功能方便了消费者和商户之间的购销活动，减少了现金的使用量，提高了资金的利用率。

银行卡存取现金的功能是指持卡人随时随地可以在发卡行指定的银行受理网点和自动存取款机上实现现金存取。它不受存款地点的限制，不受工作时间的限制，安全性较高。借记卡按活期储蓄计付利息。

信用卡的信贷消费是发卡行根据持卡人的资信等级给予不同的信贷额度，在该额度内，持卡人可以无限制地融通资金以进行购物消费。该功能使持卡人在进行购物的同时获得了一定的信用支持，从而解决了其资金暂时短缺的困难。当然，发卡行在对持卡人融通资金之前，必须对持卡人进行详细的资信审查，同时对客户拖欠的信用贷款实行一定的利率惩罚。

信用卡所提供的消费信贷是贷记卡与借记卡的主要区别。

第二节　银行卡的运作机制

一、银行卡交易的参与者

在银行卡交易中，有五类参与者，分别为：发卡行、收单行、特约商户、持卡人和银行卡组织。

1. 发卡行

发卡行通常为金融机构，其主要职责是与持卡人签订使用账户的合同条款并向持卡人发卡。同时，发卡行还定期向持卡人发送对账单来催收应收款项，为持卡人提供各种各样的服务，如解决持卡人的疑难问题、提供银行卡挂失服务、提供 24 小时电话服务等。发卡行还必须保留持卡人的账户记录以备查。交易时，为了控制交易的风险，发卡行还会通过授权网络为商户提供授权支持。

发卡行是向客户发行银行卡的会员银行，其客户就是持卡人。发卡行和持卡人会签署一项协议，其中发卡行将决定单个账户的费用、收费、还款要求和服务。

发卡行拥有持卡人的账户并具有下列职责：

（1）争取持卡人，与持卡人签订协议并决定账户的使用条款，例如服务项目、收费项目和还款要求等。

（2）发卡。

（3）向持卡人发送对账单，并收取应收款项。

（4）向收单行和特约商户提供授权决策以控制风险。

（5）向持卡人提供服务，例如听取持卡人的申诉，解决持卡人的疑难问题等。

（6）保留持卡人的账户记录，并向客户提供解决争议的服务。

发卡行从以下项目中获得收入：

（1）年费。即发卡行向持卡人收取信用卡的印刷工本费、服务管理费等。不同卡的收费标准不同（例如普通卡 100 元、金卡 300 元）。

（2）透支息。贷记卡通常提供最长为 60 天左右的免息期，超过免息期就要交纳透支息。目前一般贷记卡的透支息为日息万分之五。

（3）滞纳金。持卡人未能按要求在到期还款日之前偿还最低还款额的，除应支付贷款利息外，还须按最低还款额未付部分的 5%支付滞纳金。

（4）存、贷利差。

（5）交易回佣费。交易回佣费按交易金额的一定比例由收单行支付给发卡行。人民币信用卡的交易回佣费平均为交易金额的 0.6%。持卡人每次持卡购物，发卡行都能从特约商户的开户行（收单行）那里收到一笔费用，这笔费用根据交易额的一定百分比计算，旨在对发卡行提供信用和承担欺诈损失予以补偿。

（6）国际交易的货币转换费。如威士卡规定，货币转换费按每笔交易金额的 1%收取，其中，发卡行得到其中的 15%，收单行得到其中的 15%，威士国际组织得到其中的 70%。发卡行对于自己得到的份额，还可以根据市场能够接受的程度自行决定是否增加。

2. 收单行

收单行是与特约商户（如商场、饭店、航空公司等）签订合同的银行，也就是说，特约商户同意接受以某银行卡作为购买商品和劳务的付款方式，而该商户在收单行开设账户。收单行事先与发卡行签订条款，约定在由它向商户提供受理信用卡和获取授权的电子设备的同时负责偿付商户应得的交易款项。然后，在发卡行与代理行的清算中，款项由持卡人在发卡行上的账户流向代理行而得到清偿。

收单行的职责是：

(1) 发展特约商户，与特约商户签订协议并决定它要支付的各种费用；

(2) 向特约商户提供受理银行卡和获取授权的电子设备或手工设备，这里指的是销售点终端机（POS）、压卡设备等，并提供授权服务；

(3) 负责偿付特约商户应得的交易款项；

(4) 负责处理交易收据，将其明细送交信用卡国际组织，实际上就是送往清算系统。

收单行从以下项目中获得收入：

(1) 特约商户折扣费。收单行从为商户提供的这些服务中获得收入，这种收入按商户使用信用卡交易金额的一定百分比计算，通常称为商户折扣费或商户服务费，在我国也叫交易手续费，由收单行按交易金额的一定比例向特约商户收取。人民币信用卡的交易手续费一般为交易金额的 0.6%。

(2) 手工取现。对于国际卡，通常收单行可以从发卡行处得到 1.75 美元＋交易回佣费（取现额的 0.33%）；对于国内卡，是否收费各家银行有不同的规定。

(3) ATM/PLUS 交易。例如 VISA 卡，收单行可从发卡行处得到 2.25 美元的交易回佣费，在地理位置特别好的超级 ATM 上取现时，收单行可得到 3 美元。

(4) 国际交易的货币转换费。一般收取每笔交易金额的 1%，收单行可得到其中的 15%。

3. 特约商户

特约商户是指受理银行卡业务的商户，这些商户大多数服务于商业零售领域。特约商户同银行卡代理行签订合同，同意接受以银行卡作为购买商品和劳务的支付方式，并且将交易单据送至代理行处。在银行卡业务完成后，特约商户还须向发卡行和收单行支付一定比例（一般为交易额的百分之几）的手续费。

4. 持卡人

持卡人是指持有银行卡进行购物消费的客户。持卡人与发卡行签订持卡合同，并遵守银行卡账户使用的规章制度，同时也可以享受到银行卡带来的消费便利以及其他权利，如查询账单、银行卡挂失、银行实时电话服务等。

5. 银行卡组织

银行卡组织往往不直接发卡，也不参与交易本身。它的职责包括提供统一的组织规则和运作规章；对交易进行清算，为交易结算提供全球电子通信网络和技术支持；负责在国际范围内进行其产品的广告及促销活动；负责对成员之间的争议进行裁决。

二、银行卡业务基本处理流程

银行卡业务基本处理流程包括三个环节，即客户申请持卡、客户持卡消费和资金清算。

（一）客户申请持卡

客户申请持卡过程包括填申请表、审核、开户、制卡和发卡、开卡等过程。

（1）填申请表。客户向发卡行申领银行卡时，需首先填申请表。申请表的内容一般包括申领人的名称、基本情况、经济状况或收入来源、担保人及其基本情况等。

申请借记卡的表格较为简单，一般只包括个人基本信息，无须填写个人经济状况和收入来源。

预付卡分为记名预付卡和不记名预付卡两种，不记名预付卡无须填申请表，记名预付卡的申请与借记卡相似。

申请贷记卡的表格最为详细，必须反映申请者的个人经济状况和还款能力。

申请银行卡的对象可以分为单位和个人。申请的单位应为在我国境内具有独立法人资格的机构、企事业单位、三资企业和个体工商户。每个单位申请信用卡可根据需要领取一张主卡和多张（5～10 张）附属卡。个人若要申领贷记卡，必须具有固定的职业和稳定的收入来源，有时还需要向银行提供担保。担保的形式包括个人担保、单位担保和个人资金担保。

客户按照申请表的内容如实填写后，在递交填写完毕的申请书的同时还要提交有关资信证明。

（2）审核。发卡行接到申请人交来的申请表及有关材料后，要对申请人的资信状况进行审查。审查的内容主要包括：申请表的内容是否属实；申请的单位的资信情况；担保人的有关情况（申请人为个人时）。

（3）开户。申请人申请银行卡成功后，发卡行将为持卡人在发卡行开立单独的银行卡账户，以供购物、消费和取现后进行结算。

（4）制卡和发卡。发卡行审查后，将制作卡片并向申请人发放银行卡。

（5）开卡。持卡人收到银行卡，特别是信用卡后，需要到发卡行办理开卡手续。该开卡手续可通过电话或网络自助渠道办理，也可到银行柜台办理。

（二）客户持卡消费

申请人领到银行卡后，成为持卡人，可进行购物和享受劳务，也可以到银行支取现金。这一过程又包括以下流程：

（1）验卡。银行卡特约商户或银行受理银行卡后，要审查银行卡的有效性和持卡人的身份。

（2）授权。商户确认银行卡有效后，根据与收单行签订的合同与银行联系，请求授权。授权过程将进一步验证持卡人的身份并认证可以使用的消费金额。

发卡行收到请求授权通知后，根据持卡人存款账户的存款余额及银行允许透支的协议情况发出授权指令，答复是否同意进行交易。

（3）签字供货。特约商户最后确认持卡人可以使用银行卡进行消费。由持卡人在签账单上签字，经商户认证无误后，特约商户须向持卡人提供货物或服务。对于使用密码机制的贷记卡，在输入密码且校验无误后，特约商户须向持卡人提供货物或服务。对于使用密码验证机制的贷记卡和借记卡，签字只作为消费记录，不作为持卡人授权交易的凭证，持卡人输入密码即被认为发出交易授权。

（三）资金清算

发卡行与收单行将在与商户约定的交易周期结束后，与特约商户进行资金清算。现在通常为每个交易日后进行清算。

三、借记卡的交易与支付流程

借记卡的交易与支付流程如图 4-1 所示。

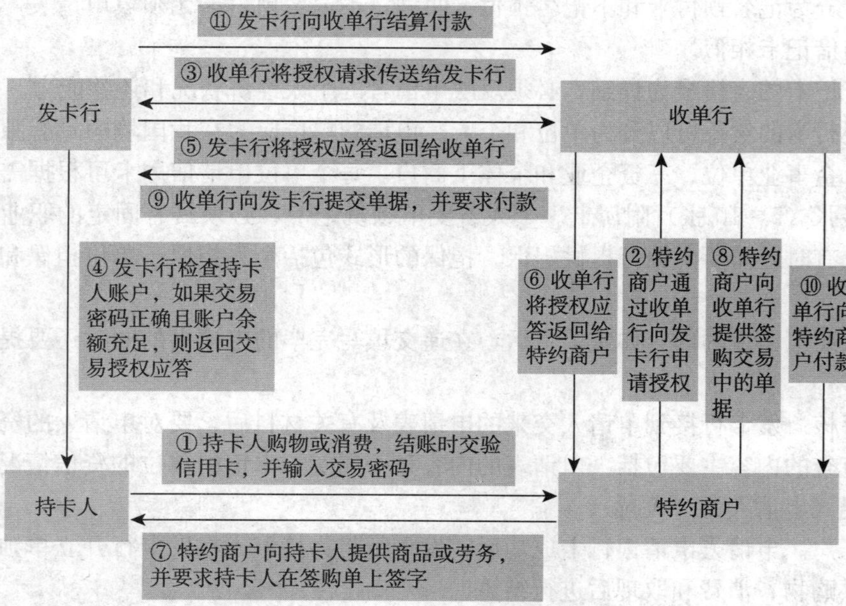

图 4-1 借记卡的交易与支付流程

借记卡的交易与支付流程如下：

（1）持卡人购物或消费，结账时交验信用卡，并输入交易密码。

（2）特约商户通过收单行向发卡行申请授权。

（3）收单行将授权请求传送给发卡行。

（4）发卡行检查持卡人账户，如果交易密码正确且账户余额充足，则返回交易授权应答。

（5）发卡行将授权应答返回给收单行。

（6）收单行将授权应答返回给特约商户。

（7）特约商户向持卡人提供商品或劳务，并要求持卡人在签购单上签字。交易结束的同时即扣除持卡人账户相应交易金额，即持卡人付款。

（8）特约商户向收单行提供签购交易中的单据。

(9) 收单行向发卡行提交单据，并要求付款。

(10) 收单行向特约商户付款。

(11) 发卡行向收单行结算付款。

四、信用卡（贷记卡）的交易与支付流程

信用卡的交易流程如图 4-2 所示。

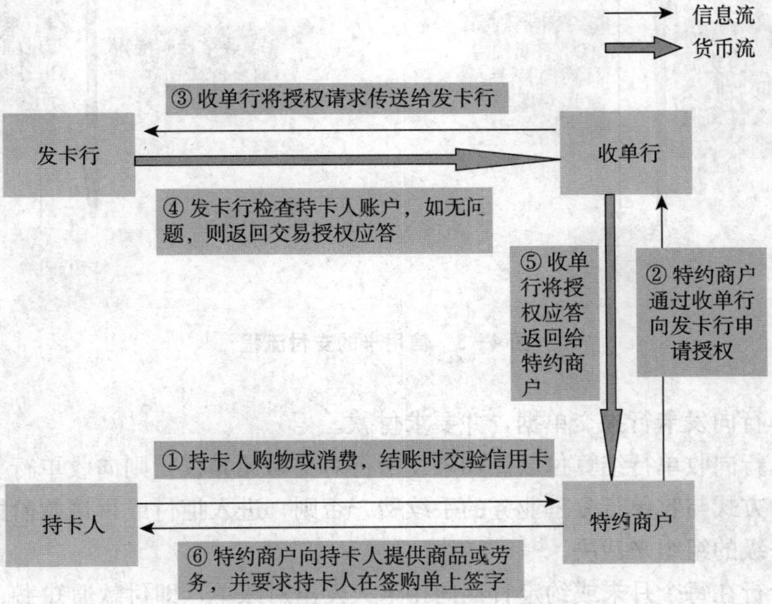

图 4-2 信用卡的交易流程

如图 4-2 所示，信用卡的交易流程如下：

(1) 持卡人购物或消费，结账时交验信用卡，如为使用密码交易机制的贷记卡，则需要输入交易密码。

(2) 特约商户通过收单行向发卡行申请授权。

(3) 收单行将授权请求传送给发卡行。

(4) 发卡行检查持卡人账户，如无问题，则返回交易授权应答：对于使用密码交易机制的信用卡，如果密码验证无误，且账户余额充足或信用额度充足，则返回交易授权应答；对于使用签字机制的信用卡，如果账户余额充足或信用额度充足，则返回交易授权应答。

(5) 收单行将授权应答返回给特约商户。

(6) 特约商户向持卡人提供商品或劳务，并要求持卡人在签购单上签字。

信用卡的支付流程如图 4-3 所示。

如图 4-3 所示，信用卡的支付流程如下：

(1) 特约商户向收单行提供签购交易中的单据。

(2) 收单行向特约商户付款（收单行在向特约商户付款时会扣除一定的手续费）。

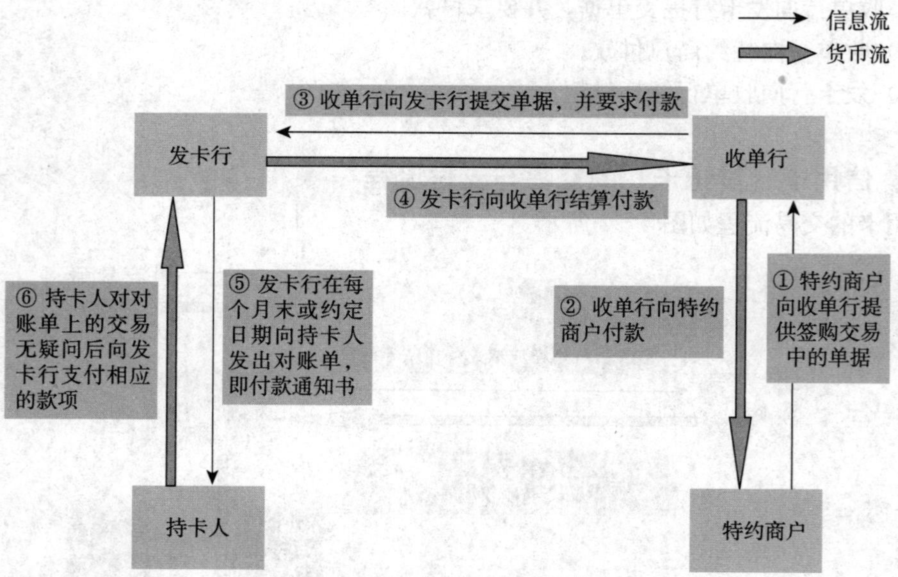

图 4－3　信用卡的支付流程

（3）收单行向发卡行提交单据，并要求付款。

（4）发卡行向收单行结算付款。如果发卡行对交易无异议，则向收单行支付款项，同时通过预扣的方式与收单行分享业务的手续费。否则，进入拒付或再请款阶段，甚至最后要提交更高一级的组织来裁决。

（5）发卡行在每个月末或约定日期向持卡人发出对账单，即付款通知书。

（6）持卡人对对账单上的交易无疑问后向发卡行支付相应的款项。

五、信用卡交易的相关概念

1. 信用额度

信用额度是指信用卡可以使用的最高透支金额。主卡、附属卡共享同一额度。

2. 可用额度

可用额度是指所持的信用卡还没有被使用的信用额度。可用额度的计算公式如下：

	信用额度
（减）	未还清的已出账金额
（减）	已使用未入账的累积金额
（等于）	可用额度

例如，你的信用额度为 20 000 元，未还清的已出账金额为 10 000 元，已使用未入账的累积金额为 4 000 元，则此时你的可用额度为 6 000 元。可用额度会随着每一次消费而减少，随着每一期还款而相应恢复。

3. 免息还款期

对于非现金交易，从银行记账日起至到期还款日之间的日期为免息还款期。免息还款期最短为 20 天，最长为 60 天。在此期间，只要全额还清当期对账单上的本期应还金额，便不用支付任何非现金交易中由银行代垫给商店的资金的利息（通常预借现金或取现交易不享受免息优惠）。

4. 最低还款额

最低还款额是指使用循环信用时需要偿还的最低金额，最低还款额列示在当期账单上，最低还款额的比例可以由发卡行自行确定。例如，你上个月消费了 2 000 元，且没有以前未还款金额，如果最低还款额为消费额度的 10%，那么该月的最低还款额为 200 元。

5. 循环信用利率

循环信用利率由中国人民银行统一规定，日利率为万分之五，按月计收复利。

6. 滞纳金

如果你在到期还款日的实际还款额低于最低还款额，对最低还款额未还部分要支付滞纳金。滞纳金的比例由中国人民银行统一规定，为最低还款额未还部分的 5% 。例如，招商银行信用卡中心对人民币账户最低收取人民币 10 元，对美元账户最低收取 1 美元。

六、预付卡的交易与支付流程

预付卡的交易与支付流程如图 4-4 所示。

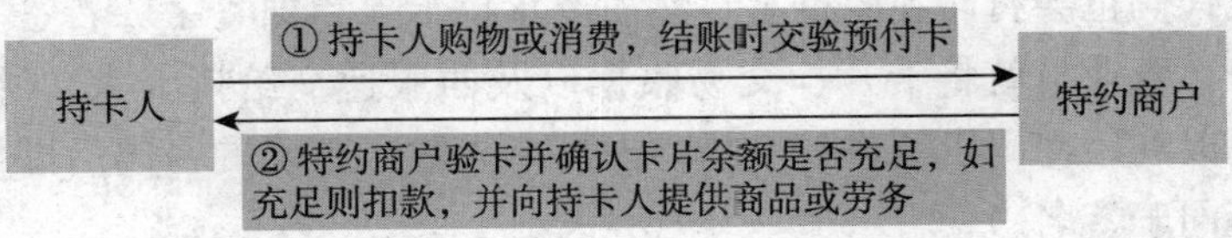

图 4-4　预付卡的交易与支付流程

如图 4-4 所示，预付卡的交易与支付流程如下：

(1) 持卡人购物或消费，结账时交验预付卡。

(2) 特约商户验卡并确认卡片余额是否充足，如充足则扣款，并向持卡人提供商品或劳务。

七、信用卡运作实务案例

现在以持有威士信用卡消费为例说明信用卡的交易与支付流程。信用卡的交易与支付流程通常由信用卡授权和信用卡清分结算两个部分组成。

例如，中国银行北京分行的一个威士卡持卡人目前在美国旅游。某日该持卡人在纽约春天百货商场看中一套标价 400 美元的西服，并准备购买。

美国威尔士银行纽约分行也是威士国际组织的会员银行，纽约春天百货商场是该银行发展的特约商户，美国威尔士银行纽约分行为纽约春天百货商场的收单行。

在该交易中的相关信息如下：

持卡人：持有中国银行北京分行的威士卡，住在北京，在美国旅游。

特约商户：纽约春天百货商场。

发卡行：中国银行北京分行。

收单行：美国威尔士银行纽约分行。

交易：持卡人决定购买一套标价 400 美元的西服。

持卡人来到美国，希望该信用卡能够被各类商户接受。当走进百货商场时，他看见著名的威士徽标，这意味着这家商店可以受理威士卡，这也会鼓励持卡人在这里购买商品。持卡人选中西服后，决定使用威士卡支付，于是把手中的威士卡交给营业员。

营业员首先把威士卡在 POS 机上一刷，于是威士卡上的账户信息被记录下来，同时终端电子 POS 对卡片进行检查。接着，营业员把交易额 400 美元输入 POS 机，转眼之间，POS 系统已通过网络将此笔交易送往收单行美国威尔士银行纽约分行申请授权。美国威尔士银行纽约分行接到纽约春天百货商场的授权申请后，首先通过卡号判断这张威士卡是不是它自己发行的，如果不是它自己发行的（假如是由中国银行北京分行发行的），就按照规定将授权请求转往威士网络的授权系统 BASEⅠ来处理。BASEⅠ将根据中国银行以参数形式给予的代理授权权限自动对交易做出判断。事实上，大多数交易的确也是通过 BASEⅠ而得到实现的。在此例子中，假定 BASEⅠ恰好不能对此笔交易做出判断，于是授权请求最终会被送往发卡行中国银行。

经过审核，中国银行北京分行同意授权请求，于是发出应答代码，通过威士网络的 BASEⅠ，收单行一路送回到特约商户纽约春天百货商场。营业员通过终端电子 POS 生成交易收据，授权代码也会打印在收据上，然后要求持卡人当面签字。若签字与银行卡背面预留的签字相符，营业员就将卡片、交易收据以及西服递交给持卡人。（目前有些发卡行发行的信用卡可以利用密码机制进行交易，即持卡人输入正确的密码后即可完成交易。该密码的有效性等同于签名。）

这个过程看起来相当复杂，但授权时间实际上是有严格规定的。使用个人密码的威士卡，授权时间不得超过 25 秒钟；不使用个人密码的威士卡，授权时间不得超过 10 秒钟。即使这一信息要通过若干个计算机中心从北美横跨太平洋，又从亚洲转回来，几乎传遍了世界，也得在规定时间内做出授权决定。

现在银行卡交易的第一个环节授权交易已经结束。但纽约春天百货商场、美国威尔士银行纽约分行、中国银行北京分行，乃至威士国际组织都还两手空空，它们如何得到自己应得的收入呢？这时，银行卡交易的第二个环节清分结算开始。

纽约春天百货商场把交易明细通过 POS 系统直接传送给美国威尔士银行纽约分行。美国威尔士银行纽约分行一收到交易数据就向纽约春天百货商场付款，当然不是整整 400 美元，而是扣掉一些费用后的款额。现在是发卡行欠美国威尔士银行纽约分行 400 美元了。于是美国威尔士银行纽约分行使用威士提供的一种叫作编辑包的软件对交易数据进行一番处理后，通过威士清分结算系统 BASE Ⅱ向发卡行中国银行北京分行申请付款。

BASE Ⅱ从收单行接口机中收集交易数据，按照发卡行进行分类，并计算出每一会员银行的应收和应付款项，在总结算额的基础上算出净结算额。由于西服以美元计价而持卡人将以人民币付款，所以 BASE Ⅱ要根据当天的汇价把 400 美元转换为等值的人民币。

当发卡行中国银行北京分行收到 BASE Ⅱ发来的结算报表时，应当代表持卡人向收单行美国威尔士银行纽约分行支付交易费用，该费用为 400 美元扣减手续费后的金额。事实上，会员银行之间的付出款项和收进款项都是通过结算银行进行的，速度很快。这一步后，是持卡人欠发卡行400美元了。

该月末，发卡行会利用BASE Ⅱ发送过来的交易明细生成对账单并寄送给持卡人。当持卡人付给中国银行纽约分行相当于400美元的人民币时，这笔交易就结束了。

综观上述过程，信用卡交易与交付可以分为以下几个步骤：

1. 特约商户交易前检查

在交易前，特约商户应该进行一些检查。首先检查卡片的可靠性与持卡人的身份，即确认持卡人是否有权使用这张威士卡。此外，在交易时特约商户会要求持卡人在压印的收据或者POS终端打印出的收据上签字，特约商户必须对持卡人的签字和威士卡上的签字式样进行比较，以确认它们是相符的。

2. 判断交易是否需要授权，并检查止付名单

如果交易额超过一定数额，那么特约商户必须得到同意才能接受威士卡，也就是获得威士卡发卡行的授权，这一数额称为最低限额。

每个特约商户都有收单行所设定的最低限额。在该案例中，纽约春天百货商场被授予零美元最低限额，所以该商场的所有威士卡交易都必须得到授权，最大的可允许最低限额由威士国际组织设定并按照商户类型和国家的不同列在《威士国际组织运作规章》中。

如果交易额低于最低限额，特约商户将根据威士卡止付名单或收单行提供的警示名单检查账号；如果交易额超过最低限额，特约商户将把账户细节和交易细节送至威士授权系统以获取授权。

3. 如何获取授权

如果交易额超过最低限额，威士卡账户的细节将被送至BASE Ⅰ，并与例外文件进行核对，例外文件包括非正常信息（如丢失或被盗的威士卡号码），或正常信息（以使地位较高的客户尽可能得到不受限制的授权）。

首先，特约商户必须把持卡人的姓名、所持有威士卡的细节以及有关这次交易本身的细节记录到一张交易收据上，特约商户怎么完成授权取决于收单行提供的设备。

电子设备：划卡后，POS终端会自动获取授权以进行交易。在这种情况下，特约商户把威士卡在终端上一刷，自动地从威士卡的磁条或者计算机芯片（如果有的话）中记录账户信息，然后特约商户把交易额（例如400美元）输入终端。

手工方式：特约商户通常可以通过电话与收单行的授权中心取得联系，以请求授权。（目前手工方式仅在欧美少数地区还存在。）

在该例子中，这家商场有收单行提供的一台电子POS终端，所以划卡后，由终端自动请求授权。

银行卡获取授权的过程如图4-5所示。

4. 授权中心做些什么

在该例子中，收单行是美国威尔士银行纽约分行，它接受来自商户的授权请求。

首先检查卡片号码。如果威士卡是由美国威尔士银行纽约分行发行的，就可以不通过威士网络的其他部分，对授权请求做出回答，这种交易叫作本行交易。

但是，在通常情况下不是本行交易，上面的示例中威士卡是由中国银行北京分行发行的，收单行不能进行授权，授权请求必须通过授权系统来处理，因此必须将授权请求传送

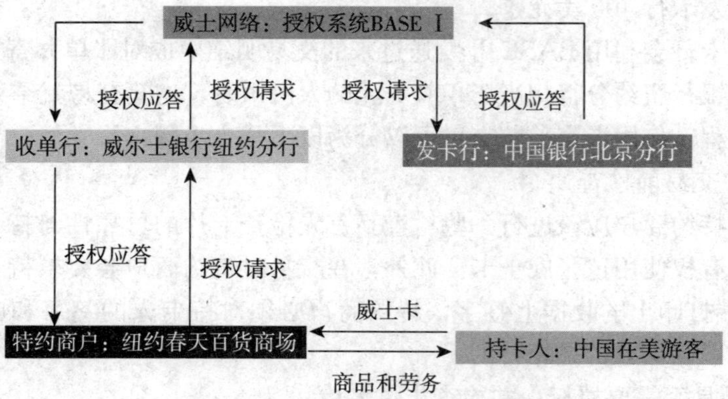

图 4-5　银行卡授权交易流程

给 BASE Ⅰ。

授权请求由收单行通过威士网络送至 BASE Ⅰ，由 BASE Ⅰ处理所有的授权请求，然后授权请求由 BASE Ⅰ送至发卡行以获取授权应答。

BASE Ⅰ有两个主要功能：报文转换和代理发卡行授权。

报文转换：BASE Ⅰ把收到的授权请求从收单行送至发卡行，然后将发卡行的应答送回收单行。

代理发卡行授权：在某些特定的情况下，BASE Ⅰ并不将授权请求送至发卡行，而是根据发卡行预先设定的参数进行授权。在这种情况下，BASE Ⅰ会代表发卡行向收单行送出应答，这叫作代授权（STIP）。在发卡行决定低风险的交易无须经过它授权，或者在发卡行无法做出授权决定的情况下，可由 BASE Ⅰ进行代授权，例如，在深夜时分，发卡行授权中心已关闭或者通信系统出了问题，导致数据无法送至发卡行时。

回到上面的例子中，假设中国银行北京分行指示 BASE Ⅰ把所有授权请求直接发送给它，于是，400 美元交易的授权请求将通过 BASE Ⅰ从美国威尔士银行纽约分行送至中国银行北京分行。

发卡行可以对交易发出同意授权或者拒绝授权的请求。发卡行也可以向特约商户做其他应答，例如要求没收威士卡（如果卡是偷来的），或者要求提供更多有关持卡人的信息，发卡行的应答是通过 BASE Ⅰ和收单行送至特约商户处的。

在上面的例子中，发卡行（中国银行北京分行）同意了这一授权请求，并通过收单行（美国威尔士银行纽约分行）把授权代码送回特约商户处（纽约春天百货商场）。营业员把授权代码写在收据上，并给持卡人一份收据，当然还有购买的商品。

虽然这看起来似乎是一个复杂的过程，但从特约商户发出授权请求到收到发卡行的应答所花的时间，可能短得只有几秒钟，即使这一信息已通过几个计算机中心传遍了世界。

5. 特约商户如何得到商品的价款

当时持卡人就得到了所需要的商品西服，但特约商户却被欠着 400 美元，它怎么得到这笔钱呢？

首先，纽约春天百货商场（特约商户）必须将所有以威士卡付款的交易明细提供给美国威尔士银行纽约分行，同样，这一工作如何完成也取决于收单行提供给商户的设备。

电子设备：如果使用了POS电子数据处理终端，由终端存储的数据就可以直接以电子方式传送给收单行的处理中心。

手工方式：特约商户将交易收据送交给收单行后，这些收据会被收单行接受并用于付款。然后收单行把所有收据中的交易明细（包括威士卡卡号、有效日期、特约商户名称、交易日和交易额）输入自己的计算机系统，这一过程通常被称为数据获取。

回到上面的例子中，因为纽约春天百货商场有一台POS终端，所以它将交易明细直接传送给美国威尔士银行纽约分行后就完成了数据获取。

6. 向特约商户付款

一旦交易数据被获取，收单行通常就会尽快向特约商户付款。但是，这有可能会依收单行和特约商户的协议规定而不同，有的收单行会一直等它们从发卡行手中拿到钱才向特约商户支付。

在上面的例子中，美国威尔士银行纽约分行一收到交易数据就向特约商户付款，纽约春天百货商场（特约商户）将从美国威尔士银行纽约分行（收单行）收到400美元西服款，但要扣除收单行向特约商户收取的一些费用。现在是美国威尔士银行纽约分行被欠400美元了。

7. 收单行如何处理交易数据

收单行负责将获取的交易数据转换成一种能送进威士清分结算系统即BASE Ⅱ的格式，这样它才能得到付款。

数据转换使用的是威士提供的一种叫作编辑包的软件，编辑包检查数据中的错误并拒绝不正确的交易数据（例如一个无效的银行识别码）。威士清分结算系统从收单行处收集经过编辑包处理的数据。信用卡的清分结算流程如图4-6所示。

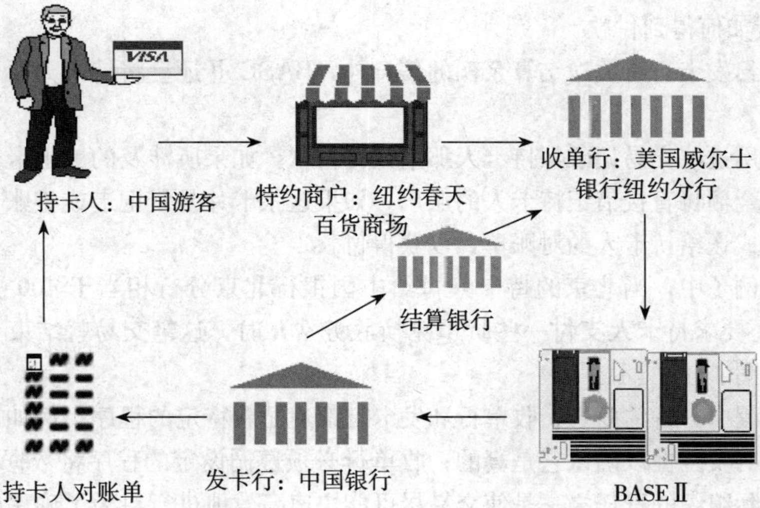

图4-6 信用卡的清分结算流程

除了星期日外，BASE Ⅱ每天都从收单行处收集交易数据，数据收集从格林尼治时间

20:00 开始。BASE Ⅱ收集到交易数据后，将按发卡行对数据进行排序并传送给发卡行。此外，对于国家间的交易，BASE Ⅱ会将交易发生时所用的货币（交易货币）转换为持卡人将支付的货币（结算货币）。

在上面的例子中，购买的西服以美元计价而持卡人将以人民币付款，所以 BASE Ⅱ会根据当天的汇价将 400 美元的交易金额转换为等值的人民币。结算发生在发卡行代表持卡人将交易金额支付给收单行时。这样，中国银行北京分行将代表它的居住在北京的持卡人向美国威尔士银行纽约分行支付 400 美元（扣除一点费用）。

当然，这仅仅是每天发生的数百万笔交易中的一笔。所以，BASE Ⅱ将为各会员结算它们之间的净结算余额，每天（星期日除外）都为各会员计算出它们被欠或欠的总金额。我们现在用一个例子来说明这一过程。

假设在示例中，由于其所有持卡人的交易行为，中国银行北京分行欠美国威尔士银行纽约分行 10 000 美元，这其中包括了那套西服的买卖。

然而，有可能由于美国威尔士银行纽约分行的持卡人在北京所做的交易，美国威尔士银行纽约分行欠中国银行北京分行 6 000 美元。

这时，BASE Ⅱ将计算出中国银行北京分行一共只需支付给美国威尔士银行纽约分行 4 000 美元，这一计算结果叫作净结算余额（净额结算）。净结算余额将由 BASE Ⅱ传送给各会员银行，然后这些会员银行将付出或收进指定数额的货币。每一家会员银行都会指定一家银行作为结算业务的开户行，这家银行就称为结算行。结算过程较快，可每天进行，也可在两天内进行。

作为由 BASE Ⅱ计算出的净结算余额的一部分，美国威尔士银行纽约分行（收单行）将因这套西服的买卖而从中国银行北京分行（发卡行）收到 400 美元。现在，持卡人欠中国银行北京分行相当于 400 美元的人民币。

8. 发卡行如何得到付款

除了传送给发卡行有关净结算余额的信息外，BASE Ⅱ还会将持卡人所做交易的明细传送给发卡行。

发卡行利用这些交易记录从持卡人那里获得付款。如果所涉及的威士卡交易和存款账户有关，交易金额将直接借记持卡人的账户。如果这张卡片是贷记卡或签账卡，那么这些数据将用于生成送给持卡人的对账单，以获得付款。

在上面的例子中，当北京的持卡人付给中国银行北京分行相当于 400 美元的人民币（有时发卡行还要求持卡人支付一些货币兑换服务费）时，这笔交易就结束了。信用卡清分结算流程如图 4 - 6 所示。

在整个过程中，特约商户、收单行和发卡行都遵循着特定的程序。例如，特约商户必须检查威士卡的安全性以确认它是真的；收单行必须遵循设定的程序将数据发送给 BASE Ⅱ等。威士国际组织的责任之一是使交易尽可能快速高效地进行。为了确保各方坚持这些程序，威士国际组织有一套所有会员和特约商户都必须遵守的规则，即《威士国际组织运作规章》。

第三节　银行卡管理与风险防范

一、银行卡营销管理

银行卡是一种支付工具，同时也是一种金融产品，可以给发卡行和收单行带来利润。作为银行卡的接受者，特约商户对银行卡的认可和接受程度决定了银行卡的用卡环境；而作为银行卡的使用者，持卡人对银行卡的认可与使用决定了发卡行最直接的利益。因此在银行卡管理中，特约商户与持卡人管理是银行卡成功的关键。而从营销角度考虑，认同卡与联名卡的发行是现代营销成功的典型，也是强强联合、双赢的体现。

（一）持卡人管理

在持卡人管理中，首先要争取持卡人，因为持卡人可能意味着利润，因此要让持卡人知道为什么银行卡比现金好，同时要提供良好的用卡环境和完善的服务。

1. 向不同类型的客户提供不同的产品

每个发卡行都会面对不同类型的客户，这些客户都有不同的需求，因此银行提供的产品要能够满足不同类型的客户的需求。而发卡行在决定为不同类型的客户选择哪一种产品来满足他们的需求时，通常依据两个因素：效用和风险。

发卡行希望其持卡人在世界上大多数地方都能使用银行卡，同时又能控制住风险。产品的效用越大，就意味着持卡人享受的便利越多，这就必然会导致对银行卡的更多、更广泛的使用，对发卡行而言利润也就越大。在尽可能提高持卡人使用银行卡的效用时，隐含的风险也随之增大，发卡行需要对由此可能产生的坏账及欺诈风险进行控制。

银行卡的风险程度主要取决于银行卡的使用环境，例如有无销售点终端机（POS）；是否基于个人密码（PIN）；是否手工处理；有无免授权限额。

在银行卡管理中通常要进行效用与风险之间的权衡。

例如，假设你作为发卡行，提供以下两种类型的银行卡：

银行卡 1：基于 PIN 的银行卡，只能在具有联机电子终端机的商店中使用。这种终端机的免授权限额为零。这意味着所有交易都将自动向发卡行要授权，也就是说，由发卡行来决定是否批准此卡的交易。

银行卡 2：以持卡人签字为基础的银行卡，可以在很多特约商户处使用，包括联机的或不联机的 POS 终端机以及手工操作的环境，对特约商户设定多种多样的免授权限额。

显然，银行卡 1 的效用小，但发卡行可以对风险进行有力的控制，因为发卡行可以通过授权来监视每一笔交易，从而控制持卡人的支出。相反，银行卡 2 具有强大的效用，给持卡人提供了较大的方便，从而给发卡行带来了潜在的巨大收入。但是，由于其使用的范围太广，发卡行对账户的控制程度就会下降。

在银行卡管理上，发卡行通过提供普通卡和金卡对持卡人群体进行了一个粗略的划分。拥有银联标志的普通卡持卡人可以在全球所有有银联标志的特约商户、自动柜员机和银行分支机构使用，并且可以享受发卡行提供的紧急换卡等服务。对拥有大额资产的富裕个人，发卡行会通过提供“核心”服务吸引他们成为金卡持卡人。威士国际组织的统计表明，金卡持卡人每月消费的金额通常为普通卡持卡人的 4 倍，且使用银行卡的频率比普通卡持卡人高 40%，每笔交易额平均为普通卡交易额的 2 倍，平均周转速度是威士普通卡持卡人的 2 倍，且相对来说风险较小，因此金卡持卡人是银行卡消费的主体。通过提供特别核心服务和紧急救援服务（如与旅行相关的应急服务、紧急补卡服务和紧急取现服务以及一天 24 小时、一周 7 天的客户电话服务等），发卡行可使其金卡产品符合当地惯例并在当地市场上获得竞争优势，提高客户的忠诚度。对于集团消费者，可以通过提供公司卡、商务卡等品种促进银行卡市场的发展。

相对于个人卡，公司卡信用风险低且消费额度较大。对公司来说，商务卡/公司卡还可帮助企业有效地管理支出、减少应付现金的支付以及减少雇员对职权的潜在滥用。

2. 对持卡人进行分层次的管理

信用卡是通过为用户提供免息的授信额度来实现循环信贷的。信用卡所提供的免息期对支票构成了巨大挑战，有可能为发卡行带来相当的利润，也有可能带来坏账的风险。这时对持卡人进行分层次的管理就非常重要。

在持卡人群体中，不同持卡人的信用程度实际是不同的，而普通卡持卡人占银行卡持卡人的大多数，因此对普通卡持卡人的管理进行细分十分必要。

3. 提供争议解决服务

提供争议解决服务是维护银行卡用卡秩序，保证良好的用卡环境的基础。威士卡提供的争议解决服务非常值得我国银行借鉴。

特约商户是银行卡受理的最前沿部门，因此特约商户对卡的接受与受理水平会直接影响银行卡的使用。威士国际组织不仅通过加强对特约商户的培训来培育良好的受理环境，而且给持卡人提供了威士卡受理投诉服务。如果某一特约商户违反了受理程序，持卡人可提出投诉，客户服务代表将在“威士卡受理投诉表”上记下具体细节。

对账单中出现的问题往往是持卡人与发卡行产生纠纷的起因，对其处理不当就会打击持卡人的用卡积极性，降低银行卡的效用。威士国际组织提供了拒付、再请款、仲裁、依从和旅游娱乐业纠纷裁决程序来解决争议。

（1）对账单中出现的常见问题。

1）重复计费。重复收费或重复记账很明显，因为对两次收费的描述相同。重复记账的情形也确实有可能发生，例如，特约商户碰巧将它自己和收单行的收据副本都寄给了收单行，或收单行碰巧对交易信息重复处理了一遍。当然也有可能是持卡人在同一天又到特约商户那儿购买了相同的商品。

对于航空公司的交易，一旦同样的机票识别码记了两笔账，则可认为发生了重复计费，因为航空公司对每一笔交易都设置了一个特殊的识别码。

在确认发生重复计费后，发卡行可通过争议解决程序帮助持卡人解决纠纷。

2）交易金额错误。若特约商户改动了收据上的交易金额，就需要用到持卡人收据和特约商户收据的副本。如果发现交易金额不同，则特约商户有可能未经持卡人允许而改动了交易金额，或收单行恰巧输入了错误的金额。在这种情况下，发卡行可通过争议解决程序帮助持卡人。

3）旅游和娱乐业的特约商户附加费用。旅馆和汽车租赁业的交易程序与一般商户有所区别。经营此业的特约商户可以在交易完成后调整交易额，以便能囊括持卡人离店或退车后才发现的迟交或补交费用。调整的迟交或补交费用包括：旅馆的房租、食物和饮料费用、送餐费、洗衣费、电话费、适当税费、汽车出租的日租费、洗车费、汽油费以及里程费等。

对汽车租赁业而言，如果持卡人同意，可追加迟交或补交费用，如车辆损坏费、交通肇事费和停车费等。如果向持卡人收了附加费（他不同意用威士卡付费），则必须通过争议解决程序解决。为避免纠纷，威士国际组织会要求汽车出租公司或旅馆寄给持卡人一张关于已发生附加费的单子及交易收据副本。

4）错误的交易日期。当记入持卡人账单中的某笔交易的日期不能被确认时，持卡人可能会迷惑不解，这种情况有可能是持卡人向特约商户出示银行卡的日期与收单行记录的日期不一致造成的。

（2）争议解决程序。

当持卡人表示不会为某威士卡的某笔交易付款时，客户服务代表有责任来判断持卡人的要求是否正确和合理。如果要求有效，持卡人的问题必须立即解决以保证发卡行的声誉和客户的忠诚度；如果要求无效，客户服务代表要巧妙地与持卡人交涉，使他们承认该笔交易收费是合理的。

1）拒付（charge back）。拒付的产生通常有四个方面的原因，即特约商户的差错、收单行处理过程中的错误、有欺诈嫌疑以及收单行没有对调阅签单请求做出答复。

因特约商户的错误而引发的拒付包括以下情况：

- 特约商户接受了已过期的银行卡；
- 对于超出免授权限额的交易额，特约商户没有要求授权；
- 特约商户没有核对银行卡止付名单；
- 特约商户未能让持卡人在交易单据或旅游娱乐单据上签名；
- 特约商户没有压卡（imprint）（通过手工或电子方式）；
- 在交易日后60天内，特约商户仍未发出或持卡人未收到预订的货物；
- 特约商户发错了货物或货物有问题；
- 特约商户未能及时提交这笔交易并要求付款；
- 特约商户没有将退款还给持卡人。

在这些特约商户的错误中，有些的确是由于疏忽，而有些则可能是特约商户有欺诈行为。在接到拒付后，收单行可以决定是接受该项交易的债务责任还是借记到特约商户的账户中。

特约商户有欺诈嫌疑，例如：

- 特约商户将一笔交易分割成若干笔交易，以此来避免因总额超过免授权限额而需要取得授权；
- 特约商户未经持卡人的许可而处理了多笔交易；

- 特约商户没有取得适当的授权或没有进行必需的银行卡安全检查就完成了交易。

收单行在处理交易时也可能出现差错，例如：

- 收单行在系统中输入了错误的账号、交易代码或金额；
- 收单行将一笔交易处理了两次；
- 收单行处理交易不及时；
- 收单行处理交易时用错了币种。

收单行没有对调阅签单请求做出答复产生的拒付包括以下两种情况：

- 发卡行要求获得交易单据或旅游娱乐单据而收单行没有提供；
- 收单行提供的签购单或旅游娱乐单据是非法的。

2）再请款。如果收单行收到一个无效拒付，收单行可以对拒付进行再请款。无效拒付通常为以下情况之一：

- 拒付无效或不正确；
- 收单行能提供其他信息以补救；
- 拒付被错误地归给了别的收单行；
- 收单行参考代码或银行卡账号无效或者与最初提供的账号不符；
- 拒付所必需的辅助文件不完整或没有在规定时限内送达。

如果收到拒付之日 60 天内，收单行没有再请款，就被视为放弃了再请款权。另外，收单行也必须保证所有驳回拒付的辅助文件在再请款到达之日起 30 天内送达发卡行中心。

3）仲裁。威士国际组织不允许收单行进行第三次请款，或发卡行第二次拒付。如果拒付纠纷尚未解决，发卡行或收单行可将纠纷提请威士国际组织裁决，该程序被称为仲裁。仲裁是向威士国际组织的特别委员会——仲裁和依从委员会——提出申请。该委员会在威士国际组织专家的建议下客观地审理争议，并决定争议中的哪一方应对交易负有付款责任。败诉方（发卡行或收单行）必须支付交易款和威士国际组织受理此案所收取的手续费。

4）依从。当有会员违反《威士国际组织运作规章》中某一条款，并导致提交申请的一方已经或将会在经济上遭受损失，同时该会员不存在拒付权时，会员可以提请使用依从争议裁决程序。

提请依从争议裁决程序的一方必须能指出运作规章中的哪一条款被违背，并能清楚地出示因此而遭受的经济损失；仲裁和依从委员会裁决纠纷中的哪一方应对交易和依从诉讼及审理费用负责。注意：如果存在拒付权，依从案将被驳回。

5）旅游娱乐业纠纷裁决程序。当引起纠纷的交易发生在美国的旅馆或专门汽车出租商处，并且是有关放空交易的纠纷时，可提请使用此纠纷裁决程序。

当某个持卡人在美国的旅馆或专门汽车出租商那里预订了担保的房间或汽车而后来又未出现时，就发生了放空交易。在威士卡的担保预订服务项目中，持卡人必须在特约商户规定的时间内取消他的预订，否则美国的旅店将收取一夜的费用，专门汽车租赁商则要收取两天的租金。

当持卡人在规定的时间内取消预订时，特约商户必须给他一个取消代码并要求他保留该代码以备纠纷发生时使用。

特约商户和持卡人之间可能会因取消预订和取消代码发生争执。持卡人可能会声称他在规定的时间内取消了预订却没有收到取消代码，而特约商户却坚持认为持卡人未能及时取消预订从而应当为放空交易付款。特约商户可能也会否认持卡人出示的取消代码有效。

在这种情况下，发卡行或收单行可以提请使用旅游娱乐业纠纷裁决程序。威士国际组织将判决究竟是持卡人还是特约商户出了错。然而，由于很难判断哪一方应对交易负责，往往由威士国际组织承担这类交易的费用，条件是发卡行要教给持卡人、收单行要教给特约商户取消担保预订的正确程序。

旅游娱乐业纠纷裁决程序没有提案费和审理费。当会员有拒付权或依从权时，威士国际组织拒绝根据旅游娱乐业纠纷裁决程序审理。

(3) 提交纠纷裁决程序前应考虑的因素。

从以上信息可知，尽管《威士国际组织运作规章》规定了纠纷裁决程序，但这些程序很昂贵，除了可能要支付提案费和审理费外，还应当考虑花在与持卡人联络、收集必需的文件、要求交易收据、计算时限等工作上的时间。

客户服务代表应当明了自己机构应考虑的因素之后再决定是依据拒付过程还是提请纠纷裁决程序。应考虑的因素有：

● 金额。交易金额是否值得用纠纷裁决程序解决？客户服务代表应查找本机构是否具有某项政策，即当交易金额低于一定的数额时，可以冲销这宗有争议的交易。（例如，金额低于 25 美元的交易可能会被冲销，因为为补偿这笔小金额需支付的费用更大。）

● 客户。持卡人以前曾被牵涉进纠纷吗？持卡人账户良好吗？可信吗？

● 原则。是否需要由威士国际组织来裁决以澄清牵涉进纠纷中的原则。

● 体面地私了。是否不向威士国际组织提请纠纷裁决程序，仅通过与争议会员进行交涉就能解决纠纷？

● 整个案件。该案能胜诉吗？至今已采取了正确的行动吗？能在合理时限内提起诉讼吗？必需的支持文件容易获得吗？

● 消费者纠纷投诉表。当不存在拒付、仲裁、依从和旅游娱乐业纠纷裁决程序而发卡行收到持卡人的投诉时，发卡行可以填写消费者纠纷投诉表。该表列出了各种消费者投诉，例如，对退款政策有异议、商品质量有问题或持卡人受到恐吓/勒索。

威士国际组织会对这种投诉连同银行卡受理投诉表一起进行追踪调查，从而为采取行动或将来修改《威士国际组织运作规章》提供有价值的信息和反馈。

(二) 合作营销的威力

1. 合作营销概述

面对市场竞争，强强联合成为银行卡发展的动力与内驱力，认同卡与联名卡成为近年来银行卡发展中增长最快速的产品。

伴随着市场竞争的不断加剧，消费者的要求不断提高，消费者变得更注重自己的选择，更具有理财能力，会寻求更多且更好的个性化服务、更低的价格、更大的利益以及更大的便利。尽管大多数消费者宣称忠诚于最初的金融服务提供者，但对新产品的需求增加时，他们还是会选择其他能提供相关服务的银行，同时价格因素仍然是影响其选择的非常重要的因素，“免费服务”将继续盛行。由于消费者的需求增加，辨别力增强，银行需要与消费者建立更可靠的关系，基于产品的选择与组合、新的交付机制以及通过有特殊价值的合作来增强其竞争力。

由于金融服务营销的动力来自直接目标市场营销，所以要实现从“客户营销”到“合作营销”的转变。开展合作营销需“大量定制营销”，即客户要求金融服务部门按照其特殊需要提供相应的产品和服务。合作营销意味着把自己内部的核心优势与合作者独特的能力相结合。它给了企业和商业银行机会，认同卡与联名卡应运而生。合作者通过了解市场、区分定价、成本管理和风险管理，击败竞争对手，从而建立长期可持续的盈利基础。

认同卡是更好地细分市场的产品。认同卡拥有一个高质量的群体，早期的计划定位于高收入的目标群体，例如医生、律师、慈善捐赠人，通过背书保证目标群体予以实施。对于认同卡，非银行的合作者通常不具有商业性，目标是提高凝聚力和增加收入以支持非营利目标，目标群体中的每一个人都拥有共同利益并实施共同行动。认同卡的成功实例有VISA-Alumni卡（香港大学）、红十字会卡、马来西亚工程师协会卡、拯救世界国际基金会卡、SAGA卡、曼彻斯特体育联合会卡等。发卡行通常会与合作者分享商品销售或年度收入，合作者则为发卡行的营销提供支持；持卡人通过购物消费表达对所属机构的支持，以及获得参与机构活动的便利。

联名卡是银行卡市场细分的新趋势，在美国已获巨大成功，在欧洲（尤其是英国）和拉丁美洲发展迅猛，在亚太地区尤其是在中国香港和澳大利亚已相当普及。我国2004年发行了大量的联名卡。对于联名卡，非银行的合作者通常具有商业性，目的是要通过保持和提高消费者忠诚度来增加收益，报酬总是迎合个人。联名卡通常体现为两个联合体对商业伙伴的潜在客户销售特定的会员卡，通常为某种已被认知的品牌，以获取利润为目标，通过对持卡人提供折扣来吸引持卡人。联名卡是一种独特的产品，这种产品比合作者提供的单一产品对目标市场更具吸引力。联名卡成功的实例有中国民航卡、曼谷银行/丰田公司汽车卡、《泰晤士报》伦敦卡、美孚石油公司卡、巴黎老佛爷百货公司会员卡、英国电气公司卡、日本电信电话株式会社卡等。

认同卡的持卡人基于认同群体受益而持有并使用银行卡，联名卡的持卡人基于持卡人受益而持有并使用银行卡。

联名卡的目标是创造边际增值，通过联名卡的吸引力可给联名者带来更多的交易，给银行带来更多的手续费/收入，给持卡人/消费者带来对其有益的附加值。

通过联合营销，发卡行降低了发卡和营销成本，提高了持卡人的忠诚度，通过交易量和手续费的增长实现了收益的增长、获得了交叉销售机会、降低了违约率和坏账率（基于目标客户群体的特性）。联名者提高了销售量、品牌知名度和消费者忠诚度，得到了与消费者经常交流的机会，增强了竞争力，并可能获得新的收益来源。国际银行卡组织得到了持卡人的认可，扩大了交易量和市场份额，提高了知名度。

认同计划与联名计划有很多相似之处，通过认同或联名，银行与其合作者可以在消费者的基础上形成一种密切的协作关系，并且合作双方都能产生固定收入流。

银行合作营销的目的是扩大市场份额，增加销售收入，提高消费者忠诚度，获取比目前的会员银行网络系统更优的销售渠道，减少发卡成本。广泛的研究表明，联名卡的使用率高于银行卡的平均利用率，发卡成本低于平均发卡成本。联名营销可以使收益与忠诚度有机地结合起来（根据与客户的关系）。客户越忠诚，他们使用的产品就越多；他们越多地使用产品，给银行创造的收益也就越大。

2. 合作营销成功的准则

（1）选择合适的合作者。选择合适的合作者是合作营销成功的第一步。可以查看银行现有的业务关系，通过对品牌/信誉、对消费者的吸引力、地理因素、人口因素和产品的有效性等因素的评估，选择能够与自己实现优势互补的合作者。

然后通过分析以下因素来考虑联名卡发行的可能性：合作双方的目标是否一致？合作者的形象是否与银行一致？合作者是否能够改善或增强银行形象？合作营销是否对双方有利？合作关系会提高还是降低银行的独立性？合作者的麻烦是否也是银行的烦恼？合作营销的一致性和稳定性如何？

（2）制定清晰的战略。清晰的战略是合作营销成功的基础。在制定战略时通常要考虑以下因素：这种合作关系会持续多久？合作者想得到什么，是产品销售收入、广泛的持卡人群体、银行的支持，还是对消费者更强的吸引力，或是其他？为什么销售这种联名卡？产品会影响银行的风险控制吗？产品对银行的消费者人数有影响吗？需要应付合作者的竞争对手吗？银行是否有退出战略？

在发行联名卡之前，要提出产品/方案、对象、财务考虑、独特需求、时间和步骤，就产品目标达成共识，明确各自的角色与责任，做到收入共享、风险共担，明确产品的有效期与终止期。

（3）制订周密的实施方案。合作营销的主要需求是保持现有消费者，扩大目标市场，降低成本，通过较多有价值的回报使消费者产生消费动机，而刺激消费可以扩大市场范围，获得更有利的竞争优势。

合作营销成功的关键因素是通过市场调研制订周密的实施方案，借助合作者的营销力量以实现产品利润最大化。

发卡行可根据客户反馈信息和近期市场趋势与合作者联名发行多用途支付卡，联合合作者，以让利（折扣）促销的方式吸引持卡人和持卡消费，例如使用卡时对所有购买累计积分，年消费达一定基数以上时给予较大回报，特定时期或节日期间给予较大回报；还可通过专用持卡人服务部门为持卡人提供诸如紧急服务、电话服务、免费综合保险以及特惠服务等附加服务和增值服务以吸引消费者，比如现在很多大型商场或超市与银行发行的联名卡多采取这种方式以提高客户的忠诚度，增加他们的持卡消费。多用途支付卡由于功能较多，也是具有市场竞争力的支付手段。

在联名卡的发行中，也要注意风险和收益的平衡。联名卡可以增强客户信任感，增加产品销售量，降低业务成本，实现收入共享，增加盈利，提高品牌知名度，加强与客户的沟通联系，但也会由于合作者缺乏共识而导致较高的执行成本，由于缺乏有效的市场调研、缺乏双方互利的环境以及受地方法规的限制等因素而导致计划失败。

合作营销要注重风险管理，关注品牌定位、利益分成，应该把商业和财务问题分离开来，由合作者进行商业运作，包括客户奖励计划等，而由银行来进行金融运作，包括联名卡的核准申请、授信额度等。

应建立盈亏分析财务模型，对收入分配总量进行动态分析，分析每个新账户的固定支付与每个续期账户的固定支付；通过对商户交易量百分比和利息收入百分比以及年度费用百分比的预测，分担风险。

发卡行/合作者契约上应明确广告与营销的控制权以及双方的预期，包括新计划的最小目标与不能达到目标的结果；明确法律依从和争议解决的责任以及终止条款；明确消费者资料库的所有权并界定双方对消费者资料库的权利。

在联名卡的发行及运作中，还要考虑影响联名卡的法律因素，例如，地方法规可能会限制回报数量，或限制合作者共享信息资源，计划可能会侵犯现存专利或商标，在计划阶段某些限制会迫使合作伙伴重新限定产品和计划。

3. 合作营销实例

（1）英国零售商特易购（Tesco）会员卡。1995 年 2 月，英国零售商特易购发行了联名卡特易购会员卡，2 个月后该卡发行了 500 万张，1 年后吸引了 850 万名消费者，其中 75%的会员使用该卡频繁消费。特易购会员卡对消费者的优惠政策是：消费者每花费 10 英镑可积点，积累到一定点数可获得店内消费的回馈礼券。截至 1996 年 6 月，已回馈 8 000 万英镑。会员卡使特易购的销售额增长了 7%，扩大了市场份额。

会员卡的成功使特易购顺利进入了金融服务业。1996 年 6 月，特易购会员卡的发行得到了 Nat West 银行的支持——以邮寄 100 万份、到商店领取申请表、免费电话的方式发行，信贷结余提供 5%的利率，而对借款者只收取 9%的利率（英国银行卡平均收取 20%～30%的年利率），持会员卡可从 Nat West 银行和特易购商店提取现金，同时消费者也可在商店购买食品杂货和汽油，并享有返券。特易购会员卡通过提供附加服务赢得了消费者的青睐，并通过提供丰富的市场商品吸引了消费者频繁交易。

（2）通用汽车服务卡。通用汽车服务卡由 Household 银行和通用汽车公司联合发行，给予客户 5%的回扣以及通用汽车公司额外提供的其他优惠。通用汽车服务卡分为普通卡和金卡，联名卡持有者免付年费。普通卡的折扣上限为每年 500 美元，持卡年限达 7 年以上的为每年 3 500 美元；金卡的折扣上限为每年 1 000 美元，持卡年限达 7 年以上的为每年 7 000 美元。合作者还有 Alamo、Marriott、Mobil、MCI 等，合作者向消费者提供 10%的优惠。通用汽车服务卡提供 24 小时服务和交通事故保险，普通卡保额为 15 万美元、金卡保额为 40 万美元，此外，无论是在家还是在外面遇到紧急情况都可以获得家庭援助服务。联名卡的发行提高了通用汽车的知名度，增加了通用汽车的销售量。尽管 45%的持卡人并不拥有通用汽车公司生产的汽车，但近一半的持卡人是通用汽车公司的股东。联名卡 1992 年 9 月在美国、加拿大、巴西、澳大利亚发行，截至 1995 年年末停止使用，在美国发行卡获利 1 200 万美元，售车获利 35 万美元，利润率远远高于银行卡平均水平。

二、银行卡风险管理

（一）银行卡风险概述

银行卡风险指在银行卡运作过程中造成资金损失的可能性。在银行卡运作过程中，因受主客观因素的影响，风险在所难免。银行卡风险管理包括银行卡风险防范和银行卡风险控制。银行卡风险防范是指采取措施减少银行卡风险发生的可能性。银行卡风险控制是指发卡行对持卡人的交易活动及特约商户是否遵守协议和规定实行监督，及时采取措施防范各种风险案件的发生，一旦发生风险案件就及时处理，以最大限度地减少发卡行所遭受的损失。

由于银行卡运作过程中牵涉持卡人、特约商户、发卡行和收单行四方，且持卡人众多，流通范围广，因此银行卡风险具有涉及面广、形式多样、危害性大等特点。

由发卡行（收单行）的原因造成的风险通常是由于对持卡人资信调查和审批不严，授权失误，对特约商户监督不力，从业人员素质不高，清分结算不及时等；由特约商户和银行网点的原因造成的风险通常是由于安全检查不认真，不按规定申请授权，单据处理不规范，从业人员素质不高等；由持卡人的原因造成的风险通常是由于保管不善、随意放置，银行卡与身份证混放在一起，随意借给他人或转让，对密码不注意保密，与发卡机构联系不紧密，单据未保管好，以及恶意透支等。法律因素以及不可抗力因素有时也是银行卡风险的成因。

由于银行卡风险通常产生于持卡人、特约商户和银行自身三个环节，因此银行卡的风险防范和控制主要包括对持卡人、特约商户及银行自身的风险防范和控制三个方面。

（二）银行卡风险的种类

1. 恶意透支

恶意透支指以套取资金为目的，超出透支限额或故意不按期还款的行为。

2. 银行卡欺诈

银行卡欺诈指利用银行卡进行资金欺诈的行为，通常有以下形式：

(1) 冒用丢失卡或冒用被盗卡。卡片的丢失和被盗是两种截然不同的欺诈类型，但它们产生的后果相同。卡片丢失是指卡片的正当持卡人报告其卡片丢失。卡片被盗是指卡片的正当持卡人报告其卡片被盗。

一旦卡片丢失或被盗，欺诈者便会利用其获得商品、服务或现金。只有在丢失或被盗被报告之后才能采取防范措施，所以通常在卡片刚刚丢失或被盗时，欺诈活动最多。

欺诈的起因在于持卡人不够小心、安全防范措施差或社会治安不够好。为防范此类风险，发卡行可教育它们的持卡人；让持卡人尽可能快和尽可能方便地报告卡的丢失与被盗，例如向持卡人提供易记的免费报失电话。如威士紧急援助中心（VEAC）可为全球持卡人提供每周 7 天、每天 24 小时的服务，所以持卡人可以很方便地报告卡片的丢失和被盗。

一旦卡片报失，发卡行就应在自己的系统内冻结该卡所对应的账户，并把卡号列入止付名单。

（2）截取银行卡。这是指卡片在邮寄过程中被截取，之后被欺诈使用。卡片可能在邮寄过程中的不同环节被截取，这些环节通常包括：发卡行的分发中心；运输商的大批运输过程；邮件的分拣系统；持卡人所在处。

这种类型的欺诈的平均欺诈损失一般比丢失/被盗卡片的损失大，这是因为卡片被截取时还未签名，欺诈者可随意在卡片上签名，并在交易单据上使用他自己的签名。

为防范这类风险，主要应注重减少欺诈者截取卡片的机会。相关措施包括：1）在分发中心，用摄像机监控职员，防止无关人员进入卡片的存放地点，并监控卡片的存放地点。2）在大批运输过程中，在雇用运输商之前对其进行安全资格审查，并使用安全的交接程序。3）审查邮政系统的安全性，如有必要，使用其他途径（如挂号邮件、特快专递或由持卡人到发卡行的分支机构领取卡片）。4）事先发信通知持卡人，告诉他们卡片已发出，他们如果在限定日期内未收到卡片，就立即通知发卡行，这样可以尽早发现因被截取而未收到的卡片。一旦发现这类卡片，应视同丢失/被盗卡片进行处理。5）利用“卡片激活”（card activation）技术，发卡行冻结有关卡号，直至持卡人通知其已安全收到卡片为止。在这种情况下，很重要的一点是发卡行要有稳妥的渠道来确保通知来自真实的持卡人（如使用像密码或身份证号码这样的独特标识）。

（3）滥用账号。滥用账号是指由其他人而不是真正的持卡人使用账号，来获得商品、服务或现金。

这种欺诈通常出现在不需要出示卡片的交易中，如邮购或电话订购以及网络购物中。这一欺诈类型在虚假特约商户中很普遍。

罪犯通常会通过一些不当手段获取银行卡卡号，然后进行欺诈活动。这些卡号的获取渠道有：从特约商户处偷窃（如交易单据或交易单据复写纸）；访问银行的计算机系统［“黑客行为”（hacking）］；由银行雇员从银行偷取；远程营销特约商户有目的地从持卡人处获取卡的明细信息；在持卡人不知道的情况下，特约商户从卡片的磁条中拷贝信息；利用特别的计算机程序生成可通过检验的账号等。

要防范这类风险，应当增强账户信息的安全性，包括：保证特约商户协议中包含保密条款；对特约商户进行安全程序的培训；收单行进行特约商户交单监控，用于识别异常交单行为；发卡行在卡片被分发给真正的持卡人前，冻结账号。这将有助于防止通过随机生成卡号进行的交易授权；同时商业银行还要加强自身信息系统的安全性，防止黑客盗用行为。

（4）伪造卡。伪造卡欺诈指使用模仿真卡的有关账户数据的卡片，但这些卡片不是由发卡行或被授权的卡片制造商生产的。通常有四种伪造行为：1）全部重新制造。卡片模仿真卡制造，并复制了安全特征。这些卡片在质量上存在很大差异，但都是以模仿真卡在交易中的使用为目的。2）改动/重新凸印。改动一张真卡上的卡号，使之变成另外一张卡。通常，欺诈者之所以这样做是因为他们觉得原来的账号已被冻结。用于此种改动的卡往往是丢失、被盗或中途被截取的卡片。由于要热压卡片以软化塑料，然后抹平原来的凸印，再将新的卡号凸印上去，这些卡片的质量难以保证，所以经常用于与串通好的特约商户进行交易，或瞄准雇用了经验不足的人员的特约商户。3）重新编码。这是指改动一张真卡的磁条中保存的信息，从而使其变成另一张卡。这些卡看上去是真的，用于在电子终端上的交易。重新编码的数据与卡片正面凸印的账号不一定一致。欺诈者有可能使用重新凸印和重新编码两种方法，来彻底地伪造一张卡片，使伪卡更逼真。4）白卡（white plastic）。这是指一张塑料卡片（不一定是白色的）虽然一看便知不是真卡，但被用真卡的账户数据重新凸印或重新编码。欺诈者一般会使用空白卡或积分卡来制作这种卡片。因为卡片一看便知不是真卡，所以白卡欺诈需要与特约商户串通进行手工交易处理。进行电子交易时需要靠自动终端或特约商户的串通来处理。大多数伪造卡源于有组织的犯罪集团。

要防范这类风险，主要是要通过加强卡片的安全特征以及对特约商户的教育，并通过监控特约商户的交单活动来识别与特约商户串通的伪造卡欺诈，如威士卡的安全特征是对付伪造的主要手段。当伪造卡被出示给一个真正的特约商户时，通过仔细地检查各项安全特征可以将其鉴别出来，全息激光防伪鸽和环绕 VISA 标志的徽印边框很难伪造。重新凸印往往会造成卡片变曲，而且凸印的字符周围有“鬼影”（ghosting）。重新编码的卡片可以通过比较从磁条上打印出来的账户信息与凸印在卡正面的信息来鉴别。另外，卡片验证值（CVV）也能用来鉴别电子伪造欺诈。

（5）虚假持卡人申请。这是指持卡人利用虚假信息申请银行卡。通常有两种途径：1）潜在的持卡人为了增加被批准的机会而在其申请中使用虚假信息，例如多报收入、少报支出，一旦卡片被批准并使用，持卡人可能无力支付。这也许是故意，也许是因为持卡人没有足够的钱。2）犯罪分子向几家不同的发卡行提出多项申请。“申请人”使用虚假信息，并在不同的申请中设置细微的差别，以增加其中一些申请通过发卡行监测系统的概率。

防范此类欺诈风险的手段主要集中于申请处理，如对申请进行交叉稽核；在申请表中选择一些项目，进行额外验证；发卡行间相互合作，以发现多重申请和再次申请；发卡行也可与警方合作，对发现的案件进行起诉。为使这项工作有效，有一点很重要，那就是要在申请上清楚地说明申请表一旦填完，就是一份法律文件。

（6）虚假特约商户申请。这是指商户申请开立一个账户处理支付卡的交易而进行的欺诈行为。对于收单行来说，与一个特约商户签约使其接受银行卡支付，与向一公司贷出无额度限制的贷款是相同的，因此，应该同等谨慎。这一类型的欺诈最糟的情况是：特约商户尽力从收单行获得尽可能多的钱，并在欺诈被发现前消失。特约商户开立账户，进行一系列交单，以从收单行获得款项。实际上，这些交易是欺诈性的，例如使用伪造卡，并且商户会在收单行收到发卡行发出的拒付之前逃之夭夭。这类风险造成的损失通常比持卡人欺诈造成的损失更大。

要防范这类风险，就要注重对特约商户资信的调查。可以通过以下途径调查商户：通过电话证实申请信息的真实性；从银行那儿获得参考；从供货商、工商局等处获得其他业务参考；与其他会员银行合作共享数据；对特约商户进行实地考察；等等。

在亚洲近期的一个案例中，一个声称出售电器的特约商户开立了一个账户，进行了一系列交单，然后在收单行收到拒付之前带着收单行的付款消失了。收单行经调查发现，该商户没有生意，申请表所提供的地址是一幢公寓的大门。因此，实地考察是了解特约商户所必不可少的，应该持续地进行，甚至在申请已被接受之后也不能停止。负责实地考察的职员应由风险管理部门培训。

以下是潜在的虚假商户的一些典型特征：在当地没有足够的或根本没有用于支持营业的存货；很少或没有设备与资产；拥有不适合开展业务的营业场所；为了迅速开立账户，特约商户自愿存入一笔款项以防止可能的拒付；特约商户先开设一个银行账户，并存入一系列款项［以得到好的信用评级（credit rating）］，之后，请求开立处理支付卡的账户。

由于远程营销特约商户是典型的高风险商户，因此，银行在与这类商户开展业务时需注意以下几点：实地考察；审查商户情况和其母公司经营情况；审查业主的信用记录及过去的注册情况；验证产品样品的价值；获得远程营销收据的复印件。同时，在与特约商户的协议中应包含以下几项：授权程序的声明；界定对多重交易单据处理的限制；规定对持卡人的信息要保密；禁止“洗黑钱”和支取现金。

同时，收单行应当每日监控交单；监控授权活动；监控拒付情况，包括理由代码；跟踪总销售额；复查合同和签署过程；复查与特约商户签署的合同条款。对于交易额大的商户，应缩短复查的间隔，并对特约商户进行卡片受理程序和交单规则的培训。

（7）特约商户欺诈。这是指特约商户参与的欺诈活动。通常有以下几类：1）信息截获点，即在持卡人不知情的情况下，获取真实持卡人的账户信息用于欺诈。2）“洗黑钱”，即某一商户用其他商户处理的交易单据进行交单。3）多次压卡，即在持卡人不知情的情况下，商户用卡压了另一张交易单据，并用此单据进行欺诈性交单。4）改动交易单据或伪造签购单，即在持卡人签名之后，特约商户改动了交易单据上的金额或伪造持卡人签名的交易单据。5）手工键入（EDC 终端）。这一欺诈有几种不同的方式。特约商户可利用手工录入设备，使用真卡的数据，输入欺诈性交易，而无须出示卡片。特约商户可以在一次交易中多次刷卡（与多次压卡相同），或在第一次刷卡时将卡片的数据存入 PC 机，之后再进行“重放”。目前手工键入终端已经在很多地方禁止使用。6）串通欺诈。特约商户故意接收欺诈性卡片——例如白卡、伪造卡、丢失/被盗卡——来处理交易。7）远程营销欺诈。这是一种滥用账号的欺诈。特约商户使用一些推销技术，通过电话获取持卡人的账号，然后将其用于虚假的交易。例如，商户打电话宣传“免费加勒比度假”的奖励，声称“只需提供银行卡的明细情况”就可以支付管理费用，确保订票。收单行特别易受远程营销欺诈的攻击，因为这些交易不需要出示卡片，难以控制。

为防范这类风险，收单行要加强对特约商户每日交易的监控。

（8）其他欺诈交易。这是指不属于以上几类的其他欺诈类型，例如，第一方欺诈。这是由持卡人进行的欺诈，即真正的持卡人通过不诚实地使用账号获取好处，这不能与持卡人拖欠支付相混淆，后者通常被视为信用损失。如虚假挂失，持卡人向发卡行虚假地报告其卡片丢失或被盗后，继续使用卡片。之后，他们会否认用卡片进行的交易。也有可能持卡人在声称卡片丢失或被盗时，将卡片转卖了（被欺诈者所用）。

对于发卡行来说，这类欺诈难以识别和证实，防范起来比较难。因此，发卡行一般会冲销这些损失，所以此类欺诈发生的数量被低估了。

3. 特约商户受卡不当

这是指特约商户在接受卡片时未进行安全检查和正确的授权程序而造成的风险。

4. 内部作案或内外勾结

这是指银行内部人员擅自打制信用卡、冒充持卡人提取现金、伪造记账凭证、非法授权、更改电脑资料等行为。

5. 持卡人变故

这是指持卡人发生经济状况恶化，联系中断，单位倒闭、被兼并或拍卖，财产被冻结等意外情况而导致还款出现问题。

（三）银行卡的风险防范

1. 对持卡人的风险防范和控制

（1）要对持卡人的资信进行定期复查并签署意见。对银行卡初领者，要按规定程序进行资信调查和评估；对于资信不好的持卡人，可要求他们提供信用担保和抵押担保以防范透支风险。

（2）要监督银行卡账户每天的交易情况，通过账户余额表和月结单分析持卡人的用卡规律，对于存款低于限额的客户要及时发出补款通知书，要求其尽快补齐存款；对透支户要及时进行追索；对于在授权限额之下多次取现或购物消费的客户要建立登记簿并尽快调查，防止恶意透支。

（3）对于冒用、伪造、欺诈和内外勾结等案件应及时调查处理，催收欠款。

（4）要掌握银行卡的挂失、止付情况和最新的止付名单，建立健全银行卡风险案例档案。

（5）可通过邮件、广告等宣传工具对持卡人进行培训，尽量减少银行卡使用不当造成的损失。

（6）提供挂失服务。当持卡人发现自己的卡片遗失或失窃时，应该及时通报发卡行，这样发卡行就可以将此卡片进行冻结，以降低风险。比如，威士国际组织要求所有会员都加入遗失/失窃卡片通报服务系统。这使持卡人可以随时通过电话挂失。提供给持卡人的电话号码可以是紧急援助中心的号码，也可以是发卡行自己的号码，还可以是某一合格的第三方的号码。

当持卡人选择向威士紧急援助中心挂失时，威士紧急援助中心会在挂失报告中记录所有的细节，包括遗失卡的账号（如果没有账号，则记录发卡行的名称、地点），持卡人姓名的正确拼法以及与遗失或失窃相关的细节。如果得到了账号，威士紧急援助中心会立即在 BASE Ⅰ 的特别档案中发出“冻结”信号，从而封闭该账号。威士紧急援助中心在接到持卡人挂失电话后 30 分钟内会将挂失报告通知发卡行。在向发卡行发出通知后，将向发卡行寄出遗失/失窃卡片报告的复印件。

如果持卡人不知道自己的账号，威士紧急援助中心会出示一份不完全报告，并将持卡人直接提交或转给发卡行，由发卡行进行姓名查找。在这种情况下，账号会登记在特别档案中。当发卡行找到持卡人的账号时，它们必须将账号登记在特别档案中。

当持卡人选择直接向发卡行报告挂失时，发卡行负责处理报告并同时在本行系统和威士系统上封闭账户。威士国际组织所有会员都必须接受来自任何威士卡持卡人的挂失报告，当持卡人选择向其挂失时，其必须接受并且必须立即通知威士紧急援助中心或发卡行。

2. 对特约商户和特约营业机构的风险防范与控制

（1）发卡行应监督特约商户的交易活动和资信情况，定期检查特约商户是否按照协议中的操作规程处理业务，特别注意有无漏查止付名单和紧急止付通知，对超限额交易是否申请了授权，是否有分单压卡等现象。如发现上述非正常情况，应及时采取措施予以控制。

（2）要加强对特约营业机构取款网点的业务管理，督促经办人员按银行卡取款的操作规程受理业务；加强对经办人员的业务培训，如发现有到多个网点低限额取款的情况，应及时通报。

（3）要加强对特约商户的安全培训，以正确受理卡片，减少风险。

（4）特约商户和特约营业机构要尽快配备具有授权及电子资金转账功能的 POS 终端，实现与发卡行的计算机联机控制，把现行的部分授权方式改为全部授权方式，从技术上提高风险防范能力。

例如，威士国际组织通过提供风险识别服务系统（RIS）对其特约商户的活动进行监控以协助收单行。通过仔细监控 RIS 报告，并采取及时、有效的修正措施，收单行可减少损失。

RIS 先收集和分析商户的交易数据，包括交单、副本请求、信用和拒付。然后，风险监控过程使用一些参数来衡量特约商户的表现。如果这些参数被超过，便会产生一份关于此特约商户的 RIS 报告，并通过 BASE Ⅱ的报告分发管理系统将其送交收单行。

收单行应格外留意报告中特约商户的统计数字、拒付损失、风险识别总数、风险识别明细等内容，并依此对特约商户采取相应的行动。

RIS 会生成四个层次的报告，它们按严重程度从低到高的排序如下：

- 通知（advice）：识别出现的对象。
- 通告（notification）：显示商户活动，可能需要采取行动。
- 预警（alert）：更高层次的活动，可能需要采取行动。
- 警告（warning）：与风险有关的活动过量，显示会员银行应采取的行动以及识别的特约商户前 6 个月的情况。

为了最大限度地利用 RIS，收单行应该及时审查报告，调查被识别的特约商户，采用修正措施，向威士国际组织报告特约商户的状况。

威士国际组织通过向会员银行提供全球欺诈信息服务系统等帮助，让会员银行能够认识全球欺诈的趋势，能比较全球的情况与本行的情况，找出某一类欺诈的集中区域，以便采取地区性防范措施，跟踪信息截获点，识别串通的特约商户。在亚太地区，威士国际组织特别推出了区域性特约商户预警服务系统（NMAS）、特约商户状况报告系统（MPR）和特约商户欺诈分析服务系统（MFAS），以帮助收单行监督特约商户的行为。

3. 对发卡行和收单行内部管理的风险防范与控制

（1）要健全和完善内部管理制度，在业务岗位上实行操作分离，即各类岗位销售人员之间要相互分开，不能互相串岗兼办。要在各级各类人员之间建立起一种互相制约又互相协调、互相配合的机制。在具体操作中，要坚持银行卡的会计记账人员与发卡人员分离，会计、复核人员与授权人员分离，打卡操作人员与计算机编程人员分离等原则。要加强对白卡等重要凭证的管理，以遏制违章违纪，防范串通作案，从而避免风险产生。

（2）要制定风险防范的规章制度，不准单人操作；不经复核不允许对外办理业务；不准未经主管领导的审查批准、未经严格的资信调查就向客户发卡；不准越权授权，未经有权批准的人员同意不准授权同意客户透支。此外，还要制定相应的处罚条例，对违反规章制度、不严格按规定办事、给银行造成信誉或资金损失者，要根据情节轻重给予相应处罚。

银行要与国家法律主管部门密切合作，加快对银行卡业务的立法工作，依靠法律保护银行持卡人的合法权益，严厉打击利用银行卡诈骗的不法分子。

另外，可以通过建立风险准备金，从发卡行的利润中按一定比例提取，以备补偿损失或利用银行卡保险机制防范银行卡的意外风险。

本章思考题

1. 根据信用卡的发展历程阐述其为何能取得如此显著的成功。
2. 与其他支付工具相比，信用卡有什么优势？
3. 为什么说信用卡的实质是信用？
4. 借记卡与贷记卡有何异同？
5. 预付卡有什么特点？
6. 商务卡有什么特点？
7. 联名卡与认同卡有何异同？
8. 信用卡有哪些功能？
9. 举例说明银行卡的支付与结算过程。
10. 阐述如何对持卡人进行管理。
11. 谈谈你对合作营销的看法。
12. 银行卡风险通常有哪些？
13. 根据世界信用卡发展历程谈谈如何发展我国的信用卡市场。

第五章

电子货币

章首导言

电子货币的概念伴随计算机技术、微电路集成技术以及多用途预付卡而产生。近年来，互联网以及电子商务的发展进一步拓宽了电子货币的应用范围。2013 年比特币（Bitcoin）被爆炒，以及 2018 年美国监管机构对稳定币的认可，使电子货币再次成为焦点。

电子货币主要基于两种模式：一种为卡基，就是基于卡片技术，在卡片上植入微处理器，通常称作电子钱包（electronic purse）；另一种为数基，就是基于软件技术或计算机存储器来实现货币存储和流通，这时货币币值表现为虚拟的数字流，通常称作虚拟电子钱包或数字现金（digital cash）。

从电子货币的发展轨迹可以看出，卡基电子支付产品发展迅速，应用广泛，目前已经成为普遍使用的小额支付工具之一；而数基电子支付产品发展较为缓慢，目前应用的数基电子货币产品一般为记账式，加密数基电子货币目前尚未出现被市场普遍接受的产品，即使是被爆炒的比特币也一直处于争议之中，而未作为支付工具被广泛认可。

本章讨论了电子货币的概念、发展趋势、发行模式和运作方式，分析了典型案例，并对当前市场热点问题，如比特币、ICO（initial coin offering，首次币发行）和稳定币都进行了讨论。

关键术语

电子货币、卡基电子货币、数基电子货币、电子货币发行、电子货币支付

知识结构图

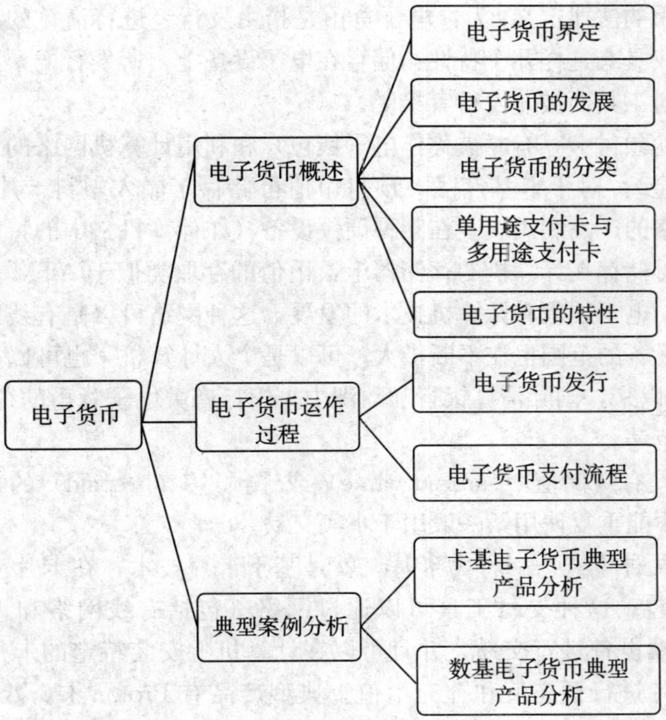

第一节 电子货币概述

一、电子货币界定

电子货币的概念伴随计算机技术、微电路集成技术以及多用途预付卡而产生。近年来，互联网以及电子商务的发展进一步拓宽了电子货币的应用范围。2013 年比特币被爆炒。之后 ICO 的火爆、美国监管部门对稳定币的认可，以及近年数字人民币的试点，都使电子货币尤其是加密数字电子货币再次成为焦点。

电子货币既有一般意义上的货币的含义，又不同于一般的传统货币。目前，对货币的定义在理论界尚有各种说法。因为信用卡是第一个应用电子技术的小额支付工具，所以曾有人认为信用卡是最早的电子货币。这种界定存在误区。尽管信用卡由于联机和可以在线交易等特性而具有了某种“电子”属性，但是信用卡仅仅是一种延期支付的信用凭证，只具有支付工具的属性，而不具备货币的价值本位和购买力储备的职能，因此从严格意义上说，不应归于电子货币范畴。而伴随电子商务的发展，出现了很多利用信用卡进行支付的网络信用卡支付模式，比较典型的产品有 Cybercash 和 First Virtual，在随后的章节中我们将对这种利用信用卡进行在线支付的模式加以介绍。

目前电子货币处于稳步发展过程中，根据欧洲中央银行和国际清算银行对于电子货币的定义，电子货币通过电子手段储存货币币值，可以不必通过银行账户，在使用后由发行者进行最后的兑付。

目前公认的电子货币的法律定义①为：电子货币是指由发行者进行清兑的某种债权所表示的货币币值。该债权具有这样几个特性：储存在电子设备上；所发行的票面价值不低于其货币币值；作为支付工具而被非发行者接受。

该定义包含了多用途预付卡（有时被称作电子钱包）和利用计算机网络的预付软件产品（有时被称作数字现金）。对于卡基产品，预付币值可储存于嵌入塑料卡片（智能卡）的微芯片中，而基于网络的产品利用安装在某种硬件设备（如计算机）中的特定的软件或硬件来储存币值，币值可储存在计算机的存储器上，币值的存取类似于 ATM 上货币价值的转移。随着通信技术、电子技术和计算机技术的发展，这种网络可以是有线网络，也可以是无线网络，而硬件设备的范围也在不断扩大，可以是个人计算机，也可以是手机或其他硬件设备。自 2004 年以来，国际清算银行和欧洲中央银行有关电子货币的统计报告中，已将移动支付纳入统计范畴。

电子货币工具通常具有“储值”（stored value）或“预付”（prepaid）的特性。与实物货币不同，电子货币不能重复使用，一般用于小额交易。

电子货币主要基于两种模式。一种为卡基，就是基于卡片技术，在卡片上植入微处理器，通常称作电子钱包。这种支付工具可以通过网络（包括有线网络和无线网络），利用计算机和特殊的终端设备进行交易，并且可以在计算机上安装特定的卡片装置，或利用特殊终端设备对卡片进行预充值和补充币值。典型产品有 Proton 卡、八达通卡等。另一种为数基，就是基于软件技术或计算机的存储器来存储和流通货币，这时货币币值表现为虚拟的数字流，通常称作虚拟电子钱包或数字现金。该支付工具可通过网络进行交易，交易所进行的支付实际上是数字币值的传输，典型产品有数字现金、比特币、数字人民币等。

电子货币有时也被称为网络货币（数字货币、数字现金、电子现金、虚拟货币）或者电子钱包，是货币流通现代化的产物，它是以计算机通信、金融与商业专用计算机和机具等现代化科技为基础，通过电子信息转账形式实现的一种货币流通方式，或者说是基于现代电子技术而出现的用来取代纸币、支票的电子支付手段。这种电子支付手段所代表的金融债权以电子文件的物理形式存储在计算机设备的存储器中，而终端设备可以是智能卡，也可以是个人计算机。这些金融债权可以从一台设备的存储器中转移到另一台设备的存储器中，就像现金一样，代表着金融债权在个人之间的转移，并在这种转移中作为流通手段和支付手段。目前，电子货币包括正在采用和已经开发的各种类型的基于现代电子技术的卡基产品（电子钱包或称作多用途预付卡），以及通过网络进行支付的各种计算机网络支付方案（数字货币）。

---

① Article 1 of European Parliament and Council Directive 2000/46/EC (OJ L 275 of 27 October 2000, pp. 39 - 43).

二、电子货币的发展

电子货币于20世纪90年代开始出现，随后世界上很多国家都开始进行电子货币的研究。如今，卡基电子货币产品已经很成熟，应用日益广泛。

欧美是研究电子货币较早的地区。1992年11月，欧共体开始了一项称作CAFé的试验计划，该计划持续3年，由当时欧共体的七个国家（包括荷兰、英国、丹麦、比利时、法国、德国以及挪威）的政府与公司联合参与，主要研究新的数字支付系统及其安全性，其成果后来被许多卡片公司采用。

1998年7月29日，美国运通公司（American Express）、比利时的Banksys公司、澳大利亚的ERG公司以及威士国际组织共同成立了质子世界公司（Proton World International），目标是为电子钱包建立一个世界标准。1998年10月，Interpay Nederland也加盟其中，这5家公司成为质子世界公司的股东。截至2000年7月，质子世界公司的战略伙伴已包括ACI、BEA Systems、康柏、微软和摩托罗拉。尽管随着电子商务低谷的来临，2001年10月，ERG公司收购了质子世界公司，但是Proton技术已在很多国家得到应用。比利时的Banksys公司发行的Proton电子钱包是一种预储值且不需要授权的卡片，这种卡片可以在银行系统或机构专用的POS机上再充值。Proton主要用于停车场交费，以及一些小额商品的自动售货机。ERG公司除了致力于接触式/非接触式智能卡技术外，还被应用于零售支付、公共交通、打电话、公路通行税的征收、售卖和停车服务等。中国香港的八达通卡（Octopus）就是ERG公司的产品。

欧美是最早在国内发行电子钱包产品的地区。比较著名的产品有法国的Modeus、比利时的Proton、芬兰的Avant、瑞士的Cash、荷兰的Chipknip和Chipper、冰岛的KLINK、加拿大的Dexit等。在亚洲，电子货币已被广泛应用于公交系统以及自动售货加油站等小额支付中，例如韩国首尔发行的应用于地铁和巴士的新交通卡T-Money、日本的Suica卡、中国香港的八达通卡、马来西亚的Touch'n Go CashCard和MEPS Cash、尼日利亚的ValuCard、新加坡的Singapore CashCard和EZ-Link等。

国际上两大信用卡组织威士国际组织和万事达卡国际组织同样致力于电子货币产品的研发以及有关电子钱包的标准和协议的制定。威士国际组织发行的VisaCash预付卡与万事达卡国际组织参与支持的Mondex卡都是被许多国家广泛使用的电子钱包服务系统。1996年年底，Mondex公司刚成立不到半年，便被万事达卡国际组织以巨资收购，万事达卡国际组织成为该公司最大的股东（占51%的股份）。1997年2月，万事达卡国际组织又与Mondex公司在亚洲成立了合资公司，1997年10月由香港汇丰银行和恒生银行推出Mondex卡。EMV标准是由国际三大银行卡组织——Europay（已被万事达卡国际组织收购）、万事达卡国际组织和威士国际组织——共同发起制定的银行卡从磁条卡向智能IC卡转移的技术标准，是基于IC卡的金融支付标准，目前已成为全球公认的统一标准。第一版的标准发布于1996年，称作版本3.1.1；最新的版本EMV 4.3发布于2011年1月。目前EMV标准共有六个成员，即万事达卡国际组织、威士国际组织、JCB、美国运通公司、Discover和中国银联。

与卡片载体相比，美国加利福尼亚州的Maxim Integrated Products公司研发的信息组扣（information button）产品由于具有不锈钢外壳封装、更好的安全性与抗磨损性，已被很多国家用于交通运输、停车收费以及售货机收费等小额交易，例如土耳其伊斯坦布尔公共交通系统、阿根廷和巴西的停车收费表、墨西哥和俄罗斯的汽油零售业务、加拿大的自动售货机等，是一种极具潜力的电子货币产品。

芬兰、丹麦以及葡萄牙等是最早在国内发行电子钱包产品的国家。比较著名的产品有法国的 Modeus、芬兰的 Avant、瑞士的 Cash、荷兰的 Chipknip 和 Chipper、冰岛的 KLINK、加拿大的 Dexit 等。在亚洲，电子货币已被广泛应用于公交系统以及自动售货机、加油站等小额支付中，例如韩国首尔发行的应用于地铁和巴士的新交通卡 T-Money、日本的 Suica 卡、中国香港的八达通卡、马来西亚的 Touch'n Go CashCard 和 MEPS Cash、尼日利亚的 ValuCard、新加坡的 Singapore CashCard 和 EZ-Link 等。

与前面介绍的电子钱包产品不同，荷兰 Digital Cash 公司发行的 E-cash 产品是一种在互联网上流通的数字现金。使用者在自己的个人电子计算机上准备一个电子钱包，然后从 Digital Cash 公司设计的“快速电子银行”账户中提领 E-cash 并存入个人电子钱包内，在互联网上购买商品时，即可使用 E-cash 支付。E-cash 不记录支付场所和姓名等信息，从而保证了货币的匿名性，具有保护个人隐私的特性；同时，它能追踪特定的某笔现金的流向，因此可追踪某些不法交易。E-cash 的发行需要与现行的银行账户进行兑换，因而具有预先储值的特性。E-cash 也被称作加密数字现金的鼻祖。

1999 年，总部位于纽约的 Beenz. com 公司发行了被称作 Beenz 的电子货币，这也是一种基于软件的数字货币。该电子货币最初只能在互联网上使用，其发行量曾经达到 7 500万货币单位，该数目相当于一个小国的货币总量。Beenz 是一种在网上流通的货币，可以在网上赚取并消费。例如，通过访问指定站点，或在网上购买指定物品，就可以在接受 Beenz 的网站上购物，例如购买 CD、书籍、鲜花等。2000 年 4 月 27 日，Beenz 和 Mondex 签订了一项协议，希望把 Beenz 与 IC 卡相结合，允许消费者将在线的点数奖励（即所赚取的 Beenz）转化为美元，并存储在某种特定的万事达卡上，从而可在全球 1 800 万个万事达卡签约商户消费。最终就像现在的信用卡一样，能够在网下流通。但是，由于电子商务低谷的到来，2001 年 10 月 4 日，Beenz 公司被 Carlson Marketing Group 收购，并停止交易。Beenz 这种以行为激励作为基础的“货币”与具有预先储值和预付卡机制的电子货币在货币发行上略有区别，电子货币的发行由在线商户提供，并且由该在线商户进行最后支付；消费者可以通过提供某些“电子工作”的方式，比如浏览网页、参与在线购物或仅仅通过网络运营商的服务器访问互联网获取该种虚拟价值单位。与 E-cash 不同，Beenz 电子货币的发行没有现实银行中的账户进行兑换，这种电子货币的发行方式更类似于早期银行券的发行方式。

比特币是目前世界上影响力最大的电子货币之一，在金融危机后备受关注。比特币宣称具有难以被盗、匿名性、有限性的特点，价格波动剧烈。一些商业机构和慈善机构宣布接受比特币支付，目前有一些国家接受其作为法定货币进入流通，比如 2021 年 6 月，萨尔瓦多成为世界上第一个赋予数字货币法定地位的国家。比特币是一种由开源的 P2P 软件产生的电子货币，诞生于 2008 年 11 月 1 日，最初由中本聪（Satoshi Nakamoto）提出。比特币不依靠特定货币机构发行，而是通过特定算法的计算产生。比特币使用整个 P2P 网络中众多节点构成的分布式数据库来确认并记录所有的交易行为。比特币可以兑换成大多数国家的货币。使用者可以用比特币购买一些虚拟物品，比如网络游戏当中的衣服、帽子、装备等。目前已有商户宣布接受用比特币购买现实生活当中的物品。比特币与其他虚拟货币最大的不同是，其宣称总数量非常有限，具有极强的稀缺性。比特币宣称具有去中心化、全世界流通、专属所有权、低交易费用、无隐藏成本以及跨平台挖掘等特点。2013年比特币被爆炒，价格一路飙升，到2013年12月突破1 000美元，随后价格开始下跌；2016年，比特币再次受到中国炒家的追捧，价格在一个月内上涨超过50%，随后比特币的价格一直处于剧烈波动中。

日本是进行比特币交易最早的国家之一，根据日本《资金结算法》相关条款的规定，数字货币被分为两类，即1号虚拟货币和2号虚拟货币。1号虚拟货币指为支付交易而发生的财产性价值，该价值仅限于通过电子方式记录于电子器械及其他物品之中，并通过电子信息处理方式进行价值转移（货币计价资产除外）；2号虚拟货币指“以不特定人为对象，与1号虚拟货币之间能相互兑换之财产性价值，并通过电子信息处理方式进行价值转移者”。

2014年，日本最大的比特币交易所Mt. Gox涉嫌管理不善，平台上的75万比特币被一夜盗空（以当时价值计算约为3.65亿美元）。三年后，Mt. Gox正式宣布破产。它曾是世界上最大的比特币交易网站，交易量最大时，处理着全世界80%的比特币交易。

2016年5月25日，日本国会通过《资金结算法》修正案，并于2017年4月1日正式实施。该法案标志着日本承认数字货币为合法支付手段，并将其纳入法律规制体系之内。日本是世界范围内首个进行了虚拟货币立法的国家，以及全球第一个为数字货币交易所提供法律保障的国家。在日本销售未经注册的数字令牌是非法的，因为监管部门规定每个代币发行都必须与当地拥有许可证的交易所合作。

日本进行立法的契机是2015年反洗钱金融行动特别工作组（Financial Action Task Force on Money Laundering，FATF）发布报告，指出虚拟货币可能被用于洗钱活动，有巨大的金融风险。为了防范这种风险，必须确保交易平台能够对交易主体进行有效的本人确认。故而日本对虚拟货币交易平台采取了注册制的管理方式，平台上所运营的虚拟货币种类需到金融厅备案并取得金融厅认可。这一法令的出台一方面达到了有效控制风险的目的，另一方面也从法律上确认了虚拟货币交易的合法地位，即将其从灰色区域变为确认安全白色区域。如今，日本已经确认了14种虚拟货币的合法地位，赋予其交易资格。目前，在日本金融厅申请虚拟货币牌照的有100多家企业，其中三分之二来自海外；每天都有来自中国、新加坡等国家和地区的企业前往日本虚拟货币协会商谈事项。

2017年日本批准成立了11个数字货币交易所。在全球比特币飙涨的刺激下，乐天株式会社（Rakuten）以及Line等日本公司纷纷创立交易所或发行自家的数字货币。但是2018年1月，Coincheck交易所再次被盗，丢失的新经币价值5.23亿美元，成为到目前为止全球最大规模的数字货币失窃案。Coincheck事件的根本原因在于公司的资金管理制度混乱。

Coincheck交易所遭到黑客攻击之后，监管机构被迫应对。日本金融服务局将战略再次转向加强监控。随后，日本金融局连发了8道“肃清令”，对日本的32个数字货币交易所进行检查，其中包括16个尚未获得许可证的交易所，列出了43个检查项目。日本金融服务局专注于两件事：调查交易所以防止再次遭到黑客攻击，并打击诈骗和非法首次代币发行。它确保交易所通过基本的安全措施管理客户的资金，对内部控制不力的 Coincheck 等交易所提出了批评。城门失火，殃及池鱼。很多海外未在日本登记的交易所因在日本开展业务均遭到日本警告。币安被迫退出日本市场。火币等交易所纷纷放弃日文服务。2017 年 10 月全球 63%的比特币通过日本交易，而现在主流数字货币中通过日元交易的仅为 34%。受影响的两家交易所 Mr. Exchange 和 Tokyo Gateway 分别撤回了之前递交的交易所牌照申请。

Coincheck 交易所在 2018 年 3 月中旬恢复运营，并向因黑客攻击而遭受损失的用户返还了 4.3 亿美元。同时，日本国税厅计划推进简化加密货币收入申报。根据规定，虚拟货币的买进、卖出、与其他币种的交换全部在征税范围内，其基本计算公式为取得价格与卖出价格的差额。虽然看起来收税规则简单，但是实际收税操作极其复杂，避税方法繁多。

2018 年 2 月，日本三大银行集团——三菱 UFJ 金融集团（MUFG，日本最大的金融机构、世界超大型金融机构）、瑞穗金融集团、三井住友金融集团——开始开发数字货币。2018 年 5 月，三菱 UFJ 金融集团与美国主要的云交付平台 Akamai Technologies 合作发布了基于区块链的全球支付网络。同时，MUFG 的银行业务部门宣布计划在 2019 年试用自己的加密货币，即 MUFG 币。2018 年 9 月初，日本著名的三菱 UFJ 金融集团发行的数字货币 MUFG 币在一家便利店开始试用，该便利店专供集团内部员工使用，持有 MUFG 币的员工可通过智能手机上显示的二维码进行扫码支付。据悉，该币与日元挂钩，一枚 MUFG 币的价格稳定在 1 日元。

伴随中国和日本对于数字货币监管的加强，韩国成为全球最活跃、规模最大的比特币交易市场之一。有分析师估计，全球约有 21%的比特币交易发生在韩国。对于数字货币这一新生事物，韩国政府对于规范这一市场一直摇摆不定。

研究网站 CryptoCompare 的数据显示，2017 年全球所有比特币交易的约 4.5%以韩元进行，韩元由此成为比特币交易中使用最广泛的第四大货币，仅次于美元、日元和欧元。由于韩国加密货币交易频繁，黑客攻击事件频发，韩国政府对黑客行为、加密货币盗窃以及加密货币非法操作行为表示担忧，因此只好通过严格的法规来改善现状。从 2017 年 12 月开始，韩国政府打出一系列“重拳”，禁止当地金融公司参与比特币期货交易，以及禁止未成年人开设账户和交易虚拟货币。2018 年年初，韩国监管部门对 KB 国民银行、韩国中小企业银行（IBK）等 6 家银行进行现场检查，以便对这些银行是否遵守与加密货币交易有关的反洗钱法规进行监控。韩国政府宣布对数字货币交易所征收 24.2%的所得税。然后，韩国金融当局与韩国金融情报部门合作成立了一支特别小组，负责监督加密货币交易所，确保加密货币企业遵守现行条例。

目前韩国政府已经授权六家银行提供可以使用比特币进行交易的账户，包括存款、取款、币币交易。但是这一切的前提是实名制登记，这就违背了区块链去中心化的匿名特性。在一些投资者看来，这是一种巨大的隐私牺牲，有一些投资者则愿意放弃匿名权，而获得监管下的安全感。

实行交易实名制的首日，除 Upbit、Bittsum、Coin One 和 Cobit 几家平台之外，其他韩国数字货币交易所均未获得银行提供的虚拟账户，这意味着其用户无法用韩元在交易所进行虚拟货币交易。

韩国金融服务委员会提出的加密货币新规已经在逐步实施。在韩国数字货币市场经历了一系列安全问题后，韩国监管部门迅速采取了监管措施，历经半年的摸索与调整，韩国对于数字货币的监管措施逐步收紧。

2018 年 9 月 10 日，美国纽约金融服务署（New York Department of Financial Services，NYDFS）同时批准了 Gemini 和 Paxos 两家公司发行稳定币的申请，Gemini Dollar 和 Paxos Standard 成为首批受监管的稳定币，这也是官方首次对数基电子货币予以认可。Gemini Dollar 和 Paxos Standard 均基于以太坊区块链，且和美元挂钩，由投资巨头美国国内银行道富银行（State Street）负责持有相关美元账户，该银行接受美国联邦存款保险公司（Federal Deposit Insurance Corporation，FDIC）等多个美国监管机构的监管。

Tether 公司发行的 USDT 被公认为稳定币的先行者之一，其发行量约占目前市场份额的 90%。与比特币不同，USDT 采取中心化的运作方式。

从电子货币的发展轨迹可以看出，卡基电子支付产品发展迅速，应用广泛，目前已经成为普遍使用的小额支付工具之一；而数基电子支付产品发展较为缓慢。目前应用的数基电子货币产品一般为记账式，由于通常应用于购买数字类产品和游戏类产品的微支付，因而交易额较小；而加密数基电子货币目前尚未出现被市场普遍接受的产品，即使是炒作火爆的比特币也一直处于争议之中，未作为支付工具而被广泛认可。2014 年，中国人民银行成立专门机构，开始对数字人民币发行问题进行专项研究。2017 年末，中国人民银行组织部分商业银行和有关机构共同开展数字人民币体系（DC/EP）的研发。2019 年底，数字人民币相继在深圳、苏州、雄安新区、成都及冬奥会场景启动试点测试，随后试点范围不断扩大。中国是世界上第一个将数字货币视作法币的国家。

相对而言，电子货币在公共交通、公用电话、停车场和自动售货机等领域的应用较成功，但一般电子货币的应用通常仅限于某个国家或地区范围，跨国界的电子货币产品的应用较少。

三、电子货币的分类

电子货币产品分为两类，一类为卡基电子货币产品，另一类为数基电子货币产品。

1. 卡基电子货币产品

卡基电子货币产品也就是通常所称的电子钱包。电子钱包是由银行卡发展而来的一种电子货币。目前所指的电子钱包通常为包含智能芯片的多用途预付卡。

电子钱包是装有电子芯片的智能卡（又称集成电路卡或 IC 卡，即 Integrated Circuit Card），它由法国工程师罗兰·莫雷诺于 20 世纪 70 年代发明，欧洲是当今电子钱包应用最早的地区。

电子钱包与传统信用卡的最大不同是它的多用途性、无时效性（通常没有有效期的限制）和匿名性。它像钱包一样存有现金，无须授信和授权，可以在任何装有 POS 终端的场合购物和消费，消费金额的大小完全取决于内存现金的数量，而且在内存现金用完后，可以自动将银行账户上的钱转入该电子钱包。由于电子钱包的使用原理与将现金装入钱包一样，因此，它也被称为电子现金。

卡基产品通常可以在ATM、特定终端或通过网络进行重复充值，一般有限额，例如几百美元，而且可以不通过发行者而在不同的电子钱包间转移价值。比利时、荷兰和新加坡都开发了可以通过电话线连接的手持终端。在瑞典，卡片可以通过连接在电话上的特殊终端进行充值和调用；立陶宛基于特定的微机终端实现充值；在比利时、加拿大、芬兰、希腊、意大利、韩国、新加坡和中国台湾，卡片可通过互联网进行充值和使用；加纳、挪威和新加坡允许电子钱包之间的交易（purse-to-purse transaction），即电子钱包相互间可以进行币值转移；意大利和牙买加也在考虑相似的机制。在某些国家和地区，电子货币还同时混合了信用卡和借记卡的功能。

2. 数基电子货币产品

数基电子货币产品即通常所说的网络货币（数字现金、电子现金、虚拟货币、数字货币）。数基电子货币有记账式和加密数字流两种，加密数基电子货币使用一串经过加密处理的数字来代表货币单位，代替现金。

两相比较，基于卡片形式的电子钱包可以使货币以卡为载体；而数字现金则连卡的形式也没有，货币仅仅表现为计算机中的一串数字流，支付表现为账户变动或一串二进制数字流从一台计算机转移到另一台计算机，其运行的基础是互联网。

从对不同类型电子货币支付流程的分析可以看出，目前卡基电子货币在技术上更具可行性，而数基加密式数字流电子货币由于需要庞大的数据库和快速检索技术的支持，目前在技术上存在不可逾越的障碍。同时，卡基电子货币不仅可以用于网络电子商务交易，还可以被设计用于支付面对面的小额零售交易，代替银行券和硬币。而基于软件和网络的产品则被设计用来支付通过通信网络的小额交易，例如网络视频、网络音乐等数字媒体产品。

电子货币10年来的发展也证明，与数基工具相比，卡基工具的生命力更强。数基电子货币产品近年来发展缓慢，而世界各国目前普遍使用的电子货币基本上都是卡基电子货币。

典型的数基电子货币有荷兰Digital Cash公司发行的E-cash，该产品是一种在互联网上流通的数字现金。比特币也是一种数基电子货币。

四、单用途支付卡与多用途支付卡

电子货币产品是一种多用途的支付工具。两种支付卡的不同之处是：多用途支付卡支付网络是一种开放式网络，而单用途支付卡支付网络是一种封闭式网络。

单用途支付卡支付模型如图5-1所示；多用途支付卡支付模型如图5-2所示。

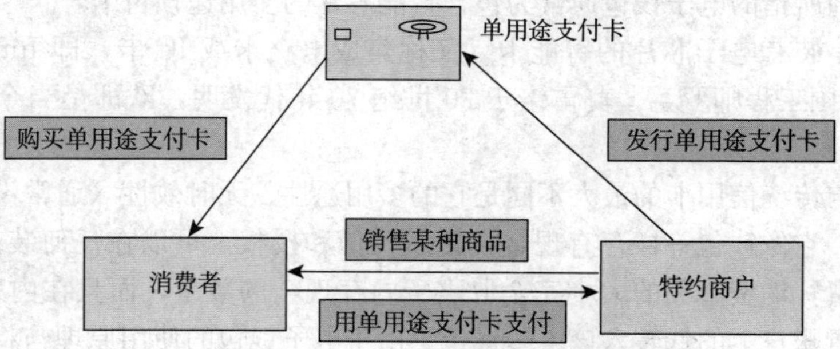

图5-1 单用途支付卡支付模型

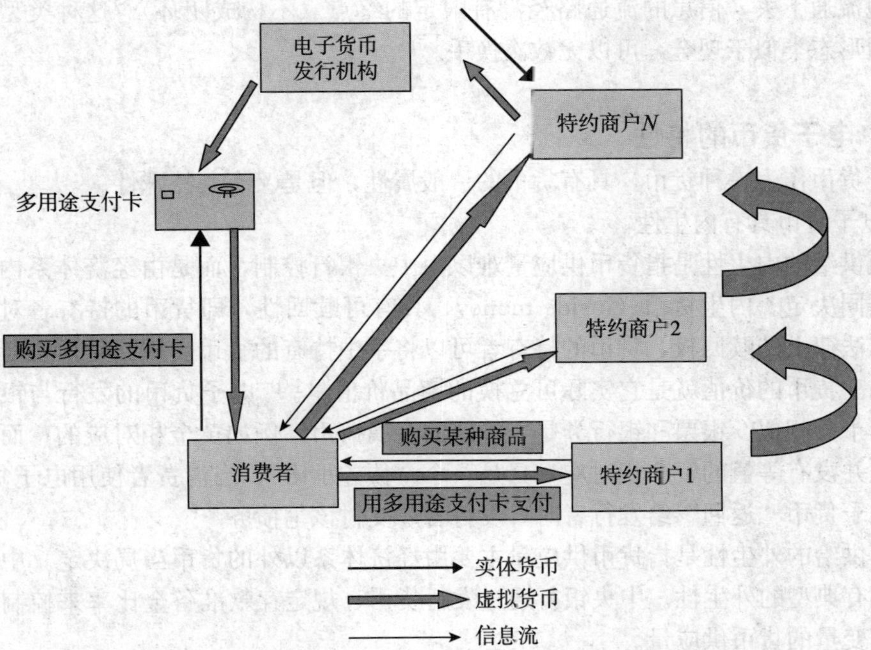

图 5-2　多用途支付卡支付模型

如图 5-1 所示，单用途支付卡的交易流程是一种封闭式网络。通常由商品或劳务的提供者自己发行单用途预付卡，例如电话卡、洗衣卡。消费者购买单用途支付卡后，通常将其作为一种支付工具而用于购买指定的商品或劳务，例如打电话、洗衣服务等。在这种交易中，货币流从特约商户发出，经过消费者，然后流向该特约商户，形成一个闭环。

在这个闭环中，单用途支付卡仅充当支付工具，而并不具有价值本位和购买力储备的能力。因为一旦出现该特约商户破产等情况，该单用途卡就不具有任何价值。因此，单用途卡不具有货币的通用职能，不能被视作电子货币。在该过程中，用于一次支付的余额信息必须返回到发行主体，即特约商户。余额信息在“发行主体→消费者→特约商户→发行主体”这样的闭合环路中流动。

如图 5-2 所示，与单用途支付卡不同，多用途支付卡的交易流程是一种开放式网络。多用途支付卡通常由特定的电子货币发行机构①发行。消费者购买多用途支付卡后，可以像使用现金一样用其购买商品或劳务，例如打电话、洗衣服务、汽车加油、购买小额商品等。在这种交易中，货币流从特定电子货币发行机构发出，经过消费者，然后流向不同的商户，形成一个开环。商户在收到该虚拟现金后，可以用其向其他商户购买所需的生产资料，也可以选择直接向电子货币发行机构进行清兑。

在这样的开放环路中，多用途支付卡不仅充当了支付工具，而且具有充当价值本位和购买力储备的能力，具有货币的职能，因此可被视为电子货币。由于发行机构不限于中央银行，因此其与早期的银行券发行有些类似。在该过程中，余额信息在个人或企业之间可

① 该电子货币发行机构可以是商业银行，也可以是第三方支付机构。

以不断地流通下去，信息的流通路径没有限定的终点（不构成闭环）。这种类型的电子货币的流通形态类似于现金，可以无数次换手。

五、电子货币的特性

电子货币作为一种货币，具有货币的一般属性，但是又有其特殊性。

1. 电子货币具有内生性

货币供给的内生性是指货币供应量难以由中央银行控制，而是由经济体系内部各经济共同体共同决定。内生货币（inside money）具有可赎回性，即货币的持有者对货币的发行者拥有法律上的赎回权，货币的持有者可以将手中持有的货币卖回给货币发行者，换回等价物品。货币的价值就是它实际可兑换的商品价值量。① 电子货币的发行与银票和银行券的发行十分相似。银票和银行券是与等值的金属铸币，例如黄金相对应的；而电子货币的发行人并没有等值的资产相对应，只是一个“债务承诺”，当消费者使用电子货币消费，商户将电子货币“返回”给发行者时，发行者才支付该笔债务。

货币供给的外生性是指货币供应量主要由经济体系以外的货币当局决定。中央银行货币体系具有典型的外生性。中央银行通过发行货币、规定存款准备金比率来控制作为经济系统外生变量的货币供应量。

电子货币的出现给现代货币供给理论带来了巨大挑战。电子货币的发行具有很强的竞争性，通过市场方式发行，是一种天然的“世界货币”，具有很强的内生性。与纸币不同，电子货币的产生是源于经济实体的内在需求。纸币由中央银行或特定机构垄断发行，中央银行承担其发行成本，享受其收益，是一种外生货币（outside money）。而从目前的发展情况来看，电子货币的发行机制不同，其发行机构既有中央银行，又有一般金融机构，甚至非银行金融机构，并且由非中央银行发行的更多。②

电子货币的出现会使信用进一步扩张。公众可选择的资产持有形式日益多样化，商业银行的存款和资产规模不仅受资产偏好、银行贷款和投资机会的影响，而且受非银行金融机构新的金融创新产品的竞争，以及电子货币的影响，从而导致货币供应量增加且难以控制。

经济波动取决于货币供给与货币需求的相互作用，而统计实证已表明，货币需求函数在长期内极为稳定③，因此货币供应量的变化就成为影响经济波动的根本原因，中央银行可以通过控制货币供应量的变化来控制产出和价格波动。

电子货币供给内生性的存在会降低中央银行对货币供应量的控制效应，但承认货币供给具有内生性并不等于否认中央银行控制货币供应量的有效性，电子货币实现了流通手段、价值尺度和贮藏手段这几种职能的分离，并且电子货币在承担不同职能时，对货币供应总量和供应机制的影响不同。

---

① Hellwig，M. F. “What Do We Know about Currency Competition?”. *Zeitschrift für Wirtschafts-und Sozialwissenschaften*，1985（105），pp. 565 - 588.

② 1993—1996 年，芬兰曾尝试由中央银行控制的 Avant 公司垄断电子货币的发行，但未取得成功。1997 年该公司被商业化，由 AUTOMATIA 运作，其拥有者为芬兰国内三家银行 Leonia、Merita 和 Okobank 集团。

③ 伍海华．西方货币金融理论．北京：中国金融出版社，2002：89.

2. 电子货币是一种信用货币

纸币是以中央银行和国家信誉为担保的法定货币，具有无限法偿的性质，被强制接受和广泛使用；电子货币的发行依赖于各个发行者自身的信誉，是一种具有强网络外部性的产品，其接受程度会受到发行网络规模的影响。

与其他已经存在的电子支付工具（例如借记卡和贷记卡）不同，电子货币有可能是一种完全的私人货币，与任何银行账户都没有关系，可用作交易媒介和记账单位。而借记卡和贷记卡只是一种支付工具，用于资金在不同银行账户间的传送。在储值卡和计算机存储器上的电子货币余额是一种信用的体现，是电子货币发行者的债务。电子货币发行者发行的电子货币相当于一种无息或低息的债务。

3. 电子货币的清算具有多元性

纸币的清算多通过以中央银行为核心的支付清算系统进行，而电子货币的清算可以由电子货币的发行人进行，也可以由第三方金融机构进行，通常情况下会委托第三方金融机构进行。

4. 电子货币是一种低成本的货币

电子货币可以重复充值，具有多种用途，不需要在线授权。与纸币相比，其发行和支付的成本较低。据估计，美国零售商和银行体系每年处理货币的费用为600亿美元①，这些费用包含纸币处理、清点、存储、运输和安全成本。电子货币本质上是一组二进制的数据信息，其生产过程简单，运输费用和边际成本几乎为零，也不需要支付保管和清点费用，可有效降低货币的使用成本。同时，电子货币可以直接减少纸币印刷、防伪、替换、销毁等费用。

电子货币在交易时不受地理位置的影响，支付效率高，不存在资金迟滞效应，极大地提高了资金周转效率，降低了资金的结算成本。

5. 电子货币的匿名性具有相对性

追求货币使用的匿名性一直是电子货币发行者的初衷，例如数字现金一直标榜其具有支付的匿名性。但是，由于电子货币的发行和支付是通过计算机网络实现的，因此其所有的交易都可记录、可跟踪，从而其匿名性具有相对性。

但是，网络货币和储值卡被购买后，其持有者和交易者的身份难以区分。由于网络交易的快速性，对其进行跟踪具有一定难度，且对交易进行记录和跟踪的成本巨大，因此很容易被洗钱等犯罪活动利用。

为更好地说明电子货币的特性，表5-1中列出了电子货币与其他常用支付工具的主要区别。

表5-1　电子货币与其他常用支付二具的主要区别

	电子货币	通货	支票	卡基支付工具（借记卡、贷记卡）
法定货币	不是	是	不是	不是

① Hayes et al.，"An Introduction to Digital Money Issues"，prepared for the United States Department of the Treasury Conference，Towards Digital Money and Banking：The Role of Governments，Washington D.C.，1996.

续表

	电子货币	通货	支票	卡基支付工具（借记卡、贷记卡）
可接受性	有限	广泛	有限	有限
每笔交易的边际成本	低	中	高	中
面对面交易方式的支付	支持	支持	支持	支持
非面对面交易方式的支付	支持	不支持	不支持	支持
匿名性	相对的	有	无	无

6. 影响电子货币发展的因素

电子货币具有方便、安全、高效、低成本等特性，因而显示了无穷的潜力。一方面，电子钱包的离线操作可以使交易成本更为低廉，十分适合小额消费，例如购买报纸、咖啡以及自动售货机上的各种物品，可以减少零钱携带。另一方面，电子货币的使用成本比现金低，伪造的难度大。纸币和硬币的使用正变得越来越昂贵，美国每年转拨现金就必须花费600亿美元，而英国要花费20亿英镑。更重要的是，随着先进的桌面排版和彩色印刷技术的日益普及，纸币越来越容易被非法复制。不久以前，伪钞制造者还需要技艺高超的雕刻家来制造一套印刷模板。而今天，一个拥有一套专业的图形软件、一部彩色打印机和一架专业扫描仪的图形学的学生就可以复制纸币。此外，使用电子货币还可以加快货币流通速度，从而加快整个社会的资金周转，提高社会资金的运用效率。

具体来说，影响电子货币发展的因素包括以下几个方面：

（1）安全性是任何电子货币系统的基础与保证。由于安全隐患的存在，电子货币发行者同样面临风险，其中诈骗是最大的一种风险，电子货币系统的安全性是中央银行最担忧的问题之一。一旦罪犯懂得如何伪造电子钱包，发行银行就会遭受巨大损失。电子钱包与联机处理交易的借记卡、ATM卡不同，它可以脱机操作，这使得检验和跟踪失窃的卡以及伪造卡变得非常困难。而支撑电子货币的硬件可能会出差错，给消费者和商户带来不便。

电子货币可以通过网络跨国界支付，因而对罪犯特别有吸引力，因为罪犯可以将非法所得快速转移到法律制度薄弱的国家。当电子货币跨国界支付时，特别是当利用基于软件的系统在计算机网络上操作时，很难将其控制在某个范围内。

（2）电子货币的普及主要依赖于消费者和商户的使用动机。电子货币发行者的潜在动机包括从消费者和商户那儿收取各种费用和投资收入等。对于银行发行者（bank issuer）而言，有利因素是可以减少现金管理费用，潜在的不利因素是需要付出合规和监管成本。消费者对电子货币的需求将依赖于与旧系统相比所花费的费用的多少、电子货币的安全性和保密性、使用的便利性以及商户接受电子货币的主动性等因素。据统计，用户接受电子货币的程度通常与消费者的年龄、受教育程度以及收入等因素有关：收入高、受教育程度高、年轻的消费者更乐于接受将电子货币作为支付工具。商户的主动性主要与商户承担的费用有关。如果将消费者与商户合起来考虑，那么主要因素就是他们对于新技术的接受程度。许多观察家认为，电子货币的普及程度在中短期内不会有大幅提高，但从长远看，电子货币所具有的意义不可低估。

对于发行者和商户而言，电子货币的发行与使用同样具有规模效应。电子钱包市场与在服务提供者和其用户之间建立起网络的革新一样，在电子钱包能够广泛且有效地使用之前要求参与者的数量必须达到一个临界值。在达到这个临界值之前，商户和消费者可能都会因投资成本高、使用不便而拒绝使用。只有当这一新的支付方式变得广为商户所接受，消费者可以从中获得更大的益处和方便时，电子钱包的使用才会进入良性循环，消费者才会更多地使用电子钱包，商户才会因此更多地获利。

(3) 电子钱包对消费者和零售商的吸引力也许会因相互竞争和系统互不兼容而被削弱，建立一个被普遍接受的电子钱包国际技术标准是电子钱包系统健康发展的关键。

(4) 电子钱包产品相关的启动成本（包括引入新型读卡终端或重新改造现行终端的费用）也是阻碍实施电子钱包革新的一个因素。

(5) 电子货币的发展对中央银行和其他政府部门提出了若干政策难题：中央银行的货币发行权会受到侵蚀，货币政策的运行体系、中央银行的监管能力、可能出现的金融风险，以及其他政策都有可能受到影响。

从宏观政策制定的角度看，重要的问题是：谁发行预付货币？如何将预付货币作为支付工具加以利用？预付货币对中央银行资产负债表的影响如何？

电子货币发行对货币政策以及货币流通速度都将产生影响。使用电子货币的目的就是替代流通中的现金，所以使用电子货币会减少流通中的现金，因而会改变货币的流通速度。电子货币还会影响银行准备金或中央银行储备，使中央银行对市场利率的操作变得更加复杂。电子货币对货币供给的影响不仅取决于中央银行资产负债表的规模，而且取决于电子货币替代现金的程度。在很多国家，现金是中央银行资产负债表中较大或最大的负债，因此电子货币的使用会明显缩减资产负债表的规模。问题是：在什么情况下电子货币的使用会对货币政策的实施起到反作用？在正常状态下，中央银行的资产负债表规模足够进行公开市场操作。然而在特殊情况下，例如当外汇市场大幅波动时，资产负债表的规模应该增长，否则中央银行将由于缺乏足够的资产而不能满足大规模的市场操作的需要，例如抑制外汇市场上的大量购买。由于电子货币对现金的替代会减少中央银行所持有的资产，因此中央银行基于这些资产所获得的收益也会明显减少，这样就会引发政府特别是拥有大量预算赤字的国家政府的忧虑。

为避免资产负债表规模的大幅缩减，中央银行有几种政策选择：第一，中央银行自己发行电子货币，尽管这会限制竞争。第二，扩大资产需求以弥补电子货币或其他负债。然而无息资产需求有时会被认为是税收，会阻碍竞争，因此许多国家都不会采用。第三，中央银行还可以发行新的债务，例如中央银行债券，或对私人机构的资产支付利息，以吸引私人机构在中央银行存款，这样政府同样可以增加在中央银行的存款。第四，中央银行可以通过开展表外业务来弥补。前两种选择不仅可以扩大中央银行资产负债表的规模，而且可以减少由于使用电子货币而引发的损失。另一种减少损失的方法是，考虑对提供给银行的各种服务收费。

(6) 电子货币发展中涉及的有关法律、税收问题。从 1995 年起，欧洲十国中央银行集团、欧洲中央银行、美联储以及加拿大、澳大利亚等国的中央银行都相继发布了电子货币发展报告。报告对电子货币的含义、消费者保护、法律、监督管理、安全机制等进行了全面的论述，并提出了建立电子货币体系的发展战略。1996 年中国人民银行开始对电子货币进行研究。2014 年，中国人民银行成立专门机构，开始对数字人民币发行问题进行专项研究。2019 年底，数字人民币相继在深圳、苏州、雄安新区、成都及冬奥会场景启动试点测试，随后试点范围不断扩大。中国是世界上第一个将数字货币视作法币的国家。

第二节 电子货币运作过程

一、电子货币发行

在现代经济中，由于货币乘数的存在，对基础货币的控制非常重要。一国的基础货币源于货币当局的投放，货币当局发行基础货币的渠道主要有三条：(1) 直接发行通货；(2) 变动黄金和外汇储备；(3) 通过实施货币政策（目前以公开市场操作为主）调节货币供应量。由此可以看出，决定基础货币的主要因素有：(1) 中央银行在公开市场买卖证券；(2) 中央银行收购黄金、外汇；(3) 中央银行对商业银行再贴现或再贷款；(4) 财政部发行通货；(5) 中央银行应收未收款项；(6) 政府持有的通货；(7) 政府存款；(8) 外国存款；(9) 中央银行其他资产和负债。从该过程可以看到，在现代经济中，基础货币的投放越来越多地依赖电子化过程的实现，从上面的货币投放过程可以看到，除了直接发行通货外，其他货币投放方式基本是以记账方式进行的，因此也可以理解为，除了流通中的现金外，其他货币都是以数字形态存在。

电子货币发行有两种方式：(1) 以中央银行信用作为背书，通过与中央银行货币进行兑换而发行，目前卡基数字货币基本全部是以该方式发行的；数基数字货币大部分也是以和中央银行货币兑换的方式发行的。(2) 以其他方式作为货币信用，发行电子货币，比如 Beenz 币的点击广告和兑换券方式、比特币的挖矿方式。这种方式有点类似早期银行券的发行。

从另外一个角度来看，电子货币发行方式又可以分为记账发行和加密数字流（加密数字串）发行两种。在现有货币发行机制和技术条件下，若以加密数字流方式发行电子货币，如何确保其安全性与效率是难题。

现代经济是信用经济，货币背后代表了货币发行者的信用，在目前的经济体系下，除去政府信用，任何一个机构都很难具备强大的信用来支撑可被民众普遍接受的货币。但在一个小范围内，某些货币可以流通，作为中央银行货币体系的补充。

区块链与“分布式记账”随着比特币的出现而出现。不同于传统的数据库技术和以前的数字货币体系，比特币没有中央管理员，也没有中央数据储存。分类账在对等网络（Peer-to-Peer）的许多不同的节点上被复制，“一致性算法”保证了其每一个节点对分类账的复制与其他节点上的复制完全一致。资产所有者凭借密码签名借记自己的账户，贷记他人账户。该货币机制不需要第三方机构进行清算操作，一度成为毒品交易和洗钱的天堂。

（一）卡基电子货币发行过程

卡基电子货币通常以记账方式，特别是中心化方式发行，其发行过程如图 5－3 所示，具体如下：

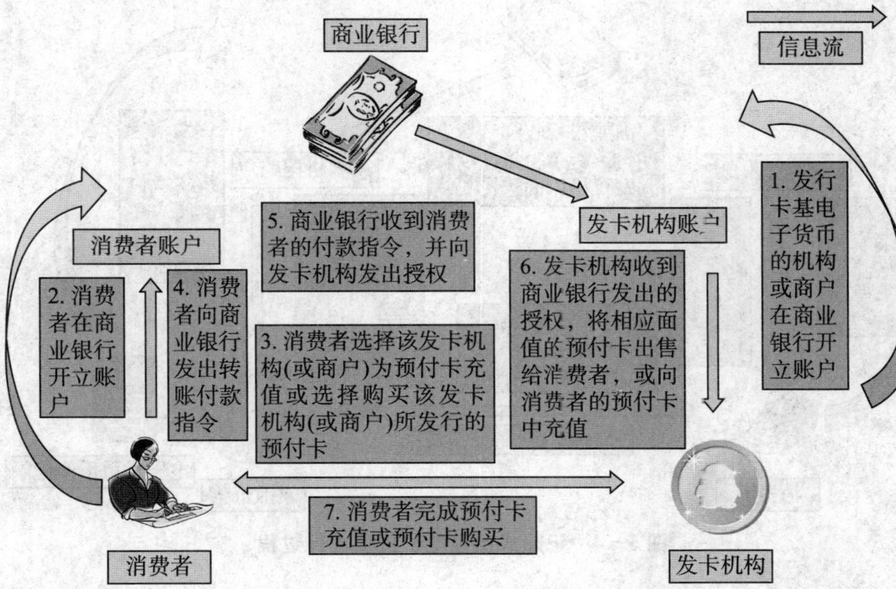

图 5－3　卡基电子货币发行过程

（1）发行卡基电子货币的机构或商户在商业银行开立账户；

（2）消费者在商业银行开立账户；

（3）消费者选择该发卡机构（或商户）为预付卡充值或选择购买该发卡机构（或商户）所发行的预付卡；

（4）消费者向商业银行发出转账付款指令；

（5）商业银行收到消费者的付款指令，并向发卡机构发出授权；

（6）发卡机构收到商业银行发出的授权，将相应面值的预付卡出售给消费者，或向消费者的预付卡中充值。

（7）消费者完成预付卡充值或预付卡购买。

提示：此时电子货币币值以数字记录形式存储在预付卡上。

（二）数基电子货币发行过程

数基电子货币的发行方式比较多样化，既有记账发行方式，也有加密数字流发行方式；大多以中心化方式发行，但也有以非中心化方式发行的产品。近期还有人仿照股票发行的方式来发行数字货币，这种方式被称作 ICO。

下面介绍几种主要的发行方式。

1. 记账式数基电子货币发行过程

以中心化方式发行记账式数基电子货币是目前最普遍的一种电子货币发行方式，其发行过程如图 5-4 所示，具体如下：

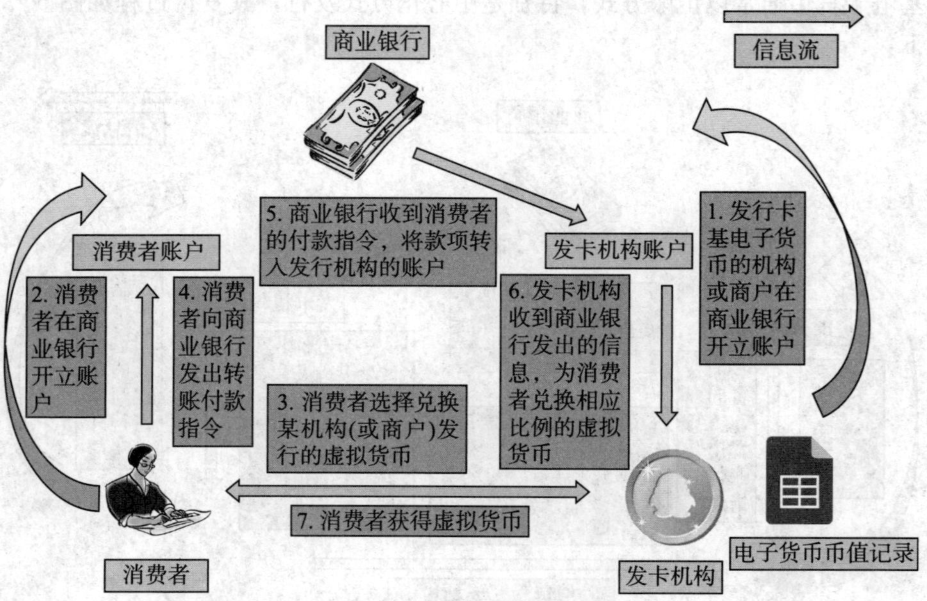

图 5-4　记账式数基电子货币发行过程

（1）发行卡基电子货币的机构或商户在商业银行开立账户；

（2）消费者在商业银行开立账户；

（3）消费者选择兑换某机构（或商户）发行的虚拟货币；

（4）消费者向商业银行发出转账付款指令；

（5）商业银行收到消费者的付款指令，将款项转入发行机构的账户；

（6）发卡机构收到商业银行发出的信息，为消费者兑换相应比例的虚拟货币；

（7）消费者获得虚拟货币。

提示：通常虚拟货币与法币的兑换比例为一比一，即等值兑换，且这些虚拟货币币值以表格的形式（数据库）存储在发行机构的服务器上。

2. 加密数字流电子货币发行过程

以中心化的方式发行加密数字流形式的数基电子货币也是一些机构采用的一种电子货币发行方式，比较典型的产品有 E-cash。加密数字流电子货币发行过程如图 5-5 所示，具体如下：

（1）发行卡基电子货币的机构或商户在商业银行开立账户；

（2）消费者在商业银行开立账户；

（3）消费者选择兑换某机构（或商户）发行的虚拟货币，在该机构指定地址下载一个数字钱包；

（4）消费者向商业银行发出转账付款指令；

（5）商业银行收到消费者的付款指令，将款项转入发行机构的账户；

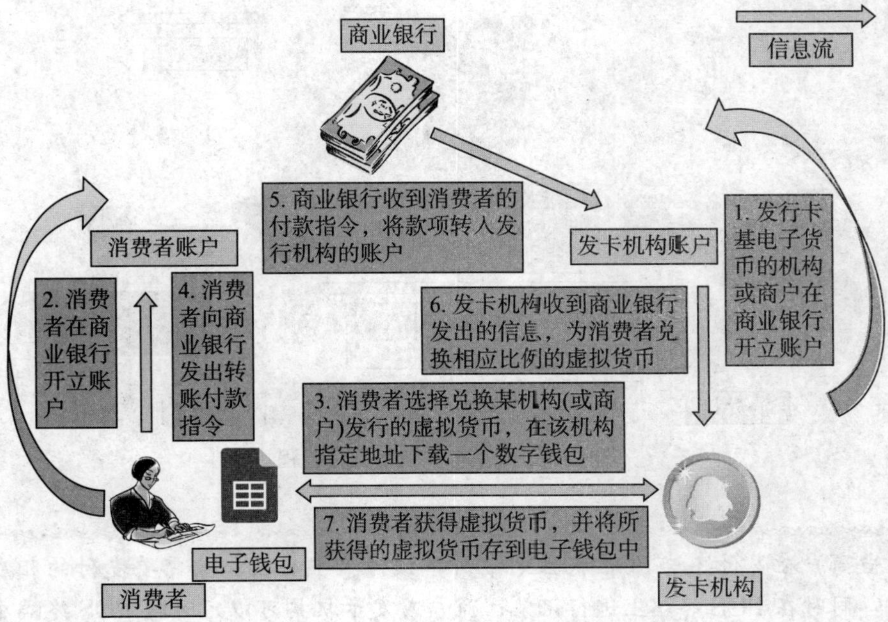

图 5-5　加密数字流电子货币发行过程

（6）发卡机构收到商业银行发出的信息，为消费者兑换相应比例的虚拟货币；

（7）消费者获得虚拟货币，并将所获得的虚拟货币存到电子钱包中。

提示：通常虚拟货币与法币的兑换比例为一比一，即等值兑换，且这些虚拟货币币值以加密数字串的形式存储在消费者的电子钱包中；消费者也可以选择将这些虚拟货币存储在发行机构的服务器上。

3. 非中心化数基电子货币发行

目前，非中心化数基电子货币发行主要有两种方式：以挖矿获得虚拟货币的方式（典型产品如比特币）和所谓的 ICO 方式。由于没有中央银行的信用背书，非中心化数基电子货币发行缺乏可信的货币信用支持，因此币值不稳，很难成为一种稳定的货币。后面将通过案例的方式对此进行讨论。

二、电子货币支付流程

1. 卡基电子货币支付流程

卡基电子货币即预付卡是目前常用的小额支付工具之一，被广泛应用于公共交通、学校、自动售货机、图书馆等场景。卡基电子货币支付流程如图 5-6 所示，具体如下：

（1）消费者在商户处购物，结账时以商户发行或可接受的预付卡付款；

（2）商户在支付终端 POS 机上划卡，完成支付。

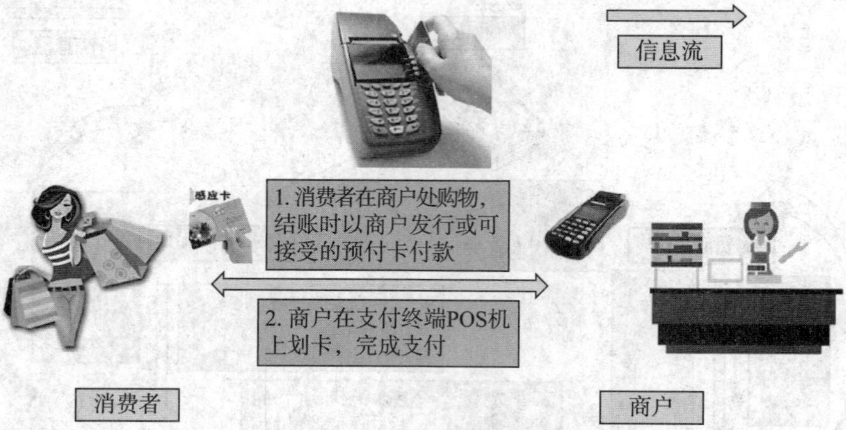

图 5-6 卡基电子货币支付流程

提示： 当商户在支付终端 POS 机上划卡时，预付卡中将被扣除需要支付的相应的货币额度，同时在 POS 终端上进行记录；商户或发卡机构可以定时就 POS 终端中记录的金额进行结算；预付卡终端通常为离线终端，因此交易支付成本比较低。

2. 记账式电子货币支付流程

在网络电子商务交易中，目前记账式电子货币的应用也已经很广泛，被用于网络游戏、网络阅读、网络音乐等网络微支付交易，其支付流程如图 5-7 所示，具体如下：

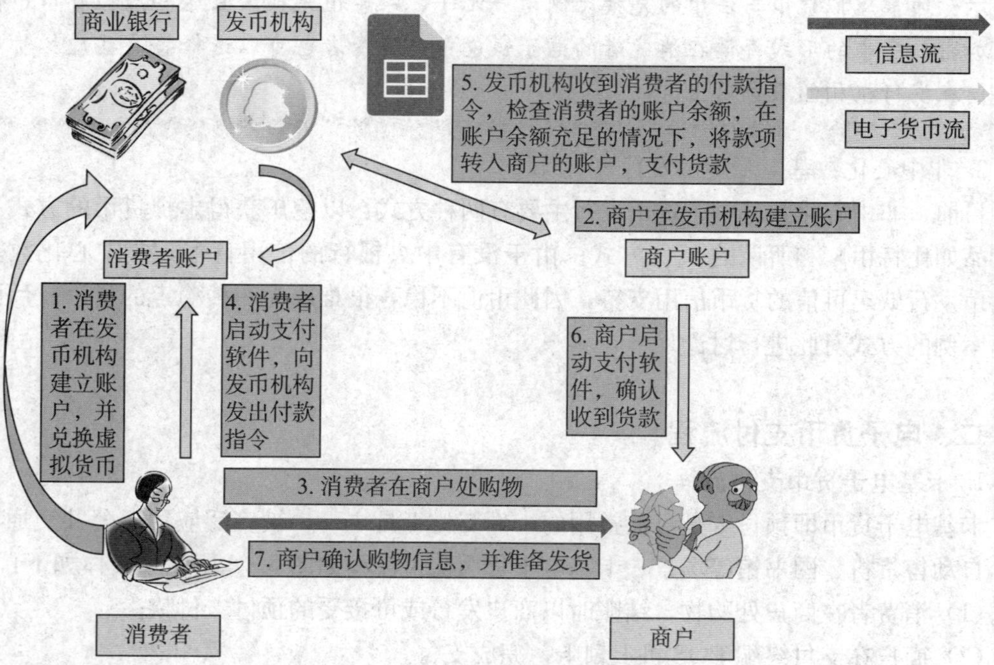

图 5-7 记账式电子货币支付流程

（1）消费者在发币机构建立账户，并兑换虚拟货币；

（2）商户在发币机构建立账户；

（3）消费者在商户处购物；

（4）消费者启动支付软件，向发币机构发出付款指令；

（5）发币机构收到消费者的付款指令，检查消费者的账户余额，在账户余额充足的情况下，将款项转入商户的账户，支付货款；

（6）商户启动支付软件，确认收到货款；

（7）商户确认购物信息，并准备发货。

3. 加密数字流电子货币支付流程

加密数字流电子货币具有匿名和仿现金的特点，因此一直是部分电子货币发币机构追求的目标。加密数字流电子货币支付流程如图 5－8 所示，具体如下：

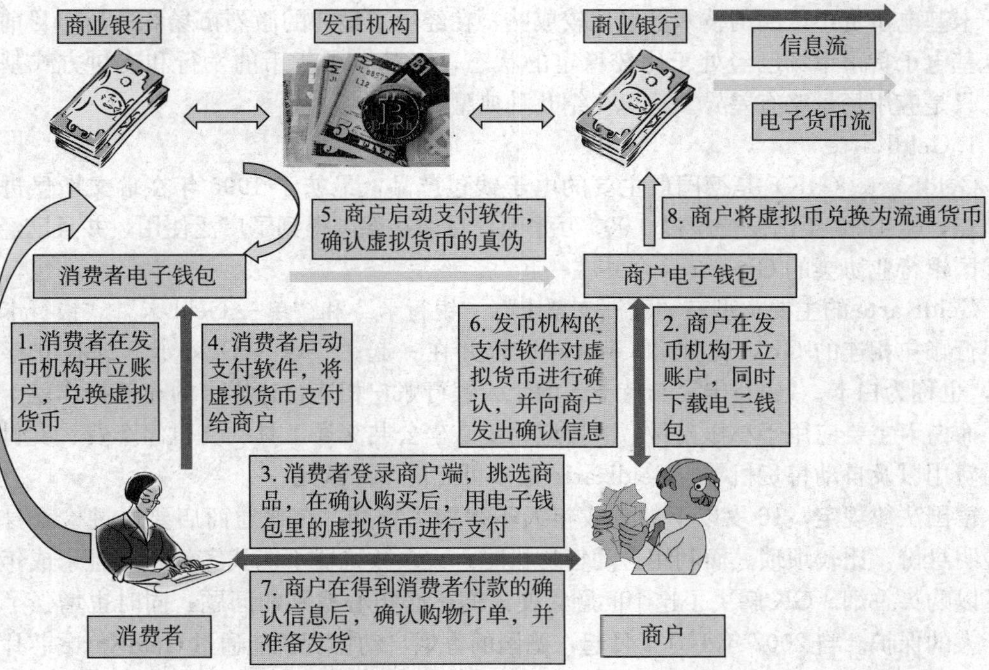

图 5－8　加密数字流电子货币支付流程

（1）消费者在发币机构开立账户，兑换虚拟货币。消费者登录发币机构客户端，下载电子钱包，将消费者账户上的虚拟货币转移到电子钱包中，这时消费者账户中的实体货币已经以虚拟货币的形式储存在消费者的电子钱包中。

（2）商户在发币机构开立账户，同时下载电子钱包。

（3）消费者登录商户端，挑选商品，在确认购买后，用电子钱包里的虚拟货币进行支付。

（4）消费者启动支付软件，将虚拟货币支付给商户。

（5）商户启动支付软件，确认虚拟货币的真伪。

（6）发币机构的支付软件对虚拟货币进行确认，并向商户发出确认信息。

（7）商户在得到消费者付款的确认信息后，确认购物订单，并准备发货。

(8) 商户将虚拟货币兑换为流通货币。

提示：在这一交易过程中，不仅传递了信息，而且存在货币的运动。消费者和商户可以在同一个商业银行开立账户，也可以在不同的商业银行开立账户。利用电子钱包付款的过程和用现金付款几乎相同，只不过这时候流通的货币变为虚拟的电子货币。

第三节　典型案例分析

一、卡基电子货币典型产品分析

卡基电子货币产品的技术已经比较成熟，在经历了最初的激烈市场竞争后，目前各国的卡基电子货币市场已经处于比较稳定的状态，卡基电子货币的发行和支付方式基本相似，只是应用场景略有差异。这里介绍几种典型产品。

1. GeldKarte

GeldKarte（GK）是德国最主要的电子钱包产品，最初于1995年在瑞文斯堡进行项目试点，至1998年已发行超过3 000万张卡，目前在德国得到了广泛使用，并且已经逐步和德国银行业协会的Girocards合并在一起。

GeldKarte的主要类型有“欧洲支票卡”、“银行卡”和“单一Geld卡”。“银行卡”即与银行账户相连的GK，比如和Girocards合并在一起；“单一Geld卡”即独立存在的GK，也称为白卡。“银行卡”与持卡人的个人银行账户相连，这样卡的充值操作就十分简单。而白卡主要应用于小额支付，主要应用于乘坐公共交通工具、支付停车费、支付公共电话费用以及自动售货机等。GeldKarte最多可充值200欧元。

德国法律规定，16岁以下的未成年人不得购买香烟，在普通商店要通过检查身份证来验明身份，比较烦琐。而利用自动售货机时，大多数机器不能找零钱，并且未成年人同样可以购买香烟。GK解决了这个问题，使人们不必担心找零的问题，同时也增强了对未成年人的保护。自2007年1月1日起，德国的香烟自动售货机能通过GeldKarte芯片完成年龄检查。

GeldKarte具有以下特点：快捷方便，无须找零；支付已被担保，无须输入密码或签名，无须在线授权；更安全，难以被伪造。

2. Modeus和Moneo

法国是智能卡应用的先驱，1999年，法国重点开展了两个电子钱包试验项目：Modeus和Moneo。法国银行卡组织的下属机构SFPMEI专门负责法国电子钱包的试验项目。法国是国际通用电子钱包规范（Common Electronic Purse Specification，CEPS）的积极支持者。

Modeus是一种双界面卡，它在一张卡上集成了电子钱包、公交电子车票和其他应用，由法国的四家金融组织和两家交通机构共同运行。Modeus的非接触界面的电子车票用于乘坐地铁、轻轨和公共汽车，而其接触界面的电子钱包可以在车站附近的商店或公共电话亭使用。Modeus 还可以用于高速公路、停车场以及市政设施的收费。Modeus 与巴黎地区的单一功能的非接触电子车票系统融合。

Moneo 是一张由法国货币服务公司（BMS）推出的纯银行应用的电子钱包卡，它的特点是将 GeldKarte 电子钱包与已经在法国得到广泛应用的 CB 银行卡结合在一起。Moneo 主要用于 30 欧元以下的小额支付，其充值的最高额度为 200 欧元。这种卡尤其适用于停车场计时器、面包店、学校食堂、香烟店等小额消费场所。最初在里昂、波尔多等部分城市和地区开始使用，2003 年年底，Moneo 已在全法国流通。Moneo 电子钱包的商业化程度很高，在该公司股民们的推动下，公司说服法国所有的大银行、金融集团以及大公司，包括邮政总局、法国国营铁路公司、巴黎公交公司、法国电信公司等接受并使用这种小面值信用卡。Moneo 兼并、打败了其他竞争对手，成为法国最常用的电子钱包。2006 年，Moneo 开始发行非接触式电子钱包，随着网络支付的发展和移动支付等新兴支付工具的发展，Moneo 的使用已日益普及。

3. Mondex

Mondex 是英国西敏寺国民银行（National Westminster Bank，NWB）开发的电子钱包，是世界上最早的电子钱包系统，于 1995 年 7 月首先在有“英国的硅谷”之称的斯温顿（Swindon）市试用，发行 IC 卡万余张，可实现货币的存取，提供匿名和无痕迹服务。起初，Mondex 的名声并不那么响亮，不过很快就在斯温顿打开了局面，并被广泛应用于超市、酒吧、珠宝店、宠物商店、餐饮店、食品店、停车场、电话间和公共交通。

Mondex 计划始于 1991 年，它的创始人为英国西敏寺国民银行的 Tim Jones 和 Graham Higgins，后者是已有 28 年从业经验的资深银行职员。Mondex 引起重视并赢得资金赞助，主要得益于两位创始人是银行业内人士，抓住了 Mondex 对提高银行业务管理效率的作用。1993 年 12 月，Mondex 电子钱包正式公之于众。Mondex 卡致力于方便用户的小额交易支付，款项可以通过 ATM 或电话输入卡内。从 1995 年 7 月开始，它在英国的斯温顿试行，至 1996 年 5 月，已流通 10 万张，在地方银行客户中的渗透率达到 24%；一次性从银行输入电子钱包的额度大多为 25～30 英镑，与 ATM 取款的平均额度大致相等。多数购买额在 5 英镑以下，集中在超市、百货商店和加油站。电子钱包在零售商店的使用与现金类似，却更为简捷，节省了点钞、银行卡授权的时间。

随着电子钱包在世界范围内的发展，万事达卡国际组织意识到了电子钱包对信用卡在支付技术及支付系统上的潜在威胁。因此，万事达卡国际组织决定与 Mondex 国际集团（MXI）携手。万事达卡国际组织广泛的国际网络恰巧与 MXI 的全球战略一拍即合，于是双方开始磋商共同在世界各地推行 Mondex。1996 年 11 月，万事达卡国际组织宣布征购 51% 的 MXI 股份，并采用 MXI 技术作为今后万事达发展智能卡的技术平台。1997 年年初，Mondex 的国际业务已全部归属万事达卡国际组织。万事达卡国际组织总裁兼首席执行官 Robert Selander 亲自为 Mondex 电子钱包做了第一笔跨国交易：他在纽约的一家麦当劳，用香港上海汇丰银行颁发并已储存了港元的 Mondex 卡支付早餐费。之后，他又在纽约大通曼哈顿银行的 ATM 存入美元。

Mondex 卡将电子货币存储在卡上的芯片内，使用时通过特殊设计的 Mondex 设备将货币币值从一张卡转存到另一张卡。Mondex 卡内的电子货币也可以通过电话线或互联网进行转移，币值转移可以在任何两个拥有 Mondex 卡的人之间进行。Mondex 系统支持 5 种不同的货币。图 5－9 显示了 Mondex 系统的运作过程。

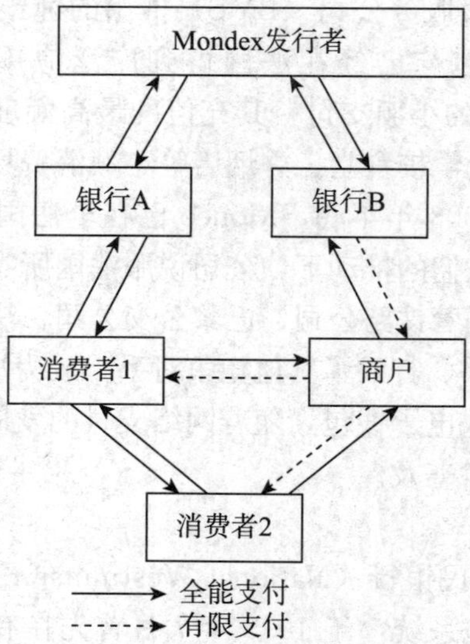

图 5－9　Mondex 系统的运作过程

Mondex 电子现金的循环始于 Mondex 发行者。参与 Mondex 计划的银行 A 用现金向 Mondex 卡发行者购买等值的 Mondex 虚拟货币。持有 Mondex 卡的消费者用现金向 A 银行购买 Mondex 虚拟货币，然后充值到他们的 Mondex 卡中，然后消费者就可以用 Mondex 卡进行消费或与其他有 Mondex 卡的消费者进行转账了。图中的实线表示既可以支付款项，也可以接收货币（或商品）。虚线表示只能接收钱款而不能支付。具体来说，商户指向消费者的虚线表示商户可以通过 Mondex 卡接收消费者为购买商品或服务而转账支付的虚拟货币，而商户却不能转账给消费者。消费者指向商户的实线表示消费者向商户支付虚拟货币从而得到商品。银行 B 指向商户的虚线表示银行可以接收商户给它的虚拟货币，用于兑换现金，却不能给商户虚拟货币，因为商户的 Mondex 卡与消费者的卡是两个品种，商户的卡只能用于收取货款，而不能用于消费。商户指向银行 B 的实线表示商户既可以给银行虚拟货币，也可以接收银行兑换给它的现金。

Mondex 虚拟货币在银行、消费者和商户之间的流动都依靠转账来完成。消费者在购物后用卡片支付时，需要将卡片插入商户的 Mondex 卡终端机，而在终端机中已经预置了商户的 Mondex 卡，因此支付过程就是用两张 Mondex 卡转账的过程。消费者通过 ATM 向 Mondex 卡转账也是如此，即 ATM 中也有一张 Mondex 卡。

Mondex 卡不仅能储存一定限额的虚拟货币，还可以储存最近的交易记录。消费者的卡片可以储存最高 2 000 英镑的货币和最近的 10 笔交易记录。而商户的卡可以储存最近 300 笔交易记录。

图 5－10 显示了一张 Mondex 卡。持卡人可向提供 Mondex 业务的银行申领这种卡。

图 5－11 显示了 Mondex 电子钱包。如钱夹大小的 Mondex 电子钱包包括 1 个或 2 个读卡器、1 个键盘和 1 块屏幕。两张 Mondex 卡之间可以通过电子钱包进行转账。Mondex 余额读取器（见图 5－12）小巧易带，便于持有者随时随地了解自己电子钱包的余额，在

余额不足时及时充值。当 Mondex 卡中余额不足时可以有三种充值方式，第一种是去银行直接用现金充值，第二种是用 Mondex 电话充值，第三种是用 ATM 转账。

持卡者在家里可以方便地通过 Mondex 电话（见图 5－13）为 Mondex 卡充值，具体步骤是：把 Mondex 卡插到规定的电话接口里，然后拨通本人的开户银行，输入卡密码和要存入卡中的现金数额。

可以向 Mondex 转账的 ATM（如图 5－14 所示）内置有银行的 Mondex 卡，用户向 Mondex 卡充值的过程即为与银行的 Mondex 卡发生转账的过程。

图 5－15 为商户用的 Mondex 电子收款机，消费者刷卡几秒后就会有消费收据打印出来。如果持卡人设定了密码，那么要在刷卡后输入密码才能完成转账交易。

图 5－10　Mondex 卡

图 5－11　Mondex 电子钱包

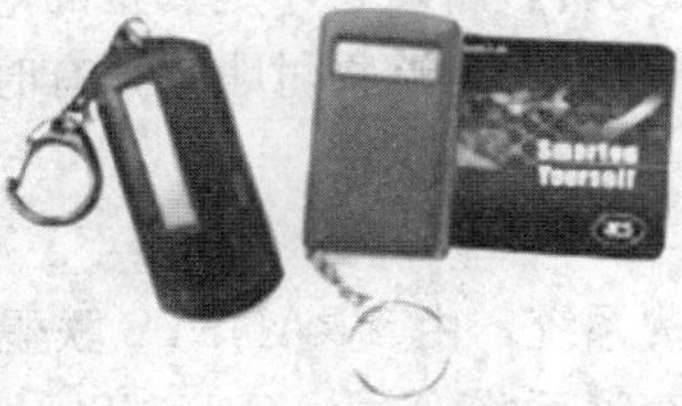

图 5－12　Mondex 余额读取器

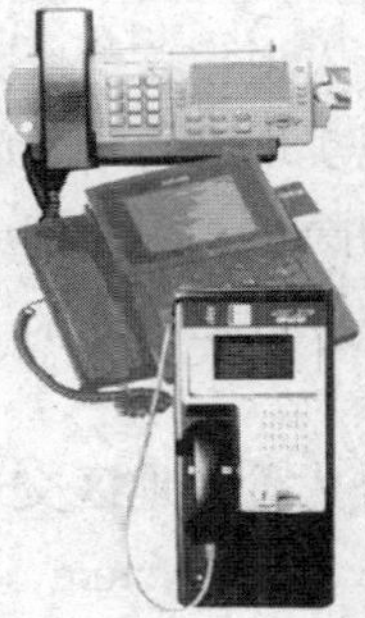

图 5－13　Mondex 电话

图 5－14　可以向 Mondex 转账的 ATM

图 5－15　商户用的 Mondex 电子收款机

Mondex 卡之所以在英国大受欢迎，主要是因为它具有以下特点。

（1）安全性。Mondex 系统采用了强大的安全措施，难以伪造，其强大的加密技术可以保护货币的传送过程。Mondex 系统的货币转移只能在 Mondex 卡间进行，这使它成为一套封闭的系统。

在卡片丢失时，Mondex 系统允许客户锁住卡上的货币余额。Mondex 系统提供密码保护功能，以防止不法分子的恶意侵入。即使卡丢失，拾到者由于不知道密码也无法使用，所以很少有人会偷窃 Mondex 卡，而 Mondex 卡的发卡行也设置了一系列奖励机制来鼓励人们在拾到 Mondex 卡后及时交还给银行。同时，用户可以重新申请一张 Mondex 卡，把原有金额转入新卡内。另外，Mondex 系统的安全性还体现在它完善的防欺诈系统上。Mondex 的安全防欺诈理念包含下列三个元素：防侵入、审计监控和数据恢复。

（2）简便性。与现金相比，Mondex 卡省去了点钞、找零的麻烦；与信用卡相比，不用等待授权，简化了手续；账户查询、充值、修改密码等操作可通过电话进行，可以不用去银行或 ATM。

（3）高效性。用 Mondex 卡进行交易的成本比信用卡或借记卡都要低，有时甚至比商户整理现金的开销还要小。

（4）交易不被追踪。Mondex 卡的交易是不被追踪的，这也是 Mondex 电子现金最有争议的地方。有人说，由于银行无法追踪审计每笔交易，这给违法犯罪者进行非法的资金划拨创造了条件；而且由于没有银行的审计追踪，这对技术范畴的安全性也提出了高得多的要求。但也有人说，这恰恰是 Mondex 最灵活、最优越的地方，正是由于 Mondex 电子现金可以方便地实现卡与卡之间资金无追踪的划转，所以它才是真正的电子现金，而且可以保证持卡人的隐私，因为持卡人使用电子钱包在网上购物付账时，有时并不想让自己的行为被某处的计算机记录下来。

4. Oyster 卡

Oyster 卡是大伦敦地区交通用的电子收费系统，由 TRANSYS 联盟和电子数据系统公司（Electronic Data System，EDS）及立方交通系统公司（Cubic Transportation System，CTS）共同实施并于 2003 年开始发行，是采用 RFID 技术的预付非接触智能卡。Oyster 是英语“牡蛎”的意思，故 Oyster 卡又称牡蛎卡。

2003 年 7 月 7 日，伦敦/慕尼黑—伦敦电子票务系统的启动终结了每天早晨伦敦地铁站前排队买票的现象。第一批乘客开始使用 Oyster 智能卡，他们买票时不再需要现金。图 5－16 显示了 Oyster 卡与读卡器。

图 5－16　Oyster 卡与读卡器

Oyster 智能卡拥有一个存储微处理器芯片和天线，使用时，只需要将卡片靠近读卡器即可。读卡器和卡之间的通信只需要 1/5 秒甚至更少的时间。非接触智能卡提供更高的安全性，可以防止欺骗和伪造，如果丢失或被盗，乘客可以随时挂失。卡片的大小和信用卡相同，可以绑定伦敦交通的旅行卡（Travelcard）、公交卡（Bus Pass）及预付费（Pre-pay）。由于 Oyster 卡可以充值循环再用，这比传统的纸质车票要环保。同时使用 Oyster 卡要比每次用现金购票更加简便。

申请 Oyster 卡时需付 3 英镑押金，得到一张 Oyster 卡后就可以反复充值使用。上车时，把 Oyster 卡放在黄色读卡器上刷一下，下车时再刷一下。Oyster 卡运作坚持"走多远支付多少"（"pay as you go"）的原则。当卡上的余额很少时，可以在伦敦的任何车站或 Oyster 卡的代理处充值。

Oyster 卡具有高效率、更灵活、更简便以及便宜的特点。为方便中国游客出行，Oyster 卡还开设了中文网站。

选择伦敦一卡通＋Oyster 卡套餐出行，乘搭伦敦交通设施将更便利。Oyster 卡覆盖伦敦的所有公共交通网络，可在任何日期任何时间搭乘地铁、巴士、电车、码头区轻轨、地上铁和国家铁路服务列车。

5. Dexit

Dexit 是在加拿大使用的一种新颖的无线射频识别（Radio Frequency Identification，RFID）智能卡方案，为消费者提供了一种方便快捷的小额支付手段。消费者不用等待找零，只要把他们的 Dexit 标签朝购物点终端上一扫就可以完成日常支付，比如咖啡、快餐以及停车费。Dexit 通过特殊的读取器完成一次安全的电子交易。目前有钥匙智能卡和手机智能卡两种类型，如图 5－17 所示。

（a）钥匙智能卡

（b）手机智能卡

图 5－17　Dexit 钥匙智能卡和手机智能卡

Dexit 的研发始于 2001 年，并于 2003 年 9 月起开始在多伦多市区推广，2004 年开始面向多伦多的校园推广，2004 年 4 月开始同加拿大贝尔公司（Bell Canada）、加拿大道明信托银行（TD Canada Trust）、加拿大国家银行（National Bank of Canada）以及盈科传动（Telus Mobility）合作，随后在加拿大开始普及应用。

消费者可通过在线注册或填写表格注册提供基本个人信息；消费者也可在售货亭或商店获取一套完备的工具包。消费者通过致电消费者服务代表或上网将工具包中的智能卡号码和特殊密码在 Dexit 主系统上进行识别，即可完成注册程序。

消费者必须有一个预付款的 Dexit 账户。消费者可通过电子付账、现金或贷款等方式将资金转移到 Dexit 的预付款账户，Dexit 主系统还具有自动续款功能，可用来管理消费者的账户。消费者在 POS 终端完成一笔交易时，其 Dexit 账户余额就会自动减少。

消费者服务支持中心通过网络、WAP、IVR 和电话中心将消费者的账户余额、交易记录和个人信息传送给消费者。

提示服务为消费者提供每日账户余额、续款提示和续款认证，以帮助消费者有效地管理他们的 Dexit 账户，目前通过电子邮件和语音信息的方式进行。

Dexit 的交易过程如图 5－18 所示，消费者只要把他们的 Dexit 卡朝购物点终端上一扫就可以完成日常支付。在每一个参与 Dexit 服务的零售商店都安装有 Dexit 读卡器、POS 终端机和通信工具。自动零售商结账程序被用来管理零售商通过 Dexit 系统完成的交易金额。零售商可在其指定的银行账户里收到 Dexit 消费的付款。

图 5－18　Dexit 的交易过程

Dexit 具有以下特点：

（1）安全。首先，Dexit 使用个人化的安全的射频识别技术，比磁条卡等更安全，减少了卡片被盗用的风险。其次，由于卡片不与银行账户相连，故无法通过卡片得到账户及个人信息；由于从账户上转移下来的存款不是存在卡片上，而是存在一个 Dexit 账户上，所以即使持卡人遗失了卡片，也只要及时挂失就不会有任何损失，并且挂失后 7～10 天会收到一张新卡，与原来的 Dexit 账户相连。另外，Dexit 每日限额 100 加拿大元，即使出现问题，损失也极小。

（2）高效。Dexit 为消费者提供电子付账、现金或贷款等续款方式；每日账户余额、续款提示和续款认证；通过网络、WAP、电话等传送消费信息。对于商户来说，Dexit 通过网络和柜台服务将交易和结算记录提供给零售商。这些措施都大大提高了 Dexit 的使用效率。同时，使用 Dexit 没有交易手续费用，只是每次充值时收取 1.5 加拿大元。

（3）简单。小巧、坚固的外形使 Dexit 卡更加便于携带。同时，消费者只有在查询 Dexit 账户信息时需用到密码，而交易时不用输入密码，也不用签名和授权等，消费时完全实现了“tap-and-go”。消费者只要提供信用卡的信息就可以在互联网上设定自动充值，Dexit 公司就可以在账户余额小于 20 加拿大元的时候自动从信用卡上扣除预先设定的金额，自动充入相应的 Dexit 账户中，金额可以是 20、40、60、80 或 100 加拿大元。自动零售商结账程序也使更多商户乐意接受这种方便的支付方式。

6. ERG 与八达通卡

ERG（Energy Research Group）公司是开发和供应综合收费管理软件系统，并提供智能卡系统与服务的世界领先集团，总部位于澳大利亚的珀斯，已在澳大利亚股票交易所上市。

ERG 公司有两个主要商业领域：具有世界领先地位的 ERG 运输自动售检票系统和 ERG 智能卡系统以及解决方案。该智能卡系统包括会员项目、忠诚度计划、安全通道、生物测定数据和社会保障信息，以及电子钱包功能，可以在零售业、公共交通票务、电话公路收费、自动售货机和停车场使用。ERG 公司对所有类型的智能卡项目提供智能卡的系统设计，并结合专业知识进行项目管理服务。

ERG公司于1995年与Banksys结盟，建立了quicklink。1998年7月29日，ERG公司与美国运通公司（American Express）、Banksys以及威士国际组织共同成立了质子世界国际公司，2000年ERG、Telstra和ANZ共同组成了一家合资公司ECARD，并为澳大利亚的智能卡提供了一个共同的标准作为基础，同年设计了香港八达通智能卡系统。2001年10月，ERG公司收购了质子世界国际公司。2002年，ERG公司宣布成功推出新加坡智能卡系统。2003年，ERG公司宣布出售质子世界国际公司，完成重建工作，并签署了华盛顿合同。同年，ERG公司总裁宣布转型。

ERG公司设计并提供了能处理各种非接触智能卡的机器，这些产品在公共汽车、电车、渡轮和车站月台等地方被广泛使用。ERG公司的硬件产品包括司机控制台、智能卡处理器、读卡机（见图5-19）、Gate Adaption Kit平台上的智能卡处理器、智能卡办公终端和增值机等。

图5-19 读卡机

ERG公司的成功产品之一是RFID智能卡。RFID是Radio Frequency Identification的缩写，即射频识别。RFID系统由三部分组成：标签（tag）、读写器（reader）和天线（antenna）。RFID智能卡的应用领域包括高速公路自动收费及交通管理系统、门禁保安系统、RFID智能卡收费系统、生产线自动化、仓储管理、汽车防盗、防伪、电子物品监视系统、畜牧管理、火车和货运集装箱的识别、运动计时等。2006年，ERG北京公司承接自动售检票清算管理中心系统项目（简称北京ACC项目）。北京ACC项目于2008年8月奥运会举办前投入运营，它作为全国首个地铁网络化运营的指挥中心和清算管理中心，通过运用世界先进的现代信息集成系统和管理模式，承担北京市轨道交通指挥控制和票务清算两大职能。

八达通卡是ERG公司的成功产品之一。我国香港的八达通卡是全世界最发达的公交一卡通之一，1997年9月1日正式投入运营，同年年底便已发行了300万张。八达通卡最初只能用于联俊达有限公司的营运路线，但到1999年，八达通卡就扩展到非公共交通的零售服务，同年推出了自动充值服务及手表。2000年，香港金融管理局发放许可证，并取消八达通卡非交通类业务占比不得高于15%的限制。2000年，部分便利店、快餐店、饼店、自动售货机、学校及停车场开始接受用八达通卡付费；2001年八达通卡有限公司由亏损转为盈利。

2002年，电车、缆车、影印中心、公众游泳池、运动场地及马场入场也进入八达通卡支付范围；2003年，八达通卡的支付范围扩展至部分家居用品店、粥品店和收费停车场；2003年6月29日，八达通卡的另外一个新功能启用——我国香港特别行政区政府决定使用八达通系统取代全香港18 000个泊车付款器；2005年，八达通卡的支付范围扩展至部分服装消费；2005年11月，八达通卡有限公司推出一项名为“八达通日日赏”的优惠计划，规定八达通卡使用者只要在指定商店内（包括惠康超级市场、UA院线、屈臣氏店及麦当劳等）购物，就可用八达通卡或现金付款，然后使用已申请“八达通日日赏”计划的八达通卡储值积分；2006 年 8 月，深圳部分商户开始接受用香港八达通卡付款，八达通卡的运营开始区域化。目前八达通卡的流通量仍在稳定增加，支付范围越来越广，支付额度逐年增加。2014 年 2 月推出的“八达通卡网上付款服务”是首个使用非接触式智能卡完成网上付款的全新项目，让香港市民可随时随地在网上轻松购物，体验新颖便捷、安全可靠的网上付款新方式。2016 年 6 月，八达通卡开始为淘宝网用户提供网上退款服务。

八达通卡的充值方法也由最初的充值机增加至商店付款处和用信用卡、银行账户自动转账。

八达通卡的字面意思是“凭卡可以四通八达”。中文的“八”可以代表“很多”，也因其与“发”谐音而被视为幸运数字。八达通卡的“八达”取自成语“四通八达”，代表一卡在手，到处通行。这个名称是在 1996 年的征名比赛中，由地铁公司前主席苏泽光选出来的冠军作品。

而八达通卡的英文名称 octopus（“八爪鱼”）则与中文名称的“八”字呼应。八爪鱼的触腕可以同时抓取很多东西，代表八达通卡可以同时应用于不同种类的交易。八达通卡的标志（见图 5－20）是一条斜的莫比乌斯带，既像阿拉伯数字的 8，又像无穷的符号∞。前者与八达通卡的名称呼应，后者代表了八达通卡的“无限”功能。

图 5－20 八达通卡的标志

八达通卡是一种非接触式智能卡，在使用上非常方便。无论进行交易还是充值，操作都十分简单。使用八达通卡付款时，使用者只需将八达通卡靠近读卡器，款项就会自动扣除，交易时间平均为 0.3 秒。交易完成后，读卡器会发出“哔”的声音，显示屏会显示被扣除的金额及卡内的余额。交易未完成时，读卡器的红灯会亮起，常见原因是卡并未对准读卡器或卡内余额不足。读卡器能自动判断适当的优惠方案，如积分计划、转乘优惠及“地铁特惠站”等。

八达通卡几乎适用于香港所有的公共交通工具以及部分大型连锁店。香港许多新款自动售货机亦接受用八达通卡付款。八达通卡的应用范围包括：停车场、快餐店、饼店、便利店、超级市场、个人护理店、自动售货机、公众收费电话、影印机、戏院以至学校及预订康乐设施等。只要看见八达通卡标志，即可享有“一触即可”的消费便利。目前八达通卡已通行澳门及深圳。如图 5－21、图 5－22 所示，在公共交通中可以使用八达通卡。

图 5－21 在地面公共交通中使用八达通卡

图 5－22 在地铁中使用八达通卡

几乎所有设有八达通卡读卡器（见图5-23）的商店都可为八达通卡充值，包括7-11便利店、OK便利店、百佳超级市场、惠康超级市场、麦当劳、美心快餐、大家乐、大快活等。地下铁路、九广东铁、九广西铁全部车站的充值机和票务处，九广轻铁车站站内的充值机和客户服务中心，以及九巴、新巴和新渡轮（离岛航线）的客户服务中心等也提供充值服务。每张八达通卡最多可储值1 000港元。

若交易金额超过卡内余额，那么只要差额不大于35港元，就仍然可以在不充值的情况下完成该次交易。这容许持卡人在储值金额不足的情况下搭乘香港大部分交通工具或购买商品。

图5-23 八达通卡读卡器

八达通卡报失服务为个人八达通卡持卡人及自动增值服务客户的专享服务。如遗失个人八达通卡或附有自动增值功能的八达通卡，应立即致电八达通卡报失热线，通过24小时语音系统报失，以防止丢失的卡遭他人盗用，尽量减少损失。丢失的卡一经报失，将不能重新使用。

7. 日本的电子货币产品

（1）Suica卡。Suica卡是一种可再充值、非接触式的智能卡（IC卡）乘车票证，适用于东日本旅客铁道（JR东日本）、东京单轨电车及东京临海高速铁道三种路线，到2006年5月31日为止已发行约1 655万张。

JR东日本从2001年11月18日开始在东京地区使用非接触式的智能卡售检票系统Suica，此后东京单轨电车、东京临海高速铁道以及JR东日本仙台地区也相继使用了Suica系统。Suica系统的智能卡发售量超过了1 000万张。

Suica卡采用索尼（Sony）公司的FeliCa技术，取代了原本在自动售票机上发行的储值磁卡（2005年3月31日停止发售），Suica卡与这种储值磁卡一样，可以在大部分自动售票机上购买，也可利用自动补票机（自动精算机）补票、充值；也有定期车票的功能，能够在车站商店街的部分商店使用，目前适用范围包括关东及仙台地区。

Suica卡是非接触式的智能卡，不需要从皮夹中取出，只要挥动或碰触就可以感应使用。感应的范围在没有障碍物的情况下为半径10厘米。但是，为了加快Suica卡通过检票口的速度，推荐使用“触碰即走”（“touch and go”）的方式，也就是将装有Suica卡的车票夹或皮夹直接触碰检票口的感应部分。

Suica卡的标志以JR东日本的代表色绿色为主，将铁道路线表示为西瓜。Suica字样的部分中“ic”两个字母使用反白的颜色，意思为“使用IC卡的智慧型票证”。吉祥物是一只企鹅，由插画家坂崎千春设计。

2002年4月21日及12月1日，分别用于东京单轨电车及东京临海高速铁道的单轨Suica卡（Monorail Suica）及临海Suica卡（Rinkai Suica）推出。2003年11月，JR西日本在关西地区推出了类似的智能卡系统ICOCA，和Suica卡于部分地区互通。自2007年3月18日起，Suica卡可通行于东京都会区的私营铁路、地下铁及公共汽车。2007年3月28日，针对外国旅客的Suica+N'EX的套票发行。目前，Suica卡可以在很多地区使用。

Suica卡内存有的金额不仅可以用于乘车，还可用于购物，也可用于车内购物、自动售货机、投币式自动寄存柜、便利店、餐馆等各种场合。

日本两大移动通信运营商KDDI和NTT DoCoMo联合东日本铁路公司在2006年1月推出Mobile Suica服务，使用内置在手机中的Felicia芯片，作为Suica服务的扩展，允许手机用户处理所有与车票相关的交易，例如预定、购买以及收费。而且，具有Mobile Suica服务功能的手机可用来在JR东日本火车站和其他支持该服务的商店里购物。手机可以显示卡内余额和乘车券到期日。从2006年10月1日起，用户可使用JR东日本ViewCard以外的信用卡充值。同年10月21日起，EASY Mobile Suica服务启动，用户可以不使用信用卡而直接通过银行账户或现金充值。此外，从10月21日起，可以使用Suica的电子货币作为网上结算方式。从2006年12月2日起，软银移动（从2006年10月1日起日本沃达丰更名为软银移动）的手机也可使用Mobile Suica服务。沃达丰开始提供该服务后，日本的3家手机运营商就都能够提供手机结算服务了。

购买Suica卡时必须支付500日元的保证金，保证金无法折抵车资。Suica IO卡售价2 000日元，能实际使用的金额为1 500日元，保证金在退还Suica卡时将予以全额退还。若有Suica卡遗失或车资计算不符的情形，保证金将不予退还。此外，退款时若Suica卡内仍有余额，用户将会被收取210日元的手续费。如果余额不足210日元，那么仅退还保证金。

Suica卡可以在有“Suica”标志的自动售票机、卡片发售机以及自动补票机等设备上用现金充值。每次可储值的金额有1 000日元、2 000日元、3 000日元、4 000日元、5 000日元以及10 000日元6种，卡片可储值的上限是20 000日元。

（2）PASMO卡。PASMO卡是由54家东京、首都圈、近郊的地下铁、私营铁路及巴士等共同投资、开发和加盟的非接触型IC卡，是与Suica卡采用同一原理的可循环储值卡。PASMO卡以前叫PASSNET卡，表示将与公交巴士合为一体，有pass“more”的意思，其含义为“电车能用，公交也能用；那里能用，这里也能用”。

PASMO卡于2007年3月18日正式登场，可以与现行的Suica卡互通，即只要手持PASMO卡或Suica卡，就可以一卡通行东京、东日本及关东的大部分地区，非常便利。PASMO卡在有PASMO标志的商店及自动售货机上均可使用。2007年4月12日，PASMO卡由于出乎意料的畅销而暂停销售。紧急追加订购的300万张磁卡到货后，于8月或9月上旬开始重新贩卖。当初估计发行初始的年度需求量为500万张，可是3月18日开始销售之后，到4月9日销量就超过了300万张。

PASMO卡分为记名卡和无记名卡，记名PASMO卡是仅供记名人本人使用的PASMO卡，无记名PASMO卡可供任何人使用。记名PASMO卡丢失后可重新发行，但要收取手续费。PASMO卡具有自动补额度功能，同时可累积信用卡积分。PASMO卡在有PASMO标志的商店（700家左右）及自动售货机上均可使用。可使用Suica卡的店也可以使用PASMO卡。

即使坐过站，检票机也能顺利完成自动补票。若已充值，那么超出月票付费区间的车费只需接触检票机的读卡器即可自动完成支付，而无须在补票机上核算。出于环保考虑，同一张PASMO卡可以反复使用，或者充值，或者连续购买月票，连续购买月票时，可修改票面金额。

(3) ICOCA卡。2003年11月，西日本旅客铁道股份公司（以下简称“JR西日本”）在关西地区推出了类似Suica卡的智能卡系统ICOCA（IC operating card），该卡和Suica卡在部分地区互通。ICOCA系统的智能卡发售量超过了160万张。

ICOCA卡是Suica卡的关西版，兼有定期车票和电子货币的功能。它的售价是2 000日元，内含500日元的押金。ICOCA卡可以用来乘坐地铁、购买乘车券、在商场和超市购物等。但是外国人只能买ICOCA卡，不能买SMART ICOCA卡，除非是留学生，有银行户头。

2003年11月1日，ICOCA卡在近畿圈的城市网络开始使用，2006年1月21日，近畿圈的私营铁路、地铁及一部分公共汽车（PiTaPa区域）也可以使用（PiTaPa卡就是关东的PASSNET卡），这比关东的Suica卡早了一年，但从2007年3月18日开始，Suica卡一统江湖，私营铁路、地铁都可以使用了。

乘客进出车站时，只需将预先充值的ICOCA卡对着自动检票机的智能卡读取头，就能完成检票。在东京地区和仙台地区，乘车时如果卡内余额不够车费，就不能乘车。但在近畿圈，只要卡内的余额不为零，就可以乘车。

在车站设置的自动售票机、自动结算机和充值机等设备上可以对智能卡进行充值，可进行越站结算。如果遇到下车时卡内余额不足的情况，可以用现金在车站的自动结算机上结算车费。在持其他车票乘车坐过站的情况下，可以使用JR西日本自动结算机上的ICOCA系统结算车费。

在车站的自动售票机等机器上，可以显示和打印乘车记录。但是，用东京地区和仙台地区的自动售票机等设备打印在近畿圈的乘车记录时，不能打印详细站名，只能打印公司名称。在东京地区和仙台地区的乘车记录用近畿圈的自动售票机等设备打印时也只能打印公司名称。

对比ICOCA卡与Suica卡，它们的购买、充值等使用方法基本相同。但是ICOCA卡没有Suica卡那样方便，虽然在便利店也可以使用，不过能使用的店相对少很多，没有Suica卡能使用的店那样密集。Suica卡在东京所有店都能使用，不过这也证明ICOCA卡还有很大的提升空间。

2007年3月，Suica卡和PASMO卡实现互通。关东私营铁路、公交公司2006年12月21日宣布，从2007年3月18日开始使用互通IC卡乘车券PASMO卡。从同一天开始，JR东日本、东京monorail等发行的IC卡乘车券Suica卡也实现了互通，用户可使用Suica或PASMO的任意一张IC卡乘坐首都圈106家公司的地铁、私营铁路、公交车等。PASMO卡发行后，IC卡的发行总数达到3 000万张。

目前日本还没有全国通用的交通卡，能够在东京近郊使用的是Suica卡或PASMO卡等，能够在大阪近郊使用的是ICOCA卡、KANSAI THRU PASS卡、PiTaPa卡等。

Suica卡除了在PiTaPa区域不能使用外，在其他区域均可使用。PASMO卡只能用于东日本地区私营铁路等，在关西等同废卡。ICOCA卡除了在PASMO卡私营铁路部分不能使用外，在其他地方均可使用，但无法到可使用Suica卡的店买东西。PiTaPa关西版的PASMO卡在关东形同废卡。

目前JR东日本的Suica卡和JR西日本的ICOCA卡已实现互通，再加上JR东海的TOICA卡，电子车票在三大城市圈实现了互通。

（4）Edy卡。Edy卡是Bitwallet公司开发的基于FeliCa技术的非接触式电子钱包，是日本当前使用最为广泛的电子钱包之一。从字面上看，Edy是euro、dollar和yen三个单词首字母的组合，代表着其在使用欧元、美元、日元的地区均可使用。

Bitwallet公司是2001年1月为发行、推广Edy卡，以及管理加盟店而成立的。成立时，索尼公司占5%的股份。FeliCa是日本索尼公司开发的非接触式IC卡技术。日本另一大电子钱包Suica卡以及我国香港的八达通卡也都应用了此项技术。

Edy卡最早于2001年11月在日本的一家名为安宾（Am/Pm）的便利店开始出售并使用。Edy卡在店里就可以购买，售价是300日元。可以通过安装在店内的Edy充值机或收银机读写装置充值。商户可以购置，也可以租用Edy的读写装置，视具体情况向Bitwallet公司支付相当于交易金额的2%～5%的使用费。

Edy卡可用于零售购物，也支持互联网支付，目前已成为日本的购物神器。

（5）Nanaco。2007年4月23日上午6点，在东京都内（除町田市）的约1 500家7-11店铺开始提供独有的电子货币“Nanaco”的服务。

这是一种小额支付的预付式电子钱包，分为两种类型：Nanaco手机和Nanaco卡。Nanaco不仅限于IC卡、预存付款等功能，还可以利用手机进行操作。

Nanaco手机是在街上的7-11便利店可以使用的电子货币“Nanaco”的手机版，通过专用软件入网，只用手机就可以支付，查询余额和使用记录。在电子货币余额不足时，可以用现金在7-11便利店收银台申请充值。

Nanaco手机和Nanaco卡就好像可以重复使用的钱包，在电子货币余额不足时，可以用现金进行充值。充值时以1 000日元为单位，卡中存留金额上限为3万日元。除此之外，还可以进行点数积分累积，每100日元（不含税）积1点，1点相当于1日元，可以用来交换商品，但需要缴纳1%的交换手续费。

Nanaco的使用方法如下：

1）带商品到柜台：和使用现金一样，把购买的商品带到收银台。

2）说明支付方法：说明用“Nanaco”支付。

3）把卡交给收银员：将便携钱包或卡交给收银员，在听到“piling”声音后支付结束。

4）确认支付内容：支付结束后，小票会被打印出来，以供再次确认购物金额和余额。

8. 韩国的电子货币产品

（1）K-Cash。K-Cash（Korea Cash的缩写），是既内嵌IC芯片又带有磁条的双界面智能卡，它是KFTC公司在2000年7月与银行和一些信用卡公司合作开展的一个电子货币项目。除了拥有电子货币功能外，它还具有ID功能、存储公认认证书等多种附加功能。

K-Cash可通过ATM和互联网反复充值使用。在一些城市（如春川市、金海市等），K-Cash主要被当作公交卡使用。除此之外，K-Cash还可在零售店使用，以及在互联网上付款。另外，K-Cash也可作为现金卡、信用卡和转账卡使用。K-Cash被广泛用在公共汽车、地铁、巴士（公交）/出租地、停车场、零售店、自动售货机、公园娱乐设施、饭店/

小卖部、医疗/事务所、服饰/美容、消遣和互联网等领域。此外，因为 K-Cash 能存储证明身份的信息，因而可以作为身份证使用。

K-Cash 的发卡流程如下：申请人向银行申请 K-Cash 卡；申请资料被传输至银行/信用卡中心；银行/信用卡中心下传发卡数据；银行向申请人发行 K-Cash 卡。其充值也很简单：用户向银行申请 K-Cash 卡充值或去增值服务商（加盟店）处充值即可。值得注意的是，K-Cash 有一个 500 000 韩元的业务限制。

（2）MYbi 卡。MYbi 卡是韩国最成功的电子现金，它最早发行于大城市釜山，是亚洲的第一张双界面卡片，并且自问世以来已经在很广泛的范围内被应用。MYbi 卡的应用范围包括运输、地铁、出租车、公共汽车、公路通行、停车场、零售付款、公共业务、互联网电子商务、银行业务、身份证、存取控制、旅游等。使用 MYbi 卡在互联网上购物是 MYbi 卡最吸引人的功能之一。

（3）T-Money 卡。T-Money 卡是新型的交通卡，从 2004 年 7 月 1 日起开始使用。

T-Money 卡主要用于支付交通费用。用 T-Money 卡支付交通费用的时候比用现金优惠 100 韩元，换乘的时候还可以得到优惠。T-Money 卡按照乘坐地铁、巴士等的距离计算费用。同时，T-Money 卡在坐巴士换乘地铁，或坐地铁换乘巴士的时候可以享受换乘优惠价格。如果在首尔市内旅游且利用大众交通手段，不妨在旅行期间购买 T-Money 卡，这是最方便且经济实惠的选择。

T-Money 卡分为普及型、卡型和装饰型。

普及型 T-Money 卡（购卡价格 1 500 韩元）虽然没有积累交易额的功能，但在 T-Money 卡中是价格最优惠的，且不论谁都可以使用，所以是去韩国旅行或短期访问的游客的最佳选择。

卡型 T-Money 卡（购卡价格 2 500 韩元）是最新型的积累额型 T-Money 卡，根据使用的费用可以累计交易额，但购买时要注册身份证号码，且只对首尔市内居住的人发行。这种卡分为一般型、青少年型（12～18 岁）、儿童型（未满 12 岁）三种。

装饰型 T-Money 卡（购卡价格 T 形 7 000 韩元，I 形 5 000 韩元）可以作为手机装饰品，拥有丰富多样的图形和颜色，且携带方便。这种卡分为青少年型和一般型两种，以后将会开发更多的样式。

T-Money 卡的使用方法如下。

1）购买 T-Money 卡。在 T-Money 卡标牌的交通站点、地铁站的售票处、便利店 GS25、Familymart 都可以购买。

2）给 T-Money 卡充值。购买了 T-Money 卡之后，最好就在购买的地方充值，因为没有充值的 T-Money 卡里面的金额为零，不能使用。T-Money 卡可在自动充值机上进行充值。

3）T-Money 卡的使用。在乘坐地铁或巴士时，必须在进出站的时候各刷一次，如果在下车的时候没有刷卡，在换乘的时候就会以最长距离自动结算费用，所以不要忘记下车时刷卡，以免造成不必要的损失。

4）利用 T-Money 卡换乘。利用 T-Money 卡换乘的时候，T-Money 卡只能在巴士换乘地铁、地铁换乘巴士、巴士换乘巴士、巴士换乘区间巴士、区间巴士换乘巴士时使用，地铁换乘地铁的时候不能使用，换乘的时间在30分钟之内有效。关于换乘费用，例如，乘坐区间巴士换乘地铁时，区间巴士的费用是500韩元，换乘地铁时基本费用是300韩元，其他按照距离另算费用。

5）T-Money卡的余额、底卡处理。T-Money卡内余额不足2万韩元时，可在便利店、充值的地方当场退还，但卡内的余额超过2万韩元时就要亲自到韩国Smart Card总公司申请退卡。可以识别余额的卡，可当场退款，不能识别余额的卡或已经坏掉的卡需要10天左右的时间，退还金额将被存入申请人的账户。

6）T-Money卡的保证期。T-Money卡基本有1年的保证期，装饰型T-Money卡的保证期是6个月。在保证期内由于使用者的不注意引起的卡的损坏，可得到全部赔偿（T-Money卡的费用及卡内的余额）。

二、数基电子货币典型产品分析

与卡基电子货币不同，数基电子货币不依赖存储介质，以加密数字流的形式传输。数基电子货币的发行与存储方式有两种，一种是以发行机构账本的形式存在，交易中传输的只是交易信息，没有电子货币流传输，比如腾讯Q币、Beenz币以及大多数游戏币；另一种是发行机构发行了一种经过加密的数字串，这种数字串仿照实体中现金的形式，交易和传输中，货币流随之移动，比较典型的有E-cash和比特币。因为现代货币的信用特征，大多数货币以中央银行货币背书，通过和中央银行货币进行兑换而发行相应的数基电子货币，比如腾讯Q币和E-cash，而Beenz币和比特币类似于早期银行券的发行。下面分析的几种产品代表了不同的发行方式和支付方式。

1. 腾讯Q币

20世纪90年代末期，互联网的快速普及带来了一种新的交友和网络交流方式，点对点通信软件风靡网络世界。QQ很快凭借其良好的用户体验占据了市场。同期，伴随网络聊天，QQ又推出了QQ秀产品和网络游戏等服务，为方便网络产品支付，腾讯公司在2002年5月推出了腾讯Q币。Q币简称QB，也称QQ币等。与一般电子货币不同，Q币的运作机制是单向流通，即只能把人民币兑换为Q币，而不能把Q币再兑换为人民币。

Q币通过与人民币兑换获取，官方价格为1元人民币购买一个Q币。Q币是腾讯公司推出的一种虚拟货币，可用来购买腾讯的服务，包括QQ会员、网络硬盘、QQ音乐、QQ订阅、QQ游戏、QQ宠物等。腾讯Q币可通过购买QQ卡、电话充值、银行卡充值、网络充值、手机充值等方式获得。

Q币的发展大致经历了四个阶段。

（1）第一阶段：Q币用于购买腾讯自家的网络服务，如QQ游戏、QQ音乐等。

（2）第二阶段：由于QQ的普及，以及当时网络支付工具匮乏，Q币的使用范围超越了腾讯自身，扩展到了其他网络服务，如在互联网上购买游戏点卡、付费电影下载等。自2005年4月起，Q币可以购买瑞星的所有在线产品，包括瑞星杀毒软件下载版、个人防火墙和在线杀毒等。当时有一些游戏网站和论坛使用Q币进行支付，有一些中小论坛甚至用Q币向其版主支付工资。

（3）第三阶段：2006年夏天，一场狂热的全民选秀让Q币交易达到顶峰。Q币可用于2006年“超女”投票，这一行为导致了Q币发行量和交易量猛增。在“超女”总决赛期间，无数粉丝疯狂抢购Q币，导致Q币发行量猛涨。由于Q币是单向流通，一些兑换后没有使用的Q币就慢慢成为“死币”存在于客户的账户中，为使Q币变现，很多人低价转让。之前Q币转让市场一直比较低迷，2006年夏季的选秀使Q币交易市场变得火爆，专门有人在Q币“黑市”上收集“沉睡”的Q币。由于很多人急于出手，Q币价格一路走低，从原来的1元/个跌到0.4～0.7元/个不等，同时一些卖家趁机囤积Q币，等待价格回升后售出。

(4) 第四阶段：伴随各种网络支付工具的快速发展，Q币的交易增长开始趋于平缓，主要用于腾讯公司所提供的服务。Q币黑市也逐渐萎缩。

从严格意义上讲，Q币不是标准的电子货币，因为只能将人民币兑换为Q币，而不能将Q币兑换为人民币。因此，Q币也可被视为预先购买了腾讯公司提供的服务的凭证。然而，在支付方式上，Q币又具有数基货币运作的一般特点。

Q币的支付与交易流程如图5-24所示，具体如下：

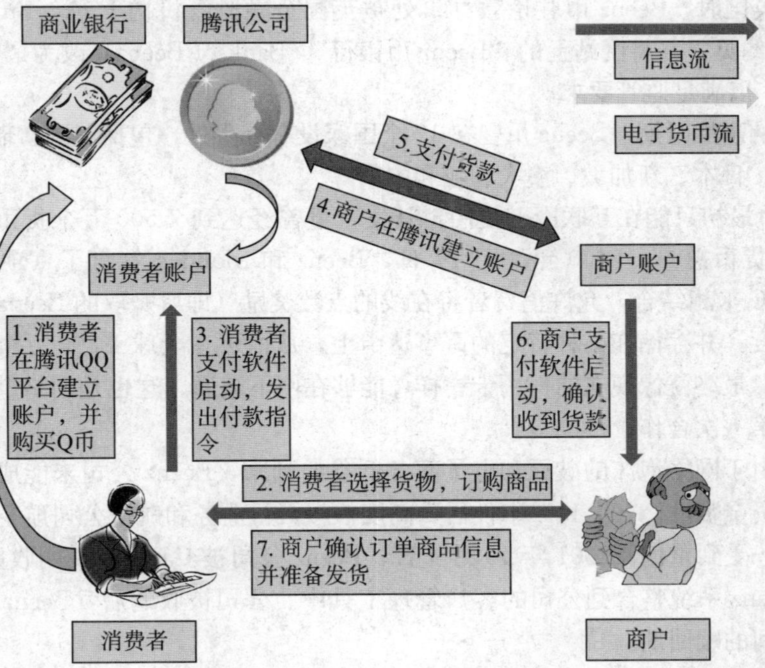

图5-24 Q币的支付与交易流程

(1) 消费者在腾讯QQ平台建立账户，并购买Q币；

(2) 消费者选择货物，订购商品；

(3) 消费者支付软件启动，发出付款指令；

(4) 商户在腾讯建立账户；

(5) Q币服务器检查消费者的账户余额，在账户余额充足的情况下，向商户进行转账，支付货款。

(6) 商户支付软件启动，确认收到货款。

(7) 商户确认订单商品信息并准备发货。

Q币发行机制的特点是：简单、可操作性强。目前数基电子货币大多采用这种方式。在这种支付过程中，传递的都是信息流，没有货币流。

2. Beenz 币

1999年，总部位于纽约的 Beenz. com 公司发行了一种叫作 Beenz 币的电子货币。Beenz 币的创造者查尔斯·科恩（Charles Cohen）来自英国。Beenz 币是一种在网上流通的在线货币，在网上通过执行指定操作赚取 Beenz 币并消费。例如，通过访问指定站点，点击指定广告或在网上购买指定物品，就可以在接受 Beenz 币的网站上购物消费，例如购买 CD、书籍、鲜花等。

Beenz 币管理团队最初获得了1亿美元的风险投资。Beenz 币管理层把市场和品牌定位于"网络货币"（the web's currency）和"世界货币"（global money），并意欲向世界主流货币发起挑战。但是，众所周知，在许多国家，引入一种新的货币不合法，因此在欧洲，Beenz 币的管理层和法务团队受到了欧洲金融管理当局的约见，并承诺 Beenz 币只限定于网络环境。例如在进入英国时，Beenz 币驻伦敦办事处被英国金融监管机构 FSA（Financial Services Authority）约见，并将网站上的"Beenz 币银行"（Bank of Beenz）改为"我的 Beenz 币"（My Beenz）以满足监管要求。

在发展的顶峰时期，Beenz 币曾在12个国家设有办事处，包括美国、瑞典、法国、德国、意大利、日本、新加坡、澳大利亚和中国等。

Beenz 币最初只能在互联网上使用，其发行量曾经达到7 500万个货币单位，相当于一个小国的货币总量。2000年4月27日，Beenz 和 Mondex 签订了一项协议，希望把 Beenz 币与 IC 卡相结合，允许消费者将在线的点数奖励（即所赚取的 Beenz 币）转化为信用卡信用额度，并存储在某种特定的万事达卡上，从而可在全球1 800万个万事达卡特约商户处消费，最终就像现在的信用卡一样，能够在网下流通。这也是网络金融企业与传统金融行业的第一次合作。

但是，由于网络泡沫的破灭和电子商务低谷的到来，Beenz 公司未能成功上市，也未能获得后续资金赞助。"9·11"事件后，高度依赖银行业务和航空公司航空里程返点业务的 Beenz 业务受到重创。2001年10月4日，Beenz 公司被 Carlson 集团收购，Carlson 集团计划将 Beenz 系统整合到公司的客户管理工具中。公司被收购后，Beenz 给持币客户提供了一段时间的赎回期。

Beenz 币这种以行为激励作为基础的"货币"与具有预先储值和预付卡机制的电子货币在发行上略有区别，电子货币的发行由在线商户提供，并且由该在线商户进行最后支付；消费者可以通过提供某些"电子工作"的方式获取该种虚拟价值单位，比如浏览网页、参与在线购物或仅仅通过网络运营商的服务器访问互联网。与Q币不同，Beenz 币不能与现实银行中的账户进行兑换，这种电子货币发行方式更类似于早期银行券的发行方式。

Beenz 币的商业模式基于套利原则。平台以确定的汇率购买 Beenz 币，然后通过消费者的增值活动，将这些 Beenz 币奖励给消费者，消费者可通过在线购物等活动赚取 Beenz 币。然后消费者可以使用这些 Beenz 币在指定商户那儿购物，商户收到 Beenz 币后，可在网站以确定的兑换比率将 Beenz 币卖给网站平台，网站平台通过赚取买卖差价盈利。

查尔斯·科恩为他的 Beenz 经济和 Beenz 币做了很多努力，但是，这种货币机制运作起来很有难度，并且很多国家（比如法国）认为这种货币不受欢迎，并抵制该种货币在其国内的使用。

Beenz 币的交易与支付流程如图 5-25 所示，具体如下：

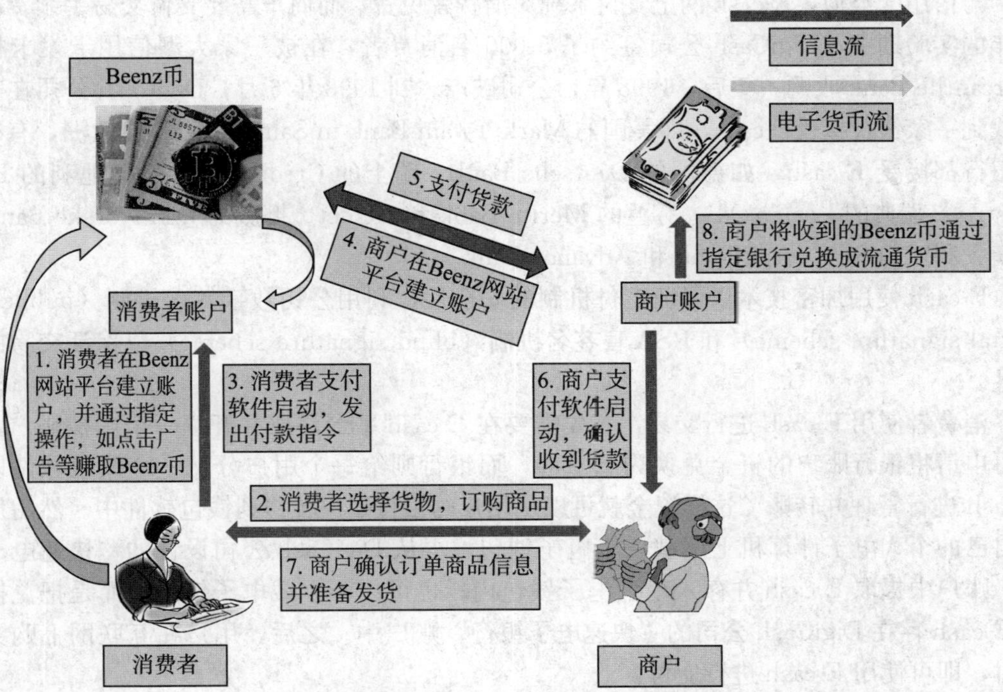

图 5-25　Beenz 币的交易与支付流程

(1) 消费者在 Beenz 网站平台建立账户，并通过指定操作，如点击广告等赚取 Beenz 币；

(2) 消费者选择货物，订购商品；

(3) 消费者支付软件启动，发出付款指令；

(4) 商户在 Beenz 网站平台建立账户；

(5) Beenz 服务器检查消费者的账户余额，在账户余额充足的情况下，向商户进行转账，支付货款；

(6) 商户支付软件启动，确认收到货款；

(7) 商户确认订单商品信息并准备发货；

(8) 商户将收到的 Beenz 币通过指定银行兑换成流通货币。

与 Q 币类似，在该种货币的发行与流通中，只是账户余额变动，没有实际的货币出现。在这种支付过程中，传递的都是信息流，没有电子货币流。

与 Q 币不同的是，Beenz 币不是信用货币，也没有中央银行等机构的背书，获取 Beenz 币的过程类似早期的劳动创造价值。Beenz 币的发行和早期银行券的发行有相似之处。

3. E-cash

国际著名密码学家大卫·查姆（David Chaum）在1983年发表的论文中阐述了有关匿名电子货币的想法。1989年，大卫·查姆创立DigiCash公司，并将E-cash注册为公司商标。DigiCash公司位于荷兰的阿姆斯特丹，1994年5月开发了E-cash网上支付系统。

与信用卡类似，E-cash网上支付系统对消费者免费，而商户需要支付交易手续费。在三年的实验期中，DigiCash公司签约了5 000名消费者，在被一家大型信用卡发卡机构Mercantile Bank收购一年后，1998年，公司破产。到1998年6月，DigiCash公司在美国只找到一家银行接受E-cash，即美国的Mark Twain Bank in Saint Louis。在欧洲，有很多家银行都接受E-cash，如德国的Deutsche Bank、瑞士的Credit Suisse、奥地利的Bank Austria、瑞典的Posten AB、芬兰的Merita Bank和EUnet、挪威的Den Norske Bank以及澳大利亚的St. George Bank和Advance Bank。

E-cash使用加密技术以保证支付机制的安全性，利用公钥数字签名机制（public key digital signature scheme）和RSA盲签名机制（blind signature scheme）以保证交易的匿名性。

消费者使用E-cash进行交易，首先需要在E-cash平台注册并开立一个虚拟账户，然后可申请将银行账户的资金兑换为E-cash，而银行则给每个用户分配一个钱包软件以对E-cash进行管理并转账。这样资金就可以从用户的银行账户转移到钱包软件中。然后用户在自己的个人电子计算机上下载一个电子钱包，再从DigiCash公司设计的“快速电子银行”账户中提取E-cash并存入个人电子钱包内；也可以不下载电子钱包，而是把兑换好的E-cash存在DigiCash公司的“快速电子银行”账户中。之后，用户在互联网上购买商品时，即可使用E-cash进行支付。

E-cash的交易与支付流程如图5-26所示，具体如下：

（1）消费者在E-cash平台开立E-cash账户，用现金兑换E-cash。这些E-cash被分成若干包“硬币”，消费者可使用下载的电子钱包软件存储，也可以将其存储在E-cash平台的电子银行中。

（2）消费者选择货物，订购商品。

（3）消费者支付软件启动，向自己的电子钱包发出付款指令。

（4）商户在E-cash平台开立E-cash账户或下载E-cash电子钱包。

（5）消费者的电子钱包向商户的电子钱包进行货款支付。

（6）商户支付软件启动，商户电子钱包在收到付款的E-cash后，向E-cash服务器发出支付请求，检验电子货币的真伪和合法性；E-cash银行通过数据库检查此序列号的E-cash是否被使用过。如果E-cash未被使用过，则通知商店所收到的E-cash为真。如果E-cash在数据库中留有记录，表明并非第一次使用，那么便向商户发出拒绝信息。

（7）商户验币完成确认接受付款，并确认订单商品信息，准备发货。

（8）商户将收到的E-cash发往接受E-cash的银行，将其兑换成流通货币。

E-cash不记录支付场所和姓名等信息，从而保证了货币的匿名性，具有保护个人隐私的特性；E-cash的实质是代表价值的加密数字串。这种支付方式的最大特点是交易的“匿

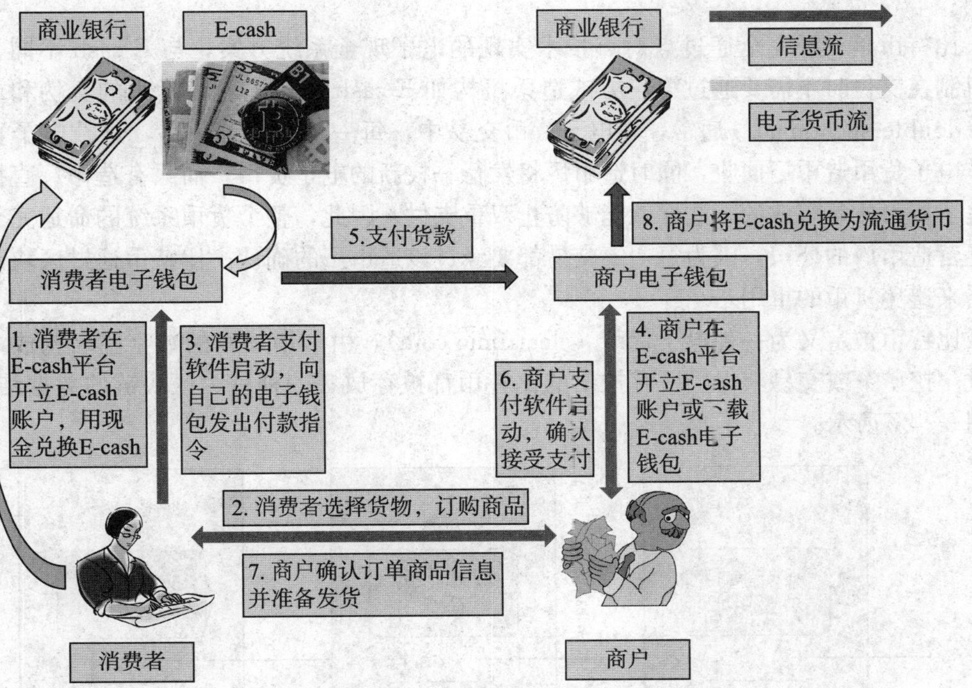

图 5-26 E-cash 的交易与支付流程

名性”，即不论商户还是银行，都不知道是谁购买了哪些商品，有利于保护消费者的隐私。同时，它能追踪特定的某笔现金的流向，因此可追踪某些不法交易。

E-cash 的发行需要与现行的银行账户进行兑换，因而具有预先储值的特性。

E-cash 的主要目标是“交易绝对不可跟踪”，这一点以大卫·查姆发明的打包加密（blind-cryptography）的方法为基础。因为存在一个打包的过程，所以即使银行和商户合谋，也无法将某一笔支付与某个消费者联系起来。

E-cash 最大的缺点是需要一个庞大的中心数据库来记录发行和使用过的电子现金序列号。如果 E-cash 普及，数据库的规模将变得十分庞大，用目前的计算机技术管理起来难度很大，这成为限制 E-cash 推广的重要障碍。DigiCash 系统是目前比较成功的系统之一，该系统的应用已经从实验室扩展到市场上了。

4. 比特币

比特币是目前世界上最有影响力的电子货币之一，在 2008 年美国金融危机后备受关注。如今，由于比特币被爆炒，价格波动剧烈，比特币的支付功能逐渐减弱，已经沦为一种投机和炒作工具。

比特币是一种由开源的 P2P 软件产生的电子货币（数字货币）。比特币诞生于 2008 年 11 月 1 日，最初由中本聪提出。比特币不依靠特定货币机构发行，而是通过特定算法的计算产生。比特币使用整个 P2P 网络中众多节点构成的区块链来确认并记录所有的交易行为。比特币可以兑换成某些国家的货币。使用者可以用比特币购买一些虚拟物品，比如网络游戏当中的衣服、帽子、装备等。目前已有商家宣布接受用比特币购买现实生活当中的物品。

比特币是一种完全通过点对点技术实现的电子现金系统方案，与 E-cash 不同，比特币机制在支付时不需要通过第三方或造币机构如 E-cash 平台来验证货币的真伪和重复支付（double-spending）。通常，在电子货币交易中，每一笔交易结束后，这枚电子货币就会被电子货币造币厂回收，同时造币厂将发行一枚新的电子货币，而只有造币厂直接发行的电子货币才是有效的，这样就能够防止双重支付。因此，整个货币系统的命运完全取决于经营造币厂的公司，因为每一笔交易都要经过该造币厂的确认。比特币通过区块链公众传播来避免货币的重用。

比特币被定义为一种电子货币（electronic coin），由一串加密的数字签名构成，可以通过“挖矿”或交易获得。所有挖出的比特币都被存放在一种称为区块链的数据结构中，如图 5－27 所示。

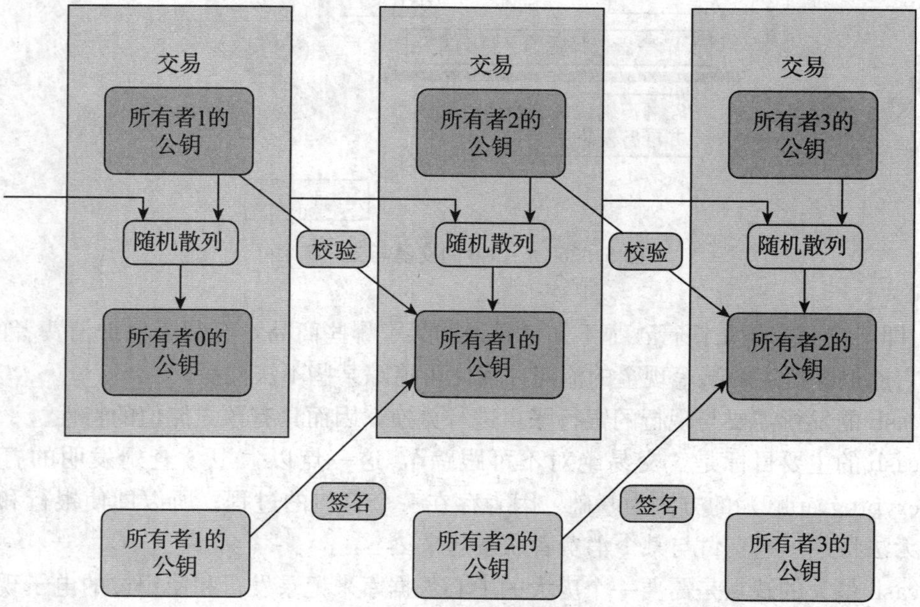

图 5－27　区块链结构

在该区块链中，每一个有效节点就是一个比特币单元，该单元包含新旧所有者的公钥和新所有者的私钥，并附加一个随机散列（hashing）的数字签名和一个时间戳（timestamp）。一个新的比特币生成时，拥有者需要向所有节点发布信息，同样每次交易后也需要对外公布交易信息（publicly announced），让比特币链条上的所有节点都成为公证人，也就是收款人需要确保在交易期间绝大多数节点都认同该交易是首次出现。这样一旦区块链链条遭到攻击，只要诚实的节点数量大于被攻击节点的数量，诚实节点被认可，该系统就是安全的。诚实节点以 CPU 为依据，一个 CPU 一票。

比特币支付机制通过随机散列和时间戳技术保证安全性。只要大多数 CPU 的计算能力没有合起来对全网进行攻击，那么诚实的节点就会生成最长的、超过攻击者的链条。节点可以随时离开和重新加入网络，并将最长的工作量证明链条作为在该节点离线期间发生的交易的证明。按照现有的计算机的计算能力，比特币具有难以被盗、匿名性、数量有限性的特点。时间戳服务器通过对以区块（block）形式存在的一组数据实施随机散列而加上时间戳，并将该随机散列进行广播，以证实该比特币或比特币交易的有效性。

如图 5－28 所示，比特币区块链运行机制如下：

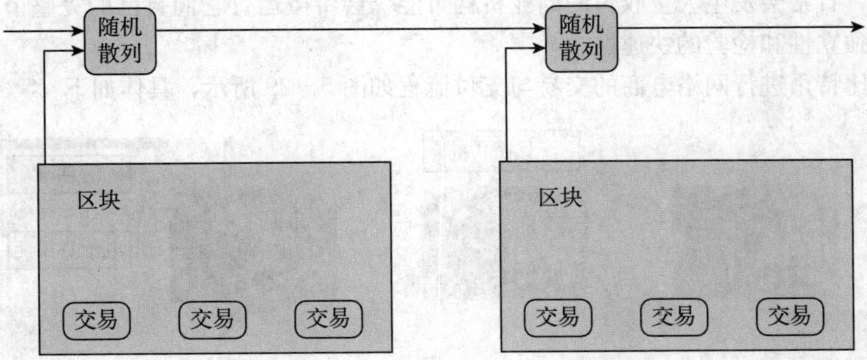

图 5－28　区块链运行机制

（1）新的交易向全网进行广播；

（2）每个节点都将收到的交易信息纳入一个区块中；

（3）每个节点都尝试在自己的区块中找到一个具有足够难度的工作量证明；

（4）当一个节点找到了一个工作量证明时，它就向全网进行广播；

（5）当且仅当包含在该区块中的所有交易都是有效的且之前未存在过时，其他节点才认同该区块的有效性。

（6）其他节点表示它们接受该区块，而表示接受的方法是，在跟随该区块的末尾制造新的区块以延长该链条，而将被接受区块的随机散列值视为先于新区块的随机散列值。

节点始终都将最长的链条视为正确的链条，并持续工作和延长它。如果有两个节点同时广播不同版本的新区块，那么其他节点在接收到该区块的时间上将存在先后差别。当发生此情形时，它们将在率先收到的区块的基础上工作，但也会保留另外一根链条，以防后者变成最长的链条。该僵局的打破要等到下一个工作量证明被发现，其中的一根链条被证实为较长的一根，那么在另一根分支链条上工作的节点转换阵营，开始在较长的链条上工作。所谓“新的交易要广播”，实际上不需要抵达全部的节点，只要交易信息能够抵达足够多的节点，它们就会很快被整合进一个区块中。而区块的广播对被丢弃的信息是具有容错能力的。如果一个节点没有收到某特定区块，那么该节点将会发现自己缺失了某个区块，也就可以提出自己下载该区块的请求。

在不运行完整网络节点的情况下，也能够对支付进行检验。一个用户需要保留最长的工作量来证明链条的区块头的拷贝，它可以不断向网络发起询问，直到它确信自己拥有最长的链条，并能够通过 merkle 的分支通向它被加上时间戳并纳入区块的那次交易。节点想要自行检验该交易的有效性原本是不可能的，但通过追溯到链条的某个位置，它就能看到某个节点曾经接受过它，并且于其后追加的区块也进一步证明全网曾经接受了它。

因此，只要诚实的节点控制了网络，检验机制就是可靠的。但是，当全网被一个计算力占优的攻击者攻击时，它将变得较为脆弱。因为网络节点能够自行确认交易的有效性，只要攻击者能够持续地保持计算力优势，简化的机制就会被攻击者焊接的交易欺骗。那么一个可行的策略就是：只要网络发现了一个无效的区块，就立刻发出警报，收到警报的用户将立刻开始下载被警告有问题的区块或交易的完整信息，以便对信息的不一致进行判定。但是，日常会发生大量收付的商业机构可能仍会希望运行它们自己的完整节点，以保持较强的独立性和检验的快速性。

利用比特币进行网络电商的交易与支付流程如图 5－29 所示，具体如下：

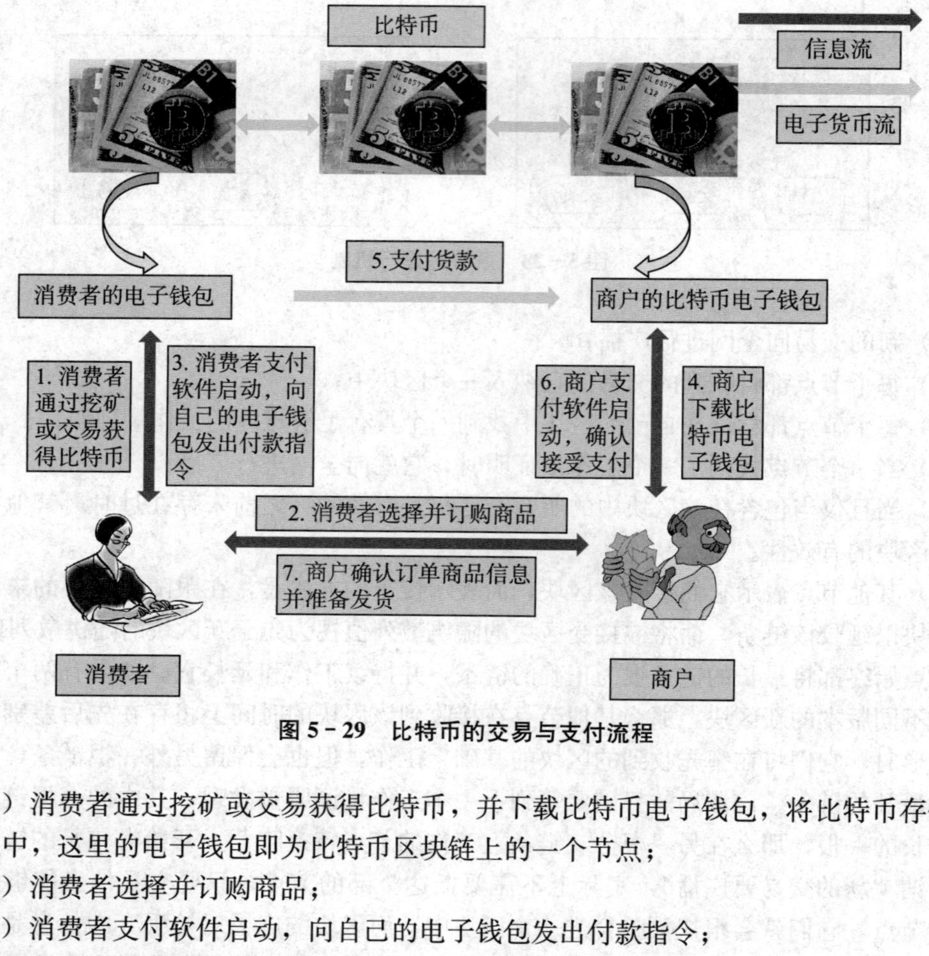

图 5－29　比特币的交易与支付流程

（1）消费者通过挖矿或交易获得比特币，并下载比特币电子钱包，将比特币存储在电子钱包中，这里的电子钱包即为比特币区块链上的一个节点；

（2）消费者选择并订购商品；

（3）消费者支付软件启动，向自己的电子钱包发出付款指令；

（4）商户下载比特币电子钱包；

（5）消费者的电子钱包向商户的电子钱包进行货款支付；

（6）商户支付软件启动，商户的电子钱包在收到付款的电子货币后，通过比特币区块链进行交易；

（7）商户验币完成，确认接受付款，并确认订单，准备发货。

比特币与其他虚拟货币最大的不同是：其宣称总数量非常有限，具有极强的稀缺性。该货币在推出后前 4 年内只有不超过 1 050 万个，之后的总数量将被永久限制在 2 100 万个之内。

比特币主要具有以下特点：

（1）去中心化。比特币是第一种分布式的虚拟货币，整个网络由用户构成，没有中央银行。去中心化是比特币安全与自由的保证。

（2）全世界流通。比特币可以在任意一台接入互联网的电脑上管理。不管你身处何方，都可以挖掘、购买、出售或收取比特币。

（3）专属所有权。操控比特币需要私钥，比特币可以被隔离保存在任何存储介质中，除了用户自己之外，无人可以获取。

（4）交易费用低。比特币可以免费汇出，但最终每笔交易将被收取约 1 比特分的交易费以确保交易更快执行。

（5）无隐藏成本。作为由 A 到 B 的支付手段，比特币没有烦琐的交易限制，只要知道对方的比特币地址就可以进行支付。

（6）跨平台挖掘。用户可以在众多平台上挖掘不同硬件的计算能力。

比特币并非没有风险。2013 年 12 月，中国人民银行等五部委发布《关于防范比特币风险的通知》，随后泰国、中国、俄罗斯等国相继声明不承认比特币的合法性，比特币身价大跌，跌幅超过 20%；2014 年 2 月，世界最大的比特币交易平台 Mt. Gox 以技术故障为由停止用户提现服务，2 月 25 日 Mt. Gox 正式向法院申请破产保护。

2010 年，一场黑客攻击差点对比特币造成致命打击。2010 年 8 月 25 日，一个未知黑客差点摧毁了比特币。该黑客在高度为 74 638 的区块上凭空生成了 1 844.67 亿比特币（比特币曾宣称总量只有 2 100 万枚，该操作如果成功，将使比特币有限币值的声明成为一纸空文）。中本聪意识到了事情的严重性，于是很快就将比特币区块链进行了分叉，抹掉了这 1 844.67 亿比特币，这是当时拯救比特币的唯一方式。

这一切的发生源于比特币代码的设置。从本质上讲，运行代码时，如果输出结果太大以至于在求和时溢出，那么检查比特币交易的代码就会无效，黑客意识到了这一点并利用了它。黑客在一次交易中创造了比以往任何时候都多 8 784 倍的比特币。

如果当时中本聪没有及时纠正这个错误，比特币很可能已经“死”了，整个区块链世界也不复存在，因为一旦用户意识到他们可以随意创造任意数量的比特币，那么比特币的价格就会立即暴跌至零，从而失去信用，中本聪的去中心化愿景也就无从谈起了。

事件发生 3 小时内，中本聪在 Bitcointalk 上发帖称，他与早期比特币的开发者 Gavin Andresen 一起快速创建了一个代码修复程序。在事件发生后的 5 小时内，中本聪发布了 0.3.10 版本的比特币，该版本修复了通过溢出漏洞大量生成比特币的错误（bug），并擦除了黑客生成的 1 844.67 亿比特币。这是一个硬分叉，因此在 0.3.10 版本发布后的几个小时内，仍将存在两种不同版本的比特币。中本聪发帖称将密切监视另外一条链，并敦促矿工不要挖掘这条不良区块链，因为这会导致需要花费更长的时间来使新链成为主链。

终于，在事发 19 小时后，中本聪发帖称，新的区块链在高度为 74 691 的区块上超越了原有链，成为比特币主链。从此，0.3.10 版本生成的比特币区块链就成了新的比特币链条。

不得不说，这可以称作史上重大的黑客事件！其中值得关注的有两点：（1）宣称坚不可摧的区块链被黑客攻击，比特币的安全性与币值信用是否会受到不可预料的打击？（2）本次事件中中本聪进行了快速硬分叉，这种典型的人工干预是否会破坏比特币的去中心化愿景？

5. 泰达币

泰达币（USD Tether，简称 USDT）是泰达公司（Tether）推出的基于稳定价值货币美元（USD）的代币。泰达币是全球首款、也是规模最大的稳定币。泰达币号称严格按照"美元本位"的理念来发行，即每发出一个泰达币，泰达公司都会有 1 美元资金储存在银行账户中，以确保泰达币价值的稳定性。也就是说，1 泰达币＝1 美元，用户可以随时使用泰达币与美元进行 1∶1 兑换。用户可以在泰达公司平台查询资金。

泰达公司的前身 Realcoin 由联合创始人 Brock Pierce、Reeve Collins 和 Craig Sellars 于 2014 年 7 月成立，是一家位于美国加州的初创公司。2014 年 11 月 20 日，该公司首席执行官 Reeve Collins 宣布公司更名为"泰达"，支持三种货币，即美元、欧元、日元、相应的泰达币分别为 USD Tether（USDT）、Euro Tether（EURT）、Yen Tether（JPYT）。2015 年 1 月，世界上交易量最大的比特币交易所之一 Bitfinex 在其平台上开通了泰达币交易。2019 年，泰达币的交易量超过了比特币，成为市场上交易量最大的加密货币。

泰达币的运行过程如下：

（1）用户在泰达公司开立账户，并将一定金额的存款转入该账户，即将美元存入泰达公司的银行账户；

（2）泰达公司为用户创建自己的泰达币账户，并在账户中放入和其存入美元对应的数字货币泰达币，即泰达公司按照 1∶1 的比例发送等量泰达币给消费者。

（3）消费者可以使用泰达币进行交易，其交易过程类似比特币。

（4）消费者可以在泰达公司平台将泰达币兑换为法币，兑换时泰达公司会销毁泰达币，并将美元返还到用户的银行账户。

泰达币的运行过程具有明显的中心化特征，泰达公司处于中枢地位，负责泰达币的发行、赎回和结算，并通过调节泰达币的发行和销毁来维持与美元 1∶1 的比率。泰达公司在增发、销毁、托管、审计方面有较大的自主性，是全功能、单一化运作的稳定币服务商。

由于泰达币锚定美元，在一些金融管制的国家和场景下，可通过区块链实现全球无缝链接，所以在亚洲市场得到了一定程度的使用，例如用于跨境交易、境外收入避税和转移资金。

泰达币作为稳定币行业的先驱，自发行以来几乎完全垄断了稳定币的市场。然而，随着发行量的猛增，用户开始质疑泰达币，泰达币陷入信任危机。很多人开始怀疑，号称 1 泰达币 1 美元的公司账户中是否真有充足的资金储备，况且，泰达公司从未公布过储存美元的银行名称。

泰达币是基于在比特币区块链上发布的 Omni Layer 协议的数字资产，可以根据要求通过平台赎回。泰达币可以被看作一种像比特币一样的加密数字货币。使用 Omnichest.info 提供的工具，投资者可以很容易地检查比特币区块链上流通的泰达币数量。

6. 数字人民币

数字人民币（e-CNY）是由中国人民银行发行的数字形式的法定货币，由指定运营机构参与运营并与公众兑换，以广义账户体系为基础，支持银行账户松耦合功能，与纸钞和硬币等价，具有价值特征和法偿性，支持可控匿名。数字人民币具备货币的价值尺度、交易媒介、价值贮藏等基本职能，与实物人民币一样是法定货币；数字人民币是央行对公众的负债，以国家信用为支撑。

案例 3 数字人民币应用

根据中国人民银行 2021 年发布的《中国数字人民币的研发进展白皮书》，数字人民币实行中心化管理、双层运营。中国人民银行在数字人民币运营体系中处于中心地位，负责向作为指定运营机构的商业银行发行数字人民币并进行全生命周期管理，指定运营机构及相关商业机构负责向社会公众提供数字人民币兑换和流通服务。

中国人民银行发行的数字货币根据用户和用途不同可分为两类：（1）批发型数字货币，主要面向商业银行等机构类主体发行，多用于大额结算；（2）零售型数字货币，主要面向公众发行并用于日常交易。数字人民币是一种零售型数字货币，主要用于满足国内零售支付需求。

数字人民币设计兼顾了实物人民币和电子支付工具的优势，既具有实物人民币的支付即结算、匿名等特点，又具有电子支付工具成本低、便携性强、效率高、不易伪造等特点。

数字人民币兼容基于账户、基于准账户和基于价值三种方式，采用可变面额设计，以加密币串形式实现价值转移。数字人民币定位于 M0，与同属 M0 范畴的实物人民币一致，不对其计付利息。与对实物人民币的管理方式一致，中国人民银行不向指定运营机构收取兑换费用，指定运营机构也不向个人客户收取数字人民币的兑出、兑回服务费。从结算最终性的角度看，数字人民币与银行账户松耦合，基于数字人民币钱包进行资金转移，可实现支付即结算。

数字人民币遵循“小额匿名、大额依法可溯”的原则，高度重视个人信息与隐私保护，充分考虑现有电子支付体系下的业务风险特征及信息处理逻辑，满足公众对小额匿名支付服务的需求，同时，防范数字人民币被用于电信诈骗、网络赌博、洗钱、逃税等违法犯罪活动，确保相关交易遵守反洗钱、反恐怖融资等要求。数字人民币体系收集的交易信息少于传统电子支付模式，除法律法规有明确规定的外，不提供给第三方或其他政府部门。中国人民银行内部对数字人民币相关信息设置了防火墙，通过专人管理、业务隔离、分级授权、岗位制衡、内部审计等制度安排，严格落实信息安全及隐私保护管理，禁止任意查询、使用。

数字人民币综合使用数字证书体系、数字签名、安全加密存储等技术，实现不可重复花费、不可非法复制伪造、交易不可篡改及抗抵赖等特性，并已初步建成多层次安全防护体系，可以保障数字人民币全生命周期安全和风险可控。数字人民币通过加载不影响货币功能的智能合约实现可编程性，使数字人民币在确保安全与合规的前提下，可根据交易双方商定的条件、规则进行自动支付交易，促进业务模式创新。

央行数字人民币运营体系如图 5－30 所示。央行数字货币系统框架的核心要素为“一币，两库，三中心”。其中，“一币”指的是央行数字货币。“两库”指的是数字货币发行库（央行存管）和数字货币银行库（商业银行存管）。“三中心”指的是认证中心、登记中心和大数据分析中心。认证中心负责央行数字货币机构及用户的真实身份信息采集等管理工作，包括认证管理、CA 管理等；登记中心负责记录数字货币和用户钱包记录，完成权属登记，同时记录数字货币发行、转移、回笼全过程信息；大数据分析中心主要负责风险控制和业务管控。

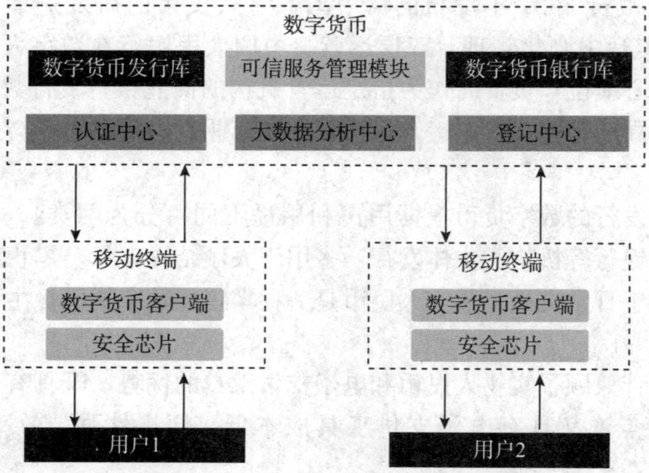

图 5-30 央行数字人民币运营体系

数字人民币的运营流程如下：(1) 根据数字货币发行总量，央行统一生成数字货币(即生成数字货币基金)，并将其存放在央行发行库中；(2) 根据商业银行对数字货币的需求申请，央行将数字货币发送到相应商业银行存放数字货币的数据库，即数字货币从发行库到银行库；(3) 用户申请提取数字货币时，数字货币从银行库到流通环节，进入用户客户端的存储介质（如手机）中，即从银行库到用户的数字钱包。在流通环节，数字货币实质是在两个用户各自的数字钱包间进行转移，以完成支付，此时支付分为在线交易和离线交易。

根据央行承担的职责的不同，法定数字货币运营模式分为单层运营和双层运营，我国数字人民币采用的是双层运营模式。数字人民币的双层运营模式如图 5-31 所示。中国人民银行负责数字人民币的发行、注销、跨机构互联互通和钱包生态管理，同时审慎选择在资本和技术等方面具备一定条件的商业银行作为指定运营机构，牵头提供数字人民币兑换服务。具体来讲，指定运营机构在中国人民银行的额度管理下，根据客户身份识别强度为其开立不同类别的数字人民币钱包，提供数字人民币兑出、兑回服务，同时指定运营机构与相关商业机构一起承担数字人民币的流通服务并负责零售环节管理。

目前数字人民币指定运营机构共 10 家，分别为：工商银行、农业银行、中国银行、建设银行、交通银行、邮储银行、网商银行（民营银行，股东为蚂蚁科技集团）、微众银行（国内首家互联网银行，股东为腾讯）、招商银行、兴业银行。

数字人民币的发行流程分为四个步骤：第一步，央行设定数字人民币发行面额，根据面额数字 1、5、10、20、50 和 100，结合主密码，分别产生六个基本加密密码。第二步，根据哈希算法生成系统随机数。此随机数是数字人民币冠字号码的基础，传统纸币冠字号

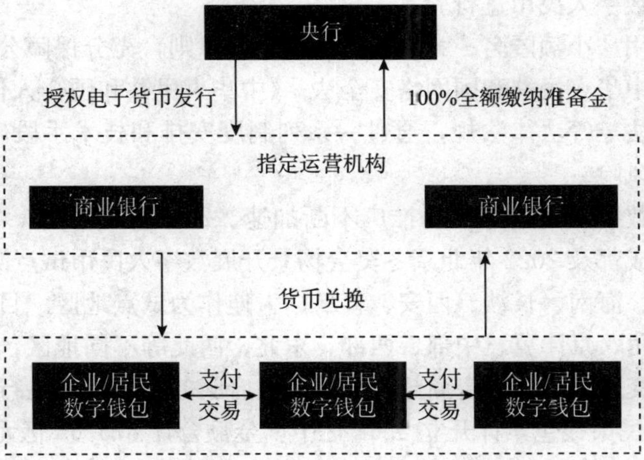

图 5-31 数字人民币的双层运营模式

码为纸币的编号。第三步，由基本加密密码与随机数加密生成加密密码。第四步，央行通过私钥对加密密码签名并发行法定数字货币（见图 5-32）。

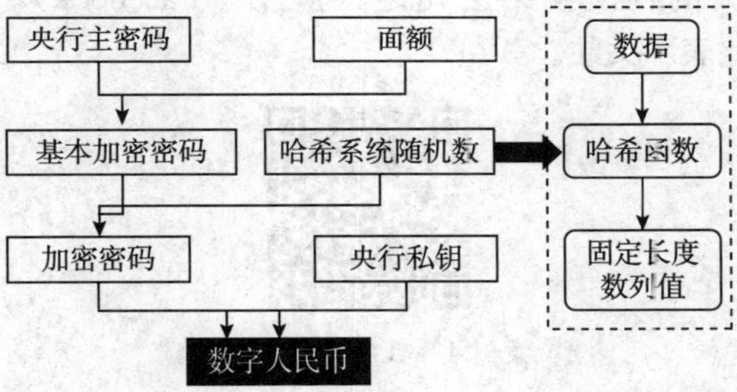

图 5-32 数字人民币的发行流程

在清算流程上，数字人民币实行支付即结算，与实名账户松耦合，不可重复使用。数字人民币在央行中心化账本中拥有唯一编号及格式，且包含所有者信息，保证了现金体系中每一个发行的数字货币都已被标记属主。如果发生转移，原属主的数字人民币将被销毁，同时生成包含新属主信息的数字人民币。

数字人民币采用了一种“松耦合＋电子钱包”的设计，使用者不需要通过银行账户即可转账，即数字人民币可以脱离银行账户实现端对端的价值转移，从而减轻交易环节对于金融中介的依赖，而且可以在央行许可的范围内实现可控的匿名支付。数字人民币兼具账户和价值的特征。

数字钱包是数字人民币的载体和触达用户的媒介。根据用户身份识别强度，可分为四类；根据开立主体，可分为对公钱包和个人钱包；根据载体，可分为软钱包和硬钱包；根据权限归属，可分为母钱包和子钱包。从目前的发展脉络来看，呈现出以软钱包为主、硬钱包为辅的格局。在数字人民币实行中心化管理、统一认知、实现防伪的前提下，中国人民银行制定了相关规则，要求各指定运营机构采用共建、共享方式打造移动终端 App，对钱包进行管理并对数字人民币进行验真。

数字人民币采用“小额匿名、大额依法可溯”的原则，充分保障公众合理的个人信息保护需求，遵照《中华人民共和国网络安全法》《中华人民共和国个人信息保护法》《中华人民共和国反洗钱法》等法律法规，通过一系列制度安排和技术手段确保个人信息安全，同时防范违法犯罪风险。

近年来，我国数字人民币的市场推广不断加速。2019 年末以来，中国人民银行在深圳、苏州、雄安、成都及 2022 年北京冬奥会场景开展数字人民币试点测试。从 2020 年 11 月开始，新增上海、海南、长沙、西安、青岛、大连作为试点地区。目前试点地区基本涵盖了长三角、珠三角、京津冀、中部、西部、东北、西北等不同地区，涉及场景包括公用事业、餐饮服务、交通出行、零售商超、证券及政府服务等。根据央行披露的数据，截至 2021 年底，数字人民币钱包累计开立 2.61 亿个，金额合计 875.65 亿元。

2022 年 1 月 4 日，数字人民币 App 登录 App Store 与各大安卓应用商店，同时，2022 年举办的冬奥会也成为数字人民币的重要推广渠道。（此前，历届奥运会场馆支付方式只有现金和 Visa 卡两种），数字人民币不收取任何手续费，比用 Visa 卡支付更划算。据统计，数字人民币 App 覆盖了冬奥会 5 万余个场景，开立了对公、对私钱包 700 余万个。

2019 年，全球最大的社交网络公司之一脸书（Facebook）宣布将推出数字货币 Libra，各国监管层对此表示关注。

案例 4　数字货币 Libra

本章思考题

1. 电子货币有什么特征？
2. 阐述电子货币的发展趋势。
3. 阐述卡基电子货币的发行过程。
4. 阐述卡基电子货币的支付过程。
5. 阐述数基电子货币的发行过程。
6. 阐述数基电子货币的支付过程。

第六章 电子商务中的电子支付

章首导言

电子支付是电子商务的基础与平台，电子支付通常包含买卖双方的支付信息与资金的传输。由于各种服务的对象不同、处理的支付类型不同、涉及的中介机构不同、支付业务处理和资金结算的方式不同，电子支付系统大致可以划分成四大类，即大额资金转账系统、批量电子支付系统、联机小额支付系统和电子货币支付系统。

网络银行是大额支付的主要方式。网络银行（internet bank）或电子银行（e-bank）是通过技术手段在地理上虚拟延伸的银行。网络银行全面实现了无纸化交易，具有服务方便、快捷、高效、可靠，经营成本低廉，以及简单易用等特点。

第三方支付机构在电子商务的支付和清算中发挥了重要作用。小额交易中的电子支付方式可以分为三大类：第一类是在线卡基支付工具类，第二类是在线（电子）支票类，第三类是电子货币类。这些方式各有自己的特点和运作模式，适用于不同的交易过程。移动通信技术的发展推动了移动支付的发展，在中国，手机银行和手机移动支付目前已经成为网络交易最主要的小额支付工具。

电子支付的发展需要解决支付方式的统一问题、跨国交易中的货币兑换问题以及电子支付中的法律问题。

本章首先介绍了电子商务运作流程、网络银行与手机银行的发展与功能，并对第三方支付进行了详细讨论；之后详细分析了电子商务中不同的电子支付方式。

关键术语

电子商务、电子商务概念模型、电子商务系统框架、B2B 模式、C2C 模式、B2C 模

式、电子银行、网络银行、手机银行、电子支付、第三方支付、在线卡基支付工具、在线电子支票、电子货币、账户支付、通道支付

知识结构图

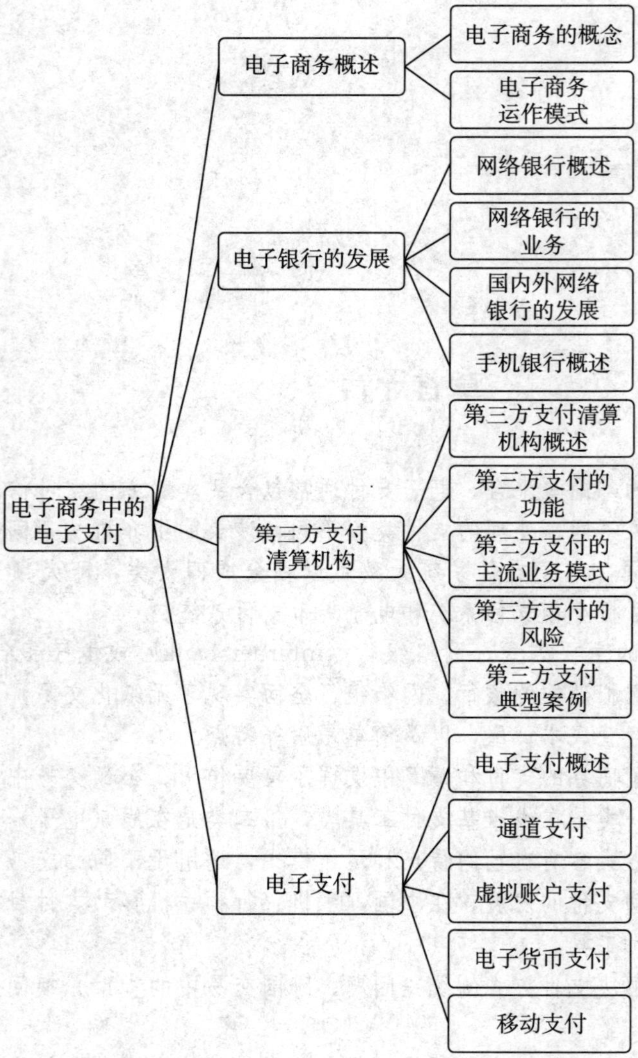

第一节 电子商务概述

电子商务是计算机技术、通信技术和互联网技术共同发展的产物，全球电子商务在经历了 2000 年前后的发展高峰后，在以中国的淘宝网为代表的电商平台高速发展的带领下，

尤其是伴随阿里巴巴集团在美国上市，进入了一个蓬勃发展的新阶段。

电子商务被认为是信息化社会贸易活动的重要表现形式，具有高效率、低成本、数字化、网络化、全球化等特点。自20世纪90年代在欧美兴起以来，电子商务发展迅速，市场巨大，前景诱人。

电子商务起源于电子数据处理（electronic data processing，EDP）技术。随着表格处理软件和文字处理技术的发展，电子数据交换（EDI）技术逐步成熟，并为电子商务的发展奠定了技术基础，而互联网的快速普及和电子支付工具的发展使电子商务逐步走入社会。

欧美是全球电子商务发展最早的地区，最初以企业对企业（B2B）模式得到广泛应用，后来逐步扩展到企业对个人（B2C）模式以及个人对个人（C2C）模式。

中国电子商务发展略晚于欧美国家，但发展势头很好。与欧美国家不同，中国的电子商务发展在企业对个人（B2C）方面取得了突破，比较典型的有当当网和卓越网，它们从销售书籍和品牌电器等商品开始，后来逐步将业务扩张到百货等零售领域；而以淘宝网络交易平台为代表的个人对个人（C2C）市场的发展和成功，使中国电子商务市场迅速发展并壮大。目前在中国，基于大宗商品交易的企业对企业（B2B）平台正在迅猛发展中。

一、电子商务的概念

1997年11月6—7日，国际商会在法国首都巴黎举行了世界电子商务会议，并首次从商业角度提出了电子商务的概念：电子商务是指实现整个贸易活动的电子化过程。从涵盖范围方面可以定义为交易各方以电子交易方式而不是通过当面交换或直接面谈方式进行的任何形式的商业交易；从技术方面可以定义为一种多技术的集合体，包括交换数据（如电子数据交换、电子邮件）、获得数据（如共享数据库、电子公告牌）以及自动捕获数据（如条形码）等。

电子商务涵盖的业务包括：信息交换、售前服务（如提供产品和服务的细节、提供产品使用指南、回应客户意见）、销售、电子支付（如使用电子资金转账、信用卡、电子支票、电子现金）、运输（包括商品的发送管理和运输跟踪，以及可以电子化传送的产品的实际发送）、创建虚拟企业（创建一个物理上不存在的企业，集中一批独立的中小公司的权限，提供比任何单独的公司多得多的产品和服务）、公司可以与贸易伙伴共同拥有并共同经营的商业模式等。

IT（信息技术）行业是电子商务的直接设计者和设备制造者。很多公司都根据自己的技术特点给出了电子商务的定义，虽然差别很大，但总的来说，无论是国际商会的观点，还是HP公司的E-World、IBM公司的E-Business，都认同电子商务是利用现有的计算机硬件设备、软件设备和网络基础设施，通过一定的协议连接起来的在电子网络环境下进行各种各样的商务活动的方式。

狭义的电子商务仅将通过网络进行的商业活动归属于电子商务，而广义的电子商务则将利用包括各种不同形式的网络在内的电子设施进行的所有商贸活动都归属于电子商务。从发展的观点看，在考虑电子商务的概念时，仅仅局限于利用网络进行商业贸易是不够的，将利用各类电子信息网络进行的广告、设计、开发、推销、采购、结算等全部贸易活动都纳入电子商务的范畴更为妥当。

电子商务可以理解为，在互联网上在线、实时地订购货物和付款，并通过网络来实现商品的交易和结算的行为，网络成为商务的重要工具。电子商务提供的服务可分为网上信息服务、电子商务和贸易服务、电子银行与网络金融服务。

电子商务具有以下特点：

（1）基于互联网技术和远程通信技术。电子商务是互联网技术和远程通信技术发展的产物，涉及通信技术与网络技术、Web 技术、数据库技术、支付技术以及安全技术等。电子商务构架可分为网络层、应用平台层和应用层。网络层为电子商务提供必要的网络基础环境，应用平台层为电子商务提供必要的技术手段，应用层则涉及各个应用领域。

（2）具有集成性、可协调性和可拓展性。该特点使得电子商务的交易成本更低，系统的可适应性更强。

（3）数字化与虚拟化。电子商务交易和信息传输包括商务流、资金流和信息流，呈现出数字化与虚拟化的特征。

（4）网络外部性特征和长尾效应。基于互联网技术的电子商务具有很强的网络外部性，即在一定范围内，电商网络的价值随着其成员的增加而不断增大。长尾效应是指：只要存储和流通的渠道足够多，用户足够多，需求不旺或者销量不佳的产品所共同占据的市场份额就可以和少数热销产品所占据的市场份额匹敌甚至更大，众多小市场汇聚起来可产生与主流大市场匹敌的市场能量。它强调的是大众消费与精英消费的区别。

（5）良好的交互性。电子商务可以以客户需求为导向，凭借良好的交互性提高消费者服务质量，满足市场需求。

1. 电子商务概念模型

电子商务概念模型是对现实世界中电子商务活动的一般抽象描述，它由电子商务实体、电子市场、交易事务和物流、资金流、信息流等基本要素构成。

（1）电子商务实体又称为电子商务交易主体，是指能够从事电子商务活动的客观对象，它可以是企业、银行、商店、政府机构、科研教育机构和个人等；

（2）电子市场是指电子商务交易主体从事商品和服务交换的场所，它由各种各样的商务活动参与者利用各种通信装置，通过网络连接成一个统一的经济整体；

（3）交易事务是指电子商务交易主体所从事的具体的商务活动的内容，例如询价、报价、转账支付、广告宣传、商品运输等。

（4）物流指商品和服务的配送及传输渠道，对于大多数商品和服务来说，物流可能仍然经由传统的经销渠道；然而对有些商品和服务来说，可以直接以网络传输的方式进行配送，如各种电子出版物、信息咨询服务、有价信息等。

（5）资金流指资金的转移过程，包括付款、转账、兑换等过程。

（6）信息流既包括商品信息的提供、促销营销、技术支持、售后服务等内容，又包括诸如询价单、报价单、付款通知单、转账通知单等商业贸易单证，还包括交易方的支付能力、支付信誉、中介信誉等。

每个电子商务交易主体所面对的都是一个电子市场，必须通过电子市场来选择交易的内容和对象。因此，电子商务概念模型可以抽象地描述为每个电子商务交易主体和电子市场之间的交易事务关系（如图 6－1 所示）。

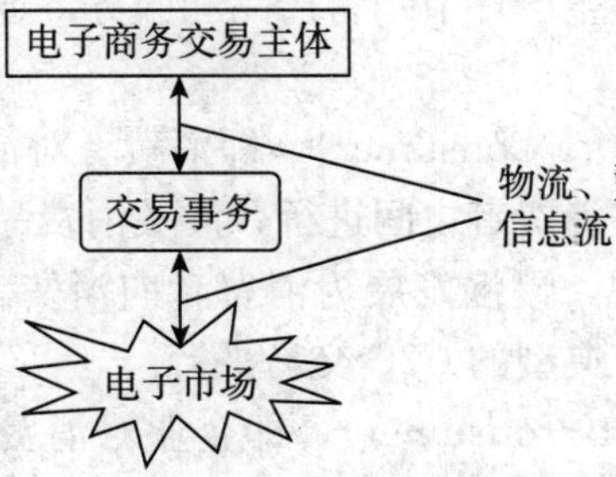

图 6－1　电子商务概念模型

2. 电子商务系统框架

电子商务系统框架描述了电子商务的组成元素、影响要素、运作机理和总体结构体系。电子商务系统是利用信息网络技术全面实现电子交易的商务系统。电子商务系统由物流、资金流和信息流构成，电子商务系统框架如图 6－2 所示。

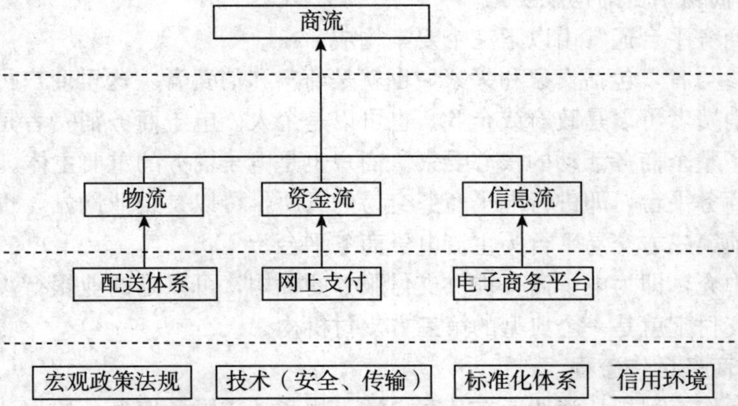

图 6－2　电子商务系统框架

宏观政策法规、技术、标准化体系和信用环境是电子商务交易各环节得以实现的根本保证。互联网系统的主要作用是提供一个开放的、安全的并且可控的信息交换平台，它是电子商务系统的核心和基石。商流包括商品交易和所有权的转移；物流包括商品的运输、存储、加工、装卸、保管和配送；资金流包括支付和资金转账；信息流包括商品信息、营销和促销展示、技术支持、售后服务、询价报价和付款通知等。物流和资金流分别代表商品使用价值和价值的转移。信息流最为重要，对整个电子商务活动起着监控作用。比较经典的电子商务系统框架模型有 Kalakota-Whinston 模型、Kosiur 模型、MEC 模型、Turbain 模型等。

二、电子商务运作模式

电子商务运作模式指在电子商务总体框架下开展电子商务活动的模式。电子商务运作模式通常有以下三种，即 B2B 模式、C2C 模式和 B2C 模式。

（1）B2B（B to B，Business to Business），即企业对企业电子商务模式，其电子商务活动通常在企业间进行，面向企业生产环节销售产品和服务，通常涉及生产要素交换和购买，以网络批发为主。

（2）C2C（C to C，Consumer to Consumer），即消费者对消费者或称个人对个人电子商务模式，其电子商务活动通常在消费者之间进行，涉及消费品的零售，最初以消费者出售自有物品和二手物品的形式出现，慢慢发展为消费者向消费者销售产品和服务的形式，以网络零售为主。淘宝网就是一个典型的C2C交易平台。

（3）B2C（B to C，Business to Consumer），即企业对消费者电子商务模式，其电子商务活动通常在企业和消费者之间进行，以网络零售为主。一般为集中销售，在一个卖家与多个买家之间进行交易。中国最早的电子商务平台卓越网和当当网都是采用这种模式，京东电子商城最初也是采用这种模式，目前这几个电商平台已经采用B2C和C2C混合模式。

目前电子商务发展的趋势呈现出基于以上三种模式的混合态，特别是零售电商平台，多呈现C2C和B2C共存的状态。

（一）电子商务平台的构成要素

一个电子商务平台通常由以下三个要素构成。

（1）交易参与者，包括卖家和买家，也就是商户和消费者。这里商户可以是企业，也可以是个人；消费者可以是政府或企业，也可以是个人。电子商务消费者是电子商务的主体之一，构成了整个商务活动的核心要素。商户也是电子商务的重要主体。

（2）电子商务平台，即进行电子商务交易的场所，可以是企业网站，也可以是第三方交易平台，目前第三方交易平台为主流电子商务平台。

（3）支付中介，即为电子商务提供支付服务的机构，可以是商业银行，也可以是第三方支付机构。支付宝就是一个典型的第三方支付机构。

（二）电子商务运作流程

电子商务运作流程指从消费者在其客户端寻找产品或服务信息开始，到售后服务与支持为止所经历的全部过程。目前主要的三种电子商务运作流程为直销、B2B和B2C。

电子商务中的交易过程如图6-3所示。如图所示，消费者向企业发出购物请求标志着一个电子商务流程的开始，企业获得消费者的请求后，通过支付网关将支付指令传输给企业收单银行，企业收单银行通过银行网络从消费者开户行获得授权，将授权信息返回企

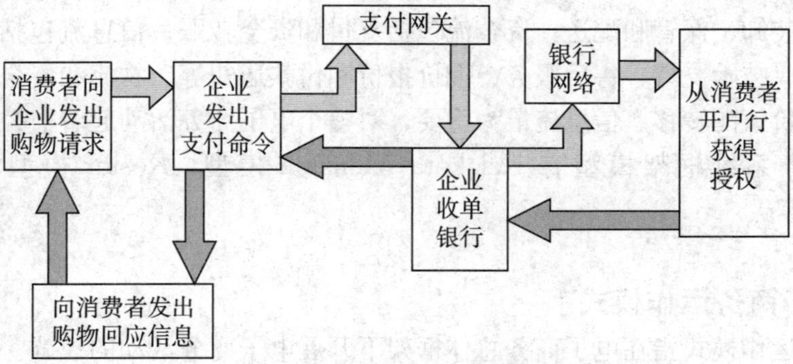

图6-3 电子商务中的交易过程

业，企业获得收单银行的授权信息后向消费者发出购物回应信息。

1. 网络商品的直销流程

网络商品的直销流程如下：

(1) 企业在主页上发布商品信息，并构建商品交易网页；

(2) 消费者在网上查看企业或商家的主页；

(3) 消费者通过购物对话框填写姓名、地址、商品品种、规格、数量、价格；

(4) 消费者选择支付方式，如信用卡、借记卡等；

(5) 企业或商家的客户服务器接到订单后检查支付信息，确认支付是否被认可；

(6) 企业或商家的客户服务器确认消费者付款后，通知销售部门送货上门。

案例 6-1 戴尔电子商务销售流程

(1) 消费者选择商品并建立订单，支付款项；

(2) 订单处理；

(3) 预生产；

(4) 配件准备；

(5) 配置；

(6) 测试；

(7) 装箱；

(8) 配送准备；

(9) 发送商品。

2. 基于第三方平台的 B2B 电子商务流程

基于第三方平台的 B2B 电子商务流程如下：

(1) 从事电子商务的企业首先到交易平台（大卖场）注册账户并申请使用权限，进行交易的企业无论是买方还是卖方都必须在交易平台认证中心获得信用认证；

(2) 交易双方取得信用认证后，重新登录交易平台，选择交易身份；

(3) 卖方在平台上发布商品信息；

(4) 买方搜索商品、签订合同并转账付款；

(5) 卖方确认订单和支付信息后供货、收款；

(6) 买卖双方确认收货，结束交易。

3. 基于第三方平台的 C2C 电子商务流程

基于第三方平台的 C2C 电子商务流程如下：

(1) 进行网络交易的个人首先到交易平台进行用户注册，并进行实名认证；

(2) 交易双方取得信用认证后，重新登录交易平台，选择交易身份；

(3) 卖方在平台上发布商品信息；

(4) 买方搜索商品，下订单，并转账付款；

(5) 卖方确认订单和支付信息后供货、收款；

(6) 买卖双方确认收货，结束交易。

第二节 电子银行的发展

一、网络银行概述

网络银行是通过技术手段在地理上虚拟延伸的银行。网络银行又称为电子银行、网上银行、在线银行。

根据巴塞尔银行监管委员会的定义，网络银行是指那些通过电子通道，提供零售与小额产品和服务的银行。这些产品和服务包括：存贷、账户管理、金融顾问、电子支付，以及其他一些诸如电子货币等电子支付的产品和服务。

欧洲银行标准委员会将网络银行定义为：利用网络为那些使用计算机、网络电视、机顶盒以及其他一些个人数字设备连接上网的消费者和企业提供银行服务的银行。

网络银行是指商业银行利用互联网技术在互联网上开设的银行。这是一种全新的银行客户提交方式，用户可以不受上网方式和时空的限制，只要能够上网，无论在家里、办公室，还是在旅途中都能够安全便捷地管理自己的资产和享受到银行的服务。

银行在互联网上建立站点，通过互联网向客户提供信息查询、对账、网上支付、资金转账、信贷、投资理财等金融服务。更通俗地讲，网络银行就是银行在互联网上设立的虚拟银行柜台，传统的银行服务不再通过物理的银行分支机构来实现，而是借助技术手段在互联网上实现。

网络银行业务作为一种全新的服务模式，具备以下特点：

(1) 全面实现无纸化交易。以前使用的票据和单据大部分被电子支票、电子汇票和电子收据代替；原有的纸币被电子货币，即电子现金、电子钱包、电子信用卡代替；原有的纸质文件邮寄变为通过数据通信网络进行传送。

(2) 服务方便、快捷、高效、可靠。通过网上银行，用户可以享受到方便、快捷、高效和可靠的全方位服务。上网客户可以在家里开立账户，进行交易。网上银行全天 24 小时、一年 365 天不间断营业。客户可以在任何地方、任何需要的时候使用网上银行的服务，不受时间、地域、方式的限制，即享受“3A”（anytime，anywhere，anyplace）服务。银行业务的电子化大大缩短了资金在途时间，提高了资金的利用率和整个社会的经济效益。

(3) 经营成本低廉。美国网络银行运作的报告表明，互联网银行的经营成本只相当于经营收入的 15%～20%，而普通银行的经营成本占收入的 60%；开办一个网络银行所需的成本只有 100 万美元。在互联网上进行金融清算的话，每笔交易的成本不超过 13 美分，而在银行自有的个人电脑软件上处理一笔交易的成本则达到 26 美分；电话银行服务每笔交易的成本为 54 美分，而传统银行分理机构每笔交易的处理成本高达 108 美分。所以，网络银行业务的成本优势显而易见。而且，网络银行通过利用电子邮件、讨论组等技术，还可以提供一种全新的、真正的双向交流方式。由于采用了虚拟现实信息处理技术，网络银行可以在保证原有的业务量不降低的前提下，减少营业点的数量。

(4) 简单易用。使用网络银行的服务不需要特别的软件，甚至不需要任何专门的培训，只需有一台电脑并且能够连接到互联网。上网后，即可根据网络银行网页的提示进入自己所需的业务项目。简洁明快的用户指南使具有互联网基本知识的一般网民都可以很快掌握网络银行的操作方法。网上 E-mail 通信方式也非常灵活方便，便于客户与银行之间以及银行内部的沟通。

网络银行这一新生力量向银行业注入了新的活力，代表了未来银行业的发展方向，同时也给银行业带来了巨大的挑战。

（1）技术进步会对传统银行业的经营模式和理念造成巨大冲击。快捷高速的网络突破了时空限制，对商业银行的经营理念与经营模式产生了冲击。在传统银行规模效应继续发挥作用的同时，网络化引发了“新规模效应”。营业网点的扩张已不再是规模效应的代名词，网络赋予了中小银行和大银行相同的发展空间。

网络时代要求银行提供更迅捷和高效的服务，以速度赢得客户，变被动为主动。网络改变了银行与客户面对面交易的方式，网络的规模效应使商业银行只有提供更高效方便的服务才能在市场竞争中争先。

新兴的网络经济要求银行在不同阶段，面对不同的客户群提出不同的市场策略，将市场细分。中国的网民数量增长很快，但由于教育、经济和观念转变等原因，人们对网络的认识速度和接受能力不同。银行在制定市场策略时要因群施策，分步骤发展客户群，制定不同的营销策略；以客户为中心，通过分层次，向客户提供具体全面的服务以吸引客户。

由于转账、核算业务的低成本优势不复存在，商业银行必须将业务重点转为提供“个性化服务”以求生存。银行必须积极与客户联系，获取客户信息，了解不同客户的特点，提供更为“人性化”的服务，同时也要处理好同客户的关系，将服务转向“人际化”，因为这将成为影响银行盈利的重要方面。

（2）银行经营目标——安全性、盈利性、流动性——的实现方式发生了改变。一是库存现金向数字现金的转变使安全概念发生了转变。由于电子货币的广泛使用，银行资金的安全已经不再是传统的保险箱或者保安人员所能保障的。对银行资金最大的威胁是黑客的偷盗，很可能不知不觉间资金就已经丢失，因此银行必须转变安全观念，从新的角度确保资金安全。

二是电子支付的独特存取方式引发了流动性需求的改变。电子支付特别是电子货币的出现使得传统的货币划分方式不再实用，不可避免地会导致银行的流动性需求发生改变——对现金的需求减少。

三是信息的重要性更加突出，信息获取与信息配置成为商业银行新的盈利点。在网络经济时代，银行获取信息的能力在很大程度上体现了其信用，信息配置较传统经济学中的资源配置将发挥更大的作用，对经济学的发展也将是一个推动力。

（3）网络时代金融业壁垒的弱化使银行感受到了来自非同业的巨大竞争威胁。网络的重要特点就是低成本，加之网络技术的普及很快，二者共同导致了金融业壁垒的弱化，使银行面临巨大的竞争威胁。银行业必须正视这一点，注重核心竞争力的打造，增强自身相对其他行业的竞争力。

在网络时代，网络金融产品易诞生也易消亡的特点对银行的金融创新提出了更高的要求。新的金融衍生工具的创造将加速，但其淘汰也可能会变得更快。这一方面为银行突破传统的历史阶段性发展模式而利用技术创新进行跳跃式发展提供了可能，另一方面则对银行自身的创新能力提出了更高的要求。如果银行自身不具备创新的实力，就有可能长期处于“跟随者”的不利地位，并且时刻面临被淘汰的危险。

（4）网络银行的监管问题。互联网改变了银行的运作模式，新型的管理和运作模式使银行的操作更人性化、更生动。银行网站可以利用多媒体等技术手段来吸引客户，同时互联网的出现也使银行网点的存在受到威胁。同时，银行也可以通过网络掌握更多的客户信息，通过对客户信息的进一步分析开发出更多的产品，同时也更有利于对客户信用进行管理。

网络提高了银行的效率，同时也加快了系统风险的传播速度，因此相对于传统银行，网络银行对系统风险的防范更加重要，尤其是网络环境下应更加注重对于操作风险、法律风险以及洗钱风险的防范，当然，也不可忽视对于传统风险，也就是信用风险、流动性风险的防范。

网络的开放性使网络银行的安全性问题更为突出，通信线路的流畅、数据的安全传输、对于黑客的防范以及应对内外部的恶意攻击都是在系统安全方面要考虑的问题。

网络银行的快速发展对中央银行的监管也提出了更高的要求。

二、网络银行的业务

网络银行的业务可以概括如下：

（1）公共信息。包括：银行简介；银行网点、ATM、特约商户介绍；银行业务、服务项目介绍；存款、贷款利率查询；外汇牌价查询；国债行情查询；各类申请资料（贷款、信用卡申请）；投资、理财咨询。

（2）客户交流。包括：客户意见反馈；客户投诉处理；客户投诉问题解答。

（3）账务查询。包括：企业集团对公业务查询；支票、汇票查询；个人卡业务查询；个人储蓄业务查询。

（4）银行交易。包括：企业集团转账；个人理财；卡转账；外汇交易；个人小额抵押贷款。

（5）代收费业务。包括：代收水电费、电话费等。

（6）账务管理。包括：修改密码；挂失银行卡、存折、支票等。

三、国内外网络银行的发展

1995年全世界第一家网络银行——安全第一网络银行（Security First Network Bank，SFNB）——在美国一出现，就吸引了世界各大金融机构的目光。网络银行作为一种新型的客户服务方式迅速成为国际银行界关注的焦点，并开始在各发达国家迅猛发展，年均增长速度达50%以上。2002年，发达国家网络银行业务比重达到15%，2005年这一比重增长到30%。在我国，继1998年招商银行率先推出网上银行业务“一卡通”服务后，中国银行、中国工商银行、中国建设银行、交通银行、光大银行等纷纷推出网络银行业务，目前网络银行已经非常普及。

（一）北美的网络银行

网络银行发源于美国。美国的SFNB是世界上第一家将其所有银行业务都通过互联网处理的开放式银行。

安全第一网络银行是一家纯网络银行，由美国几家金融机构合资成立，资产达 4 000 万美元。该行的营业厅就是网页画面，网上“营业大厅”里设有账户设立、客户服务以及个人理财三个主要的服务“柜台”，此外还有提供客户查询服务的咨询台、行长台等。

SFNB 采取的主要营销策略包括：(1) 利用客户服务代表弥补缺乏分支机构支持的缺陷，通过真实的、活生生的客户服务代表提供每周 7 天、每天 24 小时的客户支持，从而使客户感受到真实的服务。(2) 通过为客户提供免费的基本支票账户吸引客户。网上银行业务诞生之初，多数人对其安全性持怀疑态度。SFNB 向客户提供免费的基本支票账户，使客户能够在毫无风险的情况下尝试网络银行，以此吸引更多的客户尝试网络银行业务。客户因此很容易把 SFNB 作为他们首选的金融机构，并开始参与 SFNB 提供的其他服务。(3) 通过技术手段与客户保持密切联系，为客户提供个性化服务。通过现代技术手段，SFNB 创造性地开拓了与客户进行联系的一些营销渠道。例如，在 SFNB 的 Web 站点上有一个常设栏目，该栏目专门为客户提供有关个人财务管理的咨询服务，例如全国的不收费 ATM 的列表。另外，SFNB 的工作人员还定期向客户发送有关新功能和新产品的电子邮件通告。正是通过这些创新的营销手段，SFNB 与客户保持着良好的联系，客户也乐意向 SFNB 提供意见和建议。因此 SFNB 可以更方便地为客户提供更个性化的服务。(4) 让客户给服务定价。与传统银行相比，网络银行能以更低的经营成本提供更好的服务。因此，SFNB 提供的金融产品更具价格优势。SFNB 通过其 Web 站点对潜在客户进行调查，以确定收费标准，并且更进一步地培育了与客户之间的良好关系。

SFNB 最初取得成功的关键在于充分利用了网络低成本（这家银行只有 19 名员工）、高速度和跨越时空的优势。在 4 个月的时间内，其客户达到了 4 000 个，遍布美国 50 个州。每个账户的平均交易额达到 25 000 美元。但随着电子商务低谷的到来，1998 年 SFNB 因巨额亏损被加拿大皇家银行收购。

加拿大皇家银行（Royal Bank of Canada，RBC）是加拿大规模最大、盈利能力最强的银行之一。1998 年，加拿大皇家银行以 2 000 万美元收购了 SFNB 除技术部门以外的所有部分，此时 SFNB 的客户已超过 1 万个，其存款余额早在 1997 年就超过了 4 亿美元，而且其网络银行业务一直处于世界领先地位。

加拿大皇家银行的战略目的有两个：一是扩大其在美国金融市场的业务和份额。加拿大皇家银行通过收购 SFNB 打入了美国金融零售业务的市场，利用 SFNB 吸收的存款投资于加拿大的中小企业，获取收益。二是利用这次收购，将业务拓展至一个新兴的、飞速发展的领域。这次收购使加拿大皇家银行立即站在了网络银行发展的最前沿。在美国设立一家传统分行需要 200 万美元，而维持 SFNB 的费用远远低于任何一家传统分行，所以这次收购完全是低成本、高收益收购的一个典范。

在收购之后，为了吸引更多的客户，加拿大皇家银行利用自身雄厚的资金实力，在市场营销方面采取了两种策略：首先，提高了支票账户的存款利息。它许诺最先申请网络银行账户的 10 000 个客户可以在年底之前享受 6%的优惠利率。在信息公布后的六个星期内，账户的申请者已经达到了 6 500 人。其次，购买了超级服务器（fat server），使客户可以瞬时传输电子数据和检查账户当前以及历史情况。尽管 SFNB 在被加拿大皇家银行收购后曾经连续两年亏损，但也获得了大量客户，为日后的盈利打下了基础。

北美是传统银行的网络银行业务普及最早的地区。

富国银行于1995年开设了网络银行业务，到1999年，客户达到62万人，成为当时美国拥有网上客户最多的金融机构。客户可以查询账户、转账、支付支票、申请开户、签发旅行支票、进行外汇交易。1996年，富国银行开始向企业提供网上付款服务，通过企业内部网络，客户可以转账、查询，并将信息以电子邮件的方式发送给富国银行。

花旗银行的网上服务主要包括直接存取（direct access），免费提供账单、划转资金、股票报价等服务。它建立了独立的电子花旗（E-Citi），拥有独立的品牌、独立的经营目标，甚至可以与传统银行自身展开竞争。

（二）欧洲的网络银行

由于电子计算机和网络的普及时间较早、普及程度较高，网络银行在欧洲开始得也比较早。截至1999年年底，全欧洲已有2 000多家金融机构开设了网络银行业务，其中2/3提供网上交易服务。

卢森堡国家储蓄银行于1856年建立，在卢森堡属于中等规模的银行。1999年4月该行开始开发网络银行项目，10月对外公布网络银行。如果客户需要与银行签订协议，那么可以在网上预签。客户可以有多个合同号，通过合同号管理不同的账号；可以查询账户，进行国内和国际转账、证券交易、电子信箱加密；使用JAVA技术，防止黑客侵入。

荷兰银行的网络银行有以下特色：（1）通过客户关系管理系统来提供服务；（2）可以提供B2B、B2C服务；（3）通过威士商务采购卡在网上做中小企业的采购服务。荷兰银行香港分行还提供网上理财服务，客户可以查询账户、转账、开立储蓄账户以及往来账户，在网上可以开立定期账户、申领支票和对账单、与客户服务中心直接联系。

在德国国内，有两种不同形式的电子银行，它们是传统银行下设的电子银行与完全独立的直销银行。前者在提供传统银行服务的同时推出网上银行系统，形成由营业网点、ATM、POS机、电话银行、网上银行构成的综合服务体系，而后者采用电话、网络等高科技服务手段与客户建立密切的联系，提供全方位的金融服务。德国实行全能银行制，因此大部分传统银行都建立了网上交易平台。客户在网络银行开设的个人账户不仅可以用于存取款，还可以直接用于买卖股票等金融证券，进行在线投资。如今网络银行已成为德国传统银行的重要组成部分。随着电子银行的发展与德国网络普及度的不断提高，德国出现了上百家纯粹的网络银行，并且已具有相当的市场竞争力。这种新型的“直销银行”费用低廉、使用便捷，正成为德国个人理财的“网上直通车”。德国最大的网络银行是荷兰国际集团（ING）旗下的ING-DiBa，该银行没有分支机构，完全依靠网络和电话开拓市场、提供服务。在德国数千家银行的排名中，ING-DiBa排第27位，规模超过了大多数传统银行。该银行也是欧洲乃至全球最大的“直销银行”，目前拥有逾1 300台自动取款机，拥有量位居德国各大银行第5位，主要设在加油站、大型超市及家电卖场之中。

英国是一个金融大国，其金融服务业受传统服务模式的影响比较大，但随着全球金融业兼并风潮迭起和电子金融服务的日趋完善，隔着柜台进行交易的传统服务模式面临巨大冲击，英国的金融业尤其是银行业经历着一场服务方式的变革，即从“面对面”交易发展成为通过互联网进行在线交易。下面以英国巴克莱银行为例，来描述电子银行在英国的发展。巴克莱银行是世界上最大的全球性金融服务公司之一，致力于提供商业银行、投资银行和投资管理服务。巴克莱银行的分支机构覆盖全球60多个国家，在全球范围内为超过2 500万个客户提供业内领先的服务，拥有140 000余名雇员，拥有超过300年的历史和丰富的专业银行知识。巴克莱银行的主要业务集中于以下六个方面：(1) 为超过1 400万名个人客户和76.2万家公司提供银行产品和服务；(2) 巴克莱信用卡是最大的全球信用卡发行公司之一，在全世界拥有大约1 500万名用户；(3) 巴克莱资本是全球领先的投资银行，为大型公司、机构和政府客户提供融资和风险管理解决方案；(4) 巴克莱全球投资者有限公司是世界上最大的资产经营者之一，也是领先的投资管理产品和服务供应商；(5) 巴克莱财富管理公司管理着超过740亿英镑的客户基金；(6) 为遍及加勒比地区、法国、西班牙、葡萄牙、意大利、非洲和中东的公司客户提供国际零售和商业银行服务。随着网络技术的运用与发展，近年来，巴克莱银行不断采用电话银行和网络银行等全新的服务形式，为客户提供快捷、便利、透明、安全的银行服务。截至2014年年底，巴克莱银行拥有移动端银行客户220万个，网上账户增长数倍，新服务形式打破了时空限制，使客户无须亲临银行便可处理存款、结算等事宜。

(三) 中国网络银行发展现状

从1998年招商银行试水网上银行业务起，如今网络银行已成为常用的商业银行运行方式。

1. 中国工商银行[①]

20世纪90年代，中国工商银行就在全国率先推出了95588电话银行服务。中国工商银行网上银行自2000年2月推出以来，使用量呈几何级数增加。2011年12月，中国工商银行又率先发布了“工银移动银行”品牌，将中国工商银行服务从“网点”延伸到“家中”，再延伸到“身边”。

2017年年末，中国工商银行“融e行”客户数达到2.82亿户，推出了指纹、刷脸登录和支付功能，一键转账，网银扫码登录，免登录查询等系列产品和服务；以专业安全为目标，全新推出手机银行安全中心、上线安全检测、账户安全锁等功能。2017年年末，中国工商银行“融e联”注册客户数达1.14亿户。“融e联”上线“我在工行”年度账单大数据画像产品，发挥大数据优势，为客户提供信息增值服务；建设一体化服务平台，上线投产群发助手、全渠道服务评价、私人银行对账单、账户贵金属转账等重要功能，助力客户经理服务能力提升。

中国工商银行借推出电子银行品牌之机，进一步提高电子银行服务质量，让更多的客户舒适、放心、满意地搭乘“金融e通道”，享受中国工商银行的精品服务。中国工商银行在业内首推网上便捷支付服务——“工银e支付”，方便注册用户通过网上银行、手机银行进行小额网上购物、自助缴费、转账汇款等。同时，铁路客票订票网站和各大航空公司官方客票网站都已开通“工银e支付”服务，“工银e支付”成为客户便捷化购票出行的重要支付方式。

① 参见中国工商银行网站 (www.icbc.com.cn)。

2. 中国建设银行[①]

中国建设银行于1999年推出网上银行服务，该项服务推出伊始就以先进、安全、方便、快捷、实用等独有特色获得了广大客户的喜爱。

截至2014年年底，中国建设银行电子银行和自助渠道账务性交易量占比已达88.03%。中国建设银行立足“以人为本”，从“提高客户满意度”这一服务宗旨出发，不断创新网上银行的功能。

3. 招商银行[②]

1995年7月3日，招商银行在深圳发行了“一卡通”银行借记卡。这张印有金色葵花在蓝色的天空下灿烂开放的图案的小卡片集多币种、多储种存折和存单于一身，使传统的、单纯的个人储蓄向创新的、综合的个人理财转变，被誉为中国储蓄业务领域的革命性产品、中国金融电子化过程中的一座里程碑。“一卡通”自推出以来，顺应了中国人的消费心理，深得客户的喜爱，迅速打开并赢得了市场，其品牌形象为越来越多的客户所认同，面世以后发行量高速增长。

如果说“一卡通”是招商银行技术创新的开篇，那么“一网通”的成功推出则标志着招商银行在银行电子化建设方面开始问鼎国际，并进而确立了招商银行作为国内网上银行领跑者的地位。

从1997年开始，招商银行把目光瞄向了刚刚兴起的互联网，并迅速在网上银行发展方面获得了优势地位。1997年4月，招商银行开通了自己的网站 www.cmbchina.com，这是中国银行业最早的域名之一，招商银行的金融电子服务从此进入了“一网通”时代。1998年4月，“一网通”推出“网上企业银行”，为互联网时代银企关系进一步向纵深发展构筑了全新的高科技平台。目前，招商银行的“一网通”已形成了包括网上企业银行、网上个人银行、网上商城、网上证券和网上支付等在内的较为完善的网上金融服务体系。近年来，招商银行网上个人银行业务交易量年复合增长率接近100%，电子银行综合替代率超过75%。手机渠道方面，2014年12月，招商银行手机银行月登录次数首次突破1亿次，已经成为客户最活跃的电子渠道。2014年，招商银行推出了全新的移动金融产品“一闪通”，首次实现了手机与银行卡真正意义上的合二为一，是全球首款基于手机的涵盖线上、线下、大额、小额等各种应用场景的全功能移动金融产品。

“网上企业银行”是招商银行集产品、服务、渠道和创新为一体的网上银行知名品牌。国内企业银行金融服务的网络化变革始于1995年招商银行在国内首家推出的企业客户服务终端。招商银行1998年开发了第一个网上企业银行版本，从而拉开了国内网上企业银行发展的序幕；2006年推出了财资管理平台，并成功研发出网上企业银行中小企业版，满足了大型集团企业及中小型企业客户的需求；2007年推出了跨银行现金管理平台CBS，使更多集团客户实现了跨银行资金集中管理的梦想；2008年招商银行网上企业银行以“U-BANK”的崭新品牌出现，打造全面、综合化的网上业务平台；2009年破界而立，招商银行推出了网上企业银行超级网银和CBS统一版，开创了网上企业银行发展的新局面；

① 参见中国建设银行网站（www.ccb.com）。

② 参见招商银行网站（www.cmbchina.com）。

2010年推出的网上企业银行U-BANK7，使“智慧的网上企业银行”理念成为招商银行与企业客户携手共赢的新起点。经过多年的信息系统建设，招商银行网上企业银行逐渐形成了企业银行标准版技术平台、企业银行跨银行直联技术平台、企业银行财资管理技术平台三大电子化技术平台。交易安全采用指纹数字证书体系，各类在线服务享有“指纹认证＋密码认证”双重保障；语言支持中文简体版、中文繁体版、英文版；地域支持内地版、香港版、纽约版；更有针对专门用户的中小企业版、超级版、同业版；接入渠道支持客户端、手机、电话、浏览器等多种形式。

四、手机银行概述

手机银行（mobile banking）也可称为移动银行，是利用移动通信网络及手机终端办理相关银行业务的简称。手机银行的出现进一步拓展了银行业务，使人们可以在任何时间、任何地点处理多种金融业务，极大地丰富了银行服务的内涵，使银行服务更加便利、高效。

手机银行是网络银行在移动互联网环境下的派生产品，作为一种崭新的银行服务渠道，它的优越性集中体现在便利性和可移动性上。借助手机银行，客户不论何时何地均能使用银行服务，能及时交易，节省了去ATM和银行窗口排队等候的时间。

目前中国是全球手机银行服务最丰富的国家，国内各大商业银行纷纷推出手机银行服务，这些服务基本涵盖了银行的各类基础业务。以中国工商银行为例，其手机银行服务已经能够覆盖所有移动和联通的手机用户，客户可以享受7×24小时全天候的服务：查询账户、转账/汇款资金瞬间到账、捐款、缴纳电话费和手机话费、网上消费实时支付等。

除了最基础的服务外，各商业银行还添加了很多创新功能。以招商银行为例，其全新升级了网点预约、产品超市等功能；优化了理财日历，新增了理财产品到期、信用卡还款、还贷余额不足等60类智能提醒；手机银行用户独享专属高收益理财产品，更有专属日日盈产品；等等。

同网上银行相比，手机银行具有以下特点：

（1）更方便。手机银行功能强大，是网络银行的一个精简版，但是远比网络银行更为方便，因为可随身携带，而且能方便地用于小额支付。

（2）应用更广泛。手机银行提供网站的支付服务，实现了一点接入、多家支付。

（3）更有潜力。随着手机的普及和移动支付网络的发展，手机银行的可接受性愈来愈强，能吸引愈来愈多的消费者成为其用户。目前各种手机银行应用程序层出不穷，对大多数客户来说，手机银行完全可覆盖常用的网银功能，发展潜力巨大。

第三节　第三方支付清算机构

一、第三方支付清算机构概述

伴随经济和贸易的发展，专门为商业银行进行清分和结算的清算机构出现，这些清算机构逐渐演变成独立于交易双方的第三方机构和组织。

根据维基百科，术语第三方机构（the third party）最初来源于美国选举制度，指选举双方之外的独立党派，具有独立性和中立性。逐渐地，第三方机构进入商务运作领域，通常指交易双方之外的中立机构，第三方机构具有独立性和中立性。在金融业，支付清算机构大多属于第三方机构，为交易双方进行资金清算。因此从广义上讲，第三方支付清算机构泛指所有向金融机构和企业提供资金清算服务的机构，如 SWIFT、FEDWIRE、CHIPS 以及中国现代化支付系统等。信用卡组织也属于第三方清算机构，但信用卡组织仅对信用卡交易进行清算。

伴随电子商务的发展，由于电子商务基于信任的本质，基于互联网的第三方支付清算机构（或称第三方支付）大量出现，比较典型的有美国的 PayPal、中国的支付宝等。狭义上讲，第三方支付清算机构仅指基于互联网的资金清算系统。根据《支付清算组织管理办法》(2005 年征求意见稿)，支付清算组织是指依照有关法律法规和该办法规定在中华人民共和国境内设立的向参与者提供支付清算服务的法人组织。

第三方支付清算机构与传统金融清算机构的相似之处在于，它也是为交易双方提供资金清算服务的机构。然而与传统金融清算机构不同，第三方支付清算机构不仅仅以银行等金融机构作为资金清算对象，还直接为交易双方，即消费者和企业提供资金清算服务。网络第三方支付清算机构与信用卡机构的清算有许多相似之处，都是为商品交易双方，即买方和卖方提供支付便利，它与信用卡清算机构的不同之处在于，信用卡清算机构面对会员银行进行清算，不直接与消费者和企业发生关联，而是通过发卡行与收单行发展客户；另外，由于互联网的电子商务特性，买方和卖方可以都是个体消费者，或者说个体商户，也可以是企业。比较成功的第三方支付清算机构还依托于网络交易平台，例如 PayPal 和支付宝分别依托于 eBay 和淘宝网。

第三方支付的诞生给企业、商业银行和消费者都带来了益处：对商业银行来说，增加了网络银行和银行卡交易，扩大了收入来源；对企业来说，有利于产品销售；对消费者来说，降低了支付成本。支付宝创立的信用担保机制弥补了中国信用体系的不完善和信用缺失的问题，这一金融创新促进了中国电子商务的发展。

二、第三方支付的功能

根据中国人民银行发布的《非金融机构支付服务管理办法》，非金融机构支付服务主要包括网络支付、预付卡的发行与受理、银行卡收单以及中国人民银行确定的其他支付服务。其中网络支付包括货币汇兑、互联网支付、移动电话支付、固定电话支付、数字电视支付等。

第三方支付具有以下功能：

(1) 为银行业金融机构办理票据和结算凭证等纸质支付指令的交换和计算；

(2) 为办理银行卡等卡类支付业务的机构提供支付指令的交换和计算以及专用系统；

(3) 为银行业金融机构或其他机构及个人提供电子支付指令的交换和计算；

(4) 为其他参与者提供支付指令的交换和计算。参与者是指接受支付清算组织章程制约，可以发送、接收支付指令的金融机构及其他机构。

其中，支付清算是指支付指令的交换和计算；支付指令是指参与者以纸质、磁介质或电子形式发出的、办理确定金额的资金转账命令；支付指令的交换是指提供专用的支付指令传输路径，用于支付指令的接收、清分和发送；支付指令的计算是指对支付指令进行汇总和轧差。

按照为参与者提供支付清算服务的范围的不同，支付清算组织分为全国性支付清算组织、区域性支付清算组织和地方性支付清算组织。全国性支付清算组织是指在全国范围内提供支付清算服务的法人组织。区域性支付清算组织是指为毗邻省（自治区、直辖市，以下同）的参与者提供支付清算服务的法人组织。地方性支付清算组织是指为省内参与者提供支付清算服务的法人组织。

三、第三方支付的主流业务模式

目前，第三方支付的主流业务模式分为互联网支付、手机支付和预付卡支付三大类，如图 6－4 所示。互联网支付又分为账户支付、通道支付两类；手机支付分为通信账户支付、远程支付、进场支付和类终端支付四类。

图 6－4　第三方支付的主流业务模式

四、第三方支付的风险

第三方支付涉及的最主要的风险是信用风险、操作风险、流动性风险。

第三方支付清算机构应建立清算业务风险防范机制，制定并实施识别、计量、监测和管理风险的制度。对于信用风险，第三方支付清算机构应当建立参与者信用风险损失分担的规则和程序；对于操作风险，第三方支付清算机构应当建立应急系统，制定应急预案和持续性计划，确保支付清算系统安全可靠运行；对于流动性风险，第三方支付清算机构应建立应提准备金，以防范流动性危机。

五、第三方支付典型案例

1. 支付宝

支付宝是以个人为中心，以实名和信任为基础的一站式场景平台（图 6－5 展示了支付宝的图标)。2003年10月18日，淘宝网首次推出支付宝服务；2004年12月8日，浙江支付宝网络科技有限公司成立。

图6-5 支付宝的图标

自2004年支付宝从淘宝网独立出来以来，支付宝已经与超过200家金融机构达成合作，为近千万小微商户提供支付服务，发展成为中国最大的第三方支付平台。目前，支付宝实名用户数大约为5.52亿。在覆盖绝大部分线上消费场景的同时，支付宝也正在大力拓展各种线下场景，包括餐饮、超市、便利店、出租车、公共交通等。目前，支持支付宝的线下门店超过20万家，出租车专车超过50万辆。支付宝的国际拓展也在加速。目前，支付宝收款已经得到境外超过30个国家和地区的近2 000个签约商户的支持，覆盖14种主流货币。在金融理财领域，支付宝为用户购买余额宝、基金等理财产品提供支付服务。目前，使用支付宝支付的理财用户数超过2亿。支付宝根据网购市场的需求不断改进和完善自身的产品，越来越多的人使用支付宝在网上购物。

支付宝的支付和交易流程如下：

(1) 消费者在电子商务网站上选购商品，最后决定购买，买卖双方在网上达成交易意向；

(2) 消费者选择利用支付宝作为交易中介，用信用卡将货款划到支付宝账户；

(3) 支付宝支付平台将消费者已经付款的消息通知商户，并要求商户在规定时间内发货；

(4) 商户收到通知后按照订单发货；

(5) 消费者收到货物并验证后通知支付宝；

(6) 支付宝将其账户上的货款划入商户账户，交易完成。

由于中国现阶段信用体系较为薄弱，买家的利益难以得到很好的保障，而电子商务交易成功的关键恰恰在于信任机制，于是支付宝推出了担保交易的形式，解决了网上交易及付款中的信任问题。支付宝与PayPal运作的差异在于支付宝的担保交易机制，特别是客户接到货物后的确认流程。这在目前中国的信用环境下具有创造性，对于推动中国电子商务发展起到了重要作用。

支付宝（中国）网络技术有限公司是国内领先的第三方支付平台，致力于提供“简单、安全、快速”的支付解决方案。支付宝公司从建立开始，始终以“信任”作为产品和服务的核心。旗下有“支付宝”与“支付宝钱包”两个独立品牌，自2014年第二季度开始成为当前全球最大的移动支付商。

支付宝主要提供支付及理财服务，包括网购担保交易、网络支付、转账、信用卡还款、手机充值、水电煤缴费、个人理财等多个领域。在进入移动支付领域后，为零售百货、电影院线、连锁商超和出租车等多个行业提供服务，还推出了余额宝等理财服务。同时，支付宝与国内外180多家银行以及VISA、MasterCard等国际组织机构建立了战略合作关系，成为金融机构在电子支付领域最为信任的合作伙伴。

支付宝除了支持交易支付外，还具有以下功能：

(1) 转账。通过支付宝转账分为两种：1）从自己的支付宝账号向其他支付宝账号转账，资金可瞬间到达对方支付宝账户；2）转账到银行卡，即用户可以从自己的支付宝账号向自己或他人的银行卡转账，目前该服务支持百余家银行。

(2) 缴费。自2008年年底开始，支付宝推进公共事业缴费服务，已经覆盖了全国300多个城市，与1 200多个机构合作。除了水、电、气等基础生活缴费外，还扩展到交通罚款、物业费、有线电视费等更多与老百姓生活息息相关的缴费领域。常用的在线缴费服务有水、电、气缴费，教育缴费，交通罚款，有线电视费等。

(3) 服务窗。在支付宝钱包的“服务”中添加相关服务账号，就能在钱包内获得更多服务，包括银行服务、缴费服务、保险理财、手机通信服务、交通旅行、零售百货、医疗健康、休闲娱乐、美食吃喝等10余个类目。区别于其他公众服务平台，服务窗具有天然的支付基因、超亿的支付用户群体，以及经严格审核的商户服务，因而能产生更大的生态价值。例如：

挂号网——在线预约挂号服务；

中信银行——实时消费提醒、账单查询、积分兑换、余额查询、还款等服务；

国网山东电力公司——余额查询、每日电量查询、缴费记录查询，以及电费预警、出账、欠费、停复电通知服务；

中国电信——余额宝0元购机享收益服务（广东地区可享受该服务）；

12306公众号——火车票信息在线查询服务；

万达电影——在线购票、选座服务；

新希望双峰乳业——在线订购牛奶服务；

市民云@上海生活公众号——上海市民查询公积金、养老、医保、交通违章服务；

交通违章代办——异地交通违章罚款缴纳服务。

(4) 线下服务。用户装上支付宝钱包后，就可以在商场小巷享受电子支付的便利。自2013年11月起，全国29家银泰百货、银泰城门店都可以使用支付宝钱包付款。从2013年12月开始，美宜佳、红旗连锁、喜士多C-STORE、7－11等多家连锁便利店企业陆续全面支持支付宝支付；当月，北京出租车司机开始接受支付宝付打车费。随后，万达影院、大悦城、王府井等全国大型零售企业以及电影院、KTV和餐饮企业等接入支付宝。使用支付宝时，可以事先将资金充值到支付宝账户，也可以在支付时使用银行卡（包括信用卡、借记卡）和充值卡。

(5) 快捷支付。快捷支付是为网络支付量身定制的网银服务，主推支付功能，由银行与支付宝直连，保障了支付的安全性和便捷性，其支付成功率达到了95%左右。用户可以通过在银行留下的联系方式、银行卡卡号、手机校验码等信息快速开通快捷支付服务，付款时输入支付宝支付密码即可。其便捷性更强，支付宝与保险公司承诺保障用户资金安全。180多家银行与支付宝合作，提供快捷支付服务。

(6) 余额宝。余额宝是支付宝推出的理财服务，但也能用于日常的购物、还信用卡等支付。在用于支付时，余额宝的优势在于额度较大、支付成功率非常高。余额宝还能获得理财收益。余额宝占支付宝支付的比例正在逐步升高。

(7) 专卡支付。支付宝支持全球（除美国华盛顿州外）发卡机构发行的Visa/MasterCard/JCB卡，只需在付款时登录相应网银，即可享受购物乐趣。

(8) 预付卡服务。支付宝卡是由支付宝发行的自有预付卡，卡内资金可以在支付宝支持的所有商户那儿购买商品时使用，暂时只支持天猫商城及淘宝网。支付宝卡面值为100元或200元，该卡需要在36个月的有效期内使用，逾期可进行付费延期，延期后可继续使用。支付宝卡不记名、不挂失，发生退货时，使用支付宝卡支付部分的资金退回卡账户，不予提现。用户可以通过“手机话费充值卡”（联通一卡充、神州行卡）来完成支付宝付款。这种付款方式无须使用银行卡，但需要向充值服务提供方（非支付宝）缴纳手续费，标准为交易金额的5%。

(9) 线下付款。支付宝用户也可以去身边的便利店、邮局、药店等支付宝合作网点完成付款，无须开通网上银行，线下即可解决付款问题，刷卡现金均可，如拉卡拉等自助终端机、空中充值店店主都能为支付宝订单付款。合作的网点覆盖了北京、上海、广州、深圳、杭州、成都等25个大中城市，总计达10万个。

(10) 退税。2013年10月，支付宝首次推出海外退税服务，消费者出国购物可以使用支付宝办理退税，税金最快7个工作日到账支付宝，相比传统信用卡退税方式提速5倍以上。这一服务已率先在韩国开通，并逐步推广到多个国家。

(11) 海外转运。针对一些海外商户尚未提供直邮中国的服务，支付宝与海外转运服务部合作，推出一站式海外转运服务。用户海淘时可以使用支付宝“海外转运”应用提供的转运仓库地址作为收货地址去购物。转运仓库收到商品后，用户通过支付宝支付运费，就可以坐等商户送达，并且可随时跟踪物流信息。未来，支付宝还会推出转运担保服务，进一步改善海外转运的体验，用户转运商品没有在指定时间内送达的，可获得理赔。

(12) 交留学费。支付宝与国外支付机构Uni-pay、PeerTransfer合作，开通支付宝交留学费服务。用户只要登录Uni-pay或PeerTransfer就可使用支付宝交留学费。全球支持这一服务的海外大学包括麻省理工学院、康奈尔大学、杜伦大学、利兹大学、曼彻斯特大学等300多所。

(13) 淘宝理财。淘宝理财平台搭建在淘宝网上，以服务普通网民群体的理财需求为宗旨。入驻淘宝理财的理财机构包括保险、基金、银行等，它们提供基金产品、保险理财产品以及银行理财产品等丰富多样的理财品种。消费者可以在淘宝理财平台上实现如淘宝购物般的理财选择，从筛选理财产品、购买交易到后续管理，均可在平台上完成。同时，淘宝理财也秉承小微集团的开放性，引入招财宝等别具特色的理财机构进入，在传统理财产品之外，向互联网网民提供定制化、特色化的理财产品。

(14) 淘宝保险。淘宝保险平台依托淘宝网搭建，以向互联网网民传递风险保障和特色保障产品为宗旨，并实现全程互联网化的保险购买、管理以及理赔流程。国内主流的保险公司均已入驻淘宝保险，在平台上呈现的保险产品亦包含车险、健康险、寿险、意外险、旅行险等种类。淘宝保险同时具备互联网创新业务的保障需求与保险公司产品创新的纽带，携手保险公司推出运费险、春运险等创新险种。此外，根据不同保障群体的特性，淘宝保险搭建了国内首个以服务小微企业员工、创业者群体为主的保障平台——乐业保，通过向这一群体提供定制化、低成本的商业保险，改善他们缺少保障的状况。

(15) 透支消费。2014 年 12 月 16 日，阿里金融计划推出信用支付服务：用户使用支付宝付款不用再捆绑信用卡或储蓄卡，能够直接透支消费，额度最高达 5 000 元，有 38 天免息期。如果出现逾期，阿里金融会短信通知，然后语音催收，最后是人工催收直至注销账户。贷款资金全部由合作银行提供，阿里巴巴旗下重庆商诚担保公司提供全额担保并承担全部风险，支付手续费由商户或客户自行承担，费用为 0.8%～1%，信用支付拥有 38 天的免息期，逾期后按基准利率的 50%收取罚金。

(16) 手机支付。支付宝 2008 年开始介入手机支付业务，2009 年推出首个独立移动支付客户端，该客户端 2013 年年初更名为“支付宝钱包”，并于 2013 年 10 月成为与“支付宝”并行的独立品牌，用户下载安装“支付宝钱包”，使用支付宝账号登录就能使用。自 2013 年第二季度开始，支付宝钱包的用户数、支付笔数均超过 PayPal，成为全球最大的平台，且之后这一优势仍在不断得到强化。从 2014 年 3 月以来，支付宝每天的手机支付笔数已经达到 2 500 万笔以上。

(17) 二维码支付。2010 年 10 月，支付宝在国内率先推出二维码支付技术，帮助电商从线上向线下延伸发展空间。用户在“支付宝钱包”内点击“扫一扫”，然后对准二维码，按照提示就能完成支付。

(18) 其他方式支付。条码支付：2011 年 7 月 1 日，支付宝在广州发布条码支付(Barcode Pay)，条码支付适合便利店等场景使用。这是国内第一个基于条码的支付方案，尚无同类支付技术。使用时，用户在“支付宝钱包”内点击“付款码”，收银员使用条码枪扫描该条码，完成付款。

声波支付：2013 年 4 月 12 日，支付宝与合作方青岛易触联合推出全球首个声波售货机。市面上尚无同类支付技术商用。使用方式：用户在支持声波支付的售货机等场景下，选择商品，然后在“支付宝钱包”内点击“当面付”，按照提示完成支付。

近场通信（Near Field Communication，NFC）支付：2012 年 7 月 31 日，支付宝推出利用 NFC、基于位置服务（Location Based Service，LBS）等技术的新客户端。随后这一技术方案得到进一步改进。2014 年 4 月 28 日，支付宝钱包 8.1 版支持 NFC 功能，用户可以利用该功能给北京公交一卡通充值。使用方式：将公交卡等放置在具有 NFC 功能的安卓手机后，即可查询公交卡余额以及充值。支付宝移动支付均为远程在线支付，NFC 在其中所起的作用为“近场握手、远程支付”，与统称的 NFC 略有差异。

网络电视支付：2012 年 3 月 29 日，华数传媒与支付宝推出互联网电视支付，实现 3 秒支付。使用方式：注册华数会员，并关注服务窗口，使用“支付宝钱包”扫描电视上的二维码，完成支付。

指纹支付：2014 年 7 月 16 日，移动支付平台“支付宝钱包”宣布试水指纹支付服务。

"支付宝钱包"用户在三星智能手机 GALAXY S5 上已能使用这一服务。这是国内首次在智能手机上开展的指纹支付尝试，此举不仅给用户带来了更安全、更便捷的支付体验，也意味着国内移动支付产业从数字密码时代跨入生物识别时代。

2. 财付通

财付通（TENPAY）是腾讯公司于 2005 年 9 月正式推出的专业在线支付平台（其图标见图 6-6），其核心业务是帮助在互联网上进行交易的双方完成支付和收款，致力于为互联网用户和企业提供安全、便捷、专业的在线支付服务。自 2005 年成立伊始，财付通就以"安全便捷"作为产品和服务的宗旨，不仅为个人用户创造了 200 多种便民服务和应用场景，还为 40 多万家大中型企业提供了专业的资金结算解决方案。经过多年的发展，财付通服务的个人用户已超过 2 亿，服务的企业客户也超过 40 万，覆盖的行业包括游戏、航旅、电商、保险、电信、物流、钢铁、基金等。结合这些行业的特性，财付通提供了快捷支付、财付通余额支付、分期支付、委托代扣、epos 支付、微支付等多种支付方式。

图 6-6　财付通的图标

个人用户注册财付通后，即可在拍拍网及 20 多万家购物网站轻松购物。财付通支持全国各大银行的网银支付，用户也可以先充值到财付通，享受更加便捷的财付通余额支付体验。财付通与拍拍网、腾讯 QQ 有着很好的融合，按交易额来算，财付通排名第二，份额为 20%，仅次于支付宝。

用户使用财付通完成在线交易的流程如下：

(1) 网上买家开通自己的网上银行，拥有自己的网上银行账户。

(2) 买家和卖家点击 QQ 钱包，激活自己的财付通账户。

(3) 买家向自己的财付通账户充值。资金从自己的网上银行账户划拨到自己的财付通账户。

(4) 卖家通过中介保护收款功能，选择实体或虚拟物品，如实填写商品名、金额、数量、类型，然后提交。提交后系统将通知买家付款，买家付款以后，系统通知卖家发货。

(5) 等待卖家发货。如果是实体物品，那么此时可以点击"交易管理"来查看交易状态；如果是虚拟物品，则可以查收 E-mail，状态以邮件为准。

(6) 财付通向卖家发出发货通知。

(7) 卖家收到通知后根据买家地址发送货物。

(8) 买家收到货物后，登录财付通确认收货，同意财付通付款给卖家。

(9) 财付通将买家财付通账户冻结的应付账款转到卖家财付通账户。

(10) 卖家提现。卖家只需要绑定自己的银行卡就可以完成提现，没开通网银的卡也可以。

财付通支持官方 QQ 币、Q 点、QQ 服务折扣售卖，话费充值优惠，信用卡还款，彩票卖场，航班动态查询，各大中城市水、电、燃气费代缴等功能；支持财付通余额、运营商话费充值卡、一点通、信用卡多重充值支付渠道。

3. 银联在线支付

银联在线支付是中国银联为满足各方网上支付需求而打造的银行卡网上交易转接清算平台，也是中国首个具有金融级预授权担保交易功能、全面支持所有类型银联卡的集成化、综合性网上支付平台，涵盖认证支付、快捷支付、储值卡支付、网银支付等多种支付方式，广泛应用于购物缴费、还款转账、商旅服务、基金申购、企业代收付等诸多领域，具有方便快捷、安全可靠、全球通用、金融级担保交易、综合性商户服务、无门槛网上支付六大特点。银联在线支付具有简单、灵活的快捷支付模式，无须开通网银，能加快交易进程，提升用户体验，有助于银行、商户吸引更多客户，促进网上交易。银联在线支付具有多重安全技术保障，实时监控风险，充分保证支付安全。与其他担保交易提前划款给第三方账户不同，银联在线支付的金融级预授权担保交易是在持卡人自有银行账户内冻结交易资金，免除利息损失和资金挪用风险，最大限度地保证了银行、商户和持卡人的权益。延伸至全球的银联网络、越来越多的银联境外网上商户让持卡人实现了“轻点鼠标，网购全球”。图 6-7 是银联在线支付的图标。

银联在线支付具有方便快捷、安全可靠等特点。银联在线支付通过采取多重安全防控技术，实时监控风险，前中后台联动，充分保证交易安全。银联在线支付的快捷模式支持静态、动态和证书三种身份验证方式。风险管理监控系统可以进行卡片准实时监控，向发卡银行提示大额或可疑交易；系统也对商户进行监控，因此需要收单机构按银联风险管理要求，正确上报商户信息，例如反映商户经营范围的 MCC 码等。除此之外，系统还可以向机构报送风险指标或发送相关信息文档等。

图 6-7 银联在线支付的图标

银联的互联网商户通过了严格的入网审核和实名认证，在商户规则和业务管理环节，银联/收单机构要求商户提供可信赖的保证，以确保商户本身具有良好的纠纷处理能力。

银联在线支付业务支持消费类、预授权类、账户验证和转账等交易类型，并提供互联网支付通知功能，能够广泛应用于以下业务领域：

网上购物：支持境内及跨境的网上商城购物，支持团购、秒杀等形式的购物网站。

网上缴费：支持全国多个城市的公共事业缴费（水、电、燃气、通信、有线电视费等）。

商旅服务：支持全国多地区的酒店预订、机票预订等商旅预订服务。

信用卡还款：提供安全方便的在线信用卡跨行还款服务。

网上转账：提供简单、快捷、安全的网上跨行转账服务。

微支付：支持 App Store 等电子商店的虚拟小额产品购买。

企业代收付业务：手机自动缴费（账单缴费）、有线和付费电视自动缴费、水电气账单自动缴费。

此外，银联支付还支持基金申购、理财产品销售、慈善捐款等业务。

银联支付的操作流程如下：

（1）认证支付流程。银联收集用户银行卡信息，将短信验证码发送至持卡人输入的手机号，待验证成功后，通过现有跨行交换网络将个人银行卡信息与手机号码发送至发卡银行进行验证和授权处理。

（2）快捷支付流程。仅支持银联注册用户使用，通过预先收集持卡人的注册账户信息和银行卡关联关系，规避网上泄露持卡人银行卡敏感信息的风险。在支付时，持卡人输入账户信息和手机号码，待银联验证短信验证码和账户信息成功后，通过现有跨行交换网络将银行卡信息和手机号码发送至发卡银行进行验证和授权处理。

（3）储值卡支付流程。储值卡支付是指持卡人使用储值卡进行互联网支付的一种支付方式。银联在线支付的非注册用户也可以使用储值卡支付，支付时无须手机验证。储值卡支付的流程如下：

1）用户在商户网站选择“银联在线支付”；

2）选择“储值卡支付”方式，输入储值卡卡号、密码和校验码，点击“下一步”；

3）支付成功。

（4）网银支付流程。网银支付是用户通过银联跳转，最终在银行网银页面完成支付的一种支付方式。网银支付的流程如下：

1）用户在商户网站选择“银联在线支付”；

2）选择“网银支付”，并输入用于支付的银行卡卡号，点击“下一步”；

3）在网银页面上，按要求输入相关的支付信息；

4）支付成功。

4. PayPal

1998年，彼得·蒂尔跟合伙人创立了Confinity。1999年第四季度，Confinity正式推出产品PayPal。最初彼得·蒂尔创立公司只是为了解决PDA之间的安全连接问题。随着对市场的进一步了解，PayPal成立，开始发展用电子邮件转账的系统。在此之前，人与人之间转账都要手写支票，然后拿着支票到银行去兑现，将钱取出，之后才能继续进行消费或者交易。PayPal独创的电子邮件支付系统将每个人的电子邮件认作唯一的ID，然后将电子邮件与信用卡绑定。通过电子邮件进行转账这样的创新极大地缩短了钱到账的时间，提高了流动性。图6-8展示了PayPal的图标。

PayPal™

图6-8 PayPal的图标

在业务发展初期，为打开市场，PayPal花费了超过1亿美元的资金，使用激进的财务奖励计划以及“病毒式营销”模式。财务奖励计划即注册就给10美元奖励，如果推荐朋友注册，也会得到相应的10美元奖励。“病毒式营销”即当某一使用者通过PayPal寄送款项给未注册使用者时，收款者必须注册成为会员，拥有PayPal账户，方能收取款项。这使得每一个现有客户都成了PayPal的推销员，因此在初期的时候，PayPal发展得很快，短时间里就拥有了上千的用户。

PayPal支付工具发布仅6周，dotBank和X.com便横空出世，市场瞬间陷入混战。dotBank跟PayPal很像，几乎就是一个山寨版的PayPal，拷贝复制了PayPal的大部分功能，还提供了一些更好用的功能，同时最重要的是，也有类似的推荐奖励机制。X.com更像是一个金融产品超市，提供了一只不收费、无最低投资门槛的基金来吸引客户，然后鼓励客户继续购买X.com提供的其他种类的金融产品。2000年，Confinity与埃隆·马斯克

(Elon Musk)创立的X. com合并。2001年，X. com更名为PayPal。

2002年，PayPal在纳斯达克首次上市，随后被eBay以15亿美元的价格收购。依托eBay庞大的交易量，PayPal得到快速发展。仅在2003年PayPal年收入就暴增359%，达到4.4亿美元，到2012年其收入已经达到52亿美元，其中63%的交易来自eBay。

最初，PayPal是通过向特定的群体群发邮件来提高注册使用率的，虽然效果也不错，但是这个时候，PayPal的营销团队注意到了eBay的存在。eBay上的买家和卖家之间交易时，大多是通过邮寄支票或者汇票的方式，一个交易周期最短也要一周左右。这种情况使得PayPal的存在可以为eBay的买家和卖家之间搭建更便捷、畅通的桥梁。在法律部门的支持下，PayPal开发了针对eBay的工具来帮助PayPal的卖家和买家之间更好地理解和使用PayPal，包括开发可以自动在eBay上显示的PayPal的logo，帮助卖家更好地推广使用PayPal等。

过分依赖eBay容易导致企业未来增长的不确定性，PayPal开始战略性地把服务扩展到新的目标市场：(1) 收购VeriSign，开拓中小企业市场。VeriSign被收购前已经有10万家中小企业商户和超过400亿美元的交易额。(2) 借助GSI，切入大企业市场。GSI的专长在于为成熟企业提供电子商务解决方案，被收购前期客户数量已经超过500家，其中200多家为知名品牌。早在2006年，PayPal就通过短信付款进入移动支付领域。2011年PayPal以2.4亿美元的价格完成了对移动支付公司Zong的收购，并于2012年推出了移动支付应用PayPalHere，开始主攻移动支付市场，在2014年发布One Touch一键支付功能，在2015年陆续收购Xoom、CyActive、Modest和移动支付公司Paydiant。

2015年，PayPal从eBay分拆出来，并在美国纳斯达克独立上市，重新挂牌第一天市值就超过eBay，直逼500亿美元。2002年，eBay以15亿美元的价格收购PayPal，但在12年之后，当PayPal的营收增长率达到eBay的两倍，且越来越多的支付业务和用户来自eBay之外的平台后，eBay再也无力推动PayPal的发展。

分拆时，eBay和PayPal签订了一份为期5年的运营协议，协议规定：分拆后，eBay与PayPal两家公司将继续共享有关欺诈、风险、客户服务问题等方面的数据，但是不再共享有关营销方面的数据。但协议规定，eBay 80%的在线交易必须通过PayPal来处理。如果比例低于80%，那么eBay需要向PayPal支付补偿金。如果比例高于80%，PayPal则需要向eBay支付与eBay的竞争对手同等的佣金。该条款保证了PayPal分拆后的稳定收入。协议还规定，禁止eBay在5年内推出支付服务，禁止PayPal为实体产品开发自主在线市场。只有当PayPal被eBay的竞争对手收购后，这项协议才能改变。而eBay要直到PayPal被收购18个月后，才能创建自己的支付平台。

自2016年起，PayPal就在跨国合作方面加大力度，相继与摩根大通、三星、微软、联想等国际巨头企业达成合作，加快拓展国际市场，还于2017年7月宣布与百度签署战略合作协议，9月与阿里巴巴全球速卖通达成合作，努力在国际市场上挽回市场份额。

2018年2月1日，eBay宣布将于2020年停止使用PayPal作为其后端支付机构，同时还公布了新的合作伙伴——成立于2006年的阿姆斯特丹支付公司Adyen。在eBay与PayPal的协议于2020年结束之后，PayPal仍然是eBay上买家的支付选项，但是不会像之前一样突出显示在借记卡和信用卡选项之前。2018年7月，eBay正式宣布，终止与其长期合作伙伴 PayPal 的合作，和 PayPal 的竞争对手苹果以及 Square 达成新的伙伴关系，但在 2023 年 7 月之前，PayPal 继续被作为 eBay 的一种付款选择。

第四节　电子支付

电子支付是电子商务的基础与平台，电子支付通常包含买卖双方的交易信息、支付信息以及资金的传输。由于服务的对象不同、处理的支付类型不同、涉及的中介机构不同、支付业务处理和资金结算方式也不同。

一、电子支付概述

电子支付是电子商务中极为重要的组成部分。电子商务较传统商务的优越性成为吸引越来越多的商户及个人上网购物和消费的原动力。如何通过电子支付安全高效地完成整个交易过程，是人们在选择网上交易时所必须面对并且需要首先考虑的问题。

电子商务中的支付过程主要通过四种形式实现：(1) 对于银行账户的贷记/借记（电子转账等）。这类方式也称作通道支付或网关支付，包括在线卡基支付工具类（如信用卡、借记卡、预付卡等）和电子支票类［如电子支票、电子汇款（EFT）、电子划款等］。(2) 通过终端设备（如连接到计算机的刷卡器或手机）进行支付。前两种支付方式通常也被称作通道支付或网关支付。(3) 对于某个网站上电子账户的贷记/借记（虚拟货币），这种支付方式也被称作虚拟账户支付。(4) 加密数字货币支付[①]。这些方式各有自己的特点和运作模式，适用于不同的交易过程。

电子支付系统可以分为大额支付系统和小额支付系统，B2B 交易通常属于大额电子支付交易，主要采取第一种形式，即通过对银行账户的借记和贷记完成支付；对于 B2C、C2C 等小额电子商务交易，上面四种形式都可以采用。

电子商务交易有交易支付和转账支付两种形式，下面分别讨论使用不同支付工具时的运作流程。

二、通道支付

与虚拟账户支付模式不同，在通道支付模式下，不需要交易双方在第三方支付机构开立虚拟账户，交易双方只要在银行有账户，就可以进行交易。第三方支付机构此时充当了信息通道的作用。通道支付流程可分为交易支付流程和转账支付流程。

如图 6-9 所示，通道支付的交易支付流程如下：

(1) 消费者选择商品，并构建订单，商户获得消费者的购物请求并进行订单确认；

(2) 消费者接到商户的订单确认信息后，向第三方支付机构发出支付指令；

(3) 第三方支付机构接收到消费者的支付指令后，将支付指令发往消费者开户行，消费者开户行对消费者账户进行资金确认后，将授权信息返回给第三方支付机构。

① 加密数字货币支付目前尚不成熟，因此也可以认为通常只有前三种支付形式。

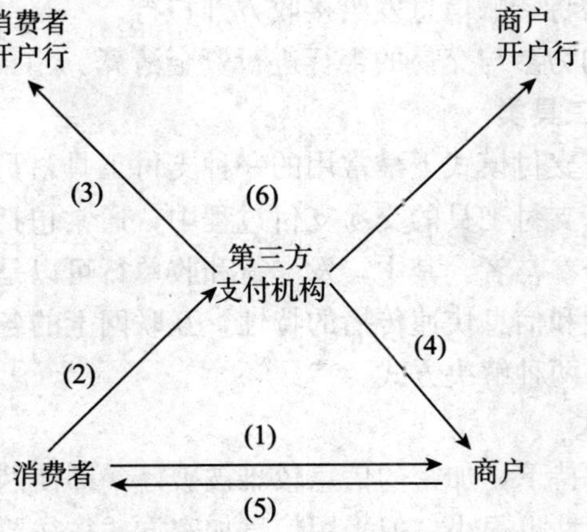

图 6-9 通道支付的交易支付流程

(4) 第三方支付机构对消费者开户行返回的授权信息予以确认，并将消费者的支付信息发给商户。

(5) 商户收到支付确认信息，并准备发货。在支付宝模式下，消费者收到商品后进行收货确认，支付宝在收到消费者的确认信息后，将消费者支付信息发往商户的开户行，进行支付确认；在美国的 PayPal 模式下，只要订单确认，无须进行收货确认，即将消费者支付信息发往商户的开户行。

(6) 第三方支付机构为参与交易的银行进行资金清算。

转账交易因为没有商品交易发生，较为简单，如图 6-10 所示，流程如下：

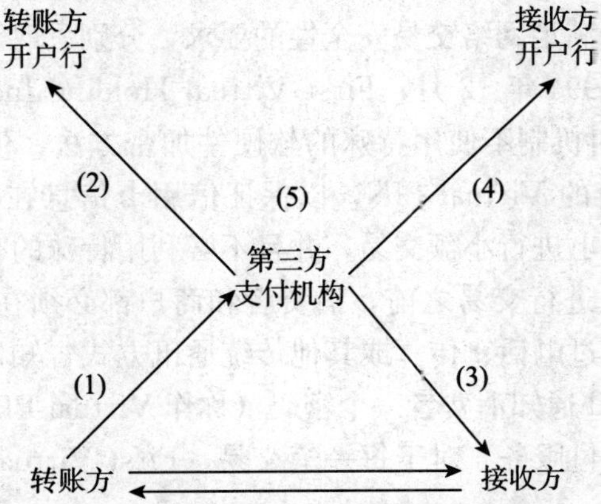

图 6-10 通道支付的转账支付流程

(1) 转账方向第三方支付机构发出转账支付指令；

(2) 第三方支付机构接到转账支付指令后，将转账支付指令发往转账方开户行，转账方开户行对转账方账户进行资金确认后，将授权信息返回给第三方支付机构。

(3) 第三方支付机构对转账方开户行返回的授权信息进行确认，并将转账信息发给接收方。

(4) 第三方支付机构将转账信息发给接收方开户行。

(5) 第三方支付机构为参与交易的银行进行资金清算。

(一)在线卡基支付工具类

卡基支付工具是通道支付模式下最常用的一种支付工具,具有坚实的商务基础,包括信用卡和借记卡。在卡基支付工具的交易支付过程中,通常包括持卡人、发卡行、卡片协会、收单行和商户这几个参与者。其中,发卡行和收单行可以是同一家银行。

由于互联网的开放性和信息快速传播的特性,互联网上的各种卡基支付工具都将安全性作为首要问题,目前有两种解决方式。

1. 信息加密传输方式

在现代加密技术的支持下,加密的信息较难被破译,即使网络上传送的敏感信息被截获,造成信息泄露的可能性也很小,但采用信息加密方式往往要求信息发出方和接收方采用同样的软件,这对电子商务来说是一大障碍。因此,近年来出现了一些加密标准,以促使不同的软件遵守共同的协议,其中较有代表性的是 SSL (Secure-Sockets-Layer) 和 SET (Secure-Electronic-Transaction),后者的影响更大。SET 是由当今世界上最大的两家信用卡组织威士国际组织和万事达卡国际组织联合微软、IBM、Netscape 等公司共同开发的一套协议。此协议并未对信用卡使用的一般流程进行改动,只是在一般流程之上,对信息的传递规定了复杂的流程和加/解密方式。

2. 第三方处理方式

这种方式通过第三方的协助来保证信用卡信息的安全,即在消费者和商户之间,不直接进行信用卡信息的传递,而是以一定方式通过第三方来完成。

First Virtual 和 CyberCash 是在线信用卡交易模式的典型代表,综合了加密机制和第三方处理两种方案,为了满足网络交易安全性的要求,分别采取了不同的安全措施。

(1) First Virtual。1994 年 12 月,First Virtual Holding Inc. 推出了一种支付机制,称作 Virtual PIN,该支付机制不使用特殊的软硬件加密方法,仅利用 Virtual PIN 机制,将信用卡账号转换成相应的 Virtual PIN,以保证信用卡信息在网络上传输时的安全性。利用该机制,可以在网络上进行小额交易,并且不必利用特殊的客户端软件和硬件。

在利用 First Virtual 进行交易之前,消费者和商户都必须在 First Virtual 注册登记。消费者将其信用卡账号通过电话、传真或其他传统通讯方式告知 First Virtual,之后 First Virtual 通过普通的 E-mail 通知消费者一个密码(称作 Virtual PIN)。First Virtual 将依据此密码来为消费者提供支付服务。对于每一笔交易,First Virtual 服务器都对商户的银行账户进行处理。

交易发生时,首先由消费者填写交易表格,并给出自己的密码,First Virtual 判断该密码的真伪,并加上一个后缀,从而形成 Virtual PIN;然后消费者向 First Virtual 提供他的信用卡账号,First Virtual 建立 Virtual PIN 和消费者信用卡账号之间的联系,这样在网络上就不会出现消费者的信用卡账号。

商户也要在 First Virtual 进行相似的注册过程,并且得到相应商户的 Virtual PIN,由此,交易发生后,商户就可以通过传统的清算机制来完成银行账户上的支付。

利用 First Virtual 进行交易的流程如下(见图 6-11):

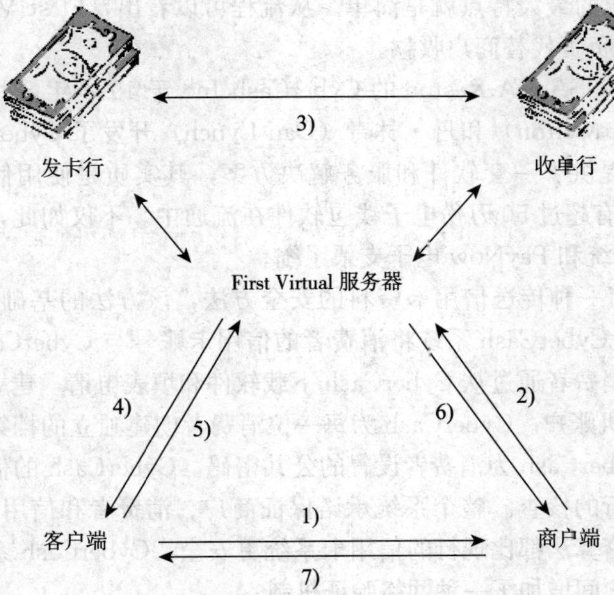

图 6-11 利用 First Virtual 进行交易的流程

1）消费者登录 First Virtual 的网络服务器，或其他出售 First Virtual 商品的网络服务器。接着消费者选择货物，并向商户发出购买请求和他（她）的 First Virtual 账户确认信息、Virtual PIN。

2）商户将交易信息，包括消费者 Virtual PIN，发往 First Virtual 服务器，First Virtual 服务器将对消费者的账户信息进行确认。

3）收单行将 First Virtual 服务器转来的信用卡信息发往发卡行并请求授权，发卡行返回授权答复。

4）First Virtual 服务器通过发送电子邮件（甚至平信）让消费者进行确认（或拒绝）。

5）消费者答复 First Virtual 服务器。有三种可能性，即接受、拒绝或欺诈暗示。对于第三种情况，Virtual PIN 会立即被列入黑名单。如果消费者没有答复，First Virtual 服务器会尝试再次进行联络，如果尝试多次均无答复，First Virtual 服务器会取消该账户；如果消费者总是发出拒绝答复，表明可能有欺诈行为，First Virtual 服务器也会取消该账户。

6）First Virtual 将处理结果传递给商户，通知商户发出商品。

7）商户发出商品。First Virtual 对交易进行清算。每 90 天末尾，消费者的信用卡账户被借记，商户的支票账户被贷记。

在这个过程中，如果 Virtual PIN 在网上被盗窃，会产生假冒的购买者，直到该 Virtual PIN 被列入黑名单。由于支付请求是通过电子邮件发送给消费者的，因此会有一定的时滞。

该系统发生欺诈的比例很小，而且即使发生欺诈，损失也只是一笔交易，而不会很大。

First Virtual 系统的最大特点就是简单。从流程可以看出，First Virtual 系统很像一台网络上的 POS 机，负责代替商户收款。

(2) CyberCash。USA-VA-Reston 的 CyberCash Inc. 于 1994 年 8 月成立，1995 年 4 月比尔·梅尔顿 (Bill Melton) 和丹·林奇 (Dan Lynch) 开发了 CyberCash 网络支付系统，为网上金融交易提供了一套软件和服务解决方案，其实质是使用信用卡进行网上支付。1996 年年中，就有超过 50 万份电子钱包软件在流通中。不仅如此，该公司还推出了 Cybercoin 电子现金系统和 PayNow 电子支票系统。

CyberCash 提供了一种传送信用卡资料的安全方法，该方法的基础是 RSA 公钥加密算法①和数字化签名。CyberCash 系统将消费者的信用卡账号与 CyberCash 系统的一个网络交易账户相对应，消费者通过从 CyberCash 下载软件和填表申请，建立与信用卡账号相对应的 CyberCash 联机账户。CyberCash 为每一位消费者创建独立的档案，这个档案包括信用卡账号和一个 CyberCash 为消费者设置的公共密码。CyberCash 的信用卡账号必须在交易之前通过发卡银行的核查。整个系统承诺保证商户、消费者和信用卡公司等的安全。系统的保密程序和加密算法都比现行的信用卡系统更安全。CyberCash 系统与信用卡交易模式相似，只不过在中间增加了一种网络验证机制。

CyberCash 的交易流程如图 6-12 所示。

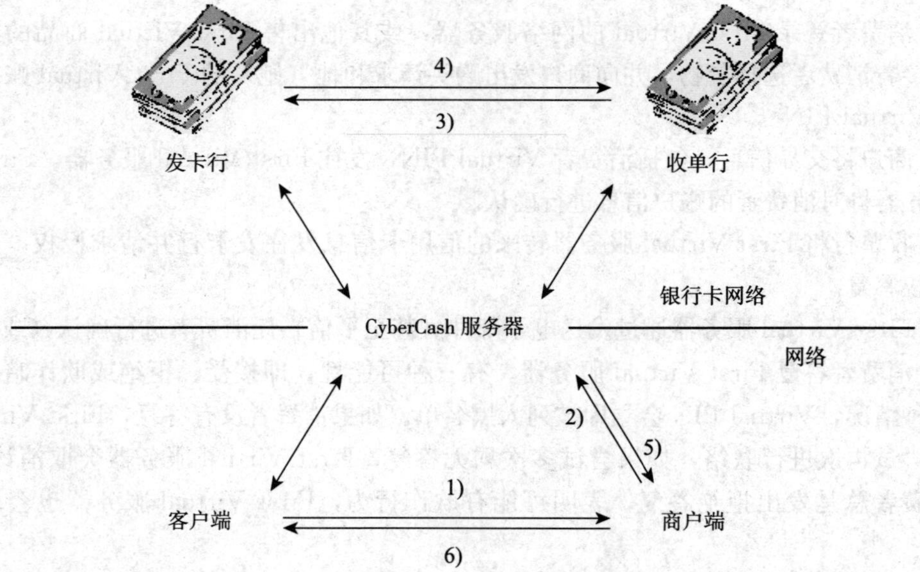

图 6-12 CyberCash 的交易流程

CyberCash 系统的交易流程如下：

1) 消费者利用自己的客户端浏览器登录到商户端浏览器后，选购商品，选中商品后发出商品确认信息，并发出经过 CyberCash 系统加密的注册卡信息。

---

① RSA 公钥加密算法是 1977 年由罗纳德·李维斯特 (Ron Rivest)、阿迪·萨莫尔 (Adi Shamir) 和伦纳德·阿德曼 (Leonard Adleman) 一起提出的。

2）商户将加密的注册卡信息发往 CyberCash 服务器请求授权。因为信息是加密的，所以商户无法得到消费者的信用卡账号。CyberCash 留有消费者的数字签名，在收到支付信息后，只需对比数字签名的一致性即可完成消费者确认。

3）收单行收到通过 CyberCash 系统转换的消费者信用卡信息，并向发卡行请求授权。

4）发卡行给出授权答复。3）和 4）两步与普通信用卡系统类似。

5）商户收到通过 CyberCash 系统转发的收单行授权。

6）商户向消费者发出发货信息。

CyberCash 系统成功地建立在现行的信用卡清算系统的基础上，现阶段具有较好的安全性。在 CyberCash 系统中，网关服务器把互联网与金融机构信用卡交易处理器连接起来，购买信息通过网关从商户传送到银行，其中包括消费者信用卡详情，然后信用卡购买通过银行网络被授权，交易信息通过 CyberCash 网关从银行传送到商户处。如果交易成功，那么商户就将货物发送给消费者。CyberCash 既不是收单行，也不是发卡行，而是提供网关作为安全工具在互联网和银行间传送信息。CyberCash 与信用卡支付机制非常相似，其支付协议只与支付信息相关，而与其他电子商务协议不同，不是与购买信息相关。

CyberCash 钱包是一种应用软件，该软件使用 56 位 DES（Data Encryption Algorithm，数据加密算法）和 768 位 RSA 来对卡片信息进行加密。每个 CyberCash 使用唯一的 CyberCash-ID 和口令。该 ID 在 CyberCash 支付服务器上注册，并且与用户的私人密匙和公用密匙相匹配。ID 和口令被用来给钱包解密，因为卡片信息和密匙是以加密形式存储的。

CyberCash 的交易过程与 First Virtual 很相似，消费者选择好货物后，单击“PAY”，然后商户会通过消费者的网络浏览器返回一份表单，上面列有物品、价格以及交易 ID 等信息；接下来消费者选择被用于支付的信用卡，并在注册的软件上点击“PAY”按钮，由此启动 CyberCash 协议；信用卡细节被传送到商户，商户通过 CyberCash 支付服务器与金融机构进行授权和清算，并返回给消费者一张未签名的发票。

CyberCash 向消费者提供加密软件，消费者利用软件对信用卡账号和电子签名加密后将其传递给商户。商户将购物信息剥离后，将支付信息传给 CyberCash。因为信息是加密的，所以商户无法得到消费者的信用卡账号。CyberCash 留有消费者的数字签名，所以在接到支付信息后，无须向消费者请求确认，只需对比数字签名的一致性即可，这就比 First Virtual 省了一个步骤。

（二）电子支票支付

电子支票的支付交易流程和由第三方提供安全性支持的信用卡支付方式十分相似。信用卡支付方式要求消费者拥有信用卡，而电子支票支付则要求消费者拥有支票账户，如欧洲旅行支票等。

电子支票是一种借鉴纸质支票转移支付的优点，利用数字传递将钱款从一个账户转移到另一个账户的电子付款形式。电子支票支付是在与商户及银行相连的网络上以密码方式传递的，多数使用公用关键字加密签名或个人身份证号码（PIN）代替手写签名。采用电子支票支付时，事务处理费用较低，而且银行也能为参与电子商务的商户提供标准化的资金信息，所以电子支票支付是最有效率的支付手段之一。

使用电子支票支付时，消费者可以通过电脑网络将电子支票发送给商户的电子信箱，同时把电子付款通知单发给银行，银行随即把款项转入商户的银行账户。这一支付过程在数秒内即可实现。然而，这里面也存在一个问题，那就是：如何鉴定电子支票及电子支票使用者的真伪？因此，就需要有一个专门的认证机构来对此做出认证，同时，该认证机构还应像认证中心那样能够对商户的身份和资信进行认证。如图 6-13 所示，电子支票的交易流程如下：

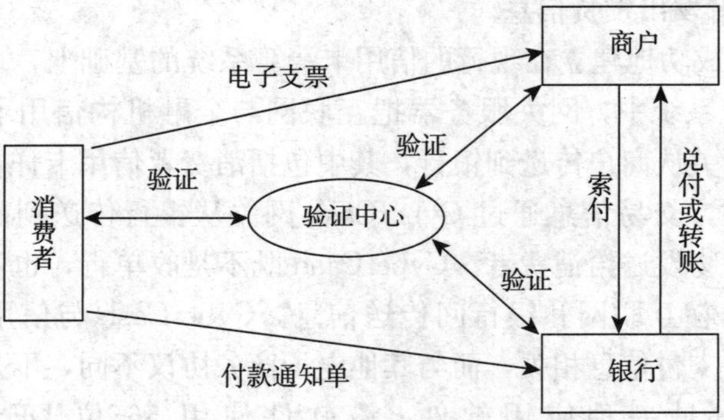

图 6-13 电子支票的交易流程

(1) 消费者和商户达成购销协议并选择使用电子支票支付。

(2) 消费者通过网络向商户发出电子支票，同时向银行发出付款通知单。

(3) 商户通过验证中心对消费者提供的电子支票进行验证，验证无误后将电子支票送交银行索付。

(4) 银行在商户索付时通过验证中心对消费者提供的电子支票进行验证，验证无误后即向商户兑付或转账。

电子支票的支付目前一般通过专用网络、设备、软件及一套完整的用户识别、标准报文、数据验证等规范化协议完成数据传输，从而控制安全性。这种方式已经较为完善。电子支票支付今后将逐步过渡至在公共互联网络上进行传输。目前的电子资金转账（Electronic-Fund-Transfer，EFT）或网上银行服务（Internet-Banking）方式是将传统的银行转账应用到公共网络上进行的资金转账。一般在专用网络上的应用具有成熟的模式（例如 SWIFT），公共网络上的电子资金转账仍在实验之中。目前大约 80％的电子商务仍属于贸易方面的转账业务。

电子支票也需第三方提供安全性支持。消费者利用有关软件对支票的信息进行加密，然后发送给商户。商户将这些信息转发给提供电子支票服务的第三方。第三方对信息进行解密后检查支票账户的合法性，然后开出纸质支票，交存商户的开户行。到此时，电子支票便转变为普通支票，进入银行清算系统对支票的一般处理过程。其实，可以将电子支票的整个交易流程看作将电子支票信息转化为普通支票信息的一个过程。

采用这种方式可以使消费者继续享受一般支票被作为在途资金所带来的好处，这是其吸引力所在。电子支票这一模式的主要代表是由美国南加州理工学院开发的 NetCheque 系统（www. netcheque. com）。

1998年，CheckFree公司处理了8 500万宗电子交易，总额达150亿美元。向互联网站点提供后端付款和处理服务的PaymentNet也已开始处理电子支票。PaymentNet采用SSL标准保证交易安全。美国最大的支票验证公司Telecheck通过对储存在数据库中的消费者个人信息及风险可靠度进行交叉检验来确认其身份。

尽管电子支票可以大大节省交易处理的费用，但是对于在线支票的兑现，人们仍持谨慎的态度。电子支票的广泛普及还需要一个过程。

三、虚拟账户支付

虚拟账户支付模式需要交易双方首先在电子商务平台或第三方支付机构的交易平台上开立虚拟账户，然后通过虚拟账户进行支付结算。虚拟账户支付流程可分为交易支付流程和转账支付流程。

（一）虚拟账户交易支付流程和转账支付流程

如图6-14所示，虚拟账户交易支付流程如下：

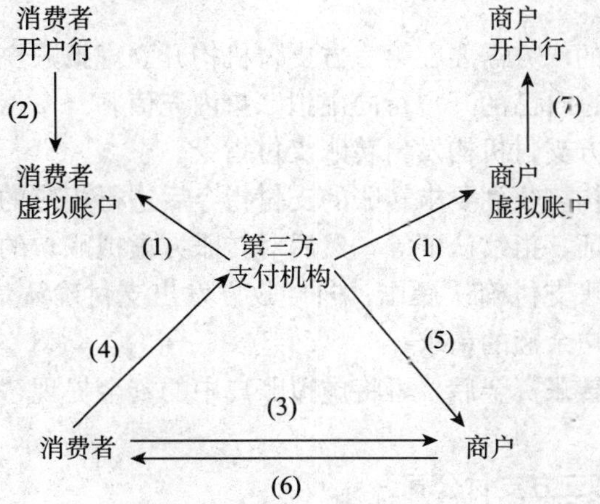

图6-14 虚拟账户交易支付流程

（1）消费者和商户在第三方支付机构开立虚拟账户。

（2）消费者通过自己的开户行向虚拟账户内充值。

（3）消费者选择商品，并构建订单，商户获得消费者的购物请求并进行订单确认。

（4）消费者接到商户的订单确认信息后，向第三方支付机构发出支付指令。

（5）第三方支付机构接收到消费者的支付指令后进行处理，对虚拟账户进行安全检验，例如密码认证、指纹认证等，然后对虚拟账户资金余额进行确认。如果余额充足，则通过支付确认操作，向商户发出支付确认信息；如果余额不充足，会向消费者发出补足账户余额的请求。

（6）商户收到支付确认信息后，准备发货。在支付宝模式下，消费者收到商品后进行收货确认，支付宝在收到消费者的确认信息后，将货款转移到商户的虚拟账户中；在PayPal模式下，订单确认后，无须进行收货确认，即把货款转移到商户的虚拟账户中。

（7）商户可将虚拟账户中的资金提现，并转移到自己的开户行账户中。

因为没有商品交易发生，虚拟账户转账支付较为简单，如图 6－15 所示，其流程如下：

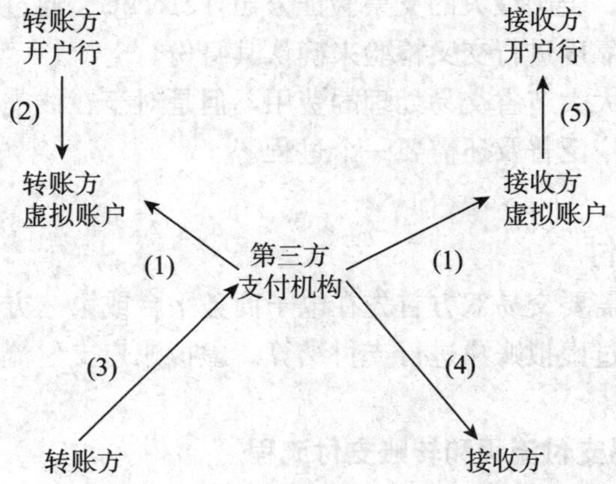

图 6－15 虚拟账户转账支付流程

（1）进行资金转账的双方需要在第三方支付机构开立虚拟账户。

（2）转账方需要通过自己的开户行向虚拟账户内充值。

（3）转账方向第三方支付机构发出转账支付指令。

（4）第三方支付机构接收到要求转账的支付指令后进行相应的处理，对虚拟账户进行安全检验，例如密码认证、指纹认证等，然后对转账方虚拟账户的资金余额进行确认。如果余额充足，则通过转账支付确认操作，向接收方发出支付确认信息；如果余额不充足，则向转账方发出补足账户余额的请求；

（5）接收方在收到转账资金后，可将虚拟账户中的资金提现，并转移到自己的开户行账户中。

（二）两家典型的第三方支付公司

PayPal 和支付宝是目前最大的两家第三方支付机构，它们不仅可以进行通道支付，也可以进行虚拟账户支付，且是虚拟账户支付的典型代表。下面介绍 PayPal 和支付宝的支付流程。

1. PayPal

PayPal 是全球领先的在线支付提供商之一，成立于 1998 年 12 月，2002 年被 eBay 以 8%的溢价收购，成为 eBay 的子公司之一。

PayPal 总部设在美国加利福尼亚州圣荷西市，在全球有超过 1 亿个注册账户，现在对包括中国在内的近 45 个国家和地区开放，日交易量超过 100 万笔、年支付总额超过 180 亿美元。PayPal 提供安全、便捷的网上实时支付服务。

任何人只要有一个电子邮件地址，就可以方便而安全地使用 PayPal 在线发送和接收付款，无须采用传统的邮寄支票或者汇款的方法。PayPal 快速、安全、方便，是跨国交易的理想解决方案。

PayPal 的宗旨是使拥有电子邮件地址的任何个人或企业都能够安全、便捷、迅速地在线收款和付款。PayPal 的服务建构在现有的银行账户和信用卡的基础之上，并利用世界上最先进的防欺诈保护系统创建了一个安全、全球化的实时付款解决方案。

有了 PayPal，就可以通过网络付款和收款。一旦注册了 PayPal，就可以用 PayPal 余额中的钱或别的注资选项（如信用卡）向任何有电子邮件地址的人发送款项。接收方会通过电子邮件得知自己收到了款项。

PayPal 支付的交易流程如下：

（1）消费者在电子商务网站上选购商品，最后决定购买，买卖双方在网上达成交易意向；

（2）消费者选择 PayPal 作为交易中介，通过信用卡将货款划到 PayPal 账户；

（3）PayPal 将消费者已经付款的消息通知商户，并要求商户在规定时间内发货；

（4）PayPal 将其账户上的货款划入商户账户中；

（5）商户收到通知后按照订单发货，交易完成。

由于消费者和商户不需要在不同的银行开设不同的账户，这种方式可以降低消费者网上购物的成本和商户的经营成本，同时还可以帮助银行节省网关开发费用，并为银行带来一定的潜在利润。

PayPal 具有账户应用范围广、品牌效应强、资金周转快、安全程度高以及使用成本低等优势。

PayPal 将账户分为个人账户（personal account）、高级账户（premier account）以及企业账户（business account）三类进行管理。

个人账户供个人私人使用，全免费，但不能使用 eBay 拍卖物品、不能任意接受信用卡付款、不能使用网站收款、不能使用购物车收款、不能通过 E-mail 签名收款、不能接受捐赠，是个人在网上购物的理想选择；是免费、安全、快捷的付款方式；可免费接受银行账户或 PayPal 余额付款；每年接受一定次数的信用卡或借记卡付款，且这样做时只需支付低廉的费用。

高级账户供个人商业使用，可以使用 eBay 拍卖物品，可以接受信用卡付款，还可以接受借记卡和银行账户付款，费用低廉，可以使用购物车收款、可以通过 E-mail 签名收款、可以接受捐赠、可以免费快速批量向多数人付款。

企业账户以商户的名义注册，需提供商户的名号等信息以开通高级账户；可以免费付款并收取多种类型的款项；可以使用一系列功能和服务来管理并提升销售额，包括设立不同级别的多用户访问权限等。

企业账户没有启动费或月费，没有取消费，也没有最低付款额；可以快速设置——几分钟内即可完成注册并开始使用；无须其他软硬件；更加安全——作为防欺诈及风险管理领域的业界领先公司，PayPal 的欺诈损失比例比其他企业账户要低 60%～70%；拥有广泛的买家网络——在美国，每三个网络买家中就有一人拥有 PayPal 账户，而且全世界范围内每天有超过 58 000 个用户注册 PayPal。

2. 支付宝第三方支付

2003 年 10 月，支付宝首先在淘宝网上出现；2004 年 12 月 8 日，支付宝（中国）网络技术有限公司成立；12 月 30 日，支付宝网站（www.alipay.com）正式上线并独立运营。随着越来越多的人使用支付宝在淘宝网上购物，支付宝也在根据网购市场的需求不断改进和完善自身的产品。

到2009年7月，支付宝的注册用户数创纪录地突破了2亿，日交易额突破7亿元，日交易笔数达400万笔。

支付宝的支付交易流程如下：

(1) 消费者在电子商务网站上选购商品，最后决定购买，买卖双方在网上达成交易意向；

(2) 消费者选择支付宝作为交易中介，通过信用卡将货款划到支付宝账户；

(3) 支付宝将消费者已经付款的消息通知商户，并要求商户在规定时间内发货；

(4) 商户收到通知后按照订单发货；

(5) 消费者收到货物并验证后通知支付宝；

(6) 支付宝将其账户上的货款划入商户账户，交易完成。

由于中国现阶段的信用体系不太完善，消费者的利益难以得到很好的保障。而电子商务交易成功的关键恰恰在于信任机制，所以支付宝推出的担保交易形式解决了网上交易及付款中的信任问题。

支付宝与PayPal运作的差异在于支付宝的担保交易机制，特别是消费者收到货物后的确认流程。这在目前中国的信用环境下具有创造性，对于推动中国电子商务发展起到了重要作用。

四、电子货币支付

电子货币有两种，即卡基电子货币和数基电子货币。目前卡基电子货币主要用于实体店和线下支付。在网络电子商务中，主要是使用数基电子货币，且大多为账户记账式，并主要应用于数字类产品，如数字媒体的影视节目、音乐和游戏类产品，以及一些微支付产品。

详细阐述请参照第四章相关章节。

五、移动支付

(一) 移动支付的业务运作方式

伴随通信技术的发展，移动支付产品发展迅速，移动支付的业务运作方式主要有以下三种：

(1) 通过短信平台完成交易确认。其支付方式通常有两种：一种是将手机号码与银行卡捆绑在一起，即从银行账户（借记卡或信用卡）里扣除相应金额。在这一过程中，手机是一个简单的信息工具。另一种是通信服务提供商代收话费，即费用通过手机话费账单收取，用户在支付其手机账单的同时支付这一费用。在这一过程中，移动运营商充当用户信用的延伸，其运作方式与信用卡很类似。

(2) 手机内嵌智能卡，即采用预存等方式将虚拟货币储存在手机内的智能卡中，通过预付费充值系统进行结算。这种支付与电子钱包相同，因为手机卡也可被认为是一种卡基支付工具，只不过利用了移动通信网络作为交易信息的传输载体，信息传输媒体不再是实体网络而是移动网络。

(3) 通过移动运营商，登录手机应用软件进行交易和支付。移动运营商和金融机构(银行、卡类组织等)是移动支付最主要的服务提供商，对于二者来说，没有对方的支持，要进入移动支付市场是非常困难的。移动运营商与银行有各自的优势和劣势：移动运营商拥有账单支付的基础环境与移动通信网络，但是缺乏银行那种管理合作支付风险的能力；银行拥有客户在支付方面的信任，但是缺乏移动支付所需的接入通信网络和未经移动运营商同意接入的移动用户。

随着通信技术的发展以及手机的普及，许多银行推出了手机银行服务。现阶段手机银行通常基于 WAP 技术和移动互联网技术，为手机客户提供账户查询、转账、缴费、消费支付等金融服务。比起其他电子银行渠道，手机银行可以随身“携带”，更为便捷。

下面以中国工商银行手机银行业务为例分析手机银行的特点与功能。

中国工商银行基于 WAP2.0 技术，推出了手机银行（WAP）4G 版。中国工商银行手机银行具有随身便捷、申请简便、功能丰富、安全可靠等特点，主要涵盖了以下功能：

1）账户管理。包括：余额查询、当日明细查询、历史明细查询、注册卡维护、账户挂失、默认账户设置等。

2）转账汇款。包括：工行汇款，跨行汇款，向 E-mail、手机号汇款，定活转账，通知存款，本人外币转账，我的收款人维护，本人外币转账等。向 E-mail、手机号汇款是指如果收款人绑定了个性化别名和收款账号，那么汇款人汇款时只需要输入收款人姓名、汇款别名和金额即可向其汇款。通知存款功能是将理财金账户卡或灵通卡内的活期子账户的资金转存为通知存款，最小起存金额为 5 万元。本人外币转账是指向指定账户进行本异地账户外币转账汇款。

3）缴费业务。用户通过此功能可缴纳水电费等，并且在非工作时间内也可以进行缴费预约。

4）手机证券。用户通过此功能可进行股票、基金、国债、外汇、贵金属买卖等业务以及信息查询。

5）信用卡业务。用户通过此功能可查询信用卡余额、交易明细信息，以及还款等。

（二）典型案例

1. 欧洲移动支付产品 PayBox

PayBox 是一家移动支付公司，其大股东是 OSG Billing Services (简称 OSG)。它成立于 1999 年 7 月，2000 年 5 月开始提供服务。其业务已经发展到西班牙、奥地利、瑞典、德国和英国等国家，总部设在美国佛罗里达州劳德代尔堡。其核心产品 PayBox 是通过手机进行购物和消费的一种简单、安全的支付系统。

PayBox 提供了强大的营运资金管理平台，每年为全球超过 425 000 家公司提供价值超过 1 600 亿美元的交易，客户包括西门子、圣戈班、阿尔法技术、卡尔森以及世界上最大的银行机构。PayBox Cloud 是该公司的旗舰组件，可加快应收账款和应付账款流程，提供供应商和客户门户、图像捕获、电子发票处理、工作流程集成、在线调整/批准以及电子智能支付等服务。PayBox 可与任何传统会计系统、ERP 或密码箱系统集成。它主要出售给公司和银行。PayBox 还为企业用户提供资金管理和密码箱服务。银行和企业使用 Pay-

Box 来减少销售天数，降低成本，并改进直通式 AR/AP 处理和发布。

2001 年，PayBox 与瑞典 QXL 公司合作，将手机支付引入拍卖活动中。瑞典爱立信公司也推出了自己的手机支付产品。2018 年 4 月 25 日，OSG 收购 PayBox 公司。OSG 是北美外包服务印刷和电子解决方案服务的行业领先者、客户参与和关键客户通信管理的提供商。PayBox 公司是一家领先的支付解决方案提供商，提供全渠道计费和支付解决方案。被收购后 PayBox 继续作为 OSG 的子公司运营。PayBox 以前在 OTC 市场交易，股票代码为 OTC PINK：PBOX，但其股票交易在被收购前终止。

PayBox 主要负责设计和运营智能支付框架（PayBox intelligent architecture，PIA）。目前，该模式最成功的案例是瑞典的 PayBox 公司在欧洲推出的手机支付系统。消费者如果想使用该服务，需要去服务提供商处注册账号，并将账号与自己的手机绑定。在购买商品后进行费用支付时，直接向商户提供用户的手机号码。商户向 PayBox 提出询问，经过消费者确认后完成支付。

第三方支付服务提供商的收益主要有两个部分：一是向运营商、银行和商户收取设备和技术使用许可费；二是与移动运营商以及银行就用户业务使用费进行分成。

这种模式的特点是：第三方支付服务提供商可以平衡移动运营商和银行之间的关系；不同银行之间的手机支付业务得到了互联互通；银行、移动运营商、支付服务提供商以及移动互联网服务提供商之间的责、权、利明确，关系简单；对第三方支付服务提供商的技术能力、市场能力、资金运作能力要求很高。

PayBox 的移动支付服务系统主要由客户手机终端、手机支付运营服务系统（MPS）、银行后台数据处理系统组成，其支付流程如图 6－16 所示。

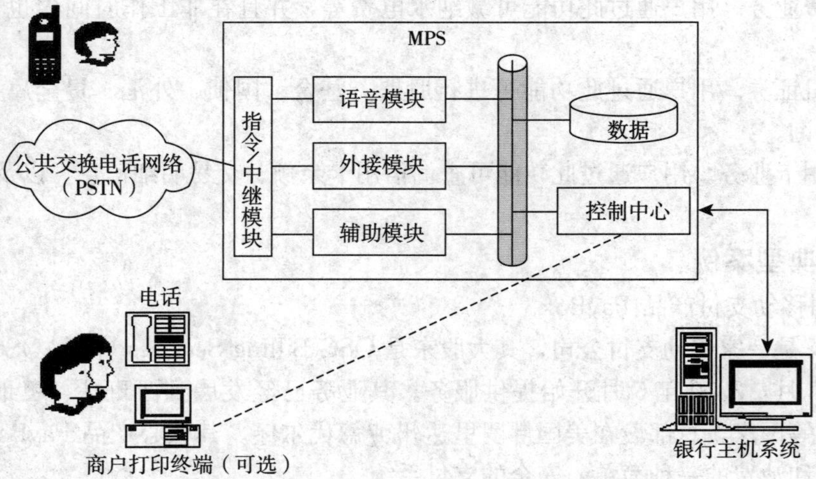

图 6－16　PayBox 的支付流程

手机支付运营服务系统在技术上采用 Diagloic 卡实现模拟线路、数字线路上的电话信令和语音的自动处理，采用工业控制机多路多用户处理，以提高系统的可靠性和抗干扰能力。同时通过专用网络完成与银行后台数据处理系统的通信和账务处理，由此构成客户手机终端、手机支付运营服务系统前置机、后台数据库这样的三层客户/服务器结构。

在安全性方面，系统通过PIN码和手机号对用户身份进行验证。PIN码是用户注册时由系统提供的，用户可以随时更改。在每次交易过程中，如果PIN码三次输入都不对，系统将自动取消此次交易。在手机支付过程中，系统自动呼叫用户，所以用户的手机号必须与注册时提供的手机号相同。同样，在手机转账过程中，用户的手机号是系统自动获得的，系统获得的手机号也必须与用户注册时提供的手机号相同。由于GSM手机的SIM卡不易伪造，因此这大大增强了系统的安全性。另外，手机支付运营服务系统与银行、商户打印终端之间传送的数据是经过加密处理的，这也提高了系统的可靠性。

典型的支付流程如下：

(1) 消费者浏览网站，选择商品；

(2) 选择PayBox支付方式；

(3) 输入移动电话号码；

(4) 消费者的手机被呼叫，然后消费者接听电话；

(5) 消费者收到语音提示，要求确认支付信息；

(6) 消费者输入PIN码；

(7) 消费者收到短信息，被告知支付已经得到确认，系统将在其账户上直接扣款。

其他方式的购物与此类似，都需要消费者告知商户自己的电话号码。然后商户回拨，进行确认。

2. 美国移动支付公司Square

Square成立于2009年2月，总部位于美国加利福尼亚州旧金山，员工总数为1 853人，是一家从事商户交易的移动支付公司。2015年11月，Square在纽约证券交易所上市。公司创始人是杰克·多西，其创办的另一家公司是知名的社交平台Twitter。

杰克·多西创办Square的初衷是帮助移动设备用户解决信用卡支付的问题。其创始人发明了一个连接iPhone的信用卡读卡器，可以帮助商户和消费者随时、随地进行收款和付款，并保存消费信息，从而大大降低了刷卡支付的技术门槛和硬件要求。

从创立到上市，Square共获得了来自红杉资本、威士、凯鹏华盈、新加坡政府投资公司、Richard Branson、Marissa Mayer等知名投资公司和投资人的多轮融资。截至2018年8月8日，公司股价约为70.8美元，市值为290亿美元。

Square的主要用户群体是缺乏支付设备的中小微商户。在美国，POS机主要面向大中型商户，由于费用高，小商户很难申请，而Square产品的注册起点低，使用方便（只要有智能手机即可），解决了中小商户在收单方面的痛点。虽然面临来自PayPal、Apple Pay等移动支付机构的竞争，但Square在中小微商户群体中仍有独特的竞争优势。

Square商户主要分布于零售（20%）、餐饮（20%）、服务（29%）、美容美发（12%）等行业。服务客户范围覆盖美国、加拿大、日本、澳大利亚、英国。

Square最主要的收入来源是交易佣金。相比传统的信用卡公司向商户收取最高达5%的手续费，Square仅收取每笔交易额的2.75%（或每月交付275美元的固定费用）。其中2.75%的费用并非完全由公司收取，因为Square还需要向发卡机构如威士国际组织、万事达卡国际组织等支付手续费，这部分费用也被计入了交易成本中。第二大收入来源是增值服务及Capital、Cavia、Cash产生的订阅费和服务费。此外还有硬件产品带来的销售收入。

Square的成本主要来自三个方面：一是交付给各银行的交易成本，以2017年为例，交易成本占总成本的89.5%；二是订阅和服务等产生的成本；三是硬件产品成本。

Square的产品有硬件产品和软件产品。

（1）硬件产品。

一是Square Magstripe Reader。它于2010年推出，可以插入智能手机或平板耳机孔里，形状为方形，Square的名字就由此而来。Square将该读卡器免费赠送给商户使用。

二是Square Contactless and Chip Reader。它是一个带有无线NFC识别支付功能的读卡器，刷卡时不再是刷磁条而是整张卡塞进Square Reader里，售价为49美元。

三是Square Stand。它于2013年发布，售价为169美元，是一个带有刷卡槽的iPad底座，原理和POS机类似，消费者刷卡后，商户可以在iPad上进行操作。

四是Square Register。它于2017年第四季度发布，售价为999美元，是公司首款集硬件、POS软件和支付于一体的产品。

Square的核心产品刷卡器均是以免费或接近成本价的价格出售，公司对硬件产品的定位是不承担营利职能，而是用于扩大商户数量，增强商户黏性，以此扩大交易收入的规模。

（2）软件产品。

Square Point of Sale是一款免费的移动收银POS软件，能够帮助商户实现收银管理、销售管理、库存管理、员工管理、客户管理等，并提供基于云计算的商业报告和分析工具，帮助商户做决策。

Square Dashboard是一款免费的手机客户端软件，能够提供有关商户产品的销售概况，商户可以在离开商店的情况下实时管理销售数据并进行分析。

对于经营业务更复杂、规模更大的公司，Square还提供高级付费功能，比如实时到账、工资管理、客户收录、客户反馈、忠诚度管理、营销活动管理等。此外，Square还为服务业、零售业、餐饮业等垂直行业的商户提供解决方案，例如，它推出了Square Appointment、Square-Retail Point of Sale等软件。

Square除了提供移动支付服务外，还提供以下业务：

（1）商户借贷业务。

Square Capital是Square面向商户推出的商业贷款服务，通过“支付+信贷”的模式来扩大营收，提高中小微商户在支付业务上的黏性与忠诚度。Square通过对商户的交易流水数据进行分析，从中选择信用较好的商户进行贷款。

贷款类型：主要提供2 000～10 000美元的短期小额信用贷款，资金端来自合作银行(Celtic Bank)，银行购买商户信贷的全部权益和利息。由于商户已经在系统中，所以变相节省了Square获取用户的成本。

盈利模式：针对不同的商户有不同的利率标准，还款时Square直接从客户支付的交易款项中扣除。盈利来源于在打包出售商户贷款时向第三方投资机构收取的服务费以及向合作的银行机构收取的服务费。

业务规模：自2014年5月上线以来，Square不断扩大贷款计划，截至2017年年底，累计发放贷款 40 万笔，贷款总额达到 25 亿美元，服务的商户数量超过 18 万家，其中平均每笔贷款的金额为 6 250 美元，平均还款期为 9 个月。2018 年第一季度，Square Capital 共发放了 5 万笔商业贷款，总额为 3.39 亿美元，同比增长 35%。2018 年 7 月，Square 与 eBay 达成合作，获得向 eBay 数百万商户提供商业贷款的机会。

（2）餐饮配送业务。

2014 年 5 月，Square 推出餐饮预订服务平台 Square Order，开始进军餐饮垂直领域。Square Order 的运营模式类似于饿了么和大众点评，用户可以在应用内查看餐厅，预先完成预订和支付，到店之后可以直接取餐，省去了排队、点单、收银的一系列环节。虽然节省了一定时间，但让用户亲自取餐的服务体验并不能完全解决订餐服务面临的难题。

（3）个人对个人支付业务。

Square Cash 是 Square 于 2013 年 11 月上线的手机 App，用户通过手机号、邮箱、借记卡或信用卡即可完成注册，通过邮件或者手机客户端完成转账和收款，其中借记卡转账免收手续费，信用卡转账收取 3%的手续费，一定程度上类似于支付宝。

2018 年 1 月，Square 正式在 Square Cash 中推出比特币即时交易功能，用户可以通过自己的账户购买或销售比特币，每周购买金额上限为 1 万美元. Square 不会收取额外的费用。

2018 年第一季度，比特币业务创造的收入为 3 409.5 万美元，收入占比 5%左右，成本为 3 387.2 万美元，利润总额为 22.3 万美元，利润率为 0.65%。

3. 韩国移动支付商 SK 电讯的 MONETA

SK 电讯（SK Telecom）是 SK 集团的一家子公司，为韩国第一大电信运营商，其前身是成立于 1984 年的韩国移动通信公司（KMT）。1994 年，SK 集团开始参与 KMT 的经营，并成为其最大的股东。1997 年，KMT 正式改名为 SK 电讯。其母公司 SK 集团是韩国第三大跨国企业。SK 电讯是世界上第一个对码分多址（CDMA）技术进行商业化开发的公司，是韩国第一家提供无线网络服务的公司，也是最早推出彩铃业务的韩国电信运营商。2001 年，公司因为发展 CDMA 获得了“国际领先奖”，还将业务拓展到电信服务的其他领域，例如 NETSGO（一种在线服务）、NEMO（一种在线金融服务）、NATE（一种无线有线集成的互联网端口服务）以及一种国际呼叫服务。

韩国主要有三大运营商，即 SK 电讯、KTF 和 LGT。为防止垄断，韩国电信主管部门规定，三家电信运营商的用户占有比例必须维持一个固定比值，大体为 5∶3∶2。SK 电讯很重视建设高品质的网络，并通过每次网络升级带动业务发展，尤其是推动数据业务的创新。SK 电讯在每一次网络升级过程中都先于对手占据了技术领先地位。1996 年 1 月，SK 电讯在全球首次实现了 CDMA 技术的商用，完成了第二代移动通信业务的开创工作；2002 年 1 月，第三代多媒体移动通信 CDMA 2000 1x EV-DO 投入使用；2002 年 11 月，SK 电讯推出第三代移动多媒体业务；2003 年 5 月，SK 电讯在世界上首次实现同步方式可视电话服务商用，得以向用户提供真正的 3G 服务，这为其在世界上树立 3G 服务的领导地位奠定了基础。

SK 电讯通过在网络、IT 以及手机技术等方面的创新，并结合客户需求，推出了不同的数据业务组合，如 JUNE 使用户可以通过 CDMA 2000 1x EV-DO 技术收看网络视频内容，NATE 使用户可以用手机接收有线及无线互联网服务，MONETA 使用户能够通过内置芯片手机移动付款，NEMO 使用户能够通过键入其他 NEMO 用户号码进行资金转移。

2001 年，SK 电讯就与 K Telecom 联合五家卡类组织（Koram Bank、Samsung Card、LG Card、Korea Exchange Card、Hang Card）共同推出了移动支付业务品牌 SKT MONETA。SK 电讯是韩国大型移动通信运营商，MONETA 是 SK 电讯在移动支付市场十分重要的品牌。用户只需一部装有 MONETA 芯片的手机，就可以在韩国全国范围内支付公共交通费用。

申请该项业务的用户可获得两张卡：一张是具有信用卡功能的手机 IC 卡，另一张是供用户在没有 MONETA 服务的场所使用的磁卡。现在，越来越多的韩国人在购买新手机时，会选择具备储存银行交易资料并进行交易信息加密功能的手机，而在亚太地区，韩国也是推行移动支付最为成功的国家之一。SK 电讯的产业链合作机制使 MONETA 迅速覆盖韩国各地的公共交通系统。与此同时，银行、平台运营商、移动运营商之间的利益关系在产业链合作机制中形成了多赢的局面。

用户将具有信用卡功能的手机智能卡安装到手机上之后，就可在商场用手机进行结算、在内建有红外线的自动柜员机提取现金、在自动售卖机购买饮料，甚至还可用手机支付地铁等交通费用，无须携带专门的信用卡，而且同样可以开发票。目前 SK 电讯已在韩国商店里安装了大量 MONETA 接收器，MONETA 用户亦已超过 300 万。

SK 电讯的发展过程主要分为市场导入与业务整合两大阶段。

第一阶段为市场导入阶段，该阶段 SK 电讯面临的问题是用户没有养成使用习惯，以及银行利益分配方面的矛盾。

对策：进行业务细分，针对不同需求提供不同类型的服务，满足不同用户的需求，使更多的用户熟悉移动支付服务。

SK 电讯提供的移动支付服务包括：（1）金融资讯服务，即通过个性化的有线/无线方式的整合，为手机用户提供股票资讯、即时保险资讯等金融资讯。（2）手机信用卡服务，即通过手机内建晶片为用户提供信用卡消费服务及其他优惠服务。（3）移动现金服务，即基于银行账户在 SK 电讯网络上建立虚拟账户，提供手机用户之间的汇款、转账和结算服务。（4）手机小额结算服务，即专门针对网站业务收费而提供的小额支付服务，用户只要在网站上输入自己的手机号码及相关密码就可完成付费。

成效：随着用户数和业务收入不断增加，再加上银行和信用卡公司对此项服务的认可，韩国移动支付服务环境开始好转。

第二阶段为业务整合阶段。

2004 年 8 月，SK 电讯推出全新的 M-Bank 服务，这一服务的核心理念是将各种金融业务功能逐步整合，让用户享受到无处不在的银行服务。M-Bank 业务可在 17 个商业银行使用，2006 年的用户数就已经超过了 1 000 万。

在新的服务架构下，用户可通过手机内建的智慧型晶片，使用余额查询、汇款、现金提款、信用卡、交通卡等多种服务，其特色在于结算信息密码化，即当用户进行汇款等移动支付时，输入密码之后，密码化的信息会回传到 SK 电讯，以进行身份确认，然后传到信用卡公司进行交易确认，具有相当高的安全性。

SKT 还同世界两大信用卡组织威士卡国际组织和万事达卡国际组织结成联盟，以在国际范围内推广其 M-Bank 服务。早在 2004 年，SK 电讯即实现了 M-Bank 在中国北京和上海的漫游服务。

目前 SK 电讯主要提供以下服务：

(1) 有线无线整合服务。成为 MONETA 网站会员，并获得有线无线认证后，便可以通过网络和手机，自由自在地管理 MONETA 提供的个性化的有线无线整合服务。MONETA 移动证券金融服务让用户无论何时何地都能够收到股票信息；利用位置信息，为用户提供定制型公寓信息；实时提供各个保险公司的车辆保险费。使用配置了 IC 芯片（智能卡）的专用手机，用户无论何时何地都能够方便地获得移动金融服务。MONETA 交通为用户提供了一种服务，使他们无论何时何地都能够利用全国各地的公共交通。用户可将工作证、出入证下载到 MONETA 上后使用。此外，用户若在国税厅现金发票网站上用手机号码和身份证号码进行了注册，便可以使用现金发票服务。

(2) MONETA 卡服务。MONETA 卡将配置了各种卡（信用卡、交通卡、会员卡、现金卡等）功能的芯片安装在手机上，利用一般信用卡加盟店或公共交通时，可便利、安全地进行结算。

MONETA 卡具有以下特性：

(1) 便利性。MONETA 卡携带便利，用户无须再携带各种卡和现金，仅用一枚 IC 芯片，就可以完成所有商务买卖，可用于地铁、公交、ATM、一般信用卡加盟店、网络购物商场等场景。结算时，不需要复杂的过程，只需将手机的电池部分贴在 Dongle 部分即可，犹如交通卡那样；无须排队等候，无论何时何地都可以处理银行业务，从账户查询、汇款、支票查询、使用信用卡和 ATM，一直到交通卡。只要手机在手，一切就迎刃而解。用户即使远赴海外，也可以如同在国内那样进行金融交易。IC 芯片安全地记录了用户的金融信息，这些信息无须另行输入，用户仅用一个按钮便可以使用银行服务。

(2) 安全性。不同于普通的塑料卡，IC 芯片卡不仅不能伪造、变造和复制，而且在结算时还需要用户亲自输入信用卡账号，因此即使被盗或丢失也不会被他人擅自使用。它还采用个人认证号码（PIN）、账户密码和安全保护卡三重安全保护，非常安全可靠。输入密码时，若超过规定次数，账户就会被自动锁住，因此用户即使丢失手机，也无须担心；使用记忆元的 IC 芯片不易被黑客攻破。

(3) 集成性。MONETA 卡将信用卡、电子货币、交通卡、会员卡等各种支付手段集成在一枚芯片上，使用起来非常方便。

4. 日本的移动支付发展概况

日本是移动支付业务发展最为成功的国家之一，也是全球移动支付发展最早的国家之一。日本的交通 IC 卡、商户储值卡促进了移动支付的诞生，小额支付 IC 卡如 Edy 卡以及东日本铁路公司发行的 Suica 卡均诞生于 2001 年，发行后就迅速覆盖了日本的小额支付场景。这类预付费卡为移动支付的电子钱包业务奠定了基础。在日本开始推广移动支付的 2004 年，移动互联网用户已经多达 7 515 万，占日本总人口的 70%，渗透率在全球处于前列。

日本形成了以运营商为主导的移动支付体系。金融管制放松（日本金融厅于 2000 年 5

月在《异业种加入银行经营及网络专业银行等新形态银行执照的审查指针方案》中提出允许其他行业参与银行业）使其他行业可以参与银行业，零售商、运营商等都可以发行信用卡，银行对支付体系的控制力较弱。

移动运营商直接控制手机终端，掌握海量手机用户。日本三大运营商NTT DoCoMo、KDDI以及软银在功能机时代对手机的掌控力很强，通过手机钱包以及入股银行的方式，日本运营商主导了移动支付产业链。日本的移动支付由运营商主导，手机厂商接近硬件代工厂商，内容供应商提供服务，整个功能机时代的移动支付产业链形成了一个封闭的体系。

此外，日本移动支付的标准较为统一。日本三大运营商NTT DoCoMo、KDDI和软银分别于2004年7月、2005年7月和2005年11月推出了各自的移动支付品牌，但采用的都是索尼公司开发的FeliCa技术。

在日本，FeliCa-IC技术的应用十分早而且广泛。2001年，FeliCa就已经在东日本铁路公司的预付IC卡Suica卡、BitWallet公司的电子货币Edy等中被采用。2005年，基于FeliCa技术的芯片的出货量就已超过1亿枚。2005年11月，以信用卡公司JCB为主导，由多家运营商和信用卡机构发起成立的“移动支付联盟”旨在建立跨发卡机构、跨运营商的移动支付标准，促进消费者使用手机购物。三大运营商于2012年组成NFC联盟，致力于NFC技术的推广。

2013年8月，NTT DoCoMo对外宣布，其移动支付业务用户超过6 000万户，支持的商户总数在100 000户以上，所占市场份额约为44%。截至2015年，其ID借记卡的开卡量已达2 100万张，而其发行的信用卡DCMX的发卡量已达1 600万张，其发展过程如下：

2004年8月，NTT DoCoMo推出采用索尼公司的FeliCa技术的移动支付业务——Osaifu-Keitai；2005年4月，NTT DoCoMo注资1 000亿日元，获得三井住友信用卡公司34%的股份，双方合作推出“ID”子品牌的移动支付业务；2006年3月，NTT DoCoMo投入7 690万美元购买日本第二大便利连锁商店Lawson 2%的股份，使DoCoMo的用户可以在Lawson的100家商店内使用手机支付货款。2006年3月，NTT DoCoMo又注资10亿日元获得瑞穗关联企业UCCard 18%的股份。2006年4月，NTT DoCoMo宣布推出DCMX子品牌的移动信用卡，将移动支付渗透到消费信贷领域。2006年9月，NTT DoCoMo同日本的另外三个非接触式支付品牌——东日本铁路公司的Suica卡、BitWallet公司的Edy、JCB公司的QuicPay——达成协议，同意共享支付平台，让各自的产品使用统一的POS终端。截至2007年4月，NTT DoCoMo有移动支付业务用户2 150万户，占其FOMA用户的44%。

日本的移动运营商普遍采取注资金融机构的方式主导产业链发展。2010年，NTT DoCoMo开始提供CTE商用网络服务，至2013年8月，其用户数已突破1 500万。

日本第二大移动运营商KDDI也采取了同样的方法，于2006年4月宣布将与东京三菱（UFJ）共同出资筹建首家以移动电话作为主渠道的银行。日本称得上是移动互联网业务发展最好的国家之一，其移动数据业务收入约占全球40%的份额，接近三分之一的日本人使用移动互联网业务，其中80%在3G终端上使用移动互联网业务。日本移动互联网发展始于1999年2月NTT DoCoMo推出的i-mode服务。当全球许多运营商还在开发基于WAP的移动互联网服务之时，i-mode就采取了标准的HTML互联网格式。实践证明，这种方式加快了移动互联网的普及与发展。

日本移动支付产业由该国最大的移动运营商NTT DoCoMo与电子产品巨头索尼公司引领。两家公司正在共同推行其“i-mode FeliCa”移动钱包方案，并建立FeliCa Networks平台，该平台允许其他运营商与服务供应商加入。

NTT DoCoMo的“钱包手机”内嵌FeliCa芯片，支持各种零售、电子票务、娱乐消费等非接触式支付。

NTT DoCoMo的经营模式如图6-17所示。

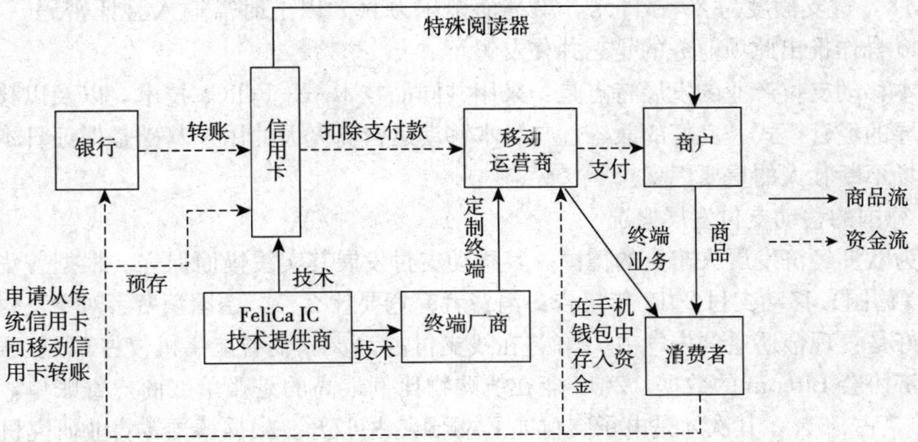

图6-17 NTT DoCoMo的经营模式

NTT DoCoMo通过构建开放的支付体系来快速发展，用户不仅可以使用ID、DCMX等运营商自己提供的银行卡，也可以选择其他银行卡。此外，它选择FeliCa IC卡作为移动支付的实现技术，实现了支付业务的迅速拓展。

NTT DoCoMo采用FeliCa技术的移动支付业务品牌为Osaifu-Keitai。Osaifu-Keitai的字面意义为“手机钱包”，这是NTT DoCoMo公司旗下的一个商标，是与索尼公司旗下的FeliCa技术兼容的一种服务。

Osaifu-Keitai业务按照合作伙伴的不同可分为六类，即交通业务、票务业务、先支付的移动支付业务、后支付的移动支付业务、小额零售支付业务和网络购物业务，按照服务性质可分为会员卡、身份证明、交通服务、票务、购物、在线购物和手机钱包。Osaifu-Keitai还推出了商务信息服务，为消费者提供优惠促销等商务信息。

按支付时间，Osaifu-Keitai的移动支付业务可分为以下三类子业务：

(1) 手机钱包业务。该业务是最普通的手机钱包业务，没有银行的介入，用户在NTT DoCoMo申请一个手机钱包账号，并预存一部分金额就可以使用。用户使用该服务购买商品时所支付的款项直接从手机钱包预存的金额中扣除。使用Osaifu-Keitai手机钱包业务无须输入密码。

(2) ID借记卡业务。该业务是NTT DoCoMo和三井住友银行合作推出的移动支付业务。双方合作推出ID借记卡，借记卡信息储存在FeliCa芯片中。用户事先需要在ID借记卡中预存一些金额，才能使用ID借记卡业务消费。ID借记卡与三井住友银行的普通信用卡相连，用户可以从三井住友银行的普通信用卡向ID借记卡转账。在一般情况下，使用ID借记卡业务无须输入密码，但如果用户购买的商品金额超过ID借记卡中的余额，则需输入密码。NTT DoCoMo通过ID借记卡业务搭建了一个移动信用卡平台，以吸引金融机构加入。目前加入此移动信用卡平台的金融机构有三井住友银行和瑞穗银行。

（3）DCMX信用卡业务。DCMX信用卡业务真正将移动支付业务渗透到消费信贷领域。用户使用DCMX业务时，无须在信用卡中预存金额就可以透支消费。DCMX有两种透支额度：一种是DCMXmini，可透支1万日元，用户消费时无须输入验证密码；另一种是DCMX，透支额度为20万日元，单笔消费1万日元以上时需输入验证密码。与NTT DoCoMo合作推出此项业务的是三井住友银行。

日本移动支付产业的发展特点是：采用共同的技术——FeliCa技术，以及以移动运营商为主导的经营模式。良好的兼容性与日本移动运营商庞大的用户基础是保证日本的移动支付市场不断壮大的重要因素。

5. 德国的移动支付发展概况

作为欧洲经济发展火车头的德国，其移动支付发展其实缓慢而保守。根据普华永道发布的《（德国）移动支付2017年报告：消费者究竟要什么?》，德国消费者对于支付方式的使用偏好是：现金遥遥领先，占72%，在线支付占42%，而智能手机仅占5%。根据德国数字经济协会Bitcom的数据，2016年在线购物比例最高的是账单（商户寄账单，消费者再汇款），占70%，其次才是电子支付如PayPal，占67%。根据德国零售业研究机构EHI的数据，2016年德国零售商的营收中，现金占51.3%，刷卡占45.6%，这里的卡主要是储蓄卡，信用卡只占6.1%。根据数据研究机构Statista一份针对无现金支付的网络民意调查，2011—2016年，德国的移动支付比例由38%上升到51%，而账单和信用卡支付比例由45%下降到38%。另有调查显示，只有7%的德国人尝试过移动支付。

关于移动支付在德国不发达的原因，机构Statista做了一项名为“移动支付在德国至今没有建立起来的决定性因素”的调查，得出首要原因是出于安全考虑，如害怕网络诈骗、数据被窃取等。尽管许多年轻人愿意尝试新的支付方式，但相当一部分德国人对钱的观念依然十分保守。大部分人仍担心在移动支付的过程中数据被盗或被泄露，移动支付让他们很没有安全感。德国消费者的适应之缓慢让移动支付的开发商无法获利，于是德国移动支付的发展自然缓慢。

其次是由于德国移动支付供应商的数量太多，没有形成强有力的品牌供应商。在中国有两家主要的支付供应商——微信支付和支付宝，而德国却靠很多小型供应商运作，由Sparkasse、谷歌或三星提供技术支持，这些小供应商又有与自己合作的零售商户。因此某个移动支付App就只能应用于某个特定的商户，去不同商店购物就需要用不同的App，十分麻烦。商户也处于不统一的状态，不同商户使用不同的移动支付技术。以Girocards为例，该银行卡可以在80万部POS机上使用，但截至2015年年底，其中只有8万部终端机（10%）有NFC，而NFC是移动支付的关键技术。虽然这个比例在提高，但是对于移动支付的普及来说，情况并不乐观。目前德国移动支付也没有一个统一的市场标准。德国移动支付市场有很多选择，却没有建立标准，这让消费者产生了困惑，他们自然不会主动去改变已有的传统支付方式。

此外，移动支付必要的基础设施在德国的建设也没有完善。足够通畅、快速的网络连接是移动支付必不可少的条件之一。德国的高速宽带和光纤网络发展其实相对落后，4G网络覆盖率和速率都要低于其他发达国家，而且大部分零售商也没有配备移动支付的相应设备，在这种条件下，手机支付自然无从谈起。

德国的移动支付供应商主要有国际巨头 PayPal、新入场的支付供应商支付宝与微信支付，以及本地支付供应商 Crandy 和 GeldKarte。

(1) 市场龙头 PayPal。2004 年，PayPal 进入德国的电子支付市场。当初电子商务活动增多并逐渐稳定之时，支付方式成为很大的问题。由于德国银行的决策者多年来低估了电子商务的重要性，其借记卡当时在网络上不能使用，而可以简单地在网络上使用的信用卡也没有得到足够的推广。其他支付方式如货到付款、预付不够用户友好，而账单支付、扣款授权虽对消费者来说很方便、很安全，却无法为商户提供足够的保障。面对这样一个市场漏洞，PayPal 作为第一种既保障消费者又保障商户的在线支付方式出现了。它通过使用银行账户的扣款授权在德国实现了普及。它的成功就在于满足了消费者和商户对于安全性和便利性的需求。PayPal 几乎是在没有任何竞争对手的情况下，借助 eBay 平台一举获得市场领先地位的。

11 年之后的 2015 年，德国的银行才反应过来，并推出了在线支付 Paydirekt。但是，Statista 2016 年的数据分析文章《Paydirekt 显然毫无机会》断定：PayPal 无论在品牌认知度（81%对 41%）、用户数量（1 720 万对 65 万），还是在排名前 50 的网络商户的营收额比例（74%对 6%）上，都让德国本地的支付企业难以企及。

(2) 新入场的支付供应商支付宝与微信支付。2017 年 4 月，支付宝登录德国。数据显示，在欧洲约有 10 000 家商店支持支付宝付款，其中包括 Rossmann、WMF 以及慕尼黑机场等多家德国商店。同时，微信支付也与另一家德国公司 Wirecard AG publik 合作，在德国推出微信支付。

(3) 德国本地支付供应商。Crandy 是一种以手机为载体的移动支付体系，由德国移动运营商 NCS（NCS mobile payment bank GmbH）提供。NCS 是欧盟第一个获得电子银行执照的移动支付运营商。

Crandy 的使用非常简单，只需开设一个免费的 Crandy 账户，并将钱转入其中即可。

如果你是第一次使用 Crandy，那么 NCS 公司的自动电话支付系统会免费为你开通账户。Crandy 账户中的资产与你的移动电话的话费无关，同时你不能用你的手机话费来支付 Crandy 账单。与中国移动这类电信服务运营商不同，Crandy 并不是电信服务运营商，它是基于移动电话技术，提供的是一种电话支付服务。

用户可以利用 Crandy 在自动售货机、互联网或 Crandy 专卖店进行支付交易。

要实现 Crandy 账户管理，首先需注册成为 Crandy 用户（注册过程可以匿名，但是用户 ID 是独有的，那就是用户的手机号码），然后将银行账户的钱转入 NCS 公司名下（可通过银行转账、网上支付、信用卡转账等多种形式实现）。资金会充入 Crandy 账户，每日消费和每周消费有上限。用户可以通过免费服务电话或者短信来保证自己的 Crandy 账户中有适当的余额。

如果使用者收到了来自 Crandy 公司的一条验证信息，他就可以非常轻松地通过验证信息向自己的 Crandy 账户充钱。用户会收到一些特殊的验证信息号码，作为验证码验证身份。

Crandy 的充值和消费都需要身份验证。一是电话验证。用户拨通指定电话后，就会听到语音提示，输入验证码后，用户会听到提示："转账完成，谢谢。"二是通过回复 Crandy 发来的短信验证。如果用户收到 Crandy 公司发来的短信，通过回复短信的方式，同样可以快捷地完成转账。

Crandy 的支付功能包括：

1）停车付费。用户以短信的形式将停车场的号码和以分为单位的计价数发送给指定号码，片刻之后支付信息就会以短信的形式反馈到卡上，钱会自动从 Crandy 的账户中转出去，于是停车费就缴纳完了。如果 Crandy 用户总是把同一辆车停在同一个停车场里，就可以享受优惠。

2）自动售货。每个 Crandy 用户都能快捷地用手机购买咖啡。在确定账户上有足够的资金后，自动售货机会投放商品，他们就能得到想要的产品。

3）电子票务。每个 Crandy 用户都能预订门票并用短信付费。比如，用 Crandy 在网上购买音乐会门票，用户只要向一条特殊的服务热线发送一条短信，Crandy 就会用这条短信锁定一张六位数字（门票号码）的虚拟门票，用户可以凭这个号码进入音乐会，在入口处会有人检验这张虚拟门票。

当购买具有年龄限制的产品如烟和酒时，Crandy 可以进行年龄审核。Crandy 还提供许多特殊优惠，如发派多种优惠券。每一个持有这种卡的人都可以通过卡片和短信享受到特殊的商品优惠。每一次充值都会得到优惠，Crandy 的用户奖励系统具有以下两种奖励方式：一是有目的、有范围或随机地发送优惠券（例如一张免费购买汉堡的优惠券）；二是绑定功能的优惠（例如以非常优惠的价格打电话或者赠送话费充值。例如，你可以以每分钟 9 分钱的价格给世界各地的朋友打长途电话）。

需要注意的是，通过验证码转到 Crandy 账户的优惠不能转到别的手机账户。每个人的账户都是独立的。同时，Crandy 的收费也非常低廉。

Crandy 得到如此广泛的应用主要得益于它的方便性和快捷性，整个支付过程完全依靠手机来完成且费用低廉。

GeldKarte 是由德国银行组织 ZKA 开发的。GeldKarte 结合了信用卡和电子钱包的功能，在德国的发行量非常大。通过电子钱包，人们可以非常便捷地支付停车费，购买香烟、车票、邮票等，免去了随身携带零钱的麻烦。通过银行的自动取款机，可以把钱转到电子钱包里，也可以随时转回。使用电子钱包里的钱的时候，无须输入密码，只要简单地把卡插入机器即可，非常方便。GeldKarte 的主要卡种包括欧洲支票卡、银行卡和单一 Geld 卡。使用时，持卡人将卡插入银行的圈存终端，并输入 PIN 码及相关数据，银行在几秒钟内即可完成授权认证和账户检查，存储数据就被记录于芯片上。消费者消费后，商户将交易数据形成数据集传给银行，后者对之进行自动处理，在商户账户上加入相应金额，同时从持卡人账户扣款。商户向银行传输数据通常采用 Modem 拨号至银行计算中心，或通过网络供应商提供的网络来传输交易数据。目前，GeldKarte 已成为一个支持一卡多用的开放式系统，支持 GeldKarte 的终端快速增加，遍及各商户。

由此可以看出，GeldKarte 提供的小额支付手段免去了人们日常生活中携带零钱的麻烦，因此也得到了较快的发展。

本章思考题

1. 什么是电子商务？
2. 简述电子商务概念模型。
3. 简述电子商务系统框架。
4. 简述电子商务的三种运作模式，即 B2B 模式、C2C 模式和 B2C 模式之间的异同。
5. 如何认识网络银行与手机银行？
6. 网络银行有什么特点？
7. 比较 Final Virtual 与 CyberCash 的支付机制的异同。
8. 简述利用电子钱包（智能卡）在网上购买鲜花的过程。
9. 简述利用电子支票在线交易的支付过程。
10. 简述第三方支付机构的运作模式。

第七章
电子支付系统的安全策略

章首导言

信息安全应具有保密性、完整性、可用性、可控性、信息行为的不可否认性等特征。信息安全的内涵包括物理安全、电磁安全、网络安全、数据安全、系统安全、操作安全以及人员安全。

信息安全工程具有五大特性，即全面性、过程性、动态性、层次性和相对性。

风险评估是网络安全防御中的一项重要技术，也是信息安全工程学的重要组成部分。

安全策略是网络信息安全的灵魂和核心。

需求分析是安全工程中的一个重要阶段。

电子支付的安全性要求主要包括数据的保密性、数据的完整性、交易者身份的确定性以及交易的不可否认性。

加密技术、访问控制机制与安全认证技术、入侵检测技术、漏洞扫描技术等是信息安全中重要的技术。

一个良好的金融信息安全体系架构及安全策略对金融信息安全至关重要。

实施安全解决方案有五个关键技术点，分别是防毒、控制访问、加密与认证、漏洞扫描和入侵检测。从技术角度来讲，应该做好网络层、系统层和应用层三个方面的防护。

本章从信息安全入手，用信息安全工程理论阐述电子支付的安全保障和安全策略以及安全技术。

关键术语

信息安全、信息安全工程、信息安全保障体系、安全策略、安全技术

知识结构图

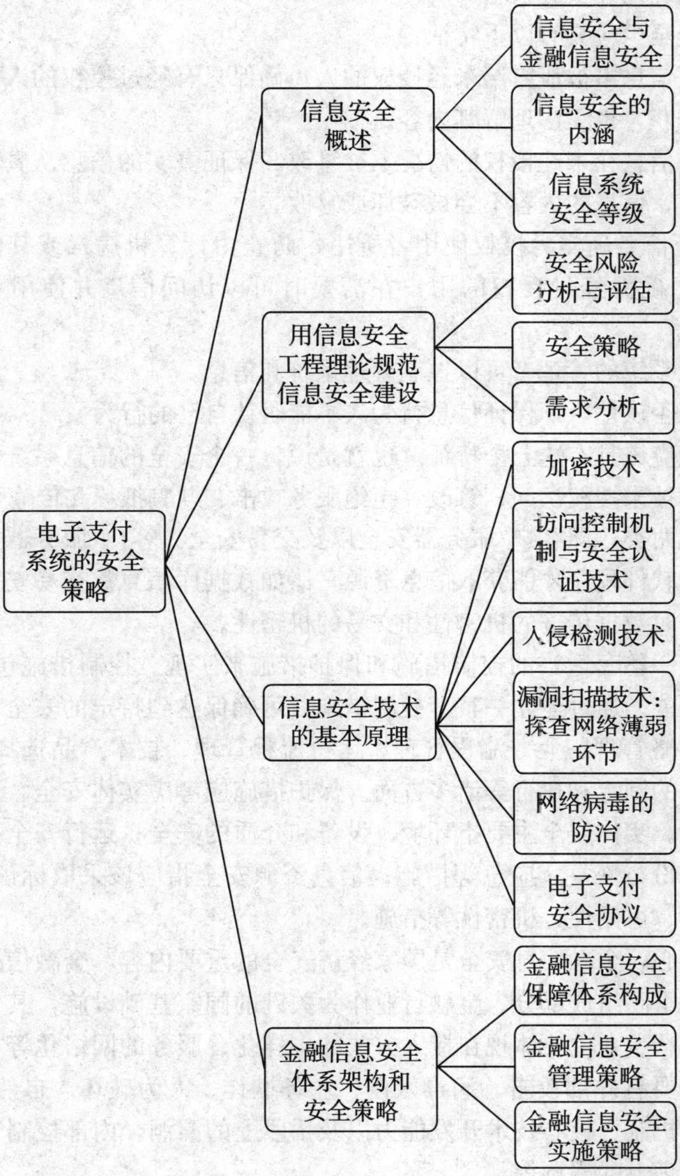

第一节　信息安全概述

一、信息安全与金融信息安全

信息安全的概念在 20 世纪经历了一个漫长的历史演变过程。从 20 世纪 40 年代计算机技术出现到60年代末，通信保密一直是信息安全的重点。自20世纪90年代以来，网络的逐渐普及使信息安全的概念得到了进一步的深化，从信息的保密性拓展到信息的完整性、可用性、可控性、不可否认性等。要保障信息安全，需要保障“攻、防、测、控、管、评”等多方面的基础理论和实施技术。

一般认为，信息安全至少应具有以下特征：

(1) 保密性，即保证信息不被泄露给未经授权的人，确保只有经过授权的人才能访问信息，即使信息被他人截获，也无法理解其内容。

(2) 完整性，即防止信息在未经授权的情况下被篡改，保证真实的信息从真实的信源无失真地到达真实的信宿，信息的内容不会被破坏或篡改。

(3) 可用性，即保证信息确实为授权使用者所用，防止由计算机病毒或其他人为因素造成的系统拒绝服务，确保经过授权的用户在需要时可以访问信息并使用相关信息资源。

(4) 可控性，即信息系统的管理者可以控制管理系统和信息。

(5) 信息行为的不可否认性，即保证信息行为人不能否认自己的行为。

一个安全的信息系统应该具有这五个特征。也就是说，一个安全的信息系统能够保护它的信息和计算机资源不被未授权访问、篡改、拒绝服务攻击、欺骗抵赖和传输干扰。

安全性问题可以分成两类，即客户/服务器安全以及交易安全。客户/服务器安全一定要保证只有有效的用户或软件程序才能获取信息资源，诸如数据库信息。交易安全性能保证信息在高速公路上传输时数据传输的机密性和交易的机密性。

信息安全可通过实施一整套适当的控制措施和保护措施来实现。控制措施包括策略、实施、组织结构和软件功能。通过建立一整套控制措施，可确保达到特定的安全目标。信息安全的具体工作包括策略管理、业务流程管理、运行流程管理、技术产品选择和应用、人员管理、安全法律法规的制定和执行等诸多方面。保护措施应考虑实体安全、运行安全和信息资源安全三个方面。实体安全主要指环境、设备和介质的安全；运行安全指应采取风险分析、审计跟踪、备份与恢复、应急等措施；信息资源安全指应该采取标识与鉴别、访问控制、审计、完整性、可用性、机密性等措施。

金融是经济发展的核心，金融信息安全是国家经济安全的重要内容，金融信息安全建设是国家金融风险防范的重要组成部分。金融行业作为关键的国家基础设施，其信息安全问题随着技术的发展日趋严重，主要体现在接入方式的多样化、服务的网络化等方面。威胁金融信息安全的因素主要有外部攻击、病毒入侵、业务欺诈、人为破坏、自然灾害等，主要体现为信息安全保障机制、核心技术开发能力以及手段上的漏洞，内部控制管理安全上的漏洞，用户识别与管理上的漏洞等。

金融信息安全指金融信息的保密性、完整性、可用性、可控性以及金融信息行为的不可否认性。

目前金融信息安全的主要威胁有：

(1) 人为失误，指计算机技术人员和业务人员在信息系统的设计、开发、安装、使用过程中所产生的人为的错误或失误。

(2) 欺诈行为，指金融机构内部员工或外部人员修改信息系统数据，盗窃银行资金，进行金融犯罪的行为。

(3) 内部人员破坏行为，指由于对工作不满或其他原因，内部人员有意在程序中设置“后门”或程序炸弹，并对设备、数据、系统进行故意破坏的行为。

(4) 物理资源服务丧失，指设备故障或物理环境发生意外灾难（电源断电、通信中断、水灾、火灾、地震等）引发的系统崩溃事件。

(5) 黑客攻击，指黑客通过非法手段访问或破坏银行信息系统。

(6) 商业信息泄密，指员工利用权限之便造成信息系统数据的外泄。

(7) 病毒（恶意程序）入侵，指编制或者在计算机程序中插入破坏计算机功能或者毁坏系统数据的计算机指令或者程序代码。

(8) 程序系统自身的缺陷，指程序在设计开发时，由于开发人员对系统的安全性考虑不足而留下的安全隐患，这是一种来自系统自身的威胁。

近年来，金融犯罪和电子犯罪事件日益增多，犯罪分子发展成有组织的犯罪团伙，其中许多还是跨国的团伙。由于低投入高利润的诱惑，更多的职业犯罪团伙加入信息犯罪中。近年来，信息犯罪的程度不断升级。

调查显示，金融信息系统安全事故大多是内部人员和外部人员勾结所为，其次是黑客入侵和木马病毒盗取信息，目前金融信息系统安全事故主要包括以下几个方面：(1) 通过金融系统基础的区块链技术发动攻击；(2) 通过社交媒体入侵和操纵获取密码等信息，进行诈骗；(3) 对加密货币交易平台的攻击增多；(4) 由于大量数据泄露，传统银行卡诈骗激增；(5) 移动金融用户可能会成为犯罪分子新的主要目标。

二、信息安全的内涵

信息安全的完整内涵包括以下几个方面：

1. 物理安全（physical security）

物理安全手段主要针对各类物理攻击活动，即通过必要的监控、安保和灾难预防措施确保目标系统中各类设备的安全。对于诸如脱机备份数据之类的数据而言，物理攻击是唯一奏效的攻击手段。自然灾害所形成的物理破坏由于损失特别巨大同样不能忽视。

2. 电磁安全（electromagnetic security）

现代信息技术借助电磁信号传输信息，在传输过程中不可避免地会形成空间电磁辐射信号，并通过开放的空间电磁场对用户信息安全构成威胁，因此必须对目标系统中使用的各类设备的电磁兼容性进行设计和处理，或采用光纤等空间辐射小的传输介质。

3. 网络安全（network security）

网络安全主要是对用户应用数据在网络传输过程中的安全保护。网络安全攻击包括直接针对用户传输的数据本身的攻击（即通过对数据传输流进行窃听、篡改和假冒等方式），以及针对网络传输服务机制的攻击（即破坏地址解析、路由、网络管理等）。

4. 数据安全（data security）

数据安全是对用户信息资源在存储和使用过程中的安全保护，主要通过加密、认证和数据备份技术对存储信息的机密性和完整性进行保护，以及通过访问控制、事务处理和残留数据处理等技术在操作系统或数据库级上实现不同等级的安全保护。

5. 系统安全（system security）

用户的端应用系统是相对于数据传输网络而言的，端应用系统应根据管理员设定的安全策略对用户的访问请求进行授权，确保只有经过授权的合法用户才能使用系统资源，并通过入侵检测机制对各种来自外部网络的安全威胁进行识别、控制和监视。

6. 操作安全（operation security）

操作安全是对一般业务操作流程的安全保护。信息技术的普及和应用使传统的业务流程发生了改变，形成了信息技术手段和非信息技术手段相互渗透的局面。单纯依靠信息技术安全手段难以保证整个操作过程的安全性，必须对操作流程的每个环节进行安全防范并制定所需的操作规范。

7. 人员安全（personnel security）

由于信息技术安全是多样化的，所以必须通过一定的安全职责分配将整体的安全防范任务逐级落实到每一个操作人员的每一个日常操作过程，通过管理手段强制其实施，并对各级人员针对其安全责任进行相应的安全教育和操作培训。

三、信息系统安全等级

1. 美国可信计算机安全评价标准（TCSEC）

TCSEC 将信息安全划分为 A、B、C、D 四个等级，如表 7－1 所示。

表 7－1　TCSEC 安全等级划分标准

安全等级					主要特征
1	D	最低保护等级	D		非安全保护
2	C	自主保护等级	C1	自主安全保护	自主存取控制、审计功能
			C2	可控存取保护	比 C1 级更强的自主存取控制、审计功能
3	B	强制保护等级	B1	标记安全保护	强制存取控制，敏感度标记
			B2	可结构化保护	形式化模型，隐蔽通道约束
			B3	安全区域保护	安全内核，高抗渗透能力
4	A		A1	可验证保护	形式化安全验证，隐蔽通道分析
			超 A1		

资料来源：张春江，倪健民．国家信息安全报告．北京：人民出版社，2000.

2. 我国信息系统安全保护等级划分标准

我国于 1999 年 9 月 13 日发布了《计算机信息系统安全保护等级划分准则》（GB 17859—1999），该标准规定了计算机系统安全保护能力的五个等级。

（1）第一级：用户自主保护级。

本级的计算机信息系统可信计算基①通过隔离用户与数据，可以使用户具备自主安全

① 计算机信息系统可信计算基（trusted computing base of computer information system），是指计算机系统内保护装置的总体，包括硬件、固件、软件和负责执行安全策略的组合体。它建立了一个基本的保护环境并提供了一个可信计算系统所要求的附加用户服务。

保护的能力。它具有多种形式的控制能力，对用户实施访问控制，即为用户提供可行的手段，保护用户和用户组信息，避免其他用户对数据的非法读写与破坏。

（2）第二级：系统审计保护级。

与用户自主保护级相比，本级的计算机信息系统可信计算基实施了粒度更细的自主访问控制，它通过登录规程、审计安全性相关事件和隔离资源，可以使用户对自己的行为负责。

（3）第三级：安全标记保护级。

本级的计算机信息系统可信计算基具有系统审计保护级的所有功能。此外，还提供有关安全策略模型、数据标记以及主体对客体强制访问控制的非形式化描述；具有准确地标记输出信息的能力；可以消除通过测试发现的任何错误。

（4）第四级：结构化保护级。

本级的计算机信息系统可信计算基基于一个明确定义的形式化安全策略模型，它要求将第三级系统中的自主和强制访问控制扩展到所有主体与客体。此外，还要考虑隐蔽通道。本级的计算机信息系统可信计算基必须结构化为关键保护元素和非关键保护元素；明确定义计算机信息系统可信计算基的接口，使其设计与实现能经受更充分的测试和更完整的复审；加强鉴别机制；支持系统管理员和操作员的职能；提供可信设施管理；增强配置管理控制。本级的计算机信息系统的抗渗透能力相当强。

（5）第五级：访问验证保护级。

本级的计算机信息系统可信计算基满足访问监控器需求，访问监控器可以仲裁主体对客体的全部访问。访问监控器本身是抗篡改的，必须足够小，能够分析和测试。为了满足访问监控器的需求，计算机信息系统可信计算基在构造时排除了对实施安全策略来说并非必要的代码；在设计和实现时，从系统工程角度将其复杂性降到最低；支持安全管理员职能；扩充了审计机制，当发生与安全相关的事件时会发出信号；提供系统恢复机制。本级的计算机信息系统的抗渗透能力很强。

本标准适用于对计算机信息系统安全保护技术能力等级的划分。计算机信息系统安全保护能力会随着安全保护等级的提高而逐渐增强。

第二节 用信息安全工程理论规范信息安全建设

要保障信息安全，需要具备工程理念。金融信息安全不单单是技术问题，更是策略、管理和技术的有机结合。信息安全工程是采用工程的概念、原理、技术和方法来研究、开发、实施和维护企业级信息与网络系统安全的过程。信息安全工程学具有五大特性，即全面性、过程性、动态性、层次性和相对性。

（1）全面性。信息安全问题需要全面考虑，系统的安全程度取决于系统最薄弱的环节。

（2）过程性（又称生命周期性）。一个完整的安全过程至少应包括安全目标与原则的确定、风险分析、需求分析、安全策略研究、安全体系结构的研究、安全实施领域的确定、安全技术与产品的测试和选型、安全工程的实施与监理、安全工程的测试与运行、安全意识教育与安全技术培训、安全稽核与检查、应急响应等。这个过程是一个完整的信息安全工程的生命周期，经过安全稽核与检查后，又进入一个新的生命周期，是一个不断往复上升的螺旋式安全模型。

（3）动态性。信息技术在发展，黑客水平也在提高，安全策略、安全体系、安全技术也必须动态地调整，以便最大限度地使安全系统跟上实际情况的变化并发挥效用，使整个安全系统处于不断更新、不断完善、不断进步的动态过程中。

（4）层次性。信息安全风险需要用多层次的安全技术、方法与手段，分层次地化解。

（5）相对性。安全是相对的，没有绝对的安全可言。

安全措施应该与要保护的信息对网络系统的价值相称。因此，实施信息安全工程要充分权衡风险威胁与防御措施的利弊得失，在安全级别与投资代价之间取得一个企业能够接受的平衡点，这样实施的安全才是真正的安全。

信息安全工程学的研究范畴很清晰，具体包括信息安全工程的目标、原则与范围；信息安全风险分析与评估的方法、手段、流程，信息安全需求分析方法；安全策略；安全体系结构；安全实施领域和安全解决方案；安全技术和产品的测试与选型方法；安全工程的实施规范；安全工程实施的监理方法、流程；安全工程的测试与运行；安全意识教育与安全技术培训；安全稽核与检查；应急响应技术、方法与流程；等等。

安全体系结构的设计与安全解决方案的提出必须基于信息安全工程理论。因此，对企业来说，在建立并实施企业级的信息与网络系统安全体系时，必须考虑信息安全的方方面面，兼顾信息网络的风险评估与分析、安全需求分析、整体安全策略、安全模型、安全体系结构的开发、信息网络安全的技术标准规范的制定、信息网络安全工程的实施与监理、信息网络安全意识教育与安全技术培训等各个方面；对工程实施单位来说，必须严格按照信息安全工程的规范实施；对管理部门来说，建议根据信息安全工程能力成熟度对企业安全工程的质量、安全工程实施单位的实施能力进行评估。只有这样才能实现真正意义上的信息系统安全。

一、安全风险分析与评估

一个完整的安全体系和安全解决方案要根据网络体系结构和网络安全形势的具体情况来确定，没有“以不变应万变”的通用的安全解决方案。信息安全关心的是保护信息资产免受威胁，达到绝对安全是不可能的，只能通过一定的措施把风险降低到一个可接受的程度。对一个系统来说，解决信息安全的首要问题就是明白信息与网络系统目前与未来的风险所在，充分评估这些风险可能引发的威胁与影响的程度，做到“对症下药”，这就是信息与网络系统的风险分析与评估。

风险评估是网络安全防御中的一项重要技术，也是信息安全工程学的重要组成部分。其原理是对采用的安全策略和规章制度进行评审，发现不合理的地方，即采用模拟攻击的形式对目标可能存在的已知安全漏洞进行逐项检查，确定存在的安全隐患和风险级别。风险分析针对系统的体系结构、指导策略、人员状况以及各类设备，例如工作站、服务器、交换机、数据库应用等各种对象，根据检查结果向系统管理员提供周密可靠的安全性分析报告，为提高网络安全整体水平提供重要依据。

在网络安全体系的建设中，安全扫描工具花费低、效果好、见效快，与网络的运行相对独立，安装运行简单，可以大大减少安全管理员的手工劳动，有利于保持全网安全政策的统一和稳定，是进行风险分析的有力工具。安全扫描技术基本上也可分为基于主机的安全扫描技术和基于网络的安全扫描技术两种，前者主要关注软件所在主机上的风险与漏洞，而后者则是通过网络远程探测其他主机的安全风险与漏洞。

1. 目标和原则

风险分析是有效保证信息安全的前提条件。只有准确地了解系统的安全需求、安全漏洞及其可能的危害，才能制定正确的安全策略。另外，风险分析也是制定安全管理措施的依据之一。风险分析与评估是通过一系列管理和技术手段来检测当前运行的信息系统所处的安全级别、安全问题、安全漏洞，以及当前的安全策略和实际安全级别的差别，应评估运行系统的风险，根据审计报告制定适合具体情况的安全策略及其管理和实施规范，为安全体系的设计提供参考。

风险分析的目标是：了解网络的系统结构和管理水平，以及可能存在的安全隐患；了解网络所提供的服务和可能存在的安全问题；了解各应用系统与网络层的接口及其相应的安全问题；对网络攻击和电子欺骗进行检测、模拟和预防；分析信息网络系统对网络的安全需求，找出目前的安全策略和实际需求的差距，为保护信息网络系统的安全提供科学依据。

由于风险分析与评估的内容涉及很多方面，因此进行分析时要本着多层面、多角度的原则，从理论到实际，从软件到硬件，从物件到人员，事先制订详细的分析计划和分析步骤，避免遗漏。另外，为了保证风险分析结果的可靠性和科学性，风险分析还要参考有关的信息安全标准和规定，如《中华人民共和国计算机信息系统安全保护条例》《中华人民共和国计算机信息网络国际联网管理暂行规定》《计算机信息网络国际联网安全保护管理办法》等，做到有据可查。

2. 对象和范围

风险分析的内容与范围应该涵盖信息网络系统的整个体系，包括网络基本情况，信息系统基本安全状况，信息系统安全组织、政策情况，网络安全技术措施使用情况，防火墙布控及外联业务安全状况，动态安全管理状况，链路、数据及应用加密情况，网络系统访问控制状况等。在网络系统的安全工作中，人是关键要素，无论网络系统的安全服务、安全机制和安全过程多么自动化和现代化，都需要人去启动、运行和管理。如果管理水平低下，人员素质不高，那么网络系统的安全性能就会减弱，漏洞就会增加。

具体来讲，风险分析的内容有：

(1) 网络基本情况分析，包括：网络规模、网络结构、网络产品、网络出口、网络拓扑结构。

(2) 信息系统基本安全状况调查，包括：系统是否遭到过黑客的攻击，是否造成了损失；系统内是否存在违规操作的行为，具体有哪些行为；系统内成员的安全意识如何，技术人员是否接受过安全技术培训，是否对一般职员进行过安全意识教育，采用了什么样的形式，效果如何。

(3) 信息系统安全组织、政策情况分析，包括：是否有常设的安全领导小组，其人员构成和职责分别是什么；现有的网络安全管理的相关制度有哪些；安全管理人员的编制、职能和责任落实情况怎样。

(4) 网络安全技术措施使用情况分析，包括：网络资源（人员、数据、媒体、设备、设施和通信线路）是否进行了密级划分；对不同密级的资源是否采取了不同的安全保护措施，采取了哪些具体的措施；目前采取了哪些网络安全技术措施；哪些措施不能满足网络安全的需求；哪些安全措施没有充分发挥作用；网络防病毒体系的完整性和有效性如何。

(5) 防火墙布控及外联业务安全状况分析，包括：目前防火墙的布控方式是否合理，发挥的作用如何；信息系统对外提供的服务有哪些；以何种形式对外连接，是否采取了安全防护措施及采取了什么样的安全防护措施。

(6) 动态安全管理状况分析，包括：是否使用过网络扫描软件对网络主机和关键设备进行安全性分析和风险评估；操作系统和关键网络设备的软件补丁是否及时安装；目前是否使用入侵检测系统对网络系统进行数据流监控和行为分析；是否对系统日志进行周期性审计和分析。

(7) 链路、数据及应用加密情况分析，包括：系统中关键的应用是否采取了应用加密措施；网络综合布线是否符合安全标准；对关键线路是否有备份，启用频度如何；在广域网线路方面是否采取了链路层或网络层加密措施，应用系统对其有无加密需求。

(8) 网络系统访问控制状况分析，包括：系统用户通过何种方法或手段进行控制；关键服务器和设备的用户是否得到严格的控制和管理；在访问控制方面除了简单的用户和口令认证外，有无采取其他的访问控制措施；主要服务器和关键设备的管理员的权限是否分离；是否有内部拨号服务；访问控制措施是否得当；对网络资源的访问是否有完整的日志和审计功能。

(9) 白盒测试，包括：分析系统的抗攻击能力，测试系统是否经得住常见的拒绝服务攻击、渗透入侵攻击；是否有缓冲区漏洞缺陷；对各种攻击的反应如何。

3. 方法与手段

网络安全是一种特殊的质量体系，这种安全是动态的，即使在网络建设时达到了预定的安全性能，随着网络设备的升级、网络服务的增加以及应用系统的更新，对网络安全的威胁也会不断增大。只有对网络系统进行长期的精心维护和科学管理，才可能保持网络系统的安全系数。为了掌握网络信息系统的安全状况，检查发现系统中的安全隐患，需要从制度、管理和技术三个角度对网络系统进行综合性分析评估。在分析过程中，要时刻把握多角度、多层次的原则，首先要根据相关政策法规，查找被分析对象在管理上的疏忽和漏洞，如备份与恢复方案、紧急响应机制等，再从技术层面评测网络系统的安全性，如通信加密、用户访问控制、安全认证体系、攻击监控等。

风险分析可以使用以下方式实现：问卷调查、访谈、文档审查、黑盒测试、操作系统的漏洞检查和分析、网络服务的安全漏洞和隐患的检查和分析、抗攻击测试、综合审计报告等。

风险分析的过程可以分为以下四步：

(1) 确定要保护的资产及价值。如果不知道要保护什么内容，或者不知道要保护的内容的情况，那就谈不上安全了。明确要保护的资产、资产的位置以及资产的重要性是进行安全风险分析的关键。

（2）分析信息资产之间的相互依赖性。由于某项资产的损失可能会导致其他资产的失效，因此，在确定资产的时候还要考虑资产之间的关联性。

（3）确定存在的风险和威胁。确定了要保护的资产后，就应该分析对资产的潜在威胁以及受此威胁的可能性。威胁可以是任何可能对资产造成损失的个人、对象或事件，它可能是故意的或偶然的。要明确存在哪些弱点和漏洞及这些弱点和漏洞的风险级别，分析资产所面临的威胁、发生的可能性以及一旦出现安全问题，可能造成什么样的影响等。

（4）分析可能的入侵者。即分析其存在的数量、进行攻击的可能性、进行攻击时威胁有多大等。

4. 结果与结论

为了便于对风险分析的结果进行评审，对能够量化的结果要尽可能地予以量化，对不能量化的结果要做出形式化描述。如果某个设备的价格、存在的弱点和漏洞的数量等是可以量化的，就必须给出量化后的结果；如果某一系统应用的安全级别不好量化，就应根据相关的评估标准来确定它的安全级别（如A级、B级或C级），这样得出的分析结果就是大量的表格数据，这些数据就是以后各项工作的依据，应妥善地保存。

如何根据分析的数据结果得出最终的评估结论也是一项重要的工作，需要安全专家进行总结。对结果进行分析时一定要有所比较，要将所得到的结果与以前的结果进行比较，或将其与其他信息系统的评估结果进行比较，还要将其与有关的标准进行比较。严格的比较有助于为信息系统的安全性定级，因此，参照物的选择很关键。在比较之后，应通过总体的权衡，给出对整个系统的安全性的概述说明，并将结论与测试结果上报主管部门或人员。

二、安全策略

安全策略是为发布、管理和保护敏感的信息资源而制定的一组法律、法规和措施的总和，是对信息资源使用和管理规则的正式描述，是企业内所有成员都必须遵守的规则。

保护网络信息的安全是一场没有硝烟的战争，安全策略则是这场战争的战略方针，它负责调动、协调、指挥各方面的力量来共同维护信息系统的安全。如果没有按照安全策略进行总体规划，那么即使实力雄厚，信息系统也是千疮百孔。

安全策略属于网络信息安全的上层建筑领域，是网络信息安全的灵魂和核心。安全策略为保证信息基础的安全性提供了一个框架，为管理网络信息安全提供了一种方法，规定了各部门应遵守的规范及应负的责任，使网络信息系统的安全策略有了切实的依据。

1. 制定安全策略的原则

安全策略的制定是一个循序渐进、不断完善的过程，因为不可能只用一个策略就能够完全符合、适应某个信息系统的环境和需求，只能不断地接近目标。策略的制定应该由专门的安全策略委员会来负责，委员会应该由安全专业人士和来自系统内不同部门的职员组成。安全策略在制定时必须兼顾它的可理解性、技术上的可实现性、组织上的可执行性。企业级安全策略的开发和制定可以从三个层面来考虑：

（1）抽象安全策略。它通常表现为由一系列自然语言描述的文档，是企业根据自身的任务、面临的威胁和风险，以及上层的制度、法律等制定出来限制用户使用资源和使用方式的一组规定。

（2）全局自动安全策略。它是抽象安全策略的子集和细化，指能够由计算机、路由器等设备自动实施的安全措施的规则和约束，不能由计算机实施的安全策略由安全管理制度等其他物理环境安全手段实施。全局自动安全策略主要从安全功能的角度考虑，分为标识与认证、授权与访问控制、信息保密与完整性、数字签名与抗抵赖、安全审计、入侵检测、响应与恢复、病毒防范、容错与备份等策略。

（3）局部执行策略。它是分布在终端系统、中继系统和应用系统中的总体安全策略的子集和具体实施。局部可执行的安全策略是由物理组件与逻辑组件所实施的形式化的规则，如由口令管理策略、防火墙过滤规则、认证系统中的认证策略、访问控制系统中的主体的能力表、资源的访问控制链表、安全标签等组成。每一条具体的规则都是可以设置与实施的。

2. 安全策略的内容

安全策略应该是一个详细完备的指导方针，包含的内容有：

（1）保护的内容和目标。安全策略必须包含信息网络系统中要保护的所有资产（包括硬件及软件）以及每项资产的重要性和其要达到的安全程度，如可以根据其重要性和功能范围对系统中所有的主机进行分类：涉及核心机密信息或提供关键服务的为A类；含有敏感信息或提供重要服务的为B类；能够访问A类和B类主机且不含敏感信息的为C类；不能够访问A类和B类主机、不含敏感信息但可以从外部访问的为D类；可以从外部访问但不能访问A类、B类、C类和D类主机的为E类。这样的划分既体现了各类资产的重要程度，又规定了它们的功能范围。

（2）实施保护的方法。明确对信息网络系统中的各类资产进行保护所采用的具体方法，如对于实体安全可以采用隔离、防辐射、防自然灾害等措施来保障；对于数据信息安全可以采用授权访问技术来保障；对于网络传输安全可以采用安全隧道技术来保障；等等。另外，还要明确所采用的具体方法，如使用什么样的算法和产品。

（3）明确的责任。维护信息与网络系统的安全不仅仅是安全管理员的事，一个人或几个人的能力毕竟是有限的，只有调动大家的积极性，集体参与，才能真正有效地保护系统的安全。要想有效地组织大家协同工作，就必须明确每个人在安全保护工程中的责任和义务。

（4）事故的处理。为了确保任务的落实，提高大家的安全意识和警惕性，必须规定相关的处罚条款，并组建监督、管理机构，以保证各项条款的严格执行。

在开发安全策略时，要注意充分考虑制定安全策略的优先次序，充分考虑信息系统内部因素对安全策略的影响，不要指望能够制定一个绝对正确和详细的策略，我们没有能力提前预知问题的所有情况和细节。要充分意识到今天好且能够实施的策略比明年的伟大策略更好。同时要考虑实现安全策略可能需要的投资。安全策略要力求简洁、可实施、可操作。一个十分完美但不可操作的安全策略是没有任何用处的，制定一个不能够实施的安全策略等于没有安全策略。

在制定安全策略的同时，要制定相关的信息与网络安全的技术标准和规范，这些标准和规范是保证所制定的安全策略顺利实施的技术保障与管理基础。技术标准着重从技术方面规范实现安全策略的技术、机制与安全产品的功能指标要求，只需要在功能、技术标准方面做出明确的规范，切忌明确到使用什么产品，因为选择产品的事情是次要的。管理规范是从政策、组织、人力与流程方面对安全策略的实施进行规划。没有一定的政策法规保障的安全策略形同一堆废纸。

安全策略具有较强的生命周期性。因此，要注意定期根据相关因素的变化对安全策略进行修改，保证安全策略的可用性。

三、需求分析

安全需求是为保护金融信息系统安全对必须做的工作的全面描述，是一个详细、全面、系统的工作规划，需要经过仔细的研究和分析。安全需求分析工作是安全风险分析与评估工作中的一个重要阶段。

1. 需求分析的原则

（1）遵照法律。信息安全工作不仅仅是某个企业单位的工作，也是一个国家性的工作，必须把局部的安全工作与全局的安全工作协调起来，必须遵照有关的法律和规定实施。

（2）依据标准。为了保证需求分析的质量，必须做到“有据可查”，即必须依据有关的技术标准来进行需求分析，因此要充分参考、利用现有的标准。

（3）分层分析。信息安全工作涉及策略、体系结构、技术、管理等各个层次。信息安全工作的层次性也就决定了需求分析的层次性，这样得出的结论才是完备的、可靠的。

（4）结合实际。信息安全工作的实施针对的是一个具体的信息系统环境，所有工作的开展都必须建立在这个环境的基础之上，不同环境下需求分析的结果是不同的。

2. 需求分析的内容

对安全需求的理解可以从多侧面、多角度入手，信息安全工作应该是全方位的，应从安全性、可靠性、高效性、可控性和持续性等方面落实。

应在结合国家政策法规、企业性质和规章制度的基础上，考虑信息安全工作的方方面面，提出安全要求与安全级别；根据对象单位资产的确认情况，提出不同资产的安全级别需求，这样信息安全工作就可以有的放矢。因为信息与网络系统是分层的，所以在进行需求分析时也应该根据各层的具体情况分级别提出安全需求。在一般情况下，要考虑以下五个层次的安全需求：

（1）管理层。信息安全是一个管理和技术结合的问题。就信息安全而言，管理与技术的关系就如同人与武器的关系一样。一个严密、完整的管理体制不但可以最大限度地在确保信息安全的前提下实现信息资源共享，而且可以弥补技术性安全隐患的部分弱点。管理包括行政性管理和技术性管理。信息网络系统能否正常高效地运行，在很大程度上取决于是否发挥了它的最大功效，这依赖于系统的管理策略。管理层的安全需求分析就是研究为了保证系统的安全，应该建立一个怎样的管理体制。具体来讲，就是成立什么样的管理机构或部门；负责什么任务；完成什么功能；遵循什么原则；达到什么要求。

（2）物理层。保证物理层的安全就是保证实体财产的安全。实体财产的安全是信息网络安全中的低层安全，也是保证上层安全的基础。物理层的安全需求分析就是根据单位的实际情况，确定单位各实体财产的安全级别；需要什么程度的安全防护；要达到什么样的安全目的。

(3) 系统层。这里的系统指的是操作系统。操作系统是信息网络系统的基础平台，它的安全也是保证上层安全的基础。系统层的安全需求分析就是研究为保证安全，应该要求操作平台达到什么样的安全级别；为达到所要求的级别，应该选用什么样的操作系统；如何使用、管理、配置操作系统。

(4) 网络层。网络层是互联网的核心，是为上层应用提供网络传输的基础，也是局域网和广域网连接的接口。因此，针对网络层的攻击和破坏有很多。现在经常采取的安全防护措施是在网络的边界上，通过使用防火墙的IP过滤和应用代理等功能来实现安全连接。一种简单有效的方法是在路由器上采用IP过滤技术，由硬件实现，效率相当高。对于网络层所传输的数据的保护可以采用加密技术来实现，新一代网络安全协议正处在设计和实验阶段。一般是根据信息系统的业务方向，分析系统的网络安全需求，再确定应该采用什么样的防护方式。

(5) 应用层。应用层处于网络分层结构的最上层，是用户直接接触的部分。由于基于网络的应用很多，供应商也很多，所以存在的安全问题也很多，相应的安全防护技术也很多，需要根据实际情况来衡量对它们的需求程度。

安全需求分析也是一个不断发展的过程，不存在一个一成不变的分析结果。随着系统环境的发展以及外部形势的改变，安全需求也会改变。要想保持分析结果的有效性，必须时刻更新结果，安全需求分析的过程也必须与系统同步发展。

3. 网络安全系统的设计原则

虽然任何人都不可能设计出绝对安全和保密的网络信息系统，但是，如果在设计之初就遵从一些合理的原则，那么相应的网络系统的安全性和保密性就会更加有保障。在设计时考虑不全面，消极地将安全和保密寄希望于事后“打补丁”，这样的思路是非常危险的。从工程技术角度看，网络安全系统的设计应遵循以下原则：

(1) 木桶原则。对信息均衡、全面地进行保护。

(2) 整体性原则。进行安全防护、监测和应急恢复。

(3) 实用性原则。不影响系统的正常运行和合法用户的操作。

(4) 等级性原则。区分安全层次和安全级别。

(5) 动态化原则。不断更新安全需求。

(6) 设计为本原则。安全设计与网络设计同步进行。

第三节　信息安全技术的基本原理

作为电子商务的基础支持，电子支付的安全性十分重要。具体来看，电子支付的安全性要求主要包括以下四个方面：

(1) 数据的保密性。交易中的商务信息均有保密的要求，如果信用卡账号和用户名被人知悉，信用卡就可能被盗用，订货和付款信息就会被竞争对手获悉，于是商户可能就会丧失商机，因此在电子商务的信息传播中一般有加密的要求。

(2) 数据的完整性。交易数据不能在未授权的情况下更改。

(3) 交易者身份的确定性。网上交易的双方很可能素昧平生，相隔千里。要使交易成功，首先必须确认对方的身份，商户会考虑客户端是不是骗子，消费者也会担心网上的商店是不是黑店，因此能方便可靠地确认对方的身份是交易的前提。所以，为消费者提供服务的银行、信用卡公司和商户为了做到安全、保密、可靠地开展商务活动，都会进行身份认证。商户是不知道消费者所用的信用卡的账号的，所以只能把信用卡的确认工作完全交给银行来完成。银行和信用卡公司可以采用各种保密与识别方法，确认消费者的身份是否合法，同时还要防止发生拒付款问题并确认订货的相关信息等。

(4) 交易的不可否认性。由于商情千变万化，交易一旦达成是不能被否认的，否则必然会损害一方的利益。例如订购黄金，订货时金价较低，但收到订单后，金价上涨了。此时，如果收单方否认收到订单的实际时间，甚至否认收到订单的事实，订货方就会蒙受损失，因此电子交易通信过程的各个环节都必须是不可否认的。

针对电子支付的各种不同的安全性要求，目前已开发出相应的技术。较为成熟的有加密技术、访问控制机制与安全认证技术、入侵检测技术、漏洞扫描技术等。

一、加密技术

数据在传输过程中可能会因遭到侵犯者的窃听而泄漏信息，所以信息的保密性是信息安全的一个重要方面。加密技术是一种主动的信息安全防范措施，其原理是利用一定的加密算法，将明文转换成无意义的密文，阻止非法用户获取和理解原始数据，从而确保数据的保密性。

加密涉及加密算法和密钥。加密算法是将普通文本（或者可以理解的信息）与一串数字（密钥）结合，产生不可理解的密文的方法。密钥也是用来对数据进行编码和解码的一种方法。加密算法和密钥对加密同等重要，可通过适当的密钥加密技术和管理机制来保证网络的信息通信安全。

目前最典型的两种加密技术是对称加密（私有密钥加密）和非对称加密（公开密钥加密）。对称加密以 DES 算法为典型代表，非对称加密通常以 RSA 算法为代表。

在计算机和网络通信中，加密技术可以用来解决身份鉴别、访问控制以及信息的保密性、完整性、不可否认性问题。

(一) 对称加密技术

对称加密技术也称私人密钥加密（secret key encryption)，是指发送和接收数据的双方必须使用相同的密钥进行加密和解密运算。

对称加密采用了对称密码编码技术，它的特点是文件加密和解密使用相同的密钥，即加密密钥也可以用作解密密钥。这种方法在密码学中叫作对称加密算法。对称加密算法使用起来简单快捷，密钥较短，且破译困难。除了 DES 算法外，另一种对称密钥加密算法是国际数据加密（International Data Encryption Algorithm，IDEA）算法，它的加密性比 DES 算法好，而且对计算机功能的要求也没有那么高。PGP（pretty good privacy）系统使用的就是 IDEA 算法。

对称加密算法的优点在于加密速度快，适用于对大量数据的加密处理；缺点是难以在两个通信方之间安全地交换密钥。对称加密算法在电子商务交易过程中存在以下几个问题：

（1）要求提供一条安全的渠道，使通信双方在首次通信时能协商一个共同的密钥。直接的面对面协商可能是不现实而且难以实施的，所以双方可能需要借助邮件和电话等其他相对不够安全的手段来进行协商。

（2）密钥的数目难以管理。因为每一个合作者都需要使用不同的密钥，所以对称加密算法很难适应开放社会中大量的信息交流。

（3）对称加密算法一般不能鉴别信息的完整性，无法验证发送者和接受者的身份。

（4）对称密钥的管理和分发工作是一个具有潜在危险且烦琐的过程。对称加密是基于共同保守秘密来实现的，采用对称加密技术的贸易双方必须保证采用的是相同的密钥，保证彼此密钥的交换是安全可靠的，同时还要设定防止密钥泄漏和更改密钥的程序。

（二）非对称加密技术

非对称加密技术也称作公开密钥加密（public key encryption）。1976 年，美国学者迪梅（Dime）和亨曼（Henman）为解决信息公开传送和密钥管理问题，提出了一种新的密钥交换协议，这就是公开密钥系统。相对于对称加密算法，该方法被叫作非对称加密算法。

与对称加密算法不同，非对称加密算法需要两个密钥：公开密钥（public key）和私有密钥（private key）。公开密钥与私有密钥是一对：如果用公开密钥对数据进行加密，那么只有用对应的私有密钥才能解密；如果用私有密钥对数据进行加密，那么只有用对应的公开密钥才能解密。因为加密和解密使用的是两个不同的密钥，所以这种算法叫作非对称加密算法。

非对称加密解决了对称加密中的基本问题，即密钥的安全交换问题。这种加密技术的加密速度较慢，只用于对少量数据进行加密。采用这种加密技术的主要是 RSA 算法。

贸易方利用非对称加密算法实现机密信息交换的基本过程包括以下四步：

（1）贸易方甲生成一对密钥并将其中的一把作为公开密钥向其他贸易方公开；

（2）贸易方乙生成一个自己的私有密钥并用贸易方甲的公开密钥对自己的私有密钥进行加密，然后通过网络传输到贸易方甲，接收方——贸易方甲——用自己的公开密钥进行解密后，就可以得到发送方的私有密钥并予以妥善保存；

（3）贸易方乙对需要传输的文件用自己的私有密钥进行加密，然后通过网络把文件传输给接收方——贸易方甲；

（4）贸易方甲接收到贸易方乙传输来的文件后，用发送方——贸易方乙——的私有密钥对文件进行解密，得到文件的明文形式。

非对称加密算法的保密性比较好，它消除了最终用户交换密钥的需要，但加密和解密花费的时间长，不适用于对文件进行加密，只适用于对少量数据进行加密。

在非对称加密算法下，因为只有接收方才拥有发送方的公开密钥，所以即使其他人得到了经过加密的发送方的私有密钥，也无法进行解密，这就保证了私有密钥的安全性，从而也保证了传输文件的安全性。实际上，在上述文件传输过程中实现了两个加密解密过程——文件本身的加密和解密与私有密钥的加密和解密，二者分别通过私有密钥和公开密钥来实现。

为保证数据的可靠传输，目前业界普遍采用将两种加密方法结合的方式来满足网络传输过程中的保密性需求。具体做法是：发送方用对称密钥来加密数据，然后将此对称密钥用接收方的公开密钥加密，称为“数字信封”，将其和数据一起发送给接收方，接收方先用相应的私有密钥打开数字信封，得到对称密钥，然后使用对称密钥解开数据。这种技术的安全性相当高，目前国际上应用较广的 SET 安全协议即该技术的一个应用典范。

我们现在列举一个利用电子货币进行交易的情形。有一笔互联网交易，用户 P 要向商户 V 发送一笔数字货币，以购买商品和服务。用户 P 使用软件程序生成一个非常大的随机数，然后将该随机数以及提款请求利用银行的公开密钥进行加密。第一次加密是为了保证只有接收银行能够确定 P 要提取的金额。对第一次加密后的文本再进行一次加密，但是这次使用的是 P 的私有密钥。第二次加密是让银行确认 P 实际上所提取的款项，然后将这两次加密信息从 P 传送到 P 的银行。该信息第一次使用 P 的公开密钥进行解密，以证实 P 的唯一性，第二次使用银行的私有密钥进行解密，以确认 P 提取的金额。银行还要记录 P 所使用的作为追踪数字的随机数。

银行之后对 P 生成的随机数进行加密，就像用私有密钥对提取金额进行加密一样，该信息可以被确认作为有效提款授权。当 P 将该电子现金传送给商户 V 后，商户 V 可以将该信息发送给银行请求支付，银行可以使用公开密钥以证实该提款授权是真实有效的，并且从跟踪数字序列中分解出随机数，以防止信息被复制，不会进行二次支付。

该电子货币交易是安全的，但是不够保密。银行的跟踪数字列表被用于确定 P 如何花费货币。为完全代替现金，电子货币系统必须提供提款和支付的安全措施，并且该安全措施必须与任何特殊支付系统都无关。使用公开密钥加密的双屏蔽系统可以实现该目的。

双屏蔽交易操作如下：用户 P 使用软件生成一个大的随机数作为银行的跟踪数字。但是这次将该随机数乘上另一个大数字（称作屏蔽因子）。然后 P 将该乘积与提款请求一起发送给银行，并如签名一样进行两次加密：第一次使用银行的公开密钥，第二次使用 P 的私有密钥。

银行对传输信息进行解密，记录提取金额，并用私有密钥重新将请求发回。和前面一样，该发送的信息作为电子货币并可被 V 接受，因为银行的数字签名是可确认的。然而，在花费这笔电子货币之前，P 要分解该屏蔽因子，在加密信息上只留下 P 的最初随机数。因此，当电子货币被用于支付时可以证实其电子签名并记录新的随机数。因为电子货币的任何复制都包含同样的随机数，银行很容易判断，因此这样可以避免重复支付。从银行的角度来看，跟踪数字是在电子货币第一次被用于支付时生成的，因此没有必要将跟踪数字与 P 最初的提款金额联系起来。

如果用接收方的公开密钥对信息进行加密，那么信息就是安全的，因为信息只有接收方能够读出，但是接收方无法证实发送方是谁以及发送方的信息的真伪。只有发送方才能进入接收方的公开密钥。利用私有密钥给信息加密会使加密信息的安全性降低，因为进行解密的接收方必须查看发送方的密码，但是不能证实该信息的真实发送方是谁。以这种方式使用私有密钥称作“数字签名”。利用数字签名可以辨别通信信息的真伪。数字签名还能保证合约术语不被修改或数字货币不被伪造。

尽管信息标识的比较使接收方可以证实发送过来的信息未经修改，但是信息有可能不是发送方本人发送的，而是其他人利用了发送方的私有密钥或公开密钥。假设某冒名出版商在一些公开密钥目录上发布了一些公开密钥，伪称那是R公司CEO的公开密钥，那么除非该伪造信息被揭露，否则该冒名出版商就可以发送信息伪装成R公司的CEO，因为公开密钥并不能判断真正的发送方是谁，只能证实发送方的私有密钥与指定的公开密钥是匹配的。因此，使用公开密钥来判别信息真伪时，必须证实对方是不是公开密钥真正的拥有者。为防止假冒现象，接收方必须从第三方那里获得数字认证确认。数字认证是一份文件，利用该文件可以证实拥有公开密钥的签名者的真实性。

二、访问控制机制与安全认证技术

访问控制机制是根据实体的身份及其相关信息来解决实体的访问权限的。访问控制机制的实现常基于以下某一种或某几种措施：访问控制信息库、认证信息、安全标签等。访问控制机制一般包括物理访问控制和数据网络层的访问控制。

物理访问控制包括对物理房屋的访问控制、公共网络点与内部网络的隔离以及对工作站、服务器、存储备份设备的物理访问等。

数据网络层的访问控制可以通过防火墙的基于策略的配置或路由器的访问控制列表来实现。系统层的访问控制可以通过对系统账号的控制和域间的信任关系来实现。

有效的访问控制机制需要强认证方案的支持。不同的认证方案提供不同层次的安全性。一些著名的安全认证机制如下：基于口令的认证；单步/双步令牌认证；数字签名；数字证书；单注册；拨号PAP/CHAP远程访问认证；等等。下面介绍几种常用的访问控制与安全认证技术。

（一）防火墙

古时候，人们常在寓所之间砌起一道砖墙，万一火灾发生，它能够防止火势蔓延到别的寓所，因此这种墙被称为“防火墙”。在互联网上，出于安全考虑，可以在内部网络和互联网之间插入一个中介系统，竖起一道安全屏障。这道屏障的作用是阻断来自外部的通过网络对本网络的威胁和入侵，扼守本网络的安全，这种中介系统也被叫作“防火墙”或“防火墙系统”。

防火墙在网络安全中起着重要的作用，它提供了必要的内部网络和外部网络之间的隔离措施。[①] 内部网络可以通过防火墙和路由器来控制与外部网络的连接以实现网络隔离。对网络通信的监控则由防火墙和路由器的策略和访问控制规则来实现。防火墙作为物理设备，可以是路由器、专用黑盒子或基于主机的应用层防火墙软件。除了控制信息流外，防火墙还提供了一些附加功能，例如，日志和进行审计的能力；通过公用或专用网络建立VPN连接的能力；通信定向和负载均衡的能力。

鉴于网络安全水平和可信任关系，防火墙可以将网络划分成一些相对独立的子网，于是两侧间的通信就可以受防火墙的控制。它可以根据既定的安全策略允许特定的用户和数

① Terry William Ogletree. 防火墙原理与实施．北京：电子工业出版社，2001.

据包穿过，同时隔断安全策略不允许的用户和数据包，达到保护高安全等级的子网、阻止墙外黑客的攻击以及限制入侵蔓延等目的。然而，防火墙并非万能的，它在很多方面存在弱点，比如无法防止来自防火墙内侧的攻击；防御各种已识别类型的攻击有赖于正确的配置；防御各种最新的攻击类型的效果取决于防火墙知识库更新的速度和相应配置更新的速度；等等。

防火墙是目前应用最广泛的网络安全产品。作为第一道安全防线，防火墙主要用来执行两个网络之间的访问控制策略，保护用户网络的安全。此外，网络用户通常还会使用其他多种网络安全产品，力争采用组合方案从整体上监控外来的攻击，为网络提供全面细致的安全防范措施。

防火墙是一个（或一组）网络设备，用来在两个或多个网络间加强访问控制，从而保护一个网络不受其他网络的攻击。它可以用下式表达：

防火墙＝数据过滤器＋系统定义的安全策略＋网关

防火墙主要用来隔离内部网和外部网，对内部网的应用系统加以保护。防火墙技术一直在不断发展，目前市场上有上百种不同的防火墙。在不同的网络层上有不同类型的防火墙，它们可以从不同角度保护内部网。目前的防火墙主要有两大类：一类是简单的包过滤型防火墙，即在网络层中有选择地让数据包通过。也就是说，是依据系统内事先设定的过滤逻辑，检查数据流中每个数据包后，再根据数据包的源地址、目的地址、所用的 TCP（transmission control protocol，传输控制协议）端口与 TCP 链路状态等因素来确定是否允许数据包通过。另一类是应用网关和代理服务器防火墙，其显著的优点是较容易提供细颗粒度的存取控制，其可针对特别的网络应用服务协议（即数据过滤协议），且能够对数据包进行分析并形成相关的报告。

1. 基于路由器的包过滤型防火墙

该类型的防火墙聚焦于信息包，依据内容在 IP 层控制进出内部网的通信：首先测试每个到达防火墙的信息包所需的网络应用服务、协议类型以及源地址和目的地址，然后根据管理员配置的主机、路由、服务表来决定是接受还是丢弃此包。此类防火墙对用户来说透明度高，但由于需要对信息包执行读取操作，网络性能大约会降低 20%，并且无工作日志，不利于系统管理员跟踪黑客行为。

包过滤型防火墙一般在路由器上实现，以过滤用户定义的内容，如 IP 地址。包过滤型防火墙的工作原理是：系统在网络层检查数据包，与应用层无关。这样系统就具有很好的传输性能，可扩展能力强。

包过滤型防火墙检查的范围涉及网络层、传输层和会话层，过滤匹配的原则可以包括源地址、目的地址、传输协议和目的端口等，也可以根据 TCP 序列号、TCP 连接的握手序列的逻辑分析等进行判断，能够有效地抵御类似地址欺骗等类型的攻击。通过配置其中的访问控制列表，路由器可以作为包过滤型防火墙使用，但是过多的控制列表会严重降低路由器的性能，所以在业务量较大的场合，需要将路由和包过滤两种功能分开，也就是说，有必要单独购买专门的防火墙产品。

正是由于这种工作机制，所以包过滤型防火墙存在一定的缺陷。首先，包过滤型防火墙只能访问部分数据包的头信息，因此系统对应用层信息无感知，也就是说，防火墙不理解通信的内容，所以可能被黑客攻破；其次，包过滤型防火墙是无状态的，所以它不可能保存来自通信和应用的状态信息；最后，包过滤型防火墙处理信息的能力也很有限。

2. 应用网关和代理服务器防火墙

该类防火墙检查所有应用层的信息包，并将检查的内容信息放入决策过程，从而提高了网络的安全性。然而，应用网关防火墙是通过打破客户机/服务器模式实现的。每个客户机/服务器通信需要两个连接：一个是从客户端到防火墙的连接；另一个是从防火墙到服务器的连接。另外，每个代理需要一个不同的应用或一个后台运行的服务程序，对每个新的应用必须添加针对此应用的服务程序，否则不能使用该服务。所以，应用网关防火墙的灵活性较差。

应用层防火墙能够检查进出的数据包，透视应用层协议，与既定的安全策略进行比较。该类型的防火墙能够进行更加细化、复杂的安全访问控制。根据是否允许两侧通信主机直接建立链路，应用层防火墙又分为网关和代理两种。前者允许两侧建立直接连接，而且可以依靠某种算法来识别进出的应用层数据，这些算法是通过已知合法数据包的模式来比较进出的数据包的。后者通过特定的代理程序在两侧主机间复制传递数据，不允许建立直接连接。目前，市场上流行的防火墙大多属于应用层防火墙。

基于上述这种工作机制，应用网关防火墙还存在其他一些缺陷。由于每一项服务都需要自己的代理，所以应用网关防火墙可提供的服务数量和灵活性受到了限制。此外，应用网关不能为 UDP（user datagram protocol，用户数据报协议）、RPC（remote procedure call，远程过程调用）以及普通协议族的其他服务提供代理，而且应用网关防火墙还会牺牲一些系统性能。

3. 两种防火墙的结合使用

在资金允许的情况下，可以将以上两种防火墙结合使用，以扬长避短，互相补充，进一步提高安全性。

4. 病毒防火墙

病毒防火墙实际上是“广义”防火墙的一个特殊方面，专门用于对病毒进行过滤。这种过滤体现在两个环节上：(1) 保护计算机系统不受来自任何方面的病毒的危害；(2) 对计算机系统提供的保护着眼于整个系统并且是双向的。也就是说，病毒防火墙应该能对本地系统内的病毒进行过滤，以防止它向网络或传统的存储介质扩散。一般病毒防火墙对系统提供的保护是实时的、透明的，相当于每时每刻都在为用户查、杀病毒，整个过程基本上不需要用户对其进行过多的干预。

5. 支付网关

支付网关（payment gateway，PG）是金融专用网络与公共网络之间的接口（一组服务器），其主要功能是完成两者之间的数据通信、协议转换，以及对数据进行加密和解密。例如将互联网传输过来的数据包解密，并按照银行内部网络系统的通信协议将数据重新整合，或者反过来对银行内部传输出去的数据进行加密，并转换成互联网传输的数据格式。因此，支付网关成为网络银行电子支付的一道重要的安全屏障。在 SET 安全协议中，支付网关必须由客户收单行或类似于银行卡组织这样的收单行联合组织以承担其建设项目。

显然，支付网关需要集中体现两个发展目标：一是有效地处理日益增加的电子支付信息，避免成为网络银行交易的“数据瓶颈”；二是有效地保护银行金融数据网络的安全，避免来自公共网络的各种“数字攻击”。

无论是认证中心还是支付网关，都需要以战略合作的形式来共建，否则不仅建设认证中心的边际成本高昂，而且不可能实现网络的互联互通，导致不同行业、不同地区、不同部门各自为政的局面，这种局面客观上会阻碍电子支付的良好运行。

（二）数字签名和报文摘要技术

为保证数据的完整性，完成对数据原发者的身份鉴别，需要对数据（亦称报文）进行验证。目前所采用的技术主要是数字签名（digital signature）和报文摘要（message digest）技术。

数字签名的方法有很多，目前采用较多的是公钥加密技术，如基于 RSA Data Security 公司的 PKCS（public key cryptography standard）、Digital Signature Algorithm、X.509 和 PGP。1994 年，美国标准与技术协会公布了数字签名标准，从而使公钥加密技术得到了广泛应用。

在书面文件上签名是确认文件的一种手段，其作用有两点：第一，因为自己的签名难以否认，所以确认了文件已签署这一事实；第二，因为签名不易仿冒，所以确定了文件的真实性。

数字签名与书面文件签名有相似之处。采用数字签名也能确认以下两点：第一，信息是由签名者发送的；第二，信息自签发后到收到为止未曾做过任何修改。这样数字签名就可用来防止因电子信息易被修改而有人作伪，或冒用别人名义发送电子信息，或发出（收到）数字信息后又加以否认等情况发生。

数字签名是手写签名的电子替代物，它是由计算机所产生的标识符。数字签名是一串字符，即使用单向散列函数来生成电子通信的信息摘要，然后使用公开密钥算法和发送方的私有密钥来对所产生的信息摘要进行加密。数字签名是最好的信息安全防范措施之一，可以用来满足信息的真实性、完整性、不可否认性和签名的立法要求以及业务要求。数字签名是通过对信息摘要进行加密生成的，而非加密信息本身，因此数字签名不能确保机密性。

应用广泛的数字签名方法主要有三种，即 RSA 数字签名、DSS 数字签名和哈希数字签名。这三种算法可单独使用，也可结合使用。

RSA 数字签名是通过哈希函数来实现的。RSA 数字签名的特点是：它代表了文件的特征，如果文件发生改变，数字签名的值也将发生变化。因此，不同的文件将得到不同的数字签名。一个最简单的哈希函数是把文件的二进制码进行累加，取最后的若干位。哈希函数对发送数据的双方都是公开的。

DSS 数字签名是由美国国家标准化研究院和国家安全局共同开发的。由于它是由美国政府颁布实施的，主要用于与美国政府做生意的公司，所以其他公司较少使用。

哈希数字签名是最主要的数字签名方法，也被称为数字摘要法（digital digest）或数字指纹法（digital finger print）。与 RSA 数字签名不同，哈希数字签名的方法是将数字签名与要发送的信息紧密联系在一起，因而更适合电子商务活动。将一份商务合同的内容与签名结合在一起，把合同和签名分开传递就可以增加可信度和安全性。数字摘要加密方法亦称安全哈希编码法（secure Hash algorithm，SHA）或 MD5（MD Standard for Message Digest），由罗纳德·李维斯特（Ron Rivest）所设计。该编码法采用单向哈希函数将需加密的明文“摘要”成一串 128 位的密文。这一串密文有固定的长度，且不同的明文摘要必定一致，这样这串摘要便可成为验证明文是不是“真身”的“指纹”了。

数字签名是利用哈希函数得到的：将待签名的文件代入哈希函数，输出的一组固定长度的代码即数字签名。利用数字签名技术可以判定发送方是否为真实的发送方而非他人冒充，一般采用公开密钥加密算法来实现这一点。其原理如下：

（1）发送方首先用哈希函数从原文得到数字签名，然后采用公开密钥体系用发送方的私有密钥对数字签名进行加密，并把加密后的数字签名附加在要发送的原文后面。

（2）发送方选择一个私有密钥对文件进行加密，并把加密后的文件通过网络传输到接收方。

（3）发送方用接收方的公开密钥对私有密钥进行加密，并通过网络把加密后的私有密钥传输到接收方。

（4）接收方使用自己的私有密钥对密钥信息进行解密，得到私有密钥的明文。

（5）接收方用私有密钥对文件进行解密，得到经过加密的数字签名。

（6）接收方用发送方的公开密钥对数字签名进行解密，得到数字签名的明文。

（7）接收方用得到的明文和哈希函数重新计算数字签名，并与解密后的数字签名进行对比。如果两个数字签名是相同的，说明文件在传输过程中没有被破坏，可确定发送方的身份是真实的。

如果第三方冒充发送方发出了一个文件，因为接收方在对数字签名进行解密时使用的是发送方的公开密钥，那么只要第三方不知道发送方的私有密钥，解密出来的数字签名和经过计算的数字签名就必然是不相同的。这就提供了一种安全的确认发送方身份的方法。

安全的数字签名可以使接收方得到保证：文件确实来自声称的发送方。鉴于签名私钥只有发送方自己保存，他人无法做出同样的数字签名，所以发送方无法否认他参与了交易。

数字签名的加密和解密过程与私有密钥的加密和解密过程虽然都使用公开密钥体系，但实现的过程正好相反，使用的密钥对也不同。数字签名使用的是发送方的密钥对，发送方用自己的私有密钥进行加密，接收方用发送方的公开密钥进行解密。这是一对多的关系：任何拥有发送方公开密钥的人都可以验证数字签名的正确性。而私有密钥的加密解密使用的则是接收方的密钥对，这是多对一的关系：任何知道接收方公开密钥的人都可以向接收方发送加密信息，只有唯一拥有接收方私有密钥的人才能对信息进行解密。在使用过程中，一个用户通常拥有两个密钥对，一个密钥对用来对数字签名进行加密解密，另一个密钥对用来对私有密钥进行加密解密。这种方式的安全性更高。

电子签名技术是通过计算机来采集和验证个人签名，并将文档捆绑在一起以达到与纸上签名同样的效果，从而实现无纸化办公的一种技术。电子签名技术包括签名系统、签名验证、签名与文档捆绑等几个方面。它们可以结合起来使用，也可以单独使用。

数字签名不能确定文档的生成时间。在验证数字签名时，这一点十分重要。例如，纳税人在网上申报时，申报时间是计算滞纳金的依据。一种解决方案是使用数字时间戳技术。数字时间戳（digital time stamp，DTS）是附加于文档、数字签名或证书之上的以数字方式签发的标志，用来指明日期、时间和附加标志者的身份。

数字时间戳服务是网上电子商务安全服务项目之一，能提供对电子文件的日期和时间信息的安全保护，由专门的机构提供。如果在签名时加上一个时间标记，就是有数字时间戳的数字签名。数字时间戳是一个经加密后形成的凭证文档，它包括三个部分：（1）需加时间戳的文件的摘要（digest）；（2）DTS 收到文件的日期和时间；（3）DTS 的数字签名。

一般来说，数字时间戳的产生过程为：用户首先将需要加数字时间戳的文件用哈希编码加密形成摘要，然后将该摘要发送到 DTS，DTS 在加入所收到文件摘要的日期和时间信息后再对该文件加密（数字签名），然后送回给用户。

书面签署文件的时间是由签署人自己写上的，而 DTS 则不然，它是由认证单位以收到文件的时间为依据写上的。

（三）认证中心

在加密和数字签名技术中，密钥在双方信息的传递中扮演着一个重要的角色，同时，它还起着证明身份的重要作用。然而，交易各方在使用公开密钥时，对其身份的正确性都存有疑虑，因此，使用前必须对它进行验证，这一做法既烦琐，又容易引起混乱。因此，设立一个可靠的第三方机构，进行有效、快速、规范化的管理就显得尤为必要，安全认证体系就是解决这一问题的现实途径，这种可信的第三方被称为“认证中心”（CA）。

CA 是受一个或多个用户信任，提供用户身份验证的第三方机构。目前在世界范围内 CA 的主要功能都是接收注册请求，处理、批准/拒绝请求，颁发数字证书。用户向 CA 提交自己的公开密钥和代表自己身份的信息（如身份证号码或 E-mail 地址），CA 在验证了用户的有效身份之后，向用户颁发一个经过 CA 私有密钥签名的数字证书来确定签署方的身份，并证明用于生成数字签名的公开/私有密钥对属于签署方。近年来，国际组织为建立全球电子认证中心制定了一系列标准与法规。

数字安全证书提供了一种在网上验证身份的方式。安全证书体制主要采用的是公开密钥体制，其他还包括对称密钥加密、数字签名、数字信封等技术。

使用数字证书，可以通过运用对称和非对称密码体制等密码技术建立起一套严密的身份认证系统，从而保证：信息除发送方和接收方外不被其他人窃取；信息在传输过程中不被篡改；发送方能够通过数字证书来确认接收方的身份；发送方对于自己的信息不能抵赖。

1. 数字证书概述

数字证书就是用电子手段来证实一个用户的身份以及访问网络资源的权限的数字文档，其作用类似于现实生活中的身份证。它由权威机构发行，用于鉴别对方的身份。

最简单的证书包含一个公开密钥、名称以及证书授权中心的数字签名，证书的格式遵循国际电信联盟（International Telecommunication Union，ITU）制定的 X. 509 国际标准。

一个标准的 X. 509 数字证书包含以下内容：（1）证书的版本信息；（2）证书的序列号（每个证书都有一个唯一的序列号）；（3）证书所使用的签名算法；（4）证书的发行机构名称（一般采用 X. 500 格式命名）；（5）证书的有效期（现在通用的证书一般都采用 UTC

时间格式，它的计时范围为1950—2049年)；(6) 证书所有人的名称（一般采用X.500格式命名)；(7) 证书所有人的公开密钥；(8) 证书发行者对证书的签名。

数字证书分为以下几种类型：(1) 客户端证书。该证书是对个人发布的，也称为个人证书。(2) 服务器证书。该证书是对应用服务器，如Web服务器发布的。它与服务器的域名挂钩，如果服务器域名发生改变，就必须重新发布证书。(3) 软件发布者证书。该证书用于认证软件代码或从FTP服务器上下载的软件。前两类是常用的证书，第三类用于较特殊的场合。

数字证书是由认证中心颁发的。根证书是认证中心与用户建立信任关系的基础。用户在使用数字证书之前必须首先下载和安装。

2. 认证中心概述

认证中心是负责发放和管理数字证书的一个权威机构。对于一个大型应用环境，认证中心往往采用一种多层次的分级结构，各级认证中心类似于各级行政机关，上级认证中心负责签发和管理下级认证中心的证书，最下一级的认证中心直接面向最终用户。处在最高层的是根认证中心（Root CA)，它是所有人公认的权威，例如中国人民银行总行的CA。

认证中心主要有以下几种功能：

(1) 数字证书的颁发。认证中心接收、验证用户（包括下级认证中心和最终用户）的数字证书申请，对申请的内容进行备案，并根据申请的内容确定是否受理该数字证书的申请。如果认证中心接受该数字证书的申请，就会进一步确定给用户颁发何种类型的证书。新证书用认证中心的私钥签名以后，发送到目录服务器供用户下载和查询。为了保证消息的完整性，返回给用户的所有应答信息都要使用认证中心的签名。

(2) 证书的更新。认证中心可以定期更新所有用户的证书，或是根据用户的请求更新用户的证书。

(3) 证书的查询。证书的查询可以分为两类：其一是证书申请的查询，认证中心会根据用户的查询请求返回当前用户证书申请的处理过程；其二是用户证书的查询，这类查询由目录服务器来完成，目录服务器会根据用户的请求返回适当的证书。

(4) 证书的作废。当由于用户的私钥泄密等原因造成用户证书需要申请作废时，用户需要向认证中心提出证书作废请求，认证中心会根据用户的请求确定是否将该证书作废。另外一种证书作废的情况是证书已经过了有效期，认证中心自动将该证书作废。认证中心是通过维护证书作废列表（certificate revocation list，CRL）来完成上述功能的。

(5) 证书的归档。证书具有一定的有效期，有效期之后就会被作废，但是作废的证书不能简单地丢弃，因为有时用户可能需要验证以前的某个交易过程中产生的数字签名，这时就需要查询作废的证书。基于此类考虑，认证中心还应当具备管理作废证书和作废私钥的功能。

（四）公开密钥基础设施

公开密钥基础设施（public key infrastructure，PKI）是一种遵循既定标准的密钥管理平台，它可以为各种网络应用透明地提供采用加密和数字签名等密码服务所必需的密钥和证书管理服务，从而达到保证网上所传递的信息的安全、真实、完整和不可抵赖的目的。PKI可以提供会话保密、认证、完整性、访问控制、源不可否认、目的不可否认、安全通信、密钥恢复和安全时间戳九项服务，这些服务都是信息安全所需要的。在这个结构中，公开密钥密码算法居于中心地位。利用 PKI，人们可以方便地建立和维护一个可信的网络计算环境，无须直接见面就能够确认彼此的身份，安全地进行信息交换。

1. PKI 的基本组成

完整的 PKI 体系包括认证中心（CA）、注册中心（RA）、数字证书库、密钥备份及恢复系统、证书作废处理系统、应用接口系统等基本构成部分。

（1）认证中心（CA）。CA 是 PKI 的核心，主要职责是颁发证书、验证用户身份的真实性。在一般情况下，证书必须由一个可信任的第三方权威机构——认证中心——进行数字签名以后才能发布。而获得证书的用户可以通过对 CA 的签名进行验证来确定公钥的有效性。

（2）注册中心（RA）。CA 系统负责签发和管理证书，同时负责 CRL 的维护和更新，但它并不直接面对证书申请者，而是需要借助注册中心及证书申办受理点（LRA）来为用户提供证书服务。在 RA 系统中主要有两种角色：管理员和操作员。管理员负责 RA 系统的日常维护，并创建和管理操作员。LRA 系统可以定义不同的操作员角色，例如录入员和审核员。录入员主要负责将申请者的信息录入数据库里，然后审核员将用户信息调取出来并将其与用户的有效证件比较，如果一致，就将该申请请求上传到 RA 服务器。RA 服务器将信息组成 CA 系统所需数据项并进行打包后发送到 CA 系统。

（3）数字证书库。数字证书库是证书集中存储的地方，用户可以从此处获得其他用户可用的证书和公钥信息。数字证书库一般基于 LDAP（lightweight directory access protocol，轻量目录访问协议）或 X. 500 系列。

（4）密钥备份及恢复系统。密钥可能会由于一些原因而使密钥的所有者无法访问；密钥的丢失将导致那些被密钥加过密的数据无法恢复。为避免这种情况的出现，就需要 PKI 提供密钥的备份与恢复机制。

（5）证书作废处理系统。证书作废处理系统是 PKI 的一个重要组件。与日常生活中的各种证件一样，证书在 CA 为其签署的有效期以内也可能需要作废，例如，A 公司的职员 a 辞职离开公司，这就需要终止 a 证书的生命期。为实现这一点，PKI 必须提供作废证书的一系列机制。作废证书有如下三种策略：作废一个或多个主体的证书；作废由某一对密钥签发的所有证书；作废由某 CA 签发的所有证书。作废证书一般是通过将证书列入证书作废列表来完成的。

（6）应用接口系统。一个完整的 PKI 必须提供良好的应用接口系统，以便各种应用都能够以安全、一致、可信的方式与 PKI 交互，确保所建立的网络环境的可信性，降低管理和维护成本。

2. PKI 体系的结构及功能

目前，在 PKI 体系的基础上建立起来的安全证书体系得到了从普通用户、商户、银行到政府各职能部门的普遍关注。美国、加拿大等政府机构都提出了建立国家 PKI 体系的具体实施方案。

PKI 体系的建立应该着眼于用户使用证书及相关服务的便利性、用户身份认证的可靠性。具体职能包括：制定完整的证书管理政策、建立具有高可信度的 CA、负责用户属性的管理、保护用户身份隐私和负责证书作废列表的管理；CA 中心为用户提供证书及 CRL

有关服务、建立安全法规、制定责任划分制度并完善责任政策。

一个典型的PKI体系的结构如下：

（1）政策批准中心（PAA）。PAA是政策批准中心，由它来创建各个PKI体系的方针，批准本PAA下属的政策认证中心（PCA）的政策，为下属的PCA签发公钥证书，建立整个PKI体系的安全策略，并具有监控各PCA行为的责任。其具体功能包括：发布PAA的公钥证书；制定本体系的政策和操作程序；制定本PKI体系中建立PCA的政策和操作程序；对下属PCA和需要定义认证的其他根证书进行身份认证和鉴别；为下属PCA和需要定义认证的其他根证书生成证书；发布下属PCA的身份及位置信息；接收和发布下属PCA的政策；定义下属PCA申请证书作废请求所需要的信息；接收和认证对它所签发的证书的作废申请请求；为它所签发的证书生成CRL；保存证书、CRL、审计信息和PCA政策；发布它所签发的证书和CRL。

（2）政策认证中心（PCA）。PCA负责制定本PCA机制的具体政策（可以是对上级PAA政策的扩充或细化，但不能与之背离）。这些政策可能涉及对本PCA范围内密钥的产生、密钥的长度、证书的有效期的规定及CRL的管理等。PCA为下属CA签发公钥证书，公钥证书的具体功能包括：发布自己的身份和位置信息；发布其所签发的下属CA的身份和位置信息；公布它的服务对象；发布其所制定的安全政策和证书处理的有关程序[如密钥的产生和模长，对PCA、CA、ORA（在线证书申请中心）系统的安全控制，CRL的发布频率，审计程序等]；对下属各成员进行身份认证和鉴别；产生并管理下属成员的公钥；将PAA和自己的证书发送给下属成员；定义证书作废请求生效所需的信息和程序；接收和认证对它所签发的证书的作废申请请求；为它所签发的证书生成CRL；保存证书、CRL、审计信息和它所签发的政策；发布它所签发的证书及CRL。

（3）认证中心（CA）。CA是认证中心，它具备有限的政策制定功能，负责按照上级PCA制定政策，签发、生成和发布具体的用户公钥证书，以及生成并发布CRL。CA的具体功能包括：发布本地CA对PCA政策的增补部分；对下属各成员进行身份认证和鉴别；产生和管理下属证书；发布自身证书和上级证书；证实ORA的证书申请请求；向ORA返回证书制作的确认信息或返回已制定好的证书；接收和认证对它所签发的证书的作废申请；为它所签发的证书生成CRL；保存证书、CRL、审计信息和它所签发的政策；发布它所签发的证书和CRL。

（4）在线证书申请中心（ORA）。ORA主要负责对证书申请者的身份进行认证，向CA提交证书申请，验证和接收CA签发的证书，并将证书发放给申请者。必要时，还协助进行证书制作。ORA的具体功能包括：对用户进行身份审查和鉴别；将用户身份信息和公钥以数字签名的方式发送给CA；接收CA返回的证书制作的确认信息或已制作好的证书；发放CA证书、CA的上级证书以及用户证书；接受证书作废申请，验证其有效性，并向CA发送该申请。

3. PKI的操作功能

在实际运行中，PKI的多种操作方式会影响其他功能的实现方式，不同实现方式的组合将形成不同的PKI全局操作思想。

PKI具有12种操作功能，涉及的成员机构包括：PKI认证中心、数据发布目录（D）

和用户。

（1）产生、验证和分发密钥。用户公私钥对的产生、验证和分发方式包括：

1）用户自己产生密钥对：用户选取产生密钥的方法，负责私钥的存放，还应向 CA 提交自己的公钥和身份证；CA 对用户进行身份认证，对密钥的强度和持有者进行审查；审查通过后，对用户的公钥产生证书，然后将证书发放给用户；最后 CA 负责将证书发布到相应的目录服务器。在某些情况下，用户自己产生了密钥对后到 ORA 进行证书申请。此时，ORA 完成对用户的身份认证，通过后，以数字签名的方式向 CA 提供用户的公钥及相关信息；CA 完成对公钥强度的检测后产生证书，并将签名的证书返给 ORA，由 ORA 发放给用户或者由 CA 通过电子方式将证书发放给用户。

2）CA 为用户产生密钥对：用户到 CA 中心产生并获得密钥对之后，CA 中心应自动销毁本地的用户密钥对拷贝；用户取得密钥对后，应保存好自己的私钥，将公钥送至 CA 或 ORA 按上述方式申请证书。

3）CA（包括 PAA、PCA、CA）自己产生自己的密钥对：PCA 的公钥证书由 PAA 签发，同时 PCA 得到 PAA 的公钥证书；CA 的公钥证书由上级 PCA 签发，同时 CA 取得上级 PCA 的公钥证书。当 PCA 和 CA 签发下级（用户或 ORA）证书时，分别向下级发送上级 PCA、PAA 的公钥证书。

（2）签名和验证。在 PKI 体系中，对信息和文件的签名，以及对数字签名的认证是很普遍的操作。PKI 成员对数字签名和认证采用多种算法，如 RSA 算法、DES 算法等。这些算法可以由硬件、软件或硬软结合的加密模块（固件）来完成。密钥和证书存放的介质可以是内存、IC 卡或软盘等。

（3）证书的获取。在验证信息的数字签名时，用户必须事先获取信息发送者的公钥证书，以对信息进行解密验证，同时还需要 CA 核对发送者所发的证书，以便验证发送者身份的有效性。

证书的获取可以有多种方式：发送者发送签名信息时，附加发送自己的证书；从单独发送证书信息的通道获得；从发布证书的目录服务器获得；从证书的相关实体（如 RA）处获得。

发送数字签名证书的同时，可以发布证书链。这时，接收者拥有证书链上的每一个证书，从而可以验证发送者的证书。

（4）验证证书。验证证书就是迭代寻找证书链中下一个证书和它相应的上级 CA 证书的过程。在使用每个证书前，必须检查相应的 CRL（对用户来说，这种在线检查是透明的）。用户检查证书的路径是从最后一个证书（即用户已确认可以信任的 CA 证书）所签发的证书的有效性开始，检验每一个证书。一旦验证后，就提取该证书中的公钥，用于检验下一个证书，直到验证完发送者的签名证书，并将该证书中包括的公钥用于验证签名。

（5）保存证书。保存证书是指 PKI 实体在本地储存证书，以减少在 PKI 体系中获得证书的时间，并提高证书签名的效率。在存储每个证书之前，应该验证该证书的有效性。PKI 实体可以选择存储其证书链上其他实体所接收到的所有证书，也可以只存储数字签名发送者的证书。

证书存储单元应对证书进行定时管理和维护，清除已作废的、过期的以及在一定时间内未使用的证书。证书存储数据库还要与最新发布的CRL文件相比较，从数据库中删除CRL文件中已发布的作废证书。证书存储区存满之后，一般采取删除使用最少的那些证书（LRU）的做法。

（6）本地保存的证书的获取。CA证书可以集中存放，也可以分布式存放，即可从本地保存的证书中获取证书。用户收到签名数据后，应检查证书存储区中是否已有发送者签发的证书，用签发者的公钥验证签名。

用户可以选择在每次使用前检查最新发布的CRL，以确保发送者的证书未被作废；用户也可以选择定期证实本地证书在存储区中的有效性。如果用户的本地存储区中未保存发送者的证书，用户则应按照上述证书获取过程取得所需的证书。

（7）证书作废的申请。当PKI中某实体的私钥被泄露时，被泄密的私钥所对应的公钥证书应被作废。对CA而言，私钥泄密不大可能，除非遭受有意破坏或恶意攻击；对一般用户而言，私钥泄密可能是因为存放介质遗失或被盗。另外一种情况是证书中所包含的证书持有者已终止或与某组织的关系已经终止，此时相应的公钥证书也应该作废。

终止的方式：如果是密钥泄露，则由证书的持有者以电话或书面的方式通知相应的CA；如果是关系终止，则由原关系中的组织方出面通知相应的ORA或CA。

处理过程：如果ORA得到通知，则ORA应通知相应的CA，待作废请求得到确认后，CA在数据库中将该证书记上作废标志，并在下次发布CRL时加入证书作废列表，并标明作废时间。在CRL中的证书作废列表时间有规定，过期后即可删除。

（8）密钥的恢复。在密钥泄密、证书作废后，为了恢复PKI中实体的业务处理和产生数字签名，泄密实体将获得（包括个人用户）一对新的密钥，并要求CA产生新的证书。

在泄露密钥的实体是CA的情况下，它需要重新签发以前那些用泄密密钥所签发的证书。在每一个下属实体产生新的密钥时，可以获得CA用新私钥签发的新证书，而原来用泄密密钥签发的旧证书将作废，并被放入CRL。

在具体做法上可采取双CA的方式来进行泄密后的恢复，即每一个PKI实体的公钥都由两个CA签发证书，当一个CA泄露密钥后，得到通知的用户可转向另一个CA的证书链，通过另一个CA签发的证书来验证签名。这样做可以减少重新产生密钥和重新签发证书的巨大工作量，也可以使泄密CA的恢复和它对下属实体证书的重新发放工作放慢进行，而系统的功能不受影响。

（9）CRL的获取。

每一个CA均可以生成CRL，CRL既可以定期产生，也可以在每次有证书作废请求后实时产生，CA应将其产生的CRL及时发布到目录服务器上。

CRL的获取可以有多种方式：CA生成CRL后，自动发送到下属各实体。大多数情况是由使用证书的各PKI实体从目录服务器获得相应的CRL。

（10）密钥更新。在密钥被泄露的情况下，将产生新的密钥和新的证书。但在密钥没被泄露的情况下，密钥也应该定时更换。更换的方式有多种。PKI体系中的各实体可以在同一天，也可以在不同的时间更换密钥。

需要注意的一个问题是密钥的更换时间，无论是签发者还是被签发者的密钥作废时间，都要与每个证书的有效截止日期保持一致。

如果CA和其下属的密钥同时到达有效截止日期，则CA和其下属实体同时更换密钥，CA用自己的新私钥为下属成员的新公钥签发证书；如果CA和其下属的密钥不是同时到达有效截止日期，那么当用户的密钥到期后，CA将用它当前的私钥为用户新的公钥签发证书；而在CA的密钥先到达截止日期时，CA将用新私钥为所有用户的当前公钥重新签发证书。

不管采用哪一种更换方式，PKI中的实体都应该在密钥截止之前取得新密钥对和新证书。在截止日期到达后，PKI中的实体便开始使用新的私钥对数据进行签名，同时应该将旧密钥对和证书归档保存。

（11）审计。PKI体系中的任何实体都可以进行审计操作，但一般而言是由CA来执行审计，CA保存所有与安全有关的审计信息，例如，产生密钥对；证书的请求；密钥泄露的报告；证书中包括的某种关系的中止；等等。

（12）存档。出于政府和法律的要求以及系统恢复的需要，CA产生的证书和CRL应被归档，作为历史文件保存。其他有关文件和审计信息出于调整或法规的规定也需要存档。

4. PKI体系结构的组织方式

在一个PKI体系结构内，成员的组织方式可以有很多种，包括按日常职能分类的COI（community of interest）方式，将PKI体系建立在现有的政府或组织机构管理基础之上的组织化方式，以及按安全级别划分的担保等级方式。

以上方式都是基于以下因素考虑：由哪个机构来设置安全政策；在安全政策下用户该如何组织；在具体实施过程中应采取哪种或哪几种方式的组合。具体来说，应该考虑系统的可靠性、系统的可扩展性、系统的灵活性和使用的方便性、CA结构的可信任性、与其他系统的互操作性、对成员开销的影响、各系统模块的管理结构，以及责任划分等因素。

随着互联网覆盖范围的扩大，在世界范围内将出现多种多样的证书管理体系结构。所以，PKI体系的互通性也不可避免地成为PKI体系建设中必须考虑的问题，PKI体系中采取的算法的多样性进一步提高了互通操作的复杂程度。首先，PKI的互通性必须建立在网络互通的基础上，才能保证全球范围内任何终端用户之间数据的传送；其次，用户必须借助X.500目录服务获得对方签名使用的算法。

PKI在全球互通的实现途径有两条：（1）交叉认证方式。需要互通的PKI体系中的PAA在经过协商和政策制定之后，互相认证对方系统中的PAA（即根CA）。认证方式是根CA用自己的私钥为其他需要交叉认证的根CA的公钥签发证书。这种认证方式减少了操作中的政策因素，对用户而言，也只需在原有的证书链上增加一个证书，但对于每一个根CA而言，需要保存所有其他需要与之进行交叉认证的根CA的证书。（2）全球建立统一根方式。这种方式是将不同的PKI体系组织在同一个全球根CA之下，这个全球根CA可由一个国际组织如联合国来建设。考虑到各个PKI体系管理者一般都希望保持本体系的独立性，全球统一根CA实现起来有一些具体的困难。所以，PKI体系之间的互通性一般通过交叉认证来实现。

三、入侵检测技术

网络入侵检测系统（network intrusion detection system，NIDS）是用于检测任何损

害或企图损害系统保密性、完整性和入侵，特别是用于检测黑客通过网络进行的入侵行为的管理软件。网络入侵检测系统的运行方式有两种[①]：一种是在目标主机上运行以检测其本身的通信信息；另一种是在一台单独的机器上运行以检测所有网络设备，比如路由器的通信信息。

网络入侵检测系统有两种支付方式：一种是基于网络数据包分析，另一种是基于主机检测。简单地说，前者是在网络通信中寻找符合网络入侵模板的数据包，并立即做出反应。当前，部分产品也可以利用交换式网络中的端口映射功能来监视特定端口的网络入侵行为，一旦攻击被检测到，响应模块就可以依照相应配置对攻击做出反应。通常这些反应有发送电子邮件、寻呼、记录日志和切断网络连接等。后者是在宿主系统审计日志文件中寻找攻击特征，给出统计分析报告，主要目的是在事件发生后提供足够的分析来阻止进一步的攻击，反应的时间依赖于定期检测的时间间隔，其实时性不如基于网络的入侵检测系统。事实上，上述两种方式可以互相补充使用。基于网络的部分提供早期警告，基于主机的部分提供对攻击成功与否的确认。目前流行的管理/代理结构不仅可以监视整个网络的入侵和攻击活动、审查日志管理，还可以对入侵活动进行实时检测，体现了网络入侵检测技术的发展趋势。

四、漏洞扫描技术：探查网络薄弱环节

选择网络安全扫描工具时，应注意考察几点：扫描发现的安全漏洞数量是否多，数据库更新速度是否快，扫描效率以及对目标网络系统的影响是否大，定制的模拟攻击方法是否灵活，扫描程序的易用性与稳定性是否好，提供安全服务的公司掌握最新安全漏洞和攻击方法的能力是否强。

安全扫描是采用模拟攻击的形式对可能存在的已知安全漏洞进行逐项检查，扫描目标可以是工作站、服务器、交换机和数据库应用等。通过扫描，可以为系统管理员提供周密、可靠的安全性分析报告，从而提高网络安全的整体水平。在网络安全体系的建设中，安全扫描工具花费低、效果好、见效快、安装运行简单。

五、网络病毒的防治

在网络环境下，计算机病毒具有不可估量的威胁性和破坏力，就网络安全而言，病毒是其最大的隐患之一。1999 年 4 月 26 日，我国数以万计的计算机被 CIH 病毒破坏，大量资料被毁，计算机主板被破坏，损失达 10 亿元。近几年来，计算机病毒的数量急剧膨胀。此外，计算机病毒如幽灵病毒、变形病毒、宏病毒等的生成机制也越来越复杂。防范病毒是实现网络安全非常重要的一个方面，采用反病毒技术可以有效防范病毒。反病毒技术包括预防、检测和攻杀三项功能，一般防毒软件均采用此技术。

通常，我们将网络防毒软件划分为客户端防毒、服务器端防毒、群件防毒和互联网防毒四大类。

有必要在工作站和服务器上部署病毒实时监控系统，并将病毒控制、数据保护和集中式管理集成起来。可采用病毒防火墙，它实际上是广义防火墙的一个特殊方面，专门用于

① 戴英侠，连一峰，王航．系统安全与入侵检测．北京：清华大学出版社，2002.

对病毒的过滤。要注意两点：其一，要保护计算机系统不受来自任何方面病毒的危害。这里所说的“任何方面”，一是指计算机的本地资源，比如传统的磁盘介质等，二是指相对于“本地”而言的“远程”网络资源，比如用户使用的互联网等。其二，对计算机系统提供的保护要着眼于整个系统并且是双向的，也就是说，病毒防火墙应该能对本地系统内的病毒进行“过滤”，防止它向网络或传统的存储介质扩散。一般病毒防火墙为系统提供的保护是实时的、透明的，相当于每时每刻都在为用户查、杀病毒，整个过程基本上不需要用户对其进行过多的干预。

六、电子支付安全协议

电子支付安全协议是电子支付顺畅进行的基础。电子商务中常用的安全协议有 SSL 安全协议、SET 安全协议与 3D 安全协议。

（一）SSL 安全协议

SSL 安全协议是由网景公司设计开发的，又叫安全套接层协议，主要目的是提供互联网上的安全通信服务，提高应用程序之间的数据安全系数。SSL 安全协议的整个概念可以被总结为：一个保证任何安装了安全套接层的客户和服务器间事务安全的协议，它涉及所有 TCP/IP 应用程序。

该协议对所有基于 TCP/IP 的客户/服务器应用程序提供了客户端和服务器的鉴别、数据完整性以及信息机密性等安全措施。该协议通过在应用程序进行数据交换前交换 SSL 初始握手信息来实现有关安全特性的审查。在 SSL 握手信息中采用了 DES、MD5 等加密技术来实现机密性和数据完整性，并采用 X. 509 的数字证书实现鉴别。SSL 安全协议也是国际上最早应用于电子商务的一种网络安全协议。

1. SSL 安全协议的基本概念

SSL 安全协议主要提供三方面的服务：

（1）认证用户和服务器，使它确信数据会被发送到正确的客户机和服务器上。客户机和服务器都有各自的识别号，这些识别号由公开密钥进行编号。为了验证用户是否合法，安全套接层协议要求握手交换数据以进行数字认证，以此来确保用户的合法性。

（2）加密数据以隐藏被传送的数据。安全套接层协议所采用的加密技术既有对称密钥技术，也有公开密钥技术。在客户机与服务器进行数据交换之前，交换 SSL 初始握手信息，在 SSL 握手信息中采用了各种加密技术对其加密，以保证其机密性和数据的完整性，并且用数字证书进行鉴别，这样就可以防止非法用户进行破译。

（3）维护数据的完整性，确保数据在传输过程中不被改变。安全套接层协议采用哈希函数和机密共享的方法来提供信息的完整性服务，建立客户机与服务器之间的安全通道，使所有经过安全套接层协议处理的业务在传输过程中都能全部完整且准确无误地到达目的地。

需要说明的是，安全套接层协议是一个保证计算机通信安全的协议，旨在保护通信对话过程的安全。例如，当一台客户机与一台主机连接上时，首先要初始化握手协议，然后建立一个 SSL 会话时段。直到对话结束，安全套接层协议都会对整个通信过程加密，并且检查其完整性。这样一个对话时段算一次握手。而 HTTP 协议中的每一次连接就是一次握手，因此，与 HTTP 相比，安全套接层协议的通信效率较高。

SSL 安全协议是保护 Web 通信的一种工业标准，是基于强公钥加密技术以及 RSA 算法的专用密钥序列密码，能够为信用卡和个人信息、电子商务提供较强的加密保护。SSL 在建立连接的过程中采用公开密钥，在会话过程中使用专有密钥。在每个 SSL 会话（其中客户机和服务器都被证实身份）中，要求服务器完成一次使用服务器专用密钥的操作和一次使用客户机公开密钥的操作。SSL 提供数据加密、服务器认证、报文完整以及应用 TCP/IP 协议的客户认证等，对计算机之间的整个会话过程进行加密。采用 SSL 安全协议可确保信息在传输过程中不被修改，保证数据的机密性与完整性，在互联网上被广泛用于处理财务上敏感的信息。在信用卡交易方面，商户可以通过 SSL 在 Web 上实现对信用卡订单的加密。由于 SSL 适合各类主流浏览器以及 Web 服务器，因此只要安装一个数字证书就可以使用 SSL。

SSL 的缺陷是：只能保证传输过程的安全，无法知道在传输过程中是否被窃听，黑客可以以此破译 SSL 的加密数据，破坏和盗窃 Web 信息。此外，在全球大规模使用 SSL 还有一定的难度。SSL 产品的出口受到美国国家安全局（National Security Agency，NSA）的限制，美国政府只允许加密密钥为 40 位以下的算法出口，而美国的商户一般都可以使用 128 位的 SSL，致使美国以外的国家很难真正在电子商务中充分利用 SSL。

新的 SSL 安全协议被命名为 TLS（transport layer security，传输层安全协议），其可靠性有所提高，但仍不能弥补原有技术的基本缺陷。

2. SSL 安全协议的运行步骤

SSL 安全协议的运行步骤包括六步：

（1）接通阶段。客户可以通过网络向服务商打招呼，服务商做出回应。

（2）密码交换阶段。客户与服务商之间交换双方认可的密码。一般选用 RSA 算法，也可选用 Diffie-Hellman 和 Fortezza-KEA 密码算法。

（3）会谈密码阶段。客户与服务商之间产生彼此交谈的会谈密码。

（4）检验阶段。检验服务商取得的密码。

（5）客户认证阶段。验证客户的可信度。

（6）结束阶段。客户与服务商之间相互交换结束的信息。

当上述动作完成之后，两者间的资料传送就会加密，等另外一端收到资料后，再将编码后的资料还原。即使盗窃者在网络上取得了编码后的资料，如果没有原先编制的密码算法，那么他也无法获得可读的有用资料。

在发送时，信息用对称密钥加密，对称密钥用非对称算法加密，二者被捆绑在一起传送出去。接收的过程与发送的过程正好相反：先打开有对称密钥的加密包，再用对称密钥解密。

在电子商务交易过程中，由于有银行参与，按照 SSL 安全协议，消费者首先将购买信息发送给商户，商户再将信息转发给银行，银行验证消费者信息的合法性后，通知商户付款成功，商户再通知消费者购买成功，并将商品寄送给消费者，如图 7-1 所示。

图 7-1　电子商务中客户、商户、银行三者的关系

3. SSL安全协议的应用

SSL安全协议也是国际上最早应用于电子商务的一种网络安全协议，至今仍然有许多网络商户在使用。当然，在使用时，SSL安全协议根据邮购的原理进行了部分改进。在传统的邮购活动中，消费者首先寻找商品信息，然后汇款给商户，商户再把商品寄给消费者。在这个过程中，商户是可以信赖的，所以消费者必须先付款给商户。在电子商务的开始阶段，商户担心客户购买后不付款，或使用过期作废的信用卡，因而希望银行给予认证。SSL安全协议正是在这种背景下应用于电子商务的。

SSL安全协议运行的基础是商户对客户信息保密的承诺。正如美国著名的亚马逊网上书店在其购买说明中明确表示的："当你在亚马逊公司购书时，受到'亚马逊公司安全购买保证'保护，所以你永远不用为你的信用卡的安全担心。"但在上述流程中我们会发现，SSL安全协议有利于商户而不利于消费者，消费者的信息首先传到商户处，商户阅读后再传给银行。这样消费者资料的安全性便受到威胁。商户认证消费者是必要的，但在整个过程中缺少了消费者对商户的认证。在电子商务的开始阶段，由于参与电子商务的公司大都是一些大公司，信誉较好，所以这个问题没有引起人们的重视。随着电子商务参与商户的迅速增加，对商户的认证问题越来越突出，SSL安全协议的缺点完全暴露出来，SSL安全协议逐渐被新的SET安全协议取代。

（二）SET安全协议

在开放的互联网上开展电子商务，如何保证买卖双方传输数据的安全成为电子商务能否普及的最重要问题。为了克服SSL安全协议的缺点，威士国际组织和万事达卡国际组织两大信用卡组织联合开发了SET（secure electronic transaction）安全协议。这是一个为了在互联网上进行网络交易而制定的开放的、以电子货币为基础的电子付款系统规范。SET安全协议在保留对客户信用卡的认证的前提下，又增加了对商户身份的认证，这对于需要支付货币的交易来讲是至关重要的。

安全电子交易基于互联网的卡基支付，是授权业务信息传输的安全标准，它采用RSA算法对通信双方进行认证，利用DES、RC4或任何标准对称加密方法进行信息的加密传输，并用哈希算法来鉴别消息真伪，判断有无篡改。在SET体系中有一个关键的认证中心（CA），CA根据X.509标准发布和管理证书。

SET安全协议主要由三个文件组成，分别是SET业务描述、SET程序员指南和SET安全协议描述。SET 1.0版已经公布并可应用于任何银行支付服务。

由于设计合理，SET安全协议得到了IBM、惠普、微软、网景、VeriFone、GTE、VeriSign等许多大公司的支持，目前已获得IETF（Internet Engineering Task Force，国际互联网工程任务组）标准的认可，成为B2C业务实施方面的工业标准。

1. SET安全协议的概念

SET安全协议运行的目标主要有以下五个：

（1）保证信息在互联网上安全传输，防止数据被黑客或内部人员窃取。

（2）保证电子商务参与者信息的相互隔离。消费者的资料加密或打包后通过商户到达银行，但是商户不能看到消费者的账户和密码信息。

（3）解决多方认证问题，不仅要认证消费者的信用卡，而且要认证在线商户的信誉程度，还要在消费者、在线商户与银行间进行认证。

（4）保证了网上交易的实时性，使所有支付过程都得以在网络上完成。

（5）效仿 EDI 贸易的形式，规范协议和消息格式，促使不同厂家开发的软件具有兼容性和互操作功能，并且可以运行在不同的硬件和操作系统平台上。

采用 SET 安全协议进行网上电子交易支付时，主要涉及持卡人、发卡行、商户、收单行以及支付网关五方，其关系如下：

（1）持卡人。在电子商务环境中，消费者以及公司采购人员通过个人电脑与商户进行交流沟通时，一个持卡人使用发卡行发行的支付卡进行支付。SET 可以保证在持卡人与商户交互的过程中，其支付卡的账户信息得到保护，不被商户看到。

（2）发卡行（电子货币如智能卡、电子现金、电子钱包发行公司，以及某些兼有电子货币发行功能的银行）。发卡行是一个为持卡人建立账户并发行支付卡的金融机构。发卡行可以保证获得授权的交易，遵从支付卡管理规章以及当地的法律法规。

（3）商户。商户为了得到付款而提供销售的货物或者提供服务。使用 SET 安全协议，商户可以向持卡人提供安全的电子交易。接受支付卡的商户必须和一家收单行建立特约商户关系。

（4）收单行。收单行是一家为商户建立账户并处理支付卡授权以及支付的金融机构。

（5）支付网关。支付网关是一套由收单行或指定第三方运营的软硬件设备，用来处理商户支付报告，包括来自持卡人的支付指令，负责确认交易对方的身份，对厂商的信誉度和消费者的支付手段进行认证。

在用户身份认证方面，SET 安全协议引入了证书（certificate）和认证中心（CA）机制。证书就是一份文档，它记录了用户的公共密钥和其他身份信息。在 SET 安全协议中，最主要的证书是持卡人证书和商户证书。

（1）持卡人证书。它实际上是支付卡的一种电子化表示。它是金融机构以数字化形式签发的，因此不能被第三方改变。持卡人证书并不包括账号和终止日期信息，取而代之的是用单向哈希算法根据账号、截止日期生成的一个编码。如果知道账号、截止日期、密码值，即可导出这个编码，反之则不行。在 SET 安全协议中，持卡人需向支付网关提供其账户信息和编码。持卡人向 CA 申请证书时，用自己的软件生成一对公开密钥和私有密钥，将账户信息和公开密钥交给 CA 保存，自己保存私有密钥。当持卡人的发卡行批准后，他就能获得持卡人证书。持卡人还需保存根 CA 的公开密钥，用于验证商户证书和支付网关证书。当持卡人想通过电子方式购物时，该证书将与订单和加密的支付指令一起发给商户，当商户收到持卡人证书时，它至少能确认该账户信息曾被发卡行证实过。

（2）商户证书。商户证书就像是贴在收款台小窗上的付款卡贴面，表示可接受用何种卡来进行商业结算。它是由金融机构签发的，不能被第三方改变。在 SET 安全协议环境中，一个商户至少应有一对证书。一个商户也可以有多对证书，表示它与多家银行有合作关系，可以接受多种卡付款。

除了持卡人证书和商户证书以外，还有支付网关证书、银行证书、发卡机构证书。支付网关证书可以被收单行获取，用于处理授权和购买消息，持卡人通过该证书获得网关的加密密钥，该密钥被用于保护持卡人的账户信息。支付网关证书由支付卡机构发给收单行。对于 SET 安全协议中的各种用户，可以有多种方法向申请者发放证书，例如，向最终用户可以发放签名的或加密的证书，其中向持卡人只能发放签名的证书，向商户和支付网关可以发放签名并加密的证书。

CA 是受一个或多个用户信任，提供用户身份验证的第三方机构。证书一般包含拥有者的标识名称和公钥，并且由 CA 进行数字签名。CA 的功能主要有：接收注册请求；处理、批准/拒绝请求；颁发证书。用户向 CA 提交自己的公开密钥和代表自己身份的信息（如身份证号码或 E-mail 地址），CA 验证了用户的有效身份之后，向用户颁发一个经过 CA 私有密钥签名的证书。

在两方通信时，证书的树形验证结构通过出示由某个 CA 签发的证书来证明自己的身份，如果对签发证书的 CA 本身不信任，则可验证 CA 的身份。依此类推，一直到公认的权威根 CA 处，就可确信证书的有效性。SET 安全证书正是通过信任层次来逐级验证的。通过 SET 安全协议的认证机制，用户不再需要验证并信任每一个想要交换信息的用户的公开密钥，而只需要验证并信任颁发证书的 CA 的公开密钥就可以了。

2. SET 安全协议的工作原理

SET 安全协议的工作原理如图 7－2 和图 7－3 所示。图 7－2 是一个形象的示意图，图 7－3 是一个工作流程图。

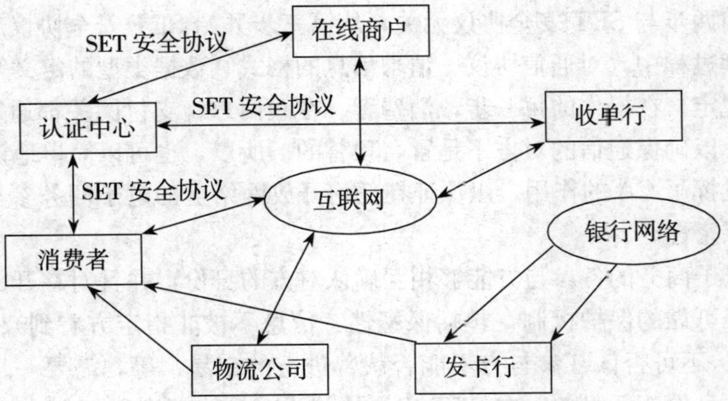

图 7－2　SET 安全协议的工作示意图

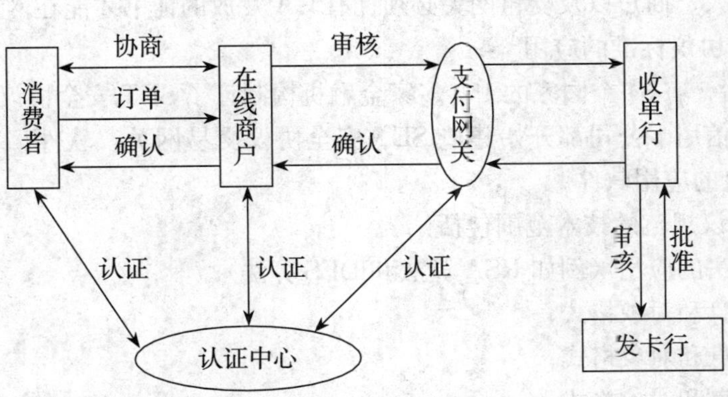

图 7－3　SET 安全协议的工作流程图

SET 安全协议的工作流程可分为以下七个步骤：

（1）消费者利用自己的计算机通过互联网选定所要购买的商品，并在计算机上输入订货单。订货单上需注明网络商户、所购买的商品的名称及数量、交货时间及地点等相关信息。

（2）消费者通过电子商务服务器与有关网络商户联系，网络商户做出应答，告诉消费者所填订货单的货物单价、应付款金额、交货方式等信息是否准确，是否有变化。

（3）消费者选择付款方式，确认订单，签发付款指令。此时 SET 安全协议开始介入。

（4）在 SET 安全协议中，消费者必须对订单和付款指令进行数字签名，同时利用双重签名技术保证商户看不到消费者的账号信息。

（5）在线商户接受订单后，向消费者所在银行请求支付认可。信息通过支付网关传送到收单行，再传送到电子货币发行公司确认。待交易获得批准后，将确认信息返回给网络商户。

（6）网络商户发送订单确认信息给消费者。消费者端软件可记录交易日志，以备将来查询。

（7）网络商户发送货物或提供服务，并通知收单行将钱从消费者的账号转移到商户账号，或通知发卡行请求支付。

在认证操作和支付操作中间一般会有一个时间间隔，例如，在每天下班前请求银行结算一天的账。前两步与 SET 安全协议无关，从第三步开始 SET 安全协议起作用，一直到第七步。在处理过程中，对通信协议、请求信息的格式、数据类型的定义等，SET 安全协议都有明确的规定。在操作的每一步，消费者、在线商户、支付网关都通过 CA 来验证通信主体的身份，以确保通信的对方不是冒名顶替的。所以，也可以简单地认为，SET 安全协议规格充分发挥了 CA 的作用，以保证在任何开放网络上的电子商务参与者所提供的信息的真实性和保密性。

为了保证电子商务的各参与方能够相互确认对方的身份，并且对在开放网络上传送的信息提供有效、可靠的保护机制，包括保密性（信息不被非指定方看到）、认证（参与方身份不被假冒）、不可否认（参与方不能否认曾进行的交易）等，需要一个权威、可靠的第三方机构提供身份认证服务。在 SET 安全协议中，这个任务由 CA 来完成。参与 SET 安全交易的持卡人、商户以及支付网关必须拥有 CA 发放的证书才能在网上进行交易。

3. SET 安全协议标准的应用

自 1996 年始，有 34 个国家的 150 多家金融机构制订了 SET 安全协议试行方案。从新加坡到旧金山的信用卡公司都开始建造 SET 安全协议交易网关，软件厂家则着手开发支持 SET 安全协议的应用软件。

SET 安全协议规范的技术范围包括：

（1）加密算法的应用（例如 RSA 算法和 DES 算法）；

（2）证书信息和对象格式；

（3）购买信息和对象格式；

（4）认可信息和对象格式；

（5）划账信息和对象格式；

(6) 对话实体之间消息的传输协议。

SET 协议采用了对称密钥和非对称密钥机制，把对称密钥的快速、低成本和非对称密钥的有效性结合在一起，以保护在开放网络上传输的个人信息，保证交易信息的隐蔽性。其重点是如何确保商户和消费者的身份、行为的认证和不可抵赖性（non-repudiation），其理论基础是著名的非否认协议，采用的核心技术包括 X.509 电子证书标准与数字签名、报文摘要、数字信封、双重签名等。例如，使用数字证书对交易各方的合法性进行验证；使用数字签名技术确保数据的完整性和不可否认性；使用双重签名技术对 SET 交易过程中消费者的支付信息和订单信息分别签名，使商户看不到支付信息，只能对用户的订单信息解密，而金融机构只能对支付和账户信息解密，充分保证消费者的账户和订货信息的安全性。SET 通过制定标准和采用各种技术手段解决了一直困扰电子商务发展的安全问题，包括购物与支付信息的保密性，交易支付的完整性、身份认证和不可否认性，在电子交易环节上提供了更高的信任度、更完整的交易信息、更高的安全性和更低的受欺诈可能性。

自 1996 年 4 月 SET 安全协议 1.0 版面市以来，其大量现场实验和实施效果获得了业界的支持，但它的推广应用仍然比较缓慢，主要原因是存在以下四个问题：

(1) 协议没有说明收单行在向网络商户付款前是否必须收到消费者的货物接受证书。因此，在未收到消费者的货物接受证书的情形下，若网络商户提供的货物不符合质量标准，消费者提出异议，则无法确定责任由谁承担。

(2) 协议没有担保“非拒绝行为”，这意味着网络商户没有办法证明订购是由签署证书的消费者发出的。

(3) 协议提供了多层次的安全保障，但显著提高了复杂程度，因而变得昂贵且操作性差，实施起来有一定难度。

(4) SET 技术规范没有提及在事务处理完成后，如何安全地保存或销毁此类数据，以及是否应当将数据保存在消费者、网络商户或收单行的计算机里。这种漏洞可能会使这些数据在以后受到潜在的攻击。

(三) 3D 安全协议

SET 安全协议推出后，由于其结构过于复杂，安全门槛设置得太高，处理速度慢，客户端安装、使用和维护都不方便，而且系统整体费用较高，因此 2002 年威士国际组织在电子商务领域引入了 3D 安全协议（3-domain secure protocol）进行支付认证，以保证网上支付的安全。自 2003 年 4 月起，威士国际组织在全球范围内采用了新的网上银行交易安全规范，并要求该组织的各发卡行和收单行支持该规范。3D 安全协议的目标是给发卡行提供一个持卡人身份许可的环节，减少使用威士卡进行欺诈的可能性，使所有参与者从中受益，从而提升交易的安全性能。

1. 3D 安全协议概述

3D 安全协议中一个重要的组成部分是发卡行认证服务器，即访问控制服务器（access control server，ACS）。ACS 在 3D 安全交易中需要执行一套重要、详尽的操作。

3D 安全协议涉及五个实体，即持卡人、发卡行、商户、收单行和威士国际组织。3D 安全协议将这五个实体按逻辑分到三个域中。其中，发卡机构域指发卡行和持卡人；收单机构域指收单行和商户；中间运行域是使发卡机构域和收单机构域在全球范围内协同运行的系统和功能设施。

（1）发卡机构域的组成。

1）持卡人：联机购物，通过浏览器等软件，提供持卡人姓名、口令（证书）、卡号、有效期，以及验证所需的全部信息，准备完成整个交易过程。

2）持卡人浏览器：浏览商户虚拟电子商城，选购商品，使用网络电子支付工具，在商户服务器插件（收单机构域）和访问控制服务器（发卡机构域）之间发送信息。

3）其他持卡人插件：其他可选的硬件和软件，旨在加强浏览器的功能，如证书、智能卡认证都可能需要额外的读卡器和客户端软件。

4）发卡行：建立一个让持卡人进行注册、访问的系统，检查持卡人资格，向威士目录服务器提供相应的信息。

5）访问控制服务器——发卡机构域的核心部分，安装服务器证书。主要功能是检验某个卡号是否注册了3D安全协议，验证购物者的身份，与商户插件和威士目录服务器进行交互。该软件应与信用卡后台连接，以取得持卡人信息。

（2）收单机构域的组成。

1）商户：利用商户软件处理持卡人购物，获得卡号和购物信息，然后触发商户服务器插件（MPI）进行支付验证。如果支付通过验证，商户就向收单行发出授权请求，发卡行和收单行完成传统的交易授权过程。

2）商户服务器插件：一个支付网关插件，负责安装服务器证书，处理支付验证请求，然后将控制交给商户软件，与威士目录服务器和发卡机构进行各种交互。作为处理从发卡行返回的验证反馈信息的一部分，MPI可以验证消息中的数字签名，在某些情况下，也可以由收单行代表多家商户执行该功能。

3）收单行：某一金融机构，负责与特约商户签约，确定商户是否参加3D安全协议；开发支付网关；确定商户参加3D安全协议的资格；接收发卡行的反馈验证信息，并对该信息进行签名认证。收单行还要履行其传统职能，即从商户处接收授权信息，将授权请求发送到传统授权系统；向商户提供授权反馈信息，将完成的交易送到威士清算系统。

（3）中间运行域的组成。

1）威士目录服务器：一个基于互联网系统，安装服务器证书，提供发卡行名单，并提供访问该发卡行访问服务控制器的URL地址。它由威士国际组织运行，可以从商户处接收查询某个卡号的请求信息，查询该卡号的发卡行是否参加了3D安全协议，并将查询认证结果直接反馈给商户，同时还将持卡人的验证请求发送给相应的发卡行目录服务器，查询该卡号是否在3D安全协议的范围内，再将目录服务器的反馈信息返回给商户。

2）验证历史服务器：由威士国际组织运行，安装服务器证书，从ACS处接收每一次进行过验证（无论是否已通过验证）的交易，保存收到的交易验证记录；验证历史服务器保存的数据副本，可以供收单行和发卡行在发生争议时审计使用。

3）VISANET：在支付验证后，VISANET履行其传统授权职责，即从收单行处接收授权请求，发给发卡行；向收单行提供发卡行的反馈信息；为发卡行和收单行提供清算数据。

4）威士CA：负责签发SSL/TLS和服务器证书并提供签名证书和威士根证书。

2. 3D安全协议的运作过程

如图7－4所示，3D安全协议的运作过程如下：

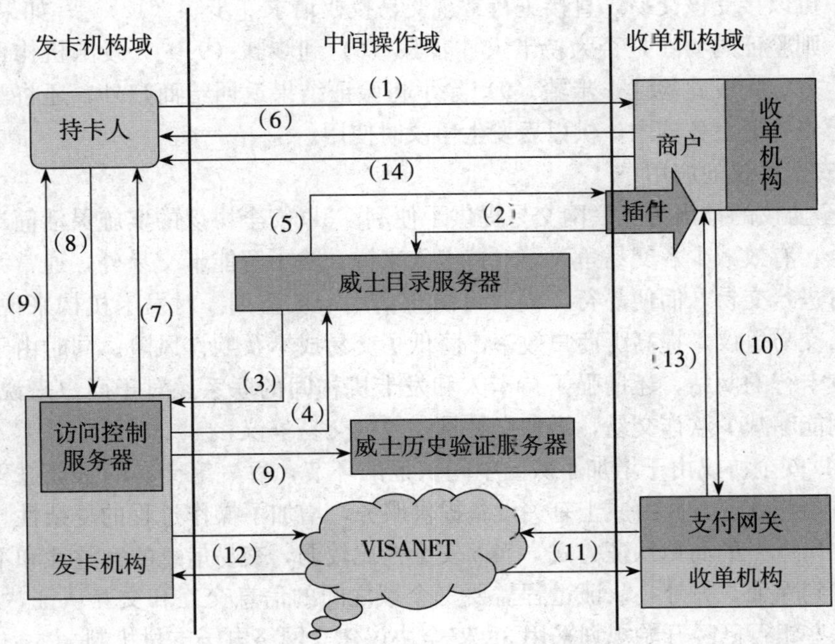

图7－4　3D安全协议的运作过程

（1）持卡人登录商户网站，浏览商品，输入口令、卡号、订购信息及支付信息。

（2）商户软件插件通过威士目录服务器可以检查卡号所属的发卡机构是否参加了3D安全协议。

（3）威士目录服务器将卡号传送给发卡机构的访问控制服务器，通过发卡机构检查认证该卡是否已参加了3D安全协议。

（4）发卡机构的ACS确认该卡是否已参加了3D安全协议。

（5）威士目录服务器将发卡机构的ACS的地址告知商户插件。

（6）商户插件将持卡人浏览器定位到ACS，同时附上交易信息待持卡人进一步确认。

（7）发卡机构的ACS要求持卡人输入用户名和密码。

（8）持卡人向发卡机构输入用户名和密码。

（9）发卡机构的ACS验证密码产生回应信息，然后将消费者重新定位至商户插件；与此同时，将有关信息发送给威士历史验证服务器。

（10）商户将交易信息提交给收单机构。

（11）收单机构向发卡机构要求授权。

（12）发卡机构通过VISANET向收单机构发送授权（这里的交易流程与传统刷卡交易一样）。

（13）收单机构将交易回应信息返回给商户。

（14）商户确认交易并向持卡人提供收据。

与传统的信用卡授权过程相比，3D安全协议下的网上交易可归纳为：首先验证参与交易的卡是否参加了3D安全协议［步骤（1）到步骤（5）］。如果没有参加3D安全协议，则商户可以接受该交易，直接进行常规交易授权请求［步骤（12）］；如果参加了3D安全协议，则验证购物者是否为持卡人［步骤（6）到步骤（9）］，发卡机构可通过密码验证或其他方式完成此验证。步骤（9）除了将验证结果返回给商户外，还将验证信息存放于威士历史验证服务器中，供以后发生争议时使用。

3. 3D安全协议的应用

3D安全协议的推出为互联网交易提供了便利。3D安全协议的实施灵活简单，数据传输比较安全，有效减少了交易争议。对持卡人来说，除了智能卡交易外，通常无须安装特定软件就可进行交易，简便易行，同时可防止信用卡被盗用。对发卡机构来说，3D安全协议减少了交易争议，提高了商户效率，降低了交易成本及欺诈风险。同时由于每笔交易都要访问发卡行的网站，还增强了持卡人和发卡机构间的联系。对于商户来说，3D安全协议的应用能够减少欺诈交易，增加交易量，减少交易争议。

但是3D安全协议由于增加了威士中间认证的环节，每一笔交易的认证过程都要经过中间运行域参与认证，并由威士有关设备提供服务，增加了操作过程的复杂性。由于采取“用户ID加口令”的简单认证方式，因而安全性比较弱，交易信息的完整性和不可否认性都不容易得到保证。另外，认证过程需要三个域之间的信息交互和交互认证，耗时较长。目前我国一些银行已经开始规划采用3D安全协议建立网络电子支付机制。

（四）SSL安全协议、SET安全协议与3D安全协议比较

1. 功能方面的异同

这三种协议在网络层的位置和功能不同。SSL安全协议是基于传输层的通用安全协议，可看作用于传输的那部分技术规范。从电子商务的特性看，它并不具备商务性、服务性、协调性和集成性。而SET安全协议和3D安全协议位于应用层，对网络上其他各层也有所涉及。SET安全协议与3D安全协议规范了整个商务活动的流程，对从持卡人到商户，到支付网关，再到认证中心及信用卡结算中心之间的信息流走向以及必须采用的加密、认证都制定了严格的标准，从而最大限度地保证了商务性、服务性、协调性和集成性。

2. 安全方面的异同

从网络信息传输安全的角度看，只有能确保信息在网上传输时的机密性、可鉴别性以及信息一致性才真正安全。SET安全协议由于采用了公钥机制、信息摘要和认证体系，所以完全符合上述要求。SSL安全协议也采用了公钥机制、信息摘要和MAC检测，可以保证机密性和信息一致性，但是SSL安全协议在身份鉴别方面不能保证可鉴别性。3D安全协议由于采取“用户ID加口令”的简单认证方式，因而在安全性上比较薄弱，交易信息的完整性和不可否认性都不容易得到保证。从网上安全结算这一角度看，SET安全协议的安全性最强，但实施过程过于复杂。

首先，在对消费者进行身份验证方面，SET安全协议和3D安全协议都可以做到。而SSL安全协议对消费者身份的验证往往需附加电话等传统方法加以保障，这在很大程度上减少了网上交易带来的好处。

其次，对于消费者而言，利用SSL安全协议时，信息对于商户完全公开，消费者无法对自己的信用卡账号等理应对商户屏蔽的信息保密，这给消费者带来了信息可能被盗用的隐患。在信用卡账号在网上交易的安全性方面，SET安全协议和3D安全协议的控制远比SSL安全协议严格，通过明确规定整套协议中信息流的加密、验证乃至整个交易处理过程，不仅可以实现消费者的身份鉴别，同时也最大限度地确保了消费者信息的机密性。以SSL安全协议中提到的信用卡账号保密问题为例，SET安全协议中提供了一条被称为OPI的指令，它将消费者的订单信息和信用卡账号信息分别用商户的公开密钥和结算中心的公开密钥加密，然后将这两段信息打包在一起发给商户，商户将其中的信用卡账号信息提取出来，发给支付网关，交由结算中心处理。虽然信息经过商户转发，但由于它没有支付网关的私有密钥，所以只能看到消费者的订单信息，而信用卡账号信息只有支付网关才能获得，这就解决了消费者的后顾之忧。

SET安全协议最大的特点在于引入了一套完整的证书认证体系，交易信息的完整性和不可否认性得到保证。其中认证中心是该体系的重要执行者。

3. 系统负载能力方面的异同

对于网上安全协议来说，系统负载能力是一个重要问题。互联网用户增长极为迅猛，而这几个安全协议由于采用了大量加密及验证技术，增加了时间开销。例如，在一个交易过程中，在SET安全协议下对商户服务器要进行6次操作，在3D安全协议下操作次数更是多达14次。SSL安全协议下操作次数相对少些，但也要4次（商户和支付网关之间只要2次）。而公钥加密的计算量本身就很大，因此商户服务器工作量极大，因而高峰负载能力是未来设计系统时必须考虑的问题。

第四节　金融信息安全体系架构和安全策略

在网上购物的消费者最关心的莫过于安全问题，因此，要促进电子商务的发展，一个良好的金融信息安全体系架构和安全策略必不可少。

一、金融信息安全保障体系构成

信息安全保障是为了确保信息和信息系统的机密性、完整性、可用性、真实性、不可否认性、可追究性和可控性而对意外事件或恶意行为所做的防范活动。它要求运用技术、管理和人员形成的能力，在信息和信息系统的生命周期（产生、存储、处理、传输、消亡）的全过程中，在信息内容、应用服务、局域计算环境、边界和外部连接、网络基础设施的多个层面上，动态地实施预警、保护、检测、反应、恢复和打击犯罪等行为，以保障信息资产安全。

金融信息安全保障的主要内容包括：确保重大业务应用系统的连续可用性；确保业务工作责任的不可否认性；确保业务数据和信息的真实性、完整性；确保涉及国家秘密的信息和行业敏感信息的机密性；规定什么人可以访问什么资源、有什么权限，以及控制授权范围内的信息流向及行为方式等的可控性。

金融信息安全保障体系的建设涉及多个环节，包括法律、管理、技术、人才、意识等各个方面，与各部门、各地方都密切相关，是一个复杂的系统工程。网络中一个环节、一个局部、一台计算机出问题，都有可能迅速扩展到整个系统和网络，影响全局。应该立足安全防护，科学分析信息安全风险和威胁，采取多种技术和管理措施，加强预警和应急处置；要从安全保护、检测发现、应急处置、打击犯罪等各个环节，从法律、管理、技术、人才、意识等各个方面，从国家、企业、个人各个层面，采取综合的管理和技术措施，提高信息安全保障水平。

金融信息安全保障体系包括：

(1) 安全法规体系。它是规范金融机构、个人组织行为的基础，是有效对付犯罪的武器，主要包括法律、法规、条例、合同以及社会道德等。

(2) 标准规范体系。它是信息安全建设的根本依据，也是安全建设过程控制的准则，包括技术标准、建设规范、检测评估标准、知识产权保护以及质量评估标准等内容，需要建立严格执行技术标准的系统。

(3) 安全组织体系。它主要涉及金融信息系统安全的组织结构，是金融信息系统安全的组织保证，包括领导体系、组织管理队伍、人员管理制度等内容。

(4) 安全管理体系。它是金融信息系统安全管理工作的基础和制度保障体系，包括操作规程、分级控制、质量控制、安全监控等。

(5) 技术支持体系。它是指充分运用高新技术，采用安全技术防范措施和技术安全机制建立的现代化技术防范体系，是银行信息系统安全的技术保障体系，主要包括网络控制、内部控制、加密控制、网络保障、设备维护以及软件支持等。

(6) 应急服务体系。它是应对特殊事件的基础设施，包括特殊事件处理机制、快速恢复体系以及灾难恢复体系。

二、金融信息安全管理策略

(一) 金融信息安全的组织管理策略

金融信息安全的组织管理策略包括信息安全的规章制度策略和信息安全的运行管理策略。

信息安全的规章制度策略涵盖的范围主要包括：人员安全管理、操作安全管理、场地与设施安全管理、设备安全管理、操作系统和数据库安全管理、网络安全管理、信息化项目安全管理、应用系统安全管理、技术文档安全管理、数据安全管理、密码与密钥安全管理、认证管理、应急管理和审计管理。

信息安全的运行管理策略包括建立技术支持制度、明确安全责任制度等。

(二) 金融信息安全的风险管理策略

金融信息安全的风险主要体现为技术、管理、业务、人员以及政策方面的风险，这些风险必须通过采取完善的管理战略和制度予以控制。

金融信息安全的风险管理是通过风险评估来识别、控制、降低或消除安全风险的活动过程，它可以有效消除潜在的威胁，预防损失。对金融信息安全的风险管理可考虑针对金融系统的各个环节，进行深入的风险分析，列举出可能的风险状况，从而采取相应的对策；建立风险信息控制机制，及时通报风险情况，做到信息共享，预报准确，有效预防可能产生的危害。风险分析涉及网络系统、业务应用系统、信息系统、办公系统及基础设施。同时，金融机构需要建立自己的风险管理机制和规范，并制定具体的操作办法，将风险控制真正落实到银行生产、管理的各个环节和各个部门。

（三）金融信息安全的技术管理策略

技术安全是金融信息安全保障的基础性工作，通过技术方法可以预防在风险事件中占绝大多数的一般性攻击，发挥重要的作用。技术安全工作包括准备与防御、检测与响应等方面。

（1）准备与防御。从金融机构的角度看，需要采取防范措施解决传统的内部或外部诈骗、服务瘫痪和丧失运行能力等问题。从国家安全的角度看，需要预防系统攻击能力增强等问题，提高信息共享力度、采取合理的措施以及进行脆弱性评估等。此外，金融服务领域从事信息安全工作的机构应该联合起来，共享威胁信息，及时采取合理的措施，并对行业动向做出响应。

对国家关键基础设施的保护包括对攻击的预先防御和遭受攻击后对关键基础设施的重建。这两方面都需要确定核心基础设施的关键功能和服务内容。而且，基础设施的关键组件必须经常接受严格的检验。虽然评估是较为及时的，但是新的威胁、风险和对策还将不断涌现出来。因此，根据需要及时迅速地升级安全措施、反馈评估结果具有很重要的意义。

（2）检测与响应。可通过采用不同的防护机制，如脆弱性评估、周边安全防火墙和入侵检测系统来减少遭受攻击的可能性，逐步缓解风险。内部防护机制还包括访问控制系统和制定安全标准以及合理的保护措施。

（四）金融信息安全的质量管理策略

金融信息安全贯穿整个运行过程的各个方面。为了有效防范安全风险，必须建立一套长期的质量评测体系，及时发现安全隐患，将重大的信息安全问题消灭在萌芽期，从而尽可能减少损失，主要方法是建设一个涵盖信息安全分析、评估、测试、应对的体系，制定相关政策和管理条例，动态管理，有效控制。

（五）金融信息安全的标准化策略

标准化策略是金融信息安全的基础。金融信息安全标准化的两个主要发展方向是评测标准化和管理标准化。金融业信息系统是大型复杂系统，需要不断地进行测试和调控。目前对这些系统的评测缺乏权威性、专业性，很多系统达不到良好的应用效果。我国银行在信息化建设过程中引进了大量国外设备、系统，而对这些系统的评测也存在安全隐患。通过建立评测制度，可以提高银行信息系统的可用性，减少运行过程中的隐患，从根本上保障银行信息安全。目前，国际上关于信息系统安全的评测标准主要有：美国可信计算机系统评估标准（TCSEC，1985）、欧洲信息技术安全性评估准则（ITSEC，1990）、加拿大可信计算机产品评估准则（CTCPEC，1990）、美国联邦准则（FC，1991）、国际通用准则（CC，1996）、国际标准（ISO 15408，1999）等。

管理标准化需要借助严格的信息安全标准来管理信息安全问题，并深入组织、技术及管理的各个方面。国际上流行的信息安全管理规范主要有：《信息技术安全管理指导方针》（ISO/IEC 13335）、《银行业务和相关金融服务——银行业务信息安全指南》（ISO 13569）、

《信息安全管理的实施编码》（ISO 14980）、《信息安全管理实用规则》（ISO/IEC 17799－1）、《金融业的安全服务管理》（ANSI X9.41）。

（六）金融信息安全技术策略

金融信息安全技术策略是指充分运用高新技术，采用安全的技术防范措施和技术安全机制建立现代化技术防范体系。

金融信息安全的技术要求包括：（1）组织管理安全，包括建立安全管理组织，确定安全组织职能，明确安全岗位职责，进行安全人员审查、安全人员培训考核、离岗安全人员管理。（2）环境安全，包括网络设备环境安全、通信设备与线路环境安全、机房环境安全、软件开发环境安全、软件测试与稽核环境安全、软件使用与维护环境安全、生产运行环境安全、存储环境安全、环境保障与管理、环境灾害防护、环境防护设施安全。（3）网络安全，包括网络通信协议安全、网络管理平台安全、网络传输信道安全、网络运行安全监督、网络路由控制安全、网络隔离安全、网点合法性。（4）软件运行安全，包括软件平台安全和应用软件安全，前者涉及软件平台选型与购置审查、安全检测与验收、安全跟踪与报告、版本管理安全、使用与维护安全、安全稽核，后者涉及应用软件启用安全、安全审计、版本管理安全、备份安全、维护安全。（5）应用软件的开发安全，包括开发平台安全、开发环境安全、开发人员安全、应用软件测试与评估安全、应用软件审计安全。（6）操作安全，包括操作权限安全、规范管理安全、岗位责任安全、操作监督安全、操作恢复安全。（7）数据安全，包括数据载体安全、数据密级安全、数据存储的时限安全、数据存储的备份安全、数据存储的有效性、存储信息的完整性。（8）应急安全，包括应急管理原则、应急计划制定、应急计划实施、应急备用管理、应急恢复管理、应急后果评估。（9）密码与密钥安全，包括加密算法强度及业务分类管理安全、加密算法选用权限安全、密码算法启用和退役管理安全、密钥管理原则制定安全、密钥生成与管理安全、密钥保存及备份安全、密钥传送与分配安全、密钥更新管理安全、密钥注销管理安全、密钥使用及注入管理安全。

（七）金融信息安全应急响应与灾难备份策略

在现实环境中，安全事件绝不是有序发生的，安全事件及其并发性比其他任何事件更不规则，没有技术和组织准备的应急响应会引发直接风险，造成无法挽回的数据丢失和经济损失，因此，在金融行业建立信息安全应急响应与灾难备份策略十分重要。

金融信息安全应急响应策略必须考虑灾难发生时的抗毁坏性与迅速恢复能力，制定并不断完善信息安全应急处置预案。

金融系统的安全保障能力直接关系到国家安全和人民利益，关系到社会稳定。金融信息系统的建设应当具有抗毁坏性与灾难恢复能力，并应制定且不断完善信息安全应急处置预案。

三、金融信息安全实施策略

实现金融信息安全的第一要务是明确网络业务定位、所提供的服务类型和服务对象，并以此为基础，进一步分析系统安全需求，评估当前的安全风险程度，然后制定相应的安全策略，选择适当的安全技术，实施安全工程。

实施安全解决方案有五个关键技术点，分别是防毒、控制访问、加密与认证、漏洞扫描和入侵检测。从技术角度讲，应该做好网络层、系统层和应用层三个方面的防护。

（一）网络层安全防护

网络层安全防护是防御外部黑客入侵和内部网络滥用与误用的第一道屏障。用户应该通过定义网络安全规范，明确各级部门对网络的使用范围与权限，保证只有经授权许可的信息才能在客户机和服务器之间通信。

1. 隔离与访问控制

在网络与外界连接处实施网络访问控制，可以让企业用户了解外部网络用户的身份和工作性质，提供访问规则，并针对存取要求授予不同的权限，禁止非法用户进入内部系统。网络访问控制系统应该能够按照来访者的IP地址区分用户，并对来访者的身份进行验证，支持面向连接和非连接的通信，控制用户可访问的网络资源和允许访问的日期与时间。对于一些复杂的应用协议，可通过特定的方法进行逻辑监视和数据包过滤。除此之外，访问控制还能对现有的各种网络攻击手段进行有效的阻截。

可以采用划分虚拟子网的方法实现较精细的访问控制，也可以采用防火墙技术，通过制定严格的安全策略，实现不信任域之间的隔离与访问控制。

2. 地址转换

使用地址转换技术，让IP数据包的源地址和目的地址以及TCP或UDP的端口号在进出内部网络时发生改变，这样可以屏蔽网络内部细节，防止外部黑客利用IP探测技术发现内部网络结构和服务器的真实地址。

3. 入侵检测

含ActiveX、Java、JavaScript和VBScript的Web页面，电子邮件的附件以及带宏的Office文档等经常携带一些可执行程序，这些程序中很可能携带了计算机病毒、特洛伊木马等黑客工具，具有潜在的危险性，系统应该能够对这些可疑目标进行检测，隔离未知应用。

在内部网络上，也可能存在来自内部的一些恶意攻击，甚至可能存在来自外部的恶意入侵，安全防护体系应该能够监视内部的关键网段，扫描网络上的所有数据，检测服务拒绝型袭击、可疑活动、恶意的小型应用程序和病毒等攻击，及时报告管理人员，阻止这些攻击到达目标主机。

（二）系统层安全防护

系统层安全是指操作系统安全和应用系统安全。

1. 使用漏洞扫描技术

网络中的所有设备都可能存在安全隐患，应定期扫描操作系统和数据库系统的安全漏洞与错误配置，及时发现系统中的弱点或漏洞，提示管理员进行正确配置，及时分析和评估，尽早采取补救措施，避免各种损失。

2. 加强操作系统用户认证授权管理

对于操作系统的安全防范，应尽量采用安全性较高的网络操作系统，并进行必要的安全配置，关闭一些不常用却存在安全隐患的应用，严格限制对关键文件的使用权限。特别要限制用户口令的规则和长度，禁止用户使用简单口令，并强制用户定期修改口令，按照登录时间、地点和登录方式限制用户的登录请求。同时加强口令的使用，及时给系统打补丁。另外，应配备安全扫描系统，对操作系统进行安全性扫描，并有针对性地对网络设备进行重新配置或升级。

3. 增强访问控制管理

首先，对文件的访问控制除提供读、写和执行权限外，还应该有建立、搜索、删除、更改和控制等权限，以满足复杂安全环境的需求。其次，应该能够限制访问文件的时间和日期，而且即使是超级用户，也不应通过安全屏障访问未经授权的文件。再次，应对计算机进程提供安全保护，防止非法用户启动或制止关键进程。最后，控制对网络和端口的访问。

比如，在应用系统的安全方面，应用服务器时，应尽量关闭那些不是必须开放的端口和服务（对于像文件服务器和电子邮件服务器这样的应用系统，应关闭服务器上的HTTP、FTP、Rlogin 和 Telnet 等服务），严格限制登录者的操作权限，加强登录身份认证，确保用户使用的合法性。充分利用操作系统和应用系统本身的日志功能，对用户所访问的信息做记录，为事后审查提供依据。

4. 病毒防范

在网络环境下，计算机病毒的破坏力不可估量，病毒防范是网络安全建设中必不可少的方面。

5. Web 服务器的专门保护

针对重要的、最常受到攻击的应用系统，用户需要采取特别的保护措施。由于 Web 服务器是一个单位直接面向外界的大门，也是最先面临网络攻击威胁的部分，所以对于 Web 服务器的专门保护十分重要。我们可以对包括 Web 访问、监控/阻塞/报警、入侵探测、攻击探测、恶意的小型应用程序和电子邮件等在内的安全策略进行明确规划。

（三）应用层安全防护

人常道：三分长相，七分打扮。对于网络安全，则是三分技术，七分管理。

安全管理是网络安全中非常重要且常被忽视的一项内容。经调查，IT 环境中出现的不安全问题并不全是由单纯的 IT 设备引发的，还有一些是由其他非 IT 技术因素，比如管理引发的。因此，在对设备和数据进行安全保护的同时，还需要加强对用户的安全管理。

1. 实施单一的登录机制

系统安全管理应该实现“一人一个账号、一个口令”的登录管理模式，可通过用户名/口令、指纹识别器、智能卡和令牌卡等多种方式获得安全管理服务器的系统认证，然后双击代表某一应用的图标直接访问。在实践中，可以采用口令 PIN 密钥管理、数据加密和数字签名等安全机制，最大限度地保证用户和口令等信息的安全。

2. 统一的用户和目录管理机制

系统安全管理应该允许用户在单一的界面中管理不同系统的用户和目录结构，同时在多种不同的操作系统平台上创建、修改和删除用户，对跨平台用户策略进行一致性管理，确保系统安全，减少 IT 管理人员管理目录和用户所花费的时间和精力，隐藏不同操作系统的差异。

总之，实现应用层安全保护需要进行三方面的建设：制定健全的安全管理体制（根据自身实际情况制定安全操作流程、对安全事故的奖罚制度以及对安全管理人员的考察制度等）、构建安全管理平台（如组成安全管理子网、安装集中统一的安全管理软件）和增强用户的安全防范意识。

本章思考题

1. 信息安全具有哪些特征？
2. 信息安全的内涵包括哪些内容？
3. 信息安全的基本安全技术有哪些？
4. 简述信息安全保障体系的构成。
5. 简述信息安全管理策略。
6. 安全风险评估的目标和原则是什么？
7. 安全风险评估的对象是什么？
8. 如何理解信息安全策略？
9. 如何进行安全需求分析？
10. 简述对称加密算法与非对称加密算法的区别。
11. 防火墙的作用是什么？
12. 简述 CA 的作用。
13. 简述数字签名的作用。
14. 简述对 PKI 的理解。
15. 简述 SSL 安全协议、SET 安全协议与 3D 安全协议的异同。
16. 实施安全解决方案的五个关键技术点是什么？
17. 从技术角度如何做好信息安全策略的实施工作？

第八章
电子支付系统风险防范与中央银行监管

章首导言

金融风险通常具有不确定性、普遍性、扩散性、隐蔽性和突发性。支付系统风险通常包括系统风险和非系统风险。

电子支付法是保证电子支付顺利进行的基础。电子支付法律体系中除了主要包括电子资金转移法、电子清算和结算法等外，还包括电子签名法、电子商务法、电子证据法、电子合同法、消费者权益保护法、隐私权保护法、反洗钱法等法律中的相关内容等。

风险监管的内容主要有资本充足率监管、资产流动性监管与贷款集中度监管三个方面。同时，银行监管的内容还包括合规性监管。而现场检查和非现场检查是银行监管的两种主要方式。数字化时代的金融监管应采取适时和适度的原则，金融监管的主要内容依然包括合规性与风险性两方面，监管手段依然包括现场检查和非现场检查两种。

电子支付的发展加快了货币流通，减少了流通中的通货，由此影响了货币政策的各个中介指标及其政策传导机制，进而影响了货币政策实施的效力。

电子支付的发展，特别是电子货币的出现、货币的数字化和虚拟化对货币含义、货币职能和货币制度产生了很大影响，对现代货币理论提出了挑战。

支付系统是一国金融体系的基础，因此支付系统的稳定影响到该国金融的稳定乃至社会的稳定。

本章首先讨论了如何防范支付系统风险，之后对电子支付相关法律法规进行了介绍，最后阐述了数字化时代金融监管的特性和原则。

关键术语

金融风险、支付系统风险、电子支付法律、电子签名法、风险管理、合规性管理、现场检查、非现场检查 、电子支付、货币政策中介指标、金融体系稳定

知识结构图

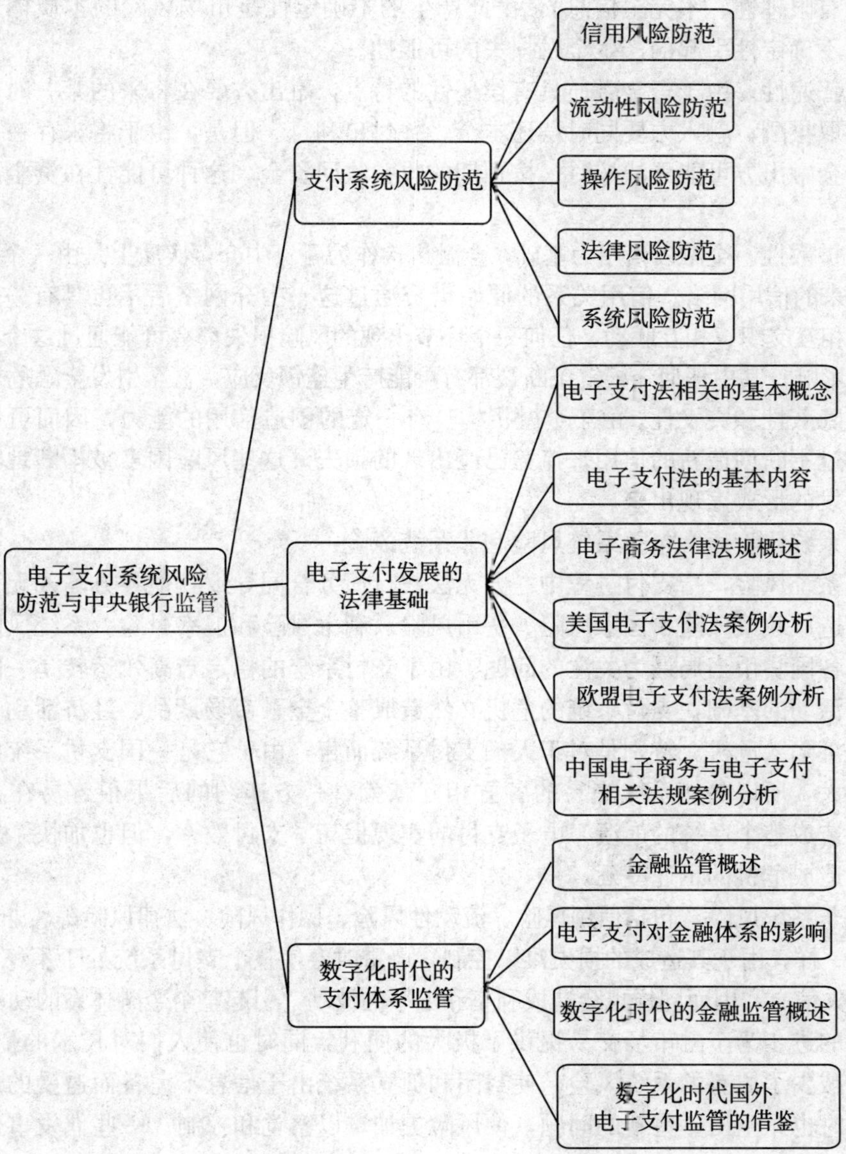

第一节　支付系统风险防范

支付系统是开放经济下金融体系的基础，承担着一国经济行为者的资金在国内及国际上转移的功能。安全有效的支付系统关系到整个金融体系的稳定，降低与化解支付系统风险不仅可以促进金融市场的发展，还可以促进商品和劳务市场的繁荣，使社会经济健康稳定地发展。

金融风险通常具有以下特征：

(1) 不确定性。在市场经济中，人们所面对的市场是瞬息万变的，而人们的认知能力却有限（有限理性、不完全信息），由此产生的不确定性是市场风险的本质体现。金融风险就是由不确定性引起的产生金融损失的可能性。

(2) 普遍性。由于资金融通具有偿还性的特点，融出方要在将来的某一时间收回其资金，并获取报酬；融入方要同时偿还本金，并付出利息。但是，由于将来存在许多不确定因素，资金融出方可能无法按时、按预期的收益收回资金。这种可能性在资金融通过程中普遍存在。

(3) 扩散性。金融以信用为基础，金融机构作为融资中介，实质上是由一个多边信用共同建立起来的信用网络。信用关系的原始借贷通过这一中介网络后不再具有一一对应的关系，而是相互交织、相互联动，任何一个环节出现的风险损失都有可能通过这个网络对其他环节产生影响；其中任何一根链条断裂都有可能产生连锁反应，甚至引发金融危机。

(4) 隐蔽性和突发性。由于金融机构具有一定的创造信用的能力，因而可以在较长的时间里通过不断创造新的信用来掩盖已经出现的损失。这些风险因素被不断地累积，最终就会以突发的形式表现出来。

支付系统风险通常包括系统风险和非系统风险：

(1) 系统风险，指支付过程中一方无法履行债务合同导致其他各方陷入无法履约的困境，从而造成政策风险、国家风险、货币风险、利率风险和汇率风险。系统风险是支付系统构造中各国货币当局最为关注的问题。由于支付系统的稳定与高效运转是一国金融市场以及经济活动的基础，支付系统的危机必然造成整个金融市场紊乱、经济活动停顿，使整个国家经济陷入危机。特别是对于大额支付系统而言，由于它是一国支付系统的核心，且交易额巨大，所以参加系统交易的各方相互依赖，一方违约的后果很容易在各方之间扩散，从而造成整个系统的崩溃。电子支付的实现提高了支付效率，但也加快了风险的传播速度，易造成危机的迅速蔓延。

(2) 非系统风险，包括信用风险、流动性风险、操作风险、法律风险等。非系统风险和系统风险一样，由于其造成的损失难以控制，严重时会使整个支付系统处于不稳定状态，导致人们丧失信心，因而同样也会造成利率和汇率的波动，引起整个金融体系的动荡。

技术的进步为金融市场交易提供了极大的便利，同时也使人们对技术的依赖性更强。技术进步减少了原有的系统风险，使封闭和孤立系统由于信息不完备而遭受的风险基本消除，但同时也派生出一些新的问题，使风险更加难以察觉和控制。一些偶发事件的发生使人们对于风险防范越来越重视。

中央银行对支付系统风险的防范与控制集中体现在以下几个方面：1）对大额支付系统透支进行限制和管理，发展 RTGS 系统以减少信用风险和流动性风险；2）对银行结算支付活动进行监督；3）加强支付清算领域的法制建设。

巴塞尔银行监管委员会于 1998 年颁布的《电子银行和电子货币业务的风险管理》报告提出了“有效银行监管的核心原则”。该委员会认为电子支付系统的风险管理可采取以下步骤：

（1）评估风险。包括：识别和量化风险；由董事会和高级管理层确定银行可以接受的风险程度，将可以接受的风险程度和风险可能带来的损害进行比较。

（2）管理和控制风险。包括：实施安全政策和措施（大部分为技术措施，如加密技术、口令、防火墙等），建立雇员审查制度，并建立相应的内控制度来防范内部风险；定期对系统进行检测和更新，加强银行高级管理人员和负责电子货币的业务人员之间的联络；要加强对外部资源的控制，如果银行需要将部分工作外包给第三方，就必须通过合同明确各方的权利和义务，明确银行有权对外包商进行检查，同时监管机构也有权对外包商进行检查。另外，银行还要即时进行信息披露和消费者教育；设立应急计划，如建立紧急情况下的数据恢复、应急设备和人员管理等制度。

（3）监控风险。对电子货币业务进行持续监控也是风险管理的重要组成部分。由于技术创新很快，持续监控就显得更为重要。

防范和化解金融风险，重要的是对风险进行有效的监测和控制，建立一套严密的监控体系，完善相关法律、法规，以保证电子支付系统有效运转。

电子支付提高了金融体系的运转效率，加速了资金流动，降低了利用现金进行交易所花费的成本。它克服了传统支付方式的很多弊端，使支付更加快捷、简便、安全。在交易时，人们不必为带着大量现金奔波而苦恼，商户也不必为管理大量现金而付出管理成本，金融机构在管理上也更高效、可靠。但是，电子支付就像一把双刃剑，在减少某些方面的风险的同时，也引发了另一方面的新的风险。

电子支付加速了资金流动，方便了交易，使支付过程更加简便、快速，同时使大笔资金能快速地在国家间流动。大笔资金快速流入流出某个国家，极易造成该国汇率的大幅波动，带来汇率风险和货币风险。而币值的不稳定会造成国家信誉风险，引起社会动荡，例如东南亚金融危机就是从本币贬值开始的。东南亚金融危机是指 1997 年 7 月到次年 2 月发生在东南亚各经济体的金融危机，这次金融危机还影响到了美国、俄罗斯、日本、中国香港以及其他国家和地区，波及股市、汇市。引发这次危机的主要原因包括国际金融市场上游资的冲击；亚洲一些国家的外汇政策不当；这些国家的外债结构不合理；“出口替代”型、透支性的经济高增长和不良资产的膨胀；经济全球化带来的不合理的国际分工、贸易和货币体制的不合理；等等。另外，大量资金突然进出一国（地区）还会造成该国（地区）货币供给的不稳定，造成利率的大幅振荡，使金融市场产生动荡，从而对宏观经济造成影响，而利率的剧烈波动会严重影响货币政策的实施。

一、信用风险防范

信用风险指支付过程中因一方无法履行偿债义务所引发的风险。如果有一方无法履行偿债义务，那么其所引发的损失要由参与支付的其他各方承担。一般信用风险的发生源于支付过程中的一方陷入清偿危机，资不抵债。实时全额支付系统的信用风险较小，而净额支付系统的信用风险较大，因为一般净额结算是在某个交易时段结束后进行的，所以要等结算时才会发现某一方因过度透支而无法偿还。

在贷记支付中，商业银行向用户提供支付服务，这意味着银行在用户账户资金不足时为用户提供信贷便利，银行面临用户无法归还信贷的风险。同样，用户也面临银行倒闭的风险。

在借记支付中，对资金的发送行与资金的接收行而言，资金的接收行向资金的发送行提供信贷面临着风险。对资金的接收行与资金的接收者而言，在银行贷记用户账户后，用户就可以对该笔资金进行处置。如果银行在同业清算中无法从资金发送行那里得到相应的资金，那么该行也面临无法将资金从其用户那里索回的风险。

信用风险产生的主要原因是：交易双方经济合同的达成或商品和劳务的转移与资金的转移不是同时进行的。在支付指令发出至资金转移实际发生这一时间间隔内，一方可能因种种原因陷入清偿危机，导致在资金交割时无法履约。支付指令的传送与资金实际交割的间隔越长，潜在的信用风险也就越大。电子资金转移系统的存在使支付指令的发送与实际资金的交割在当天便可以完成，大大减少了支付过程中存在的信用风险。在外汇交易中，交易双方往往处于不同时区，由于支付系统工作时间的限制，外汇交易的潜在信用风险就特别显著，典型的实例就是联邦德国赫斯塔特银行倒闭事件。1974 年，赫斯塔特银行与美国的一些银行进行了美元与联邦德国马克的交易，赫斯塔特银行买入联邦德国马克并卖出美元。由于国际美元交易要完成资金转移必须通过该货币发行国的国内支付系统，而联邦德国时间比美国东部时间早 10 个小时（一个营业日），因此美国的银行比赫斯塔特银行提前一个营业日交割美元。当美国的银行交割资金后，赫斯塔特银行宣布倒闭。第二天早上一开市，传来赫斯塔特银行倒闭的消息，美国的银行陷入无保障债权人地位，蒙受损失。这就是著名的赫斯塔特风险，是支付系统特别要防范的风险之一。

电子资金转移的实现使实时支付变成现实，最大限度地减少了信用风险。不同的支付系统都会采取一些措施以防范信用风险。

二、流动性风险防范

流动性风险是在支付过程中一方无法如期履行合同的风险。流动性风险与信用风险的区别在于违约方不一定会发生清偿力危机，而仅仅是无法在合同规定的时间内如数履行债务。如果给予足够的时间，该方可以通过变卖资产筹措相应资金满足清算要求。但是流动性风险与信用风险间又具有内在联系。银行如果发生流动性危机，往往不得不廉价出售资产，从而遭受损失，而这有可能就是它倒闭的原因。而且，如果一家银行频繁出现流动性危机，那么往往会引起其他银行对其信誉的怀疑，导致其他银行严格限制对该行的信贷。同时，为了防止信用风险，其他银行也会尽快从该行撤出资金，从而进一步加剧流动性风险。因此，流动性风险往往是信用风险的预兆。

流动性风险往往是威胁金融机构生存的最主要和最直接的风险。因此，各金融机构都将保持流动性放在首位，把在保持流动性的前提下追求最大盈利作为经营原则。

三、操作风险防范

操作风险是指由系统本身的原因造成的风险，如技术问题（如计算机失灵、管理以及控制系统缺陷等）引致的风险。系统的偶然失误会引起交易市场的混乱甚至金融市场的波动，如系统突然中断造成交易无法实现，或数据丢失造成风险等。例如，著名的赫斯塔特风险就是收盘时差造成的结算风险。

最重大的操作风险在于内部控制及治理机制的失效。这种失效状态可能会因为失误、欺诈、未能及时做出反应而导致银行财务损失，或使银行在其他方面的利益受到损害，如银行交易员、信贷员、其他工作人员越权从事职业道德不允许的业务或风险过高的业务。操作风险的其他来源包括信息技术系统失效或其他灾难事件等，如火灾、银行遭劫、通信线路故障、计算机失灵、高级管理人员遭遇不测、银行日常工作差错、黑客入侵和电子货币的伪造等。伴随现代化支付系统和电子金融的发展，操作风险越来越受到国际金融机构和业界的重视。

欺诈风险是支付系统操作风险中最常见的一类风险，指犯罪分子通过欺诈行为给金融机构造成的损失。由金融机构参与欺诈造成的风险会危及整个系统。通常的欺诈行为有：内部人员欺诈；内外勾结的欺诈行为；通过偷取设备和数据来造假；传输过程中发出非法指令；窃取数据信息，然后通过修改或删除信息来进行欺诈，如利用窃取的密码进行欺诈活动。欺诈风险对一国支付系统的稳定和信誉会造成严重威胁，如何有效防止金融犯罪是必须考虑的重要问题。为防范欺诈风险，CHIPS使用美国标准局的金融机构信息真伪标准系统，该系统可对支付系统支付指令的发出者和接收者在支付指令传送过程中有无篡改行为进行辨别与监测。

四、法律风险防范

法律风险指由于缺乏法律支持、法律不完善或有缺陷而引发的风险，例如，由于支付各方的权利和义务不确定而引致的支付系统功能无法正常发挥的风险。

在支付系统的运行中，无论是支付系统的各个参与方还是支付服务的提供者，都希望将支付过程中产生的风险或损失转移到另一方，因此支付系统的良好运行必定需要法律的保障。支付法律应当规定支付系统交易各方的权利与义务，各种支付工具应当满足的基本条件，通信系统、清算安排的各种责任，风险的控制及损失的分担等。

五、系统风险防范

支付系统的系统风险包括三大类。一类为系统性风险，如自然灾害、恐怖袭击、战争等不可抗力引发的系统中断等，如“9·11”事件引发的支付系统的暂时中断。另一类为一家或几家机构出现信用风险或流动性风险后造成的多米诺骨牌效应，这是中央银行最关心的一类系统风险。还有一类为支付系统设计以及硬件或软件故障带来的风险，如系统断电引起的支付系统中断。

系统风险会通过以下方式表现出来。假如某家机构在结算中面临一定的困难，一旦金融市场中的其他机构感觉到这种困难，它们就会采取行动，保护自己的头寸。由于其他机构认为这家机构的信用存在一定问题，所以它们就有可能转走在这家机构的存款，并拒绝代表它向外支付资金。为增加流动性，这家机构可能就会被迫以低价出卖其资产，而这最终有可能导致其破产。而该机构的破产有可能导致其信用风险和流动性风险的蔓延，造成其他与之相关联的机构的流动性风险，从而引发整个系统的风险，造成整个金融系统的不稳定。

系统风险可以通过支付系统的运作规则和相关法律加以防范，中央银行的有效监管也是防范系统风险的有效举措。

电子支付以及网络业务虚拟化的特点使银行风险扩散的速度更快、影响更大，因此银行监管也面临更多挑战，监管理念、监管手段等都需要改进。

第二节 电子支付发展的法律基础

对于电子商务而言，安全高效的支付方式是保证电子商务成功的关键。而对于交易各方而言，这些转账是否安全等都涉及法律问题。

一、电子支付法相关的基本概念

(一) 电子支付法

目前金融法学界和电子商务法学界认为，电子支付有广义和狭义之分。广义的电子支付指支付系统中包括的所有以电子方式，或者称为无纸化方式进行的资金的划拨与结算。狭义的电子支付也称为网上支付，是指在电子商务的应用和推广中，为顺利完成整个交易过程所建立的一套通用的电子交易支付方法和机制。正是基于不同的理解和各国电子化进程的不同，各国在电子支付领域的法律侧重和体系也有所不同。

电子支付法是调整中央银行、商业银行和其他经济主体以电子方式进行债权债务的清算和资金转账结算过程中发生的各种社会关系的法律规范的总称。

电子支付法的特征表现在以下几个方面：一是程序性。支付系统法作为支付形式法，是实体法中的程序性规范，主要解决支付的形式问题，一般不直接涉及支付的具体内容。二是技术性。在支付系统法中，许多法律规范都是直接或间接地由技术规范演变而成的。例如在网络支付中，一些国家会将公开密钥体系生成的数字签名转化为安全的电子签名。这样就将有关公开密钥的技术规范转化成了法律要求，对当事人之间的支付形式与权利的形式和义务的履行将会产生极其重要的影响。三是复杂性。复杂性源于电子支付技术手段的复杂性与对高新技术特别是计算机网络技术的高度依赖性。通常来说，当事人只有在第三方的协助下才能完成支付活动。

电子支付法除了包括电子资金转移法、电子清算和结算法外，还包括电子签名法、电子商务法、电子证据法、电子合同法、消费者权益保护法、隐私权保护法、反洗钱法等法律中的相关内容。

现有的电子支付系统根据服务对象的不同和支付金额的大小可分为大额电子支付系统（又称批发电子资金支付系统）和小额电子支付系统（又称零售电子资金支付系统）。对于大额电子支付法，可以借鉴联合国《国际贷记划拨示范法》（UNCITRAL Model Law on

International Credit Transfers）和美国《统一商法典》[①]（Uniform Commercial Code）第4A编；对于小额电子支付法，可参照美国1978年《电子资金转移法》和美联储颁布的E条例、D条例、Z条例等。

（二）电子支付法与电子商务法的关系

不论电子支付是在B2B还是B2C的模式下进行，它都是一种商务活动，只是这种商务活动的内容是关于资金支付的，不同于交付商品或服务的经济活动，因此与一般商务活动相比有其特殊性。但同时，在活动的实现方式上，不同场景下的电子支付都采用了先进的电子方式，因此在技术标准、安全性方面又具有共性，如电子支付中的书面形式、原件、签名、签名加签章等都是电子商务发展中面临的共同问题，这些问题在电子商务立法中可以得到解决。另外，在私法法律关系上，交易双方的法律关系共同适用相同的民事法律，如合同法等的规定。因此，可以认为，电子支付属于电子商务法所要解决的问题，而不是电子商务立法所要解决的问题。

目前，各国对电子商务的立法模式有两种：一种是统一立法，即覆盖电子商务领域的基本法律问题，消除电子商务的法律障碍，兼顾电子商务涉及的消费者保护、个人数据和隐私的保护等。对于这种立法模式，电子支付领域被涵盖在电子商务法中。另一种是单独立法，即电子商务法只解决电子商务的基本法律问题，其他如电子合同、电子签名、电子认证、电子支付、电子商务消费者保护等则逐一立法。单独立法模式较好地符合了电子支付与电子商务之间既有共同点又有不同点的关系。目前，各国电子商务法均没有直接对电子支付问题做出规定，这是因为电子支付无论是作为债权债务产生、消失的一种法律行为，还是作为金融服务的一种新形式，其实体法律关系都会受到有关票据法、银行法以及合同法等法律的调整。

就目前的立法进程来看，我国更倾向于选择后一种立法模式。2013年12月27日，全国人大财经委召开电子商务法起草组成立暨第一次全体会议，首次划定中国电子商务立法的“时间表”。2018年8月31日中华人民共和国第十三届全国人民代表大会常务委员会第五次会议通过并公布了《中华人民共和国电子商务法》，该法自2019年1月1日起实施。目前，我国已有的相关法律法规主要有全国人民代表大会常务委员会发布的《电子签名法》《关于加强网络信息保护的决定》，国务院办公厅发布的《关于加快电子商务发展的若干意见》，国家工商行政管理总局发布的《网络商品交易及有关服务行为管理暂行办法》。

世界其他国家也多选择后一种立法模式，如美国的《统一电子交易法》和《全球及国家商务电子签名法》等。

二、电子支付法的基本内容

支付系统法律的制定可适当参照发达国家的先例，至少应包括以下内容：一是总则，包括参与支付的各方当事人、资金划拨、支付命令、履行、结算等；二是权利与义务；三是责任承担。

在一国经济中，一般大额支付占据了贸易支付总额的80%以上。在美国，每天有大约

① 《统一商法典》是美国管理资金转账的主要法律依据。

2万亿美元通过联邦电子划拨系统和清算所银行同业支付系统实现流动。由于每天有很多笔转账，而且每笔转账金额又比较大，因此支付系统的安全和合理的法律制度安排十分重要。关于大额支付系统的法律要规定资金转账的过程、事故发生时的权责确认和处理方法，以及系统风险的有效控制等。

对于大额支付，美国主要参照《统一商法典》第4A编。按照《统一商法典》，关于大额电子支付系统的法律应至少规定以下五点：

(1) 范围，即要规定法律的适用范围是什么，区分法律包含与未包含的交易方和支付命令。

(2) 触发事件，即要规定某一交易方对资金转账的权利和义务在何时变得明确。

(3) 收款方最终性规则，即要规定对某一账户的贷记命令是不可撤销的。

(4) 退款保证（适用于资金转账未能完成的情况）和解除规则（适用于转账完成的情况）。

(5) 反欺诈规定（用于分摊因欺诈性支付命令而产生的责任）。

根据对国外涉及小额电子支付的相关法律的调研，关于小额电子支付的法律应包含以下几点基本内容：

(1) 明确电子支付系统的各参与方及各主体间的法律关系，加强对电子支付中消费者合法权益的保护。许多国家如意大利、瑞典等无专门的法律规范调整涉及小额电子支付的法律关系。这些国家往往使用侵权法和合同法来调整小额电子资金划拨中各当事人的法律关系。其实，即便在美国等以专门的法律法规调整小额电子支付的法律关系的国家，也并没有因为有专门的法律法规调整而形成新型法律关系，就其本质而言，小额电子资金划拨各当事方的法律关系是合同关系。

一般而言，小额电子资金划拨是通过一组合同来调整所涉及各方当事人之间的法律关系，共同完成一项消费的支付与结算。在小额电子支付合同中，持卡人与发卡人之间的合同一般是标准合同，消费者仅有同意或不同意的权利，而无决定合同条款的自由。发卡行在与持卡人的合同关系中往往占有强势地位。小额电子支付的实践证明，将小额电子支付各当事人的法律关系完全交由合同调整，难以令消费者满意，消费者处于弱势地位，其权益往往难以得到有效保护。

因此，美国、英国等银行业比较发达的国家以立法或银行业惯例的形式对小额电子资金支付中持卡人和发卡人的权利义务关系进行了明确规定，以强化对消费者的保护。例如，美国制定了专门的《电子资金转移法》来规范小额电子支付中各参与主体之间的权利义务关系，以保护消费者的合法权益。

(2) 协调技术标准，防范系统技术风险。电子支付顺利进行需要政府、行业组织进行广泛合作，在硬件和软件供应商的技术支持下，协调统一网络银行的技术标准，确保软件、硬件、客户应用技术及系统和网络通信协议的兼容。

另外，在使用密码技术作为电子支付安全措施的情况下，密码技术的应用涉及两方面的问题：数字签名的法律效力和认证中心的管理。如果将电子支付看作合同，那么数字签名是否意味着电子合同的订立？如果数字签名是传输电子货币过程中的一个安全程序，那么它是不是法定的安全程序？这是电子货币所引发的新的法律问题。

电子货币的发行人通常也发行私有密钥和公开密钥，从事密钥的管理，有的还承担认证中心的作用。如何使密钥管理适用于电子货币的发行人也是重要的法律问题。同时，密钥的管理体制对防止电子货币犯罪（洗钱、逃税等）至关重要。

（3）对商业银行网络服务行为进行监管，防范电子支付系统的风险。电子支付可能存在的风险有信用风险、流动性风险、系统风险、欺诈风险、法律风险和操作风险等。ATM 和 POS 所具有的存取款和转账功能改变了传统的银行及其分支机构的概念，使原来只有在银行或其分支机构才能完成的银行功能，如今通过电子资金转账系统就可以完成，因此有关调整银行或金融机构的行为及其关系也应在电子支付法中得到体现。

目前，调整卡类支付工具的法律还处在发展阶段，但美国在这方面比较成熟。比如，美国将信用卡和提款卡（ATM 卡）分开调整，通过《真实信贷法》（Truth in Lending Act）和相应的 Z 条例调整与信用卡有关的交易，通过《电子资金转移法》和相应的 E 条例调整提款卡以及其他类似的与借记卡类支付工具有关的交易。

（4）对电子货币的发行、运行进行监管。电子支付使货币从有形流动转变为无形的信用信息在网上流动，成为数字货币。谁有权发行数字货币、怎样发行，必须由法律予以明确。欧盟支付系统工作小组一直致力于对电子货币的研究，并从 1994 年起陆续出台了一系列报告，虽然这些报告没有法律上的约束力，但其对电子支付领域法律问题的前沿研究值得各国参考和借鉴。

三、电子商务法律法规概述

（一）电子商务涉及的一般法律问题

1997 年 10 月 1—3 日，在国际标准化组织（International Organization for Standardization，ISO）和得州理工大学（Texas Tech University，TTU）的倡导和支持下，欧洲经济委员会在比利时首都布鲁塞尔举办了全球信息社会标准大会。大会的主题为“面向 21 世纪构筑全球信息社会，创造新的应用和商务机会，发展有序的标准和法规”。正是在这样一个全球信息社会标准大会上，关于电子商务的一个比较严密完整的定义被明确提出：“电子商务是各参与方之间以电子方式而不是以物理交换或直接物理接触方式完成任何形式的业务交易。”这里的电子方式包括电子数据交换（EDI）、电子支付手段、电子订货系统、电子邮件、传真、网络、电子公告系统条码、图像处理、智能卡等。

电子商务交易安全的法律保护问题涉及两个基本方面：第一，电子商务交易首先是一种商品交易，其安全问题应当通过民商法加以保护；第二，电子商务交易是通过计算机及其网络实现的，其安全与否取决于计算机及其网络自身的安全程度。合同反映了双方或多方意思表示一致的法律行为。

在民商法方面，电子商务主要是通过合同法进行调整。在电子商务中，合同的意义和作用没有发生改变，但其形式却发生了极大的变化：（1）订立合同的双方或多方大多互不见面。所有的买方和卖方都在虚拟市场上运作，其信用依靠密码的辨认或认证机构的认证。（2）传统合同的口头形式在贸易上常常表现为店堂交易，商户所开具的发票被作为合同的依据。而在电子商务中标的额较小、关系简单的交易没有具体的合同形式，表现为直接通过网络订购、付款，例如利用网络直接购买软件。但这种形式没有发票，电子发票目前在很多国家还不被承认。(3) 表示合同生效的传统签字盖章方式被电子签名也就是数字签名代替。(4) 传统合同的生效地点一般为合同成立的地点，而采用数据电文形式订立的合同，收件人的主营业地为合同成立的地点；没有主营业地的，其经常居住地为合同成立的地点。

电子商务作为一种新的贸易形式，不可避免地会与现存的合同法发生矛盾。电子商务通常不是以原始纸张作为记录的凭证，而是将信息或数据记录在计算机中，或记录在磁盘和软盘等中介载体中，因此具有以下特点：(1) 电子数据的易消失性。(2) 电子数据作为证据的局限性。电子数据不仅可能会受到物理灾难的威胁，还有可能会受到计算机病毒等计算机特有的无形灾难的攻击。(3) 电子数据的易改动性。

在这种情况下，对交易过程的保护就显得尤为重要。可以认为，有关电子商务的民商法规定，是一个把电子商务纳入现行法律体系并赋予其法律效力的问题；有关交易安全的规定，是基于电子商务的特性而给予的特殊法律保障。

为了促进电子商务立法的发展和统一，1997 年 4 月，欧盟提出了《欧盟电子商务行动方案》；同年 12 月，欧盟又与美国共同发表了有关电子商务的联合宣言，还积极参与了联合国的相关示范性立法。欧盟为保证法律的顺利实施和协调成员国之间的关系，确立了设立地国管辖、欧盟法优先、政策透明三项原则。其中，政策透明原则要求成员国将其有关网络服务立法的情况及时通报给欧盟委员会审议，以达到预防和避免成员国在电子商务内部市场规范化方面各行其是，造成新的法律障碍的目的。根据欧洲法院 1996 年做出的 C-194/94 判例，不履行通报程序的成员国法律不得付诸实施。1997 年 4 月欧盟委员会提出《欧洲电子商务行动方案》之后，欧盟各国又于同年 7 月召开了有关全球信息网络的部长级会议，并通过了支持电子商务发展的部长宣言。在其通过的自主性法规中，也有很多涉及电子商务，大致可分为以下三个方面：

1. 合同法方面

1998 年 6 月 16 日，关于电子签名的一般性指令出台，目标是赋予电子签名与在实体物质上的手写签名同样的效力并且修改现行的认证服务的原则。

1998 年 11 月 18 日，关于电子商务国内市场的法律规范的指令（提案）出台。该提案涉及的内容有：支付的建立；一般信息的提供；商业交流；以电子方式订立的合同；中间技术提供者的责任；管理规则；争端解决规则。

1999 年 12 月 13 日，欧洲议会及欧盟理事会 1999 年第 93/CE 号指令涉及电子商务多方面的问题，包括：市场准入；电子签名的法律效力；数据的保护；等等。

2. 消费者安全方面

1997 年 5 月 20 日，关于在远程合同中保护消费者的指令出台；1998 年 11 月 3 日，关于信息企业的理事会决议指出向消费者提供信任的必要性。这种信任建立在技术发展的基础上，其发展使电子信息的保护和传统的交易得到同样的保障。

3. 支付制度方面

1997 年 7 月 30 日，欧盟委员会出台了关于电子支付方式的建议，该建议特别集中于出票人和持票人之间的关系，确定了这种关系中合同形式、责任、法律援助、客户信息等方面的最低要求。

1998 年 7 月 29 日，关于发行电子货币的机构活动的两个指令出台。这两个指令旨在为电子货币发行机构建立规范性法律框架。这些指令把电子货币定义为储存在一张带有芯片的卡上（预付卡或储值卡）或者储存在计算机上的一定的金额，而这种货币能作为支付手段被持有者以外的其他企业接受。另外，这些规划实际上肯定了在成员国范围内对签名的证据力方面的改革。

（二）电子签名

签名是合同生效的标志，它能够证明签名者的身份和意愿。在电子商务中，传统签名为电子签名所取代。签名具有两个基本的法律功能：（1）签字者的身份证明；（2）签字者的意愿证明（愿意接受合同条款的约束）。

借用欧盟指令的定义，电子签名也就是数字签名，指的是："一种数字形式的完整签名，在逻辑关系上与一定的资料相连，以表明签字者接受该资料。它还必须满足以下条件：（1）只能和唯一的签名者联结；（2）使人能够识别签名者；（3）以一种能使签名者排他地控制该签名的方式被创造出来；（4）和资料紧密相连，以至于任何外来的改动都能被发现。"

这里对电子签名的定义实际上是技术安全意义上的，而不是法律效力上的。在开放的互联网资料传输中，电子签名被用来验证资料的来源（认证）以及证明资料没有经过改动（完整性）。电子签名是电子商务中的一个关键因素，它的应用涉及电子商务的方方面面，包括电子合同的达成、签名的证据力、支付以及电子银行的运作等。无论从技术安全还是法律安全的角度看，电子签名都具有无可争辩的重要性。

欧盟在电子商务法律问题上进行了不断的探索，颁布了许多指令，涉及电子商务的方方面面，如电子签名、电子合同、电子货币等。在所有这些立法中，有关电子签名的部分具有特殊的重要性。1999 年 12 月 13 日，欧盟通过了一个有关电子签名的最终指令——欧盟 1999 年第 93/CE 号指令。该指令是欧盟系列指令的发展结果。该指令的目的是方便电子签名的使用并使其法律效力得到承认，包括说明、15 条正文以及 4 个附件。它确定了赋予电子签名效力的原则；给电子签名及相关概念下了定义；确定了成员国国内及国际电子签名认证服务的市场准入；规定了对电子签名数据的保护、电子签名数据的生效与修改；在指令附件中对电子签名认证提供商、电子签名的产生装置、电子签名的安全核对提出了技术上和法律上的具体要求。

在我国，关于电子签名的法律有 2004 年 8 月 28 日第十届全国人民代表大会常务委员会第十一次会议通过的《中华人民共和国电子签名法》（简称《电子签名法》），该法 2015 年进行了第一次修正，2019 年进行了第二次修正。

2007 年，"《电子签名法》第一案"有了结果，原告以短信作证赢了官司。2004 年 1 月，杨先生结识了女孩韩某。同年，韩某通过短信先后两次向杨先生借款共 11 000 元。此后，杨先生要求韩某还钱。经过几次催要未果后，杨先生起诉至法院。在提起诉讼后，杨先生向法院提交了存有韩某借钱短信的手机。韩某的代理人表示，短信不能作为证据。而杨先生的律师表示，根据《电子签名法》，手机短信属于法律对"数据电文"的定义，也符合"有形表现所载内容""可以随时调取查用"的认定规则，并要求法院确认短信证据的效力。法院经审理认为，依据《电子签名法》中的规定，经该院对杨先生提供的移动电话短信生成、储存、传递数据电文方法的可靠性，保持内容完整性方法的可靠性，用以鉴别发件人方法的可靠性进行审查，可以认定该移动电话短信内容作为证据的真实性。根据证据规则的相关规定，录音录像及数据电文可以作为证据使用，但数据电文要可以直接作为认定事实的证据，还应有其他书面证据相佐证。

此案是我国《电子签名法》实施后，法院依据《电子签名法》进行判决的第一起案例。这意味着我国《电子签名法》真正开始走入司法程序，数据电文、电子签名、电子认证的法律效力得到了根本的保障。

四、美国电子支付法案例分析

(一) 大额电子支付法

美国现在处理大额支付方面问题的主要法律依据是《统一商法典》第4A编。《统一商法典》第4A编并非美国第一部管辖电子资金传输的法律，在该法律实施之前，不同的电子资金转账系统由不同的法律规则管辖。这种状况导致了以下问题：(1) 不同的电子资金支付系统采用不同的规则，会使交易双方由于对规则的了解比较模糊而产生错误，因为通常交易双方可能不知道不同系统规则间的差异；(2) 当时支付系统的规则主要规定了资金传输中银行的权利和义务，而没有规定客户的权利和义务，不利于客户管理与消费者保护；(3) 当时的规则对有些重大问题没有做出规定，如未经授权与欺诈交易电子资金传输的风险负担问题。这些问题的存在使得出现冲突时支付系统的有效运行受到阻碍。

1978年，美国联邦议会通过了《电子资金转移法》(该法以保护消费者为宗旨，以信息披露为核心)，并于同年开始起草《统一新支付法典》。《统一新支付法典》经过了多次修改。1985年，美国停止该草案的起草工作，不久后开始起草《统一商法典》第4A编。

《统一商法典》第4A编主要适用于资金传输[①]，其中资金传输与支付命令两个概念至关重要。《统一商法典》第4A编将资金传输定义为：以向始于发送方的支付指令的受益人进行支付为目的的一系列交易。支付指令则指发送方对接收银行的一项指令。这项指令以口头形式、电子形式或书面形式传送，是支付或使另一家银行支付固定的或可确定的货币金额给受益人的指令，并且必须发送给银行。支付指令除了支付时间外，不得附加其他条件，即所谓无条件支付。

(二) 小额电子支付法

美国小额电子支付系统所依据的主要法律是1978年颁布的《电子资金转移法》。在美国，小额支付的管理既包括联邦层面的管制，也包括地方州法的管制。管制此类电子支付的法规有：联邦《电子资金转移法》及美联储颁布的E条例；各州关于电子资金划拨的法律；《真实信贷法》；美联储颁布的Z条例；美联储颁布的D条例；联邦及各州关于设立分支机构的法律。其他一些联邦法与州法也会对小额电子支付划拨服务的不同方面产生重要影响，例如，联邦及各州的隐私规则对获取电子资金转账系统中有关客户信息的限制；电信条例对电信服务的费用和质量的影响（这对电子资金划拨网络十分重要）；关于资金获取的法律对无人电子终端存取款的影响；关于残疾人的法律对银行终端的物理特性的影响；关于在ATM上犯罪的法律可能会影响金融机构对在ATM上进行的犯罪活动的责任。

① 刘颖．大额电子支付的法律基础．北京：北京邮电大学出版社，2001.

另外，每一个电子资金转账系统一般都具有通过系统进行划拨的管辖规则，但是一般来说，电子资金划拨规则主要调整参加电子资金支付系统的金融机构间的关系，而不调整这些金融机构与其消费者之间的关系。金融机构与其消费者之间的关系一般由消费者和金融机构之间的协议来管辖，现分述如下：

1.《电子资金转移法》与E条例

针对电子资金转移的模式，美国国会认为这会对使用者产生实质上的利益，因此于1978年完成《电子资金转移法》的订立。该法被用于调整小额电子支付系统，以规范金融机构与使用者的相关权利、义务与责任，于1989年完成修正，全文共计19条。美联储还颁布了解释规则——E条例，就法案内容提出解释说明以利于执行。1996年美国总统签署《债务回收改进法》（Debt Collection Improvement Act）之后，电子资金转移涵盖的范围进一步扩大，解释规则也于1998年完成最后的修订。

(1)《电子资金转移法》的立法宗旨及适用范围。《电子资金转移法》的立法宗旨是为确定电子资金转账系统中各参与方的权利、义务及责任提供基本框架，首要目标是规定个人消费者的权利。《电子资金转移法》的适用条件有两个：一是存在特定的账户；二是通过特定的电子工具贷记账户或借记账户实施资金划拨。

该法和E条例中都对"账户"（account）进行了定义，包括由金融机构直接或间接持有的，主要是为私人、家人或家庭设立的活期存款（支票）账户、储蓄账户或其他消费者资产账户，不包括在一项无限额信贷计划中的偶然的或附属的贷方余额，也就是说，向商业存款账户或信贷账户划入资金或从商业存款账户或信贷账户划出资金被排除在该法的适用范围外。同时，从一个政府账户中划拨政府津贴也不由该法管辖。

另外，即使符合了账户的条件，也只有向该账户划入资金和从该账户划出资金时使用了电子工具这种情况才受该法调整。因此，在同一金融机构开立的消费者账户间的自动划拨和由支票、汇票或类似纸面工具发端的交易都被排除在该法的适用范围之外。

《电子资金转移法》规范的是，除了通过票据，还能够利用卡片或其他存取方式直接由消费者账户进行资金转移的行为。因此，现行借记卡以及未来电子现金的使用都包含在《电子资金转移法》的适用范围内。

(2)《电子资金转移法》与E条例的关系。为了实现《电子资金转移法》的宗旨和目标，该法授权美联储制定有关的条例、信息披露示范条款或规则。根据此项规定，美联储制定了E条例，该条例经过多次修改，现在适用的是1996年4月23日制定的新条例。从内容上看，E条例实际上是《电子资金转移法》的实施细则，是对《电子资金转移法》的具体化。在实践中，人们主要依据E条例和官方注释，而很少参照《电子资金转移法》。

(3)《电子资金转移法》与E条例的内容。《电子资金转移法》与E条例的内容涉及消费者与提供电子资金划拨服务的金融机构间关系的各个方面，包括客户与金融机构间"存取工具"的申请与发放。根据1996年E条例的规定，存取工具是指能被消费者用来发起电子资金划拨的卡、密码或者其他存取消费者账户的工具或它们的任何组合。E条例的官方注释进一步规定了：存取工具包括消费者可以用来向消费者的账户或从消费者的账户发起电子资金划拨的借记卡、个人确认号码、电话划拨和电话汇票支付密码及其他工具；电子资金划拨服务以及消费者与这些服务相关的权利的初始披露和重大情况的继续披露；相关金融机构接受某些特定交易的规定及金融机构向消费者周期性地报告其账户的规定；客户声称账单错误的调查与解决；消费者与发卡人间对未经授权而使用消费者存取工具所造成的损失的责任分担；等等。

(4)《电子资金转移法》、E 条例与州立法的关系。《电子资金转移法》规定，该法不会使各州关于电子资金转移的法律无效、变更或受影响。但是，其相关法律与该法抵触时，抵触范围内的法律规定不在此限。若州法对消费者的保护范围较大，则认为州法的规定无抵触。若美联储认为州法对某一类电子资金转移的规定与该法的规定相似，且有适当条文执行该规定，则应依所颁布的规则，于该州内就该类电子资金转移免除该法的适用。美联储颁布的 E 条例、D 条例、Z 条例也对电子资金转移进行了补充规定。

2.《真实信贷法》与 Z 条例

《真实信贷法》是《消费者信贷保护法》的第一编，该法授权美联储制定相关条例来实施这些法律，这一条例即 Z 条例。Z 条例是对该法的补充和实施。《真实借贷法》与 Z 条例主要涉及信用卡的责任、信用卡账单的有效保护和解决账单争议的程序三个方面的内容。

(1) 信用卡的责任。一般认为，如果卡是经过消费者授权而使用的，则消费者应该承担卡划拨所产生的法律后果，但是如果该卡的使用是未经授权的，则 Z 条例将持卡人的责任限制在 50 美元以内。如果持卡人通知发卡人时未授权划拨造成的损失少于 50 美元，那么持卡人的责任以承担该损失为限；如果发卡人未能告知持卡人的权利，信用卡不能识别使用者，或者发卡人没有向持卡人提供将其损失通知发卡人的方法，则持卡人对未经授权的划拨所造成的损失不承担任何责任。

(2) 信用卡账单的有效保护。Z 条例中关于持卡人所享有的向发卡人的请求权或抗辩权的主要内容是：当信用卡承付人对消费信贷交易中用信用卡购买商品或服务而产生的纠纷的解决不满意时，持卡人可向发卡人主张各种赔偿，也可对发卡人就该消费信贷交易和未能解决该纠纷而提出的理由进行抗辩，持卡人有权拒绝支付与未付信用金额相当的款项，该款项包括产生纠纷的商品或服务和因该款项产生的所有赔偿金额及其他费用。根据上述规定，如果持卡人扣留了该消费信贷交易争议的未付信用金额，那么在争议解决之前或判决做出之前，发卡人不得报告该金额是违法的。

(3) 解决账单争议的程序。根据 Z 条例第 13 条的规定，当持卡人向发卡人申诉账单错误时，发卡人必须在 30 天内确认该申诉，对问题进行善意的调查，并在申诉之日起 90 天内解决有关纠纷。该法规定，如果发卡人未能根据该条款尊重消费者的权利，那么该发卡人将由于该争议金额而被罚 50 美元，并承担一些额外的责任，包括代理费用等。即使消费者是错误的而发卡人是正确的，也必须支付该项罚款。

在美国《电子资金转移法》颁布之前，Z 条例是否适用于电子资金划拨并不明确。《电子资金转移法》颁布后，美国才有了专门调整小额电子资金划拨的法律。

3. D 条例

美联储的 D 条例对美国的存款金融机构设置了准备金要求，此种准备金要求是美国货币政策的重要组成部分，可以保证存款金融机构有充足的流动资金以满足消费者对现金的提款需要。因为使用电子资金转账系统向第三方当事人进行支付被认为是为 D 条例目的向第三方当事人支付，所以 D 条例会影响到在美国进行的电子资金划拨，即使用电子资金转账系统向第三方当事人进行支付，如在 POS 上使用借记卡以购买货物或服务等。如果存款金融机构对储蓄账户的电子资金划拨的使用程度超过 D 条例允许的使用程度，可能就会使账户的性质改变为交易账户，而交易账户对资金准备金的要求更高。因此，参加电子资金划拨网络的存款机构应该拒绝消费者通过网络使用储蓄账户，或是实施控制机制以防止消费者不明智地超过允许的金额从事储蓄账户交易。

4. 专门管辖电子资金划拨的州立法

大多数州关于电子资金划拨的法律与联邦《电子资金转移法》在很大程度上是重叠的。与《电子资金转移法》一样，各州关于电子资金划拨的法律主要规定的是消费者在电子支付划拨交易中的权利，一般只适用于消费者资产账户而不管辖商事划拨或贷记划拨。这些法律包含存取工具的发放、披露要求及未经授权划拨的责任等内容。许多州在关于电子资金划拨的法律中对消费者提供的保护比联邦《电子资金转移法》更强。

5. 电子签名法——美国联邦法

美国统一州法委员会（National Conference of Commissioners on Uniform State Laws）经讨论后，于 1999 年 7 月颁布了《统一电子交易法》（Uniform Electronic Transaction Act）。该法主要是针对电子交易相关内容进行定义与规范，包括其法律地位与效力、书面要件等。各州可以依循其中的原则来订立各州的法律。2000 年 6 月，美国进一步颁布了《全球及国家电子商务签名法》（Electronic Signatures in Global and National Commerce Act），该法于同年 10 月正式实施，它对电子签名与电子记录的正确性与法律争议做出了更明确的解释与规范。然而，《统一电子交易法》与《全球及国家电子商务签名法》在适用上存在一些差异。

《统一电子交易法》的目的是作为各州订立电子签名法的主要依据，甚至只要州议会通过，便能直接成为州内适用的成文制定法或法则。《全球及国家商务电子签名法》仅能确保技术中立原则，为各州提供对电子交易的法律争议的解释。当各州依据《统一电子交易法》制定州内法后，《全球及国家商务电子签名法》的效力并不能凌驾于《统一电子交易法》之上。

《统一电子交易法》对交易的定义涵盖私法上的商业交易与公法上的交易；《全球及国家商务电子签名法》则将特定的使用情况排除在外，例如法院的文件使用签名。

《全球及国家商务电子签名法》对于排除适用的情况规定了三年的审视期，定期评估法律是否有侵害消费者权益的情况。如果关于电子签名的规定对大众而言已无风险或是会造成不便，则排除适用的情况应可解除。也就是说，《全球及国家商务电子签名法》的弹性较大，《统一电子交易法》则不然。

犹他州是美国第一个为数字签名进行立法的州，州政府于 1995 年公布了《犹他州数字签名法》（Utah Digital Signature Act），其内容主要是以特别的签名技术为导向，希望通过数字签名来保障网络上的交易，但是目前市场上因为消费者习惯与成本的考量，为适用数字签名技术而发展出的交易安全机制并未获得广泛的使用，因此后来其他州的立法主要遵循“技术中立”与“市场导向”两大原则。

由于欧盟与美国的电子签名法采用了不同的规制模式，所以在电子签名的政策导向、电子认证的管制以及第三国认证的效力等方面出现了明显的差异，而这对于增强电子商务的全球性和交互性，消除国际电子商务的统一障碍是不利的。面对这些政策措施的不协调，为推动建立一种安全的、有利于电子商务发展的统一基础设施，欧盟和美国在1997年和2000年的首脑高峰会上达成了一些共识，由此启动了“环大西洋行动”。“环大西洋行动”是欧盟和美国在政府层次上的合作，但在其中起作用的重要角色是私营机构，尤其是全球电子签名认证网络（Idntrus）。全球电子签名认证网络是1999年在美国建立的一个全球性电子签名认证网络。欧盟目前已经正式批准了全球电子签名认证网络，并授予金融机构以独立认证机构的身份参与竞争，从而确立了认证服务的基础。目前，全球已有接近50家银行与全球电子签名认证网络建立了连接。

6.《21世纪支票交换法案》

为提高支票清算效率，美国联邦储备委员会制定了《21世纪支票交换法案》。该法案于2003年10月28日经美国总统签署通过，并于2004年10月28日正式生效。该法属于联邦法，它并不是针对替代支票的特殊法律规定，事实上，替代支票自始至终都受适用的支票法管辖，相关支票法中规定的权利与义务都适用于替代支票。联邦或州的法律或《统一商法典》中若有与《21世纪支票交换法案》不一致的，以《21世纪支票交换法案》为准。《21世纪支票交换法案》的实施对美国金融机构产生了深刻影响。近年来，支票使用量的减少导致单位支票处理成本增加，银行利润降低，并进一步恶化了银行相对于采用更有效的支票处理方式的非银行机构的竞争能力。《21世纪支票交换法案》鼓励银行利用电子技术处理与传递支票，将原始纸质支票转为电子提示支票，在清算过程中避免纸质支票的传递，极大地节约人力物力，加快清算速度、提高清算效率，增强自身的竞争力。

五、欧盟电子支付法案例分析

2007年欧盟委员会发布了《支付服务指令》（Payment Services Directive，PSD），为欧盟支付市场奠定了法律基础。该法令推动了支付服务的进一步发展，但是，随着时间的推移，它存在的不足也逐渐显现，主要包括：新型支付服务未被纳入监管范畴；对有限支付网络的豁免规定在各成员国执行不一，并由此造成监管套利，一定程度上损害了部分地区的消费者权益。

因此，欧盟委员会于2013年7月提交了支付服务法令的修正提案，并提出了以下目标：一是推进欧盟支付市场一体化、标准化，提高效率；二是为传统和新型支付服务机构提供公平竞争的环境；三是提升支付安全；四是保护消费者权益；五是降低支付服务费用。2016年1月13日，《支付服务指令（第二版）》（PSD2）正式生效，欧盟成员国需要在两年时间内将PSD2添加到本国法律法规中。PSD2将新型支付服务纳入监管范围，对有限支付网络监管豁免做出了新的界定，有助于创造公平的竞争环境，进一步保障支付服务用户的权益，丰富支付服务方式选择，降低消费者的支付成本，提升支付安全。

1. 支付服务分类

被PSD2纳入监管范围的支付服务主要有八种：

（1）将现金存入支付账户的服务以及操作支付账户的所有流程。

（2）从支付账户提取现金的服务以及操作支付账户的所有流程。

（3）向用户的支付账户转账，包括：1）直接借记，含一次性借记；2）通过支付卡或类似的支付工具开展的支付交易；3）贷记转账，含定期付款。

（4）基于用户信用额度开展的支付服务，包括：1）直接借记，含一次性借记；2）通过支付卡或类似支付工具开展的支付交易；3）贷记转账，含定期付款。

（5）发行支付工具，或对支付交易开展的收单业务。

（6）转账汇款。

（7）支付指令发起服务。

（8）账户信息查询服务。

其中，前六种服务为传统支付服务，也称为账户处理支付服务；支付指令发起服务和账户信息查询服务为PSD2新增的支付服务，需获取用户账户信息。

2. 支付服务机构分类

PSD2对支付服务机构进行分类，除被豁免的支付服务机构外，其他支付服务机构均需纳入监管范围，主要分为六类。

（1）信贷机构，主要指传统的银行机构。

（2）电子货币机构，指经授权发行电子货币且未获得银行牌照的支付服务机构。

（3）邮局，指根据欧盟成员国法律有资格从事支付服务的邮局。

（4）欧洲央行和各成员国央行，特指不履行监管职能时的央行。

（5）地区性监管机构，特指不作为公共机构履行监管职能时的地区性监管机构。

（6）支付服务机构，指除前五类支付服务机构外的其他支付服务机构。该类机构必须申请“授权支付服务机构”牌照，规模较小的机构可以申请“注册支付服务机构”牌照，但只限于从事境内支付服务，不可从事跨境支付服务。

3. 支付牌照分类

PSD2对支付服务机构的牌照分为三类，包括银行牌照、电子货币机构牌照和支付服务机构牌照，分别对应信贷机构、电子货币机构和支付服务机构。邮局、央行以及地区性监管机构由于其特殊性，无牌照申请要求。

银行牌照可以从事的业务范围是三个牌照中最广泛的，不仅可以吸收存款，还可以发行电子货币，申请的企业以信贷机构为主，也有部分原来的非银行支付服务机构成功申请到银行牌照。

电子货币机构牌照的业务类型为发行多用途预付卡或电子货币。随着互联网的发展，电子货币逐渐衍生应用于互联网支付的虚拟账户。

支付服务机构牌照的主要业务类型为支付服务定义中的第5项、第7项和第8项。此外，支付服务机构还可以从事支付服务定义中的存取款以及汇款业务。

4. 监管豁免范围

PSD2对支付监管的豁免范围重新进行了界定，具体如下：

（1）有限支付网络的支付交易。PSD中，有限支付网络的支付交易可以享受监管豁免，如加油站提供的加油卡、连锁超市提供的购物卡、公共场所的停车卡等。为了防范有限支付网络交易扩大带来的监管套利风险，PSD2对有限支付网络的监管豁免条件做出了相关规定：单一有限支付网络中使用的支付工具不能用于多个有限支付网络，比如超市购物卡不能用于加油站加油。有限支付网络的交易金额达到一定规模，则需由监管机构审核是否需要申请支付机构牌照。

(2) 电信运营商增值服务。在 PSD 中，电信运营商涉及的支付交易可以享受监管豁免。但在 PSD2 中，电信运营商的监管豁免范围有所缩小，仅对两种服务实行监管豁免：一是购买数字内容和语音服务设计的支付交易；二是使用电子设备参与慈善捐款或线上购票设计的支付交易。

(3) 企业内部的支付交易。PSD2 对企业内部的交易情形做出了相关豁免决定，主要包括两种情况：一是支付服务提供机构与其代理方或分支机构之间的支付交易；二是母公司和子公司之间、同一母公司的各子公司之间的支付交易及相关服务，且中间无第三方支付服务提供机构参与交易。

(4) ATM 取现服务。PSD2 维持了 PSD 对 ATM 取现服务实行的监管豁免，前提是 ATM 运营商不提供支付服务定义中包含的其他支付服务。

5. 向第三方支付实施开放政策

PSD2 鼓励用户使用第三方支付服务商（third-party payment service provider，PSP）提供的支付产品进行支付。向第三方支付实施开放政策是本次 PSD2 修订版中最具争议的一点。PSD2 中明确规定，欧洲各大银行将被强制要求对第三方支付服务商开放用户账户信息权限，以及提供全部必要的 API（application program interface，应用程序接口）权限。这意味着，未来欧洲用户仍然可以保留原有的银行账户，而使用第三方支付公司提供的工具去管理日常的消费。

此项更新无疑是保守的欧盟在个人金融这一重要领域迈出的重要一步，它意味着欧洲居民将有机会像中国居民一样随时随地使用支付宝、微信支付等第三方支付完成日常消费，而不必携带银行卡或现金出行。

六、中国电子商务与电子支付相关法规案例分析

2000 年 12 月，全国人大常委会审议通过了《关于维护互联网安全的决定》；2004 年 8 月，通过了《电子签名法》；2012 年 12 月，通过了《关于加强网络信息保护的决定》。

2013 年 12 月 7 日，全国人大常委会在人民大会堂召开了《电子商务法》第一次起草组的会议，正式启动了《电子商务法》的立法进程。12 月 27 日，全国人大财经委在人民大会堂召开《电子商务法》起草组成立暨第一次全体会议，正式启动《电子商务法》立法工作。

2014 年 11 月 24 日，全国人大常委会召开《电子商务法》起草组第二次全体会议，就电子商务重大问题和立法大纲进行研讨。2015 年 1 月至 2016 年 6 月，开展并完成《电子商务法（草案）》起草。2016 年 12 月 19 日，在第十二届全国人大常委会第二十五次会议上，全国人大财经委提请审议《电子商务法（草案）》。2016 年 12 月 27 日至 2017 年 1 月 26 日，在中国人大网向全国公开电子商务立法征求意见。2018 年 6 月 19 日，《电子商务法（草案）》三审稿提请第十三届全国人大常委会第三次会议审议。2018 年 8 月 27 日至 8 月 31 日举行的第十三届全国人大常委会第五次会议对《电子商务法（草案）》进行四审。

2018 年 8 月 31 日，中华人民共和国主席习近平签署中华人民共和国主席令（第七号），《中华人民共和国电子商务法》已由中华人民共和国第十三届全国人民代表大会常务委员会第五次会议于 2018 年 8 月 31 日通过。

《电子商务法》共分七章，有关电子支付条款包含在第三章“电子商务合同的订立与履行”中，其中第五十三条到五十七条分别对电子支付方式选择以及支付服务提供商和支付用户各自在交易中的职责进行了界定，相关条款如下：

第五十三条　电子商务当事人可以约定采用电子支付方式支付价款。

电子支付服务提供者为电子商务提供电子支付服务，应当遵守国家规定，告知用户电子支付服务的功能、使用方法、注意事项、相关风险和收费标准等事项，不得附加不合理交易条件。电子支付服务提供者应当确保电子支付指令的完整性、一致性、可跟踪稽核和不可篡改。

电子支付服务提供者应当向用户免费提供对账服务以及最近三年的交易记录。

第五十四条　电子支付服务提供者提供电子支付服务不符合国家有关支付安全管理要求，造成用户损失的，应当承担赔偿责任。

第五十五条　用户在发出支付指令前，应当核对支付指令所包含的金额、收款人等完整信息。

支付指令发生错误的，电子支付服务提供者应当及时查找原因，并采取相关措施予以纠正。造成用户损失的，电子支付服务提供者应当承担赔偿责任，但能够证明支付错误非自身原因造成的除外。

第五十六条　电子支付服务提供者完成电子支付后，应当及时准确地向用户提供符合约定方式的确认支付的信息。

第五十七条　用户应当妥善保管交易密码、电子签名数据等安全工具。用户发现安全工具遗失、被盗用或者未经授权的支付的，应当及时通知电子支付服务提供者。

未经授权的支付造成的损失，由电子支付服务提供者承担；电子支付服务提供者能够证明未经授权的支付是因用户的过错造成的，不承担责任。

电子支付服务提供者发现支付指令未经授权，或者收到用户支付指令未经授权的通知时，应当立即采取措施防止损失扩大。电子支付服务提供者未及时采取措施导致损失扩大的，对损失扩大部分承担责任。

2021年8月20日，十三届全国人大常委会第三十次会议表决通过了《中华人民共和国个人信息保护法》（以下简称《个人信息保护法》），该法于2021年11月1日起施行，共8章74条。该法在有关法律的基础上进一步细化、完善了个人信息保护应遵循的原则和个人信息处理规则，明确了个人信息处理活动中的权利义务边界，健全了个人信息保护工作体制机制。

《个人信息保护法》借鉴国际经验并立足我国实际，确立了个人信息处理应遵循的原则，强调处理个人信息应当遵循合法、正当、必要和诚信原则，具有明确、合理的目的并与处理目的直接相关，采取对个人权益影响最小的方式，限于实现处理目的的最小范围，公开处理规则，保证信息质量，采取安全保护措施等。

《个人信息保护法》紧紧围绕规范个人信息处理活动、保障个人信息权益，构建了以“告知—同意”为核心的个人信息处理规则。《个人信息保护法》要求，处理个人信息应当在事先充分告知的前提下取得个人同意，个人信息处理的重要事项发生变更的，应当重新向个人告知并取得同意。同时，针对现实生活中社会反映强烈的一揽子授权、强制同意等问题，《个人信息保护法》特别要求，个人信息处理者在处理敏感个人信息、向他人提供或公开个人信息、跨境转移个人信息等环节应取得个人的单独同意，明确个人信息处理者不得过度收集个人信息，不得以个人不同意为由拒绝提供产品或者服务，并赋予个人撤回同意的权利，在个人撤回同意后，个人信息处理者应当停止处理或及时删除其个人信息。

考虑到经济社会生活的复杂性和个人信息处理场景的日益多样性，《个人信息保护法》从维护公共利益和保障社会正常生产生活的角度，对取得个人同意以外可以合法处理个人信息的特定情形也做了规定。此外，《个人信息保护法》还分别对共同处理、委托处理等实践中较为常见的处理情形做出了有针对性的规定。

当前，越来越多的企业利用大数据分析、评估消费者的个人特征，并将结果用于商业营销。有一些企业通过掌握消费者的经济状况、消费习惯、对价格的敏感程度等信息，对消费者在交易价格等方面实行歧视性的差别待遇，误导、欺诈消费者。其中，最典型的就是社会反映较多的“大数据杀熟”。对此，《个人信息保护法》明确规定：个人信息处理者利用个人信息进行自动化决策，应当保证决策的透明度和结果公平、公正，不得对个人在交易价格等交易条件上实行不合理的差别待遇。

《个人信息保护法》将生物识别、宗教信仰、特定身份、医疗健康、金融账户、行踪轨迹等信息列为敏感个人信息，要求只有在具有特定的目的和充分的必要性，并采取严格保护措施的情形下，方可处理敏感个人信息，同时应当事前对影响进行评估，并向个人告知处理的必要性以及对个人权益的影响。为保护未成年人的个人信息权益和身心健康，《个人信息保护法》特别将不满十四周岁未成年人的个人信息确定为敏感个人信息予以严格保护。同时，与《中华人民共和国未成年人保护法》有关规定相衔接，要求处理不满十四周岁未成年人个人信息应当取得未成年人的父母或者其他监护人的同意，并应当对此制定专门的个人信息处理规则。

为履行维护国家安全、惩治犯罪、管理经济社会事务等职责，国家机关需要处理大量个人信息。保护个人信息权益、保障个人信息安全是国家机关应尽的义务和责任。但近年来，一些个人信息泄露事件也反映出有些国家机关存在个人信息保护意识不强、处理流程不规范、安全保护措施不到位等问题。对此，《个人信息保护法》对国家机关处理个人信息的活动做出专门规定，特别强调国家机关处理个人信息的活动适用本法，并且处理个人信息应当依照法律、行政法规规定的权限和程序进行，不得超出履行法定职责所必需的范围和限度。

《个人信息保护法》将个人在个人信息处理活动中的各项权利，包括知悉个人信息处理规则和处理事项、同意和撤回同意，以及个人信息的查询、复制、更正、删除等总结提升为知情权、决定权，明确个人有权限制个人信息的处理。同时，为了适应互联网应用和服务多样化的实际，满足日益增长的跨平台转移个人信息的需求，《个人信息保护法》对个人信息的可携带权做了原则性规定：在符合国家网信部门规定条件的情形下，个人信息处理者应当为个人提供转移其个人信息的途径。此外，《个人信息保护法》还对死者个人信息的保护做了专门规定，明确在尊重死者生前安排的前提下，其近亲属为自身合法、正当利益，可以对死者个人信息行使查阅、复制、更正、删除等权利。

个人信息处理者是个人信息保护的第一责任人。据此，《个人信息保护法》强调，个人信息处理者应当对其个人信息处理活动负责，并采取必要措施保障所处理的个人信息的安全。在此基础上，《个人信息保护法》设专章明确了个人信息处理者的合规管理和保障个人信息安全等义务，要求个人信息处理者按照规定制定内部管理制度和操作规程，采取相应的安全技术措施，指定负责人对其个人信息处理活动进行监督，定期对其个人信息活动进行合规审计，对处理敏感个人信息、利用个人进行自动化决策、对外提供或公开个人信息等高风险处理活动进行事前评估，履行个人信息泄露通知和补救义务等。

互联网平台服务是数字经济区别于传统经济的显著特征。互联网平台为商品和服务交易提供技术支持、交易场所、信息发布和交易撮合等服务。据此，《个人信息保护法》对这些大型互联网平台规定了特别的个人信息保护义务，包括：按照国家规定建立健全个人信息保护合规制度体系，成立主要由外部成员组成的独立机构对个人信息保护情况进行监督；遵循公开、公平、公正的原则，制定平台规则；对严重违法处理个人信息的平台内产品或者服务提供者，停止提供服务；定期发布个人信息保护社会责任报告，接受社会监督。《个人信息保护法》的上述规定是为了提高大型互联网平台经营业务的透明度，完善平台治理，强化外部监督，形成全社会共同参与的个人信息保护机制。

随着经济全球化、数字化的不断推进以及我国对外开放的不断扩大，个人信息的跨境流动日益频繁，但由于地理距离遥远以及不同国家的法律制度、保护水平之间的差异，个人信息跨境流动风险更加难以控制。《个人信息保护法》构建了一套清晰、系统的个人信息跨境流动规则，以满足保障个人信息权益和安全的客观要求，适应国际经贸往来的现实需要。一是明确以向境内自然人提供产品或者服务为目的，或者分析、评估境内自然人的行为等，在我国境外处理境内自然人个人信息的活动适用本法，并要求符合上述情形的境外个人信息处理者在我国境内设立专门机构或者指定代表，负责个人信息保护相关事务；二是明确向境外提供个人信息的途径，包括通过国家网信部门组织的安全评估、经专业机构认证、订立标准合同、按照我国缔结或参加的国际条约和协定等；三是要求个人信息处理者采取必要措施保障境外接收方的处理活动达到该法规定的保护标准；四是对跨境提供个人信息的“告知—同意”做出更严格的要求，切实保障个人的知情权、决定权等权利；五是为维护国家主权、安全和发展利益，对跨境提供个人信息的安全评估、向境外司法或执法机构提供个人信息、限制跨境提供个人信息的措施、对外国歧视性措施的反制等做了规定。

个人信息保护涉及的领域广，相关制度措施的落实有赖于完善的监管执法机制。根据个人信息保护工作实际，《个人信息保护法》明确，国家网信部门和国务院有关部门在各自职责范围内负责个人信息保护和监督管理工作，同时，对个人信息保护和监管职责做出规定，包括开展个人信息保护宣传教育、指导监督个人信息保护工作、接受并处理相关投诉举报、组织对应用程序等进行测评、调查处理违法个人信息活动等。此外，为了加强个人信息保护监管执法的协同配合，《个人信息保护法》还进一步明确了国家网信部门在个人信息保护监管方面的统筹协调作用，并对其统筹协调职责做出了具体规定。

第三节　数字化时代的支付体系监管

银行是现代金融体系的核心和现代支付体系的核心，银行等金融中介的存在一方面有效地解决了信用过程中授信主体之间信息严重不对称的问题，另一方面又形成了存款人与银行、银行与贷款人之间的信息不对称，从而导致了金融市场中的逆向选择与道德风险问题，造成金融市场失灵。有效的金融监管是确保一国金融体系稳定的关键因素，而现代支付领域不断出现的金融创新与信息技术的发展更是对金融监管提出了挑战。

一、金融监管概述

伴随着经济的发展，支付系统与支付工具不断发展变化，不同的支付系统中会存在不同的支付工具。支付系统经历了从实物支付、信用支付到现在的电子支付这一发展阶段，在这个过程中，货币与银行是非常重要的元素。

伴随着金融创新的不断出现，银行监管也在不断变化发展。中央银行垄断货币发行在某种意义上是银行监管的最早表现，此后对银行的各种行政管理不断强化，比如对银行准入的限制。纵观银行监管的理论与实践，现在的金融监管主要是围绕风险管理进行。金融监管经历了从简单到复杂的演变过程，并不断完善，其间各种不同的理论得以发展，法律规章不断出台，金融管制放松与加强不断更迭。银行业的特殊性在于它的高风险，各国银行监管的历史就是与金融风险斗争的历史。

金融风险不同于一般企业的风险，其对社会经济的破坏作用更大。金融风险具有不确定性、普遍性、扩散性、隐蔽性和突发性这几个主要特征。银行监管的主要内容就是对银行面临的各种风险的监控和管理，其核心是通过设定资产负债比例来制约金融机构的资产规模、资产结构和风险敞口，以达到资产的安全性、盈利性、流动性的统一。风险监管的内容主要有资本充足率监管、资产流动性监管与贷款集中度监管三个方面。同时，银行监管的内容还包括合规性监管，而现场检查和非现场检查是银行监管的两种主要方式。

1. 银行监管的重要地位

在金融市场中，银行作为金融中介，能够协调资金供求双方的需求，帮助双方降低交易费用，促进交易的达成，从而扩大总的交易规模，增进社会福利。虽然随着金融业的发展，通过证券市场进行直接融资的做法越来越普遍，但是通过银行进行间接融资仍然是企业获得资金的一种不可缺少的方式。20 世纪 80 年代，金融“脱媒”的观点一度盛行，但是银行作为一国经济中重要的金融中介机构，具有难以替代的作用，因此银行监管成为金融监管的重点。

银行是公共流动资金的主要贮藏之地。要保证金融体系的稳定和效率，就必须确保这些资金的安全，并能随时为交易以及其他目的支取这些资金。

银行充当了中央银行的货币政策的主要传导媒介。将货币政策不受阻滞地传导到金融体系乃至整个经济，需要由一个强健且具有适应能力的银行体系来完成。

银行是一国支付系统的主体。安全、可靠和高效的支付系统是商业经济不可缺少的组成部分。由于现代金融体系和商业体系已经密不可分，因此支付系统一旦崩溃会产生严重后果和广泛影响。

由于银行体系在支付及资源配置方面发挥着重要的作用，所以对银行进行有效监管是保障经济环境稳定的关键之一，监管的责任就是确保银行谨慎经营并保持足够的资本和储备以抵御业务风险。有效的银行监管作为公共产品不能完全由市场提供，它与有效的宏观经济政策结合在一起构成了一个国家金融稳定的关键因素。事实上，在各国金融监管的制度安排中，银行监管都处于核心地位。

2. 银行监管的内容

为了促进银行体系的稳定与健全，维护大众对整个银行制度的信任，各国监管当局都会使用行政及法律手段对银行机构进行监督和管理，要求银行机构按照法规和政策经营。这些监督和管理主要体现为三个方面的内容，即预防性管理、保护性管理和合规性管理。

（1）预防性管理。预防性管理主要是对银行的经营活动确定一个标准，并加以监控，限制银行承担过大的市场风险，特别是避免银行利用国家制定的保护性措施，盲目投资高风险领域。

1）市场准入管理。对银行等金融机构的监管都是从市场准入开始的。金融监管当局根据本国金融管理的标准，对新设立的金融机构在资本金、业务范围、市场竞争等方面提出具有约束性的、规范的管理要求，一般包括：审查银行组织的所有权结构、董事和高级管理层、经营计划和内部控制，以及包括资本金在内的预计财务状况等。外国银行报批时，首先应获得母国监管当局的批准。

几乎所有市场经济国家的金融监管当局都参与金融机构的审批过程，只是参与程度和方式有差别。由于各国的国情不同，各国对银行的经营范围做出了不同规定。原因在于银行不同于一般企业，它主要依靠存款作为业务扩张的基础。而存款者选择银行除了出于投资目的以外，更主要的还是看重银行提供的流动性与安全性。银行出于追求利润最大化的目的，会进行高风险的投资活动，但存款者无力对银行的经营进行监督，因此监管部门有义务对银行违背存款人利益的活动加以约束，限制其业务范围。一些国家把商业银行业务与投资银行业务分开，禁止商业银行认购股票；一些国家则限制银行对房地产业的投资，或限制银行拥有大量企业股权。对银行经营业务范围的规定反映了一国货币信用发展的程度以及该国银行经营运作的特点，与此相对应，产生了分业管理、综合化管理两种不同的金融监管方式。

2）资本充足率监管。资本充足率监管指银行和非银行金融机构在开业时必须具有规定的资本数额，金融机构的资本与总资产之间、资本与风险资产之间或负债之间保持一定的比率。

根据《巴塞尔协议》，商业银行的资本被分为两类：一类为一级资本（即银行的核心资本），由普通股和永久非累积优先股构成；另一类为二级资本（附属资本），由未公开储备、重估储备、普通准备金（为防备亏损而设立）、混合资本工具（如美国的可转换债券）以及长期附属债务构成。为了使资本的计算趋于准确，《巴塞尔协议》规定必须将商誉、对从事银行业务和金融活动的附属机构的投资从总资本中扣除。风险资产按相对信贷风险可划分为五大类，各类的权重分别规定为0、10%、20%、50%和100%。风险较高的资产（如商业贷款）权重为100%，风险较低的资产（如现金和政府债券）权重为零。对资本充足率的规定是核心资本与风险资产（$\sum$风险资产×权重）的比率不能低于4%；总资本（核心资本与附属资本之和）与风险资产的比率不低于8%。这一基本标准已被世界各国普遍接受。

提示：银行资本充足并不意味着银行没有破产的危险。银行的管理质量、资产的流动性、历史收益等诸多因素都会影响银行的偿付能力，所以资本充足率只是衡量银行状况的因素之一。

3）资产流动性监管。为了保护存款人的利益，使金融机构在债权人提出要求时能够及时足额清偿债务，保持自身的社会信誉，中央银行要求各金融机构资产与负债结构在时间上对应，以保证拥有应付挤提存款的能力。

商业银行流动性供给与需求的对比状况反映了银行流动性风险的程度。银行的流动性需求是客户向银行提出的必须立即兑现的资金需求。流动性衡量的是银行无须被迫出售资产而能满足客户提取存款和向客户发放信贷的需求的能力。由于银行资产与负债在期限上不对称，银行必须能够及时满足这种需求，否则流动性危机立即就会转化为清偿危机。

许多国家制定了资产流动性测定的文件，规定银行应当遵守的流动性原则。流动性监管指标主要有：存贷比率（贷款期末余额/存款期末余额）、流动资产比率（流动资产/资产总额、流动资产余额/流动负债余额）、不良贷款率（不良贷款/全部贷款余额）、贷款占总资产的比率。

提示：尽管流动性比率简便易用，但它只能对流动性的某一方面进行静态的概括，而很难体现银行在经营特点、存款稳定性以及资产负债结构方面的差异。这使得确定最低流动性的比值很困难，强制银行保持比实际需求高的流动性，会造成银行有过多的资产处于冻结状态，影响其盈利能力。因此，有的国家采用更复杂的方法，如英格兰银行采用流动性缺口作为主要衡量指标。缺口是指银行在一定时期内资产与负债的差额。流动性缺口按“极限阶梯法”测算，即一系列连续的时间段中累积起来的不能搭配的净头寸。将一年到期的资产与负债按 5 个时间段，即 8 天以内、8 天至 1 个月、1～3 个月、3～6 个月、6～12 个月进行划分，再用存款额加承诺额减去按照可市场化程度加权计算的资产价值，就可以计算出每个时间段的净头寸，再将这一净头寸与前一时期的净头寸累加，就可以计算出总流动性缺口，从而动态、全面地考察银行的流动性状况。

4）贷款集中度监管。贷款集中度监管要求金融机构对单个客户的贷款不能超过自有资本的一定比率，以避免风险集中，也就是“不要把鸡蛋放在同一个篮子里”。

商业银行为追求利润最大化，会将吸收的资金尽可能多地集中投资于盈利高的领域，但是获利越高，承担的风险相对也越大，因此，与其他投资领域一样，银行资产管理应当遵循的重要原则是实现资产多样化，以分散风险，更好地保持清偿能力。1984 年约翰森·马赛银行（JMB）发生的危机的原因就在于未能将资产分散，对单个借款人的放贷相当于其全部资本的数额。因此，大多数国家的监管当局都力图限制贷款集中，限制银行对每一个借款人的贷款限额。在美国，这一限额一般为 15%，若有可以迅速出售的资产作为抵押，则可以放宽到 25%；法国的规定相对宽松，可以达到 50%；日本则规定不能超过 20%。也有一些国家如芬兰，只做原则性规定，是否超出由监管部门具体分析。

此外，风险集中也可能以其他形式存在，如贷款过度集中于某一行业、某一地区等。东南亚金融危机与银行过度投资房地产业有很大关联。

5）呆账准备金监管。呆账准备金与资本密切相关，必须从银行的收入中扣除。从理论上说，呆账准备金是为了消化根据经验推测的银行贷款中可能会发生的损失而设立的。这种准备金也是资本的一种形式，不包括在核心资本中，但在一定程度上可以计入二级资本。

在提留了呆账准备金之后，就可以比较准确地根据银行所报告的净收入得出其基本盈利水平，也就是说，银行的收入反映了剔除可能的损失以后的股本回报。相反，如果不考虑这种准备金，银行的收入就可能被高估，并且可能会使股东和市场对银行的真正实力做出错误的判断。

鉴于维持充足的呆账准备金的重要性，监管人员要求银行根据过去的损失情况，采用正确的方法确定准备金水平。此外，监管人员会根据自身对银行不良资产及其可能发生的损失的分析，评估这种准备金的充足性。若发现准备金不足，就会要求银行在当前的收入中增加提留，必要时甚至直接从股本中扣除，以使准备金达到合适的水平。

6）银行的内部控制与管理。无论是英国巴林银行的倒闭，还是日本大和银行和住友银行的两次巨额损失，都与内部人员违规操作、缺乏监控、内部管理不到位有关。有效的内部控制是防止管理不当、诈骗和银行破产的重要防线。内部控制制度是一种自律行为，银行为完成既定的目标，兼顾盈利性与安全性，必须对内部各职能部门及其工作人员从事的业务活动进行风险控制，制定管理制度和相互制约的方法、措施及程序。科学完善、实施有力的内部控制制度是控制银行风险的一个重要方面。因此，银行要对各种风险，例如资金交易风险、衍生工具交易风险、信贷风险等的承受限度制定明确的政策；具备有效的管理信息系统和内部控制程序，以监控和限制这种风险；具备独立的审计人员，以保证银行的政策和程序得到严格执行。

（2）保护性管理。监管当局对银行进行保护性管理，主要是通过建立两种制度：一是存款保险制度。它规定了对存款的最高补偿限额，以维护公众对银行体系的信心。二是最后贷款人制度，即由中央银行对有问题的银行进行财务援助的制度。援助的方式，通常包括向其贷款、大银行兼并、政府担保等，目的是恢复公众信心，保持银行价值，帮助其重新运转。

提示：保护性管理措施确实能够维护人们对金融市场的信心，避免非理性挤兑以及金融动荡的发生。但是从存款人的角度看，有了存款保险，就无须对银行进行挑选，也不必考虑其经营活动。同时，金融安全网过于安全也会导致银行乐观地预测，万一发生风险事件也会得到救援，特别是规模越大的银行，其外部效应越大，在风险事件发生时也越有可能得到救援。这样，银行反而会追求高收益率而忽视风险管理。因此，监管当局的监管重点应当放在预防性管理方面，只有加强对银行的日常监管，防患于未然，才能从根本上维护金融体系的稳健运行。

（3）合规性管理。合规性管理包括银行是否执行现行法律、规章制度等，这些法律、规章制度所涵盖的范围较广，不同国家的规定不同。在我国，合规性管理的主要内容是对货币政策和宏观金融调控措施的执行状况进行监管，以保证中央银行货币政策目标的实现和宏观调控措施的落实。在美国，合规性管理的主要内容是反洗钱、对社区投资及消费者权益保护等进行监管。

一国政府会从各个方面对金融监管的内容进行明确的规定，并且从法律角度保证监管机构有权审核金融机构的财务、经营等情况，金融机构也有义务向监管部门提供相关信息。对于违法、违规的金融机构，监管部门有权予以处罚。只有完善立法，保证监管的权威性、严肃性和强制性，才能实现监管的有效性。

3. 银行监管的方式

为了保证法规条例成为金融机构必须遵循的行为准则，就必须经常进行监督、检查并对违规行为进行相应的处罚。监督、检查可以确保法规条例的执行，及时发现问题，查清责任人，确定相应的处罚，通过处罚形成威慑力，将违规行为的负面影响降到最低限度。因此，监督、检查以及相应的处罚是法规条例具有约束力的根本保证，没有这一保证，法规条例就是一纸空文。从具体操作角度看，金融监管通常会采取现场检查和非现场检查两种方式进行监督、检查。

(1) 现场检查。现场检查是指监管当局派专人到金融机构进行实地检查，获取银行业务运作、程序、控制和管理方面的详细情况，从而正确判断银行的总体财务状况和合规性，是金融监管中最早使用的检查方式。现场检查有的是针对业务报表、资料分析所暴露的问题进行重点检查，有的是对金融机构进行定期、常规的检查。在常规检查中，检查小组会判断银行活动是否安全、合法，对银行机构法人资格进行审定；检查银行内部管理情况，如有关组织结构、业务控制、风险防范等各项政策的制定与执行情况；分析关键的指标，评价贷款、投资以及其他资产的质量、存款与其他负债的构成、资本充足率、流动性、利润等；评估该机构表外业务的风险状况；确定该机构总体稳健经营状况及清偿能力。现场检查包括常规检查和重点检查，其中，常规检查是对银行的全面检查。重点检查则是对暴露的问题进行深入调查、分析，查明发生异常的具体原因。

现场检查具有以下三个特点：

1) 及时性。现场检查可以根据金融形势，及时组织力量对发生的各类金融问题进行验证、处理，防止风险扩散。

2) 灵活性。现场检查可以根据监管或其他需要灵活地进行，如可以进行不定期的检查、专题检查等。

3) 深入性。现场检查可以对问题进行深入调查，以全面地了解问题，有针对性地解决问题。

(2) 非现场检查。非现场检查是对金融机构的资产负债表和其他相关报表进行分析以执行监管的一种重要方式，主要从资本充足率、资产质量、收益和资产流动性等方面对金融机构的风险进行监管，发现问题，提出建议。这种方式在金融机构集中、金融体系复杂的国家得到了广泛使用。

进行非现场检查的目的主要有四个：第一，发现那些目前经营状况基本良好，但在短期或中期内可能会出现问题的银行。监管人员可以通过分析，及时发现问题并发出预警信号，采取必要手段防止问题的进一步发展。第二，密切监视已经发现其存在严重问题的银行机构。监管人员可以获得必要信息，帮助银行渡过难关。第三，作为现场检查的指导。

通过对银行经营状况的分析，找出需要特别关注的机构，安排现场检查，找出具体原因。第四，评估整个银行业的发展轨迹和趋势，通过对所有银行经营的分析比较，不仅能全面掌握行业状况，而且可以了解全国性的经济发展趋势，为制定切实有效的经济政策提供依据。

非现场检查具有以下三个特点：

1）连续性。运用非现场稽核指标，按月对各被监管单位的经营状况进行连续监测，发现问题随时解决，并对改进情况进行跟踪监测，可以避免现场检查方式下查出的问题与被检查单位的改正脱节的情况，有利于提高检查效果。

2）前瞻性。非现场检查最大的优势就是具有超前的预警作用。通过指标的连续监测，能及早地发现可能会造成重大问题的隐患，提醒被监管单位及早采取相应决策，把问题消灭在萌芽状态，避免类似巴林银行的遭遇。

3）指导性。非现场检查的指标监测有利于及时发现问题，发现问题后再有针对性地组织力量对问题进行现场检查，可以避免现场检查的盲目性，具有较大的指导意义。

虽然非现场检查可以帮助人们发现有潜在问题的银行，但有时也只能表明问题的存在，而不能同时说明问题的性质。因此，在实际的监管过程中，现场检查和非现场检查必须配合使用，不能偏废。

提示： 无论是现场检查还是非现场检查，重点都是获取有关银行经营状况的信息，即准确、及时地获取并分析有关各家金融机构运行状况的信息，在此基础上预防系统危机，达到维护金融体系稳定的目标。在金融业高速发展的今天，金融创新层出不穷，金融全球化程度加深，准确、及时地掌握、分析信息，不仅能够帮助监管机构更加灵活地进行监管，提高监管效率，而且可以起到预测与防范风险的作用，这在金融危机的负面影响日益扩大的情况下显得尤为重要。

二、电子支付对金融体系的影响

电子支付系统与电子支付工具的发展向中央银行提出了一系列政策问题。在网络技术的支持下，金融机构逐步虚拟化、全能化，使现有的监管模式面临严峻挑战。电子支付的发展加快了货币流通，减少了流通中的通货，因而会对货币政策的各个中介指标及其政策传导机制产生影响，从而影响货币政策的实施效力。网络银行能够融合银行、证券、保险等各类金融业务，提供全方位、个性化的服务，混业经营的特点日益突出。这对仍然实行“分业经营、分业监管”模式的国家提出了严峻挑战。同时，网络银行突破了国界限制，实现了全球化的运作，降低了各国对金融市场的单一监管的有效性。

（一）电子支付对货币政策的影响

电子支付与电子支付工具正逐步走进我们的生活。从大额支付到零售贸易，伴随着电子商务交易量的剧增，电子支付正以前所未有的速度向前发展。通过现代通信技术和计算机网络，转瞬之间就会有上亿美元从地球的这一边流向地球的那一边。电子支付的大量使用势必对中央银行货币政策的实施产生巨大影响。

货币政策指中央银行为实现既定的政策目标，运用各种工具调节货币供应和利率，进而影响宏观经济的方针和措施的总和。它一般包括三方面的内容，即政策目标、实现目标所运用的政策工具，以及具体执行政策所要达到的效果。中央银行运用货币政策工具实现货币政策目标需要一个相当长的作用过程，这就需要设立一些货币政策中介指标，并通过对这些中介指标的调节和影响实现货币政策目标。

电子支付的使用必然会减少流通中的现金使用量，由此会对基础货币、超额准备金、货币供应量、利率等货币政策中介指标产生影响，使其变得难以测度和调控，导致货币政策的效果变得不明确。

1. 电子支付对货币政策中介指标的影响

货币政策中介指标应具有可控性、可测性、相关性、抗干扰性以及与经济体制、金融体制的良好适应性。也就是说，这些指标应易于为货币管理当局所控制，中央银行应当能够迅速获取有关中介指标的准确数据，并对这些数据进行观察、分析和监测。通过对中介指标的控制，中央银行应当能实现货币政策目标。

(1) 电子支付对基础货币以及超额准备金的影响。基础货币又称高能货币、强力货币，通常指商业银行在中央银行的存款准备金与流通于银行体系之外的通货这两者的总和。商业银行在中央银行的存款准备金具有创造存款货币的作用，包括商业银行持有的库存现金、在中央银行的法定存款准备金以及超额存款准备金。

货币供给指经济生活中所有货币的总和。对于货币供给，各国采用不同的口径加以划分。根据国际货币基金组织的定义，货币供给可划分为“货币”和“准货币”。“货币”等于银行以外的流通中的通货加私人活期存款，通常用 M1 表示（流通中的通货通常用 M0 表示）；“准货币”相当于定期存款、储蓄存款与外币存款之和。各国通常用 M2 表示“货币”与“准货币”之和。

在现代银行制度下，货币供应量取决于基础货币和货币乘数两大因素。货币供应量是基础货币和货币乘数的乘积。如果用 M 表示货币供应量，B 表示基础货币，m 表示货币乘数，则全社会货币供应量可以表示为

$$M = B \times m$$

$$\begin{aligned} B &= \text{M0} + \text{银行准备金总额} \\ &= \text{流通中的通货} + \text{银行准备金总额} \end{aligned}$$

商业银行在中央银行的准备金可分为法定准备金和超额准备金两部分，法定准备金是中央银行为控制货币供给而以法律形式规定的准备金，它和商业银行的存款总额相关；法定准备金率完全取决于中央银行。而超额准备金率则不仅取决于中央银行，还和商业银行有关。为了促进银行业的竞争，许多国家现在已经取消对超额准备金率的规定，也就是说，超额准备金率完全由商业银行自己决定。超额准备金是商业银行为应付日常支付而在中央银行的存款。持有超额准备金会降低银行贷款规模，减少其利息收入，即银行需要为超额准备金付出机会成本。超额准备金直接受利率高低的影响。如果存款收益高于贷款收益，商业银行会乐于提高其在中央银行的准备金规模；如果存款收益低于贷款收益，商业银行无疑会减少在中央银行的准备金规模。在存款收益与贷款收益相当的情况下，商业银行为增强其竞争能力及社会影响，往往愿意扩大贷款规模，而不会增加其在中央银行的准

备金。另外，电子支付的发展极大地促进了信用货币的发展，降低此种支付准备，于是超额准备金率就会呈现降低的趋势。受前两个因素的影响，M1 可能会呈减少的趋势，而货币乘数对 M1 的影响源于许多因素。

银行准备金数量由法定准备金率与超额准备金率决定。法定准备金率是商业银行在中央银行的法定准备金与其所吸收的存款总额的比率，即商业银行超过法定要求保留的准备金与其存款总额的比率。电子支付对现金的替代作用使中央银行资产负债表的规模发生了变化，可能会引起商业银行在中央银行的准备金的变化。由于法定准备金率与超额准备金率共同决定了金融机构在中央银行的存款数量，为简化讨论，我们将之合称为准备金率。

在中央银行资产负债表中，中央银行最大的负债是流通中的通货，而电子支付的使用会使流通中的通货减少，因而导致中央银行资产负债表的规模缩小。另外，电子支付的发展也会降低中央银行的铸币收益。由于中央银行一般是通过公开市场操作调节货币供应量，所以随着中央银行资产负债表规模的缩小，中央银行在进行公开市场操作调节货币量时，可能会因为资产不够而面临困难。为增加资产规模，一种方法是提高金融机构的准备金率，使商业银行在中央银行的准备金增加，也就是增加金融机构的存款数量，但提高准备金率会增加银行的负担，限制银行的发展，一般不轻易施行。

从上面的分析可知，在中央银行没有特殊干预的情况下，银行准备金总额将呈下降趋势。同时，由于电子支付的替代作用，流通中的通货将会减少，因此基础货币也将呈下降趋势。

提示： 金融当局以面值向社会发行货币用于流通，而以成本价从货币生产部门购买货币，成本价与面值的差额就是铸币收益。但由于货币在使用过程中的磨损及非正常的损坏，实际的铸币收益会略低于这个差额。除去这些直接获得的铸币收益，金融当局发行货币还相当于从公众那儿获得了一种无息长期贷款。同时，由于通货膨胀会造成货币贬值，金融当局还相当于收取了一笔“通货膨胀税”。所以从长期看，铸币收益可被看作通货膨胀税加上货币的增加数量。在许多发展中国家，金融当局不仅可以通过发行货币来得到铸币收益，而且可以通过发行公共债务（包括商业银行在中央银行的存款）来得到铸币收益，还可以通过发行被人为压低利率的债券或零息债券来得到铸币收益。电子支付的发展与电子货币的非中央银行垄断发行不仅会减少流通中的货币需求，而且会减少金融当局的货币发行数量，从而减少金融当局的铸币收益。

（2）电子支付对货币乘数的影响。从理论上说，货币乘数 m 取决于活期存款法定准备金率、定期存款法定准备金率、超额准备金率、定期存款和活期存款比率，以及现金和存款比率等因素。为简化讨论，我们将活期存款法定准备金率和定期存款法定准备金率视为相同，用 r 表示；e 表示超额准备金率；t 表示定期存款和活期存款比率；k 表示现金和存款比率，则货币乘数 m 可以表示为

$$m=(1+k)/[(r+e)(1+t)+k]$$ [①]

① 对该公式进行变形，通过保持其他所有变量不变，而让其中一个变量变化，就可以推导出货币乘数与各个变量间的相关关系，具体推导过程略。

在这些因素中，货币乘数与法定准备金率 r 和超额准备金率 e 负相关，与定期存款和活期存款比率 t、现金和存款比率 k 也负相关。这里 k 和 t 由社会公众决定，r 由中央银行决定，e 主要由商业银行决定。由此可见，货币乘数由中央银行、商业银行和社会公众共同决定。

从上面的分析可知，法定准备金率 r 与超额准备金率 e 呈下降趋势。

我们现在分析定期存款和活期存款比率 t 与现金和存款比率 k 的变化。

现金和存款比率取决于社会公众以现金或存款形式持有货币的偏好。人们持有现金通常是为了满足交易的需要。随着电子支付的快速发展，使用电子支付与电子支付工具会越来越方便、越来越普及，而且电子货币提供的信用功能更是现金不能替代的，这一切提高了人们持有电子货币的欲望，降低了人们持有现金的欲望，因此现金和存款比率 k 将呈不断下降的趋势。定期存款和活期存款比率主要受利率的限制，而电子货币的信用作用，如贷记卡的大量使用，将会减少对活期存款的需求。一个趋势是：社会中现金减少，而存款增加；同时，人们为获得更多的利息收益，会更多地选择定期存款，从而提高定期存款的比率，使定期存款和活期存款比率呈上升趋势。

从上面的分析可以看出，随着电子支付的发展，上述因素的变化趋势为：1）现金和存款比率 k 呈不断下降趋势；2）定期存款和活期存款比率呈上升趋势；3）法定准备金率为一个常数，保持不变或呈略上升趋势；4）超额准备金率略有下降。

由于这些因素的相互作用，短期内货币乘数不会发生太大的变化，但电子现金的使用会加快货币的流通速度，使货币乘数的可测性降低。

（3）电子支付对货币供应量的影响。电子支付会减少流通中的现金，直接影响中央银行基础货币的数量，并通过货币乘数对货币供应量尤其是 M1 产生巨大影响。许多国家都将 M1 定义为：流通中的通货加活期存款。由于流通中的通货在 M1 中所占比重较大，因而电子货币的替代作用会对它产生较大影响，而其他层次的货币供给，如 M2 和 M3，由于流通中的通货在其中所占比重较小，因而影响较小。

电子支付对 M1 的影响主要表现在三个方面：1）商业银行在中央银行的存款规模；2）中央银行对商业银行所要求的准备金规模；3）传统上对 M1 的定义。

在现代银行体制下，存款是通过对基础货币的再创造过程产生的，货币供给等于基础货币量与货币乘数之积。基础货币等于流通中的通货加上商业银行在中央银行的存款，也就是商业银行在中央银行的准备金数量，可见电子支付对流通中的通货的替代作用会通过三条途径影响 M1：（1）由于流通中的通货数量减少而影响 M1；（2）通过改变商业银行在中央银行的准备金数量而影响 M1；（3）通过货币乘数对 M1 产生影响。

货币供应量可以表示为

$$
\begin{aligned}
M &= B\times(1+k)/[(r+e)(1+t)+k] \\
&= B\times m
\end{aligned}
$$

短期内，在货币乘数变动不大的情况下，基础货币会减少，并通过货币乘数的作用，使货币供应量大为缩减。但从长远角度看，银行间竞争的加剧会适当减少超额准备金。而流通中现金的日益减少会使现金和存款比率大为降低，从而使货币乘数加大，因此，即使基础货币下降，由于乘数增大，货币供应量变化也不大，或仅略微上升，而且乘数中各个因素的不确定性会使货币供应量的测度和控制变得更难。

电子支付，尤其是电子货币对流通中通货的替代作用，使传统意义上基础货币的作用弱化了。商业银行作为直接的货币供应者，其创造存款货币的存贷活动、提供的货币数量都建立在基础货币这个基础上。基础货币及其增减变化直接决定着商业银行准备金的增减，从而决定着商业银行创造存款货币的能力，而电子支付对流通中通货的替代作用会使这种能力减弱。

另外，电子货币的发展模糊了商业银行与非银行金融机构的区别，混淆了各类金融机构在存款货币创造方面的本质区别。对于存款货币银行发行电子货币，由于中央银行对其有准备金要求，所以可以将其发行的电子货币数量视作存款，要求其向中央银行上缴一定的准备金，这样货币供给就是可控的；而目前对非存款货币银行类金融机构或非金融机构尚无此要求，因而由它们发行电子货币在某种程度上可以理解为货币供给的失控。

电子货币的发行不仅扩大了货币供给主体，而且增大了货币乘数，所以会影响现实中的货币供应量，使货币供应在一定程度上脱离中央银行的控制，越来越多地受到经济体系内部因素，如市场因素的支配。比如，定期存款和活期存款比率更多地受到利率的影响，即受到市场因素的影响。货币供应的内生性的增强对中央银行的货币政策提出了挑战，要求中央银行对货币政策及货币供给体系进行变革和完善。

当前，中央银行主要通过控制货币流通数量和银行贷款规模来控制货币供给，而对货币流通数量的控制则通过公开市场操作来进行，即通过在证券市场买卖债券来增加或减少货币流通量。

目前电子货币在世界各国的影响都比较小，短期内不会对货币供应量以及货币政策中介指标产生较大影响，但随着电子商务的快速发展，电子货币必将对货币政策产生影响。我国中央银行一直以货币供应量作为中介指标，随着电子货币的广泛应用，货币供应量会变得难以测度和控制，因此将货币供应量作为货币政策的中介指标更难以操作。目前有一些国家已不再将货币供应量作为货币政策的中介指标，而选取利率作为中介指标。

（4）电子支付对利率的影响。电子支付的替代作用会减少基础货币，但对利率本身并没有直接的影响，只是对利率变化更为敏感。

中央银行通常是通过公开市场操作对利率进行调整。由于电子支付会使流通中的通货减少，中央银行为了适应该状况，会在进行公开市场操作时卖出债券，于是债券的利率会下降。当人们希望花掉手中的货币来购买债券时，由于人们对债券的需求的增加，债券的利率会上升。公开市场操作和人们对债券的需求的相互作用会使利率保持稳定。但由于电子支付会对中央银行准备金产生影响，使中央银行资产负债表规模缩小，所以对利率进行控制的难度将会加大。想提高利率时，中央银行需要高价买入电子货币，从而达到提高利率的目的；反之，想降低利率时，中央银行只能低价卖出电子货币。在这个过程中，中央银行的成本增加了。

在货币需求方面，流通中通货的减少会加快货币的流通速度。根据货币数量理论，电子货币的替代作用会导致利用通货进行交易的次数减少，因而对货币的需求减少。而电子货币在信用创造方面的作用，又使得对货币的需求处于不稳定状态，从而导致利率波动。

根据凯恩斯的货币需求理论，货币需求与利率直接相关，利率的波动反过来又会导致货币需求的不稳定，这样金融当局在利用货币政策工具，通过影响利率而实施货币政策时，会由于上述反作用而使利率的传导作用减弱。

2. 电子支付对货币政策效力的影响

支付系统与中央银行货币政策的实施具有密切的关系，这体现在以下三个方面：1）支付系统时滞对货币供应量的影响；2）支付系统稳定性对中央银行货币政策的影响；3）电子支付的替代作用对中央银行货币政策的影响。

（1）支付系统时滞对货币供应量的影响。支付系统由清分和结算两个不可分割的过程组成，在清分过程中对支付指令进行处理，而在结算过程中进行资金的转移。在理想情况下，支付指令的处理过程与资金在不同账户上的转移应该是同步进行的，也就是说，付款人的银行账户与收款人的银行账户在同一时间分别进行贷记和借记操作。但是，在支付系统的实际运行中，这种理想状况很难实现。这种在支付命令处理过程中由于对交易双方银行账户的非同步处理所产生的会计效应就称为支付系统时滞（payment system float）。

支付系统时滞的存在会严重影响支付系统的效率，同时使银行体系的总准备金水平波动，干扰中央银行货币政策实施的有效性。

支付系统时滞的产生机制与支付方式密切相关。在现金支付方式下，交易一方在将商品和劳务转移给对方的同时，另一方也将相应的现金货币转移给自己。商品或劳务的交易与现金货币所有权的转移是同时进行的，交易一方现金货币减少的同时，交易另一方的现金货币会增加。而获得现金货币的一方在得到现金货币后立即可以对该笔现金货币进行支配，因此在现金支付方式下没有支付系统时滞存在。

在借记支付方式（例如支票支付）下，从付款人提交借记支付工具到其银行账户被实际借记，不可避免地会有一定的时滞。在这段时间里，付款人仍然可以利用这笔资金进行投资以获得额外的收益。支票是一种借记支付工具，其支付指令由收款人发出。收款人在收到付款人提交的支票后，将支票存入银行，其开户行在贷记收款人账户后，要对支票进行大量内部处理工作，然后安排托收。在托收过程中，支票要经过多个金融中介机构才能到达最终收款银行；付款银行同样要对支票进行内部处理后，才会借记付款人账户。因此，在支付指令的处理过程中不可避免地会产生收款人银行账户和付款人银行账户会计处理上的时间差。

在借记支付方式下，收款人在将借记支付工具提交给银行后，银行贷记其账户，因此收款人在付款人银行账户被实际借记前就可以对这笔资金进行使用，这相当于收款人银行在实际收到付款人银行转来的资金前，为收款人提供了无息贷款。

在贷记支付方式下，支付指令由付款人发出，付款人银行在收到付款人发出的支付指令后，同样需要一定的时间对支付指令进行处理。在收款人银行收到付款人银行发出的支付指令并对收款人银行账户进行相应的贷记处理前，付款人就失去了对这笔资金的使用权。电子支付系统的使用使这种支付系统的时滞大为缩短。然而，为获得额外的资金使用好处，有些银行常常会通过人为拖延对支付指令的处理，以及对收款人账户的贷记时间来获得支付系统时滞的好处，尤其在手工处理系统中，这种现象更为明显。

支付系统时滞的存在使参加支付处理过程的各方，包括付款人、收款人、付款人银行、收款人银行、中转金融机构和中央银行都会受到不同程度的影响。一方可能由于支付系统时滞的存在而拥有对时滞资金的使用权。哪方可以从支付系统时滞中获益取决于以下几个因素：1）使用的支付工具是借记支付工具还是贷记支付工具；2）支付指令的传送是通过电子转移方式还是实物支付工具的方式进行；3）是否有人为地阻碍支付指令处理的情况；4）是否有相应的法律法规对支付指令的处理与资金的转移过程加以管理和监督。

如果付款人银行和收款人银行之间没有建立起直接的账户关系，那么支付指令的处理过程就需要第三方金融中介的参与。由于中央银行在支付系统中所处的特殊地位，商业银行往往会在中央银行开设代理账户来进行银行间的同业清算。

在贷记支付方式下，如果中央银行在借记付款人银行账户的同时没有贷记收款人银行账户，那么就会产生中央银行贷记时滞（central bank credit float）。如果中央银行对支付指令的处理能力有限，或支付指令的处理需要两个以上的处理中心进行，以及在支付指令的处理需要对支付工具进行实际运输的情况下，中央银行对一个商业银行准备金账户的借记与对另一个商业银行准备金账户的贷记操作就很难同时完成。由于中央银行贷记时滞的存在，商业银行体系的准备金水平有可能无法如预期的那样下降。

在借记支付方式下，如果中央银行在贷记收款人银行账户的同时没有借记付款人银行账户，那么就会产生中央银行借记时滞（central bank debit float）。中央银行借记时滞的存在有可能造成商业银行体系的准备金水平无法如预期的那样上升，相当于中央银行向商业银行体系提供了无息中央银行贷款。

支付系统时滞对中央银行职能的影响主要体现在两个方面：1）支付系统时滞会造成经济行为者经济利益的变化，从而影响民众对于银行体系的信心；2）从中央银行实施货币政策的角度看，支付系统时滞容易造成中央银行货币政策操作的不确定性，干扰中央银行货币政策目标的实现。由于支付系统时滞是有价值的，因此它会导致人们选择支付工具，扭曲支付过程，使支付系统的效率下降。支付系统时滞的存在还会使人们对银行体系支付服务的可靠性和效率产生怀疑。由于人们无法预期银行体系支付服务的可靠性，所以他们对银行体系的信心会受到影响。一些银行确实也在人为地拖延支付指令的处理速度；一些企业和个人也会利用支付系统时滞，在许多不同的地区多头开户，开出在相距遥远的地区银行解付的支票，从而最大限度地创造对资金的使用权，对支付系统的效率产生负面影响。电子支付的实现在很大程度上减少了这种人为因素的影响，使支付系统时滞大为缩短，有利于货币政策的实施。

（2）支付系统稳定性对中央银行货币政策的影响。支付指令处理的不确定性意味着支付系统时滞的波动，会造成银行准备金水平的波动，给中央银行通过公开市场操作调控短期利率水平带来不确定性，以致影响中央银行货币政策操作的有效性。

不仅支付系统时滞会对中央银行货币政策产生影响，支付系统的稳定性对货币政策的冲击也很显著。1985 年 11 月，美国的一家主要证券清算银行纽约银行（Bank of New York）的证券转移软件发生故障，导致纽约银行在美联储产生巨额的当日透支（daylight overdraft）。当晚，为了缓解纽约银行的流动性压力，美联储被迫向纽约银行提供 230 亿美元贴现贷款。1990 年 8 月，华尔街电力供应系统出现故障，导致金融机构货币市场活动中断，联邦电子资金转账系统无法运行。由于银行间无法进行有效的资金转移，短期利率波动巨大。

由此可见，支付系统稳定性对货币政策的实施，尤其对中央银行通过公开市场操作调控短期利率的有效性也会产生影响。

（3）电子支付的替代作用对中央银行货币政策的影响。凯恩斯学派的货币政策传导理论认为，对货币供应量进行调节可以影响利率，从而影响投资和产出，达到货币政策目标。

电子支付的发展会逐步减少人们对通货的需求，降低通货在广义货币和金融资产中的比重，使只盯住基础货币的货币政策的效力不可避免地大打折扣。公众对货币的需求的波动会使利率弹性增大，大大削弱通过货币供应量影响利率这一货币政策传导机制的作用。一方面，中央银行对货币需求难以做出准确判断；另一方面，为达成某种目标，实行扩张或紧缩的货币政策时，利率水平的大幅调整会对整个宏观经济产生巨大影响，致使宏观经济承受较大的风险。

在货币需求方面，流通中通货的减少加快了货币的流通速度。根据货币数量理论，电子货币的替代作用使得利用通货进行交易的次数减少，因而对货币的需求减少。而电子货币在信用创造方面的作用又使得对货币的需求处于不稳定状态，从而导致利率波动。凯恩斯货币需求理论认为，货币需求与利率直接相关，利率的波动反过来又导致货币需求的不稳定，于是在金融当局实施货币政策时，利率的传导作用也会由于上面的反作用而减弱。

如上所述，由于电子支付的替代作用会使中央银行资产负债表的规模缩小，中央银行一般是通过公开市场操作调节货币供应量，所以资产负债规模的缩小会加大调节难度。

货币需求的波动加大会降低利率作为货币政策传导机制的传导作用。这样中央银行就无法对货币需求做出准确判断，使货币政策的调控目标形同虚设。同时，为了达到预定的政策目标而执行扩张或紧缩的货币政策时，对利率的大幅调整又会引起金融市场的大幅波动，从而影响整个国民经济的稳定。例如，在经济发展时期，为刺激市场需求，中央银行必然会增加货币供给，降低利率，而市场利率较低，货币需求必然增加。由于电子货币的信用作用，货币供应量可能会大幅增加，此时货币供应量应该等于中央银行的货币供应量与电子货币信用产生的货币供应量之和。由于中央银行很难准确判断和确定由电子货币信用产生的这部分货币供应量，因此大量货币供应势必会造成通货膨胀压力。为控制货币需求，中央银行会提高市场利率，紧缩银根，此时电子货币信用产生的货币供应量可能会突然减少，导致利率进一步上升。利率的大幅波动不仅会造成金融市场动荡，而且会造成整个社会经济动荡。

（二）电子支付对现代货币理论的影响

电子支付的发展，特别是电子货币的出现对现代货币理论提出了挑战。货币的数字化和虚拟化对货币定义、货币职能和货币制度将产生影响。

电子货币对通货的替代作用使传统的货币定义特别是基础货币的定义受到挑战。电子货币从根本上改变了传统的支付方式，改变了人们头脑中货币的概念。货币成为一串串以二进制形式存在的数据流，它成为一个符号，而不再是成捆的纸币、成堆的黄金等。资金的移动只是一些电信符号的传送、转移，只是电子账户上的一个数额变动。电子货币对通货的替代使传统意义上的基础货币的作用弱化了。

短期内，电子货币的发展还不会对中央银行的资产负债表以及货币创造体系造成很大影响，但从长远看，其对货币创造体系的影响是巨大的。为减轻电子货币对中央银行控制货币供给的能力的影响，可以采取以下几条措施：(1) 中央银行可以限制电子货币产品以减少对通货的替代，但金融当局的金融压抑可能会阻碍金融市场的健康发展。(2) 像目前发行通货一样由中央银行发行电子货币，但这样做会阻碍电子货币产品的发展和金融市场的公平竞争。因为电子货币产品是高科技产品，不同于一般纸币或金属货币的制造，其发行和转移都需要电子技术、计算机技术、网络通信技术、材料科学等相关技术的支持。中央银行的垄断会阻碍相关技术的发展，妨碍现代金融市场体系的建立。(3) 对银行和非银行金融机构进行有效的管理，特别是对于发行电子货币的非银行金融机构，要实现与商业银行一样的控制和监管，对其发行的电子货币余额要求在中央银行存有相应规模的准备金，以对货币供给进行控制。(4) 对电子货币的信用创造功能进行有效监控与测度。应建立一套完备的监控体系，增加对货币需求以及货币流通速度的定量测度，以控制货币供求，使货币政策能够有效实施。

(三) 电子支付对银行管理方式与运作方式的影响

随着电子技术的发展，商业银行发生了重大的变化。电子支付与电子银行业发展的内在驱动表现在以下三个方面：第一，通过网络，银行可以更好地发挥自身作为金融中介的职能；第二，经营对象本身变得电子化；第三，除了银行经营业务会随着货币形式的转变而转变之外，银行业的成员也发生了相应的变化：从金匠到获得特许权才能开办银行，到自由银行制度时代银行家到处都是，再到银行监管机构监管框架内的准入银行。为适应经济社会的发展，货币形式不断演变，电子化程度日益提高，而经营对象为货币的银行，也在业务处理方式、服务方式、业务类型三个方面不断发生变化。

1. 银行业务处理方式的变化

信息技术最早进入银行业是 20 世纪 50—60 年代。联机系统的应用大大地提高了银行的工作效率，同时减少了银行的风险。柜员联机系统通过计算机终端将业务前台的数据直接送到后台计算机主机加以处理，这样输入的数据就可以多次使用，并可以减少错误次数，从而在降低成本的同时，提高了业务处理水平。此外，通过使用计算机进行对账处理大大减轻了银行员工的业务量。

但是对银行业务改变最大的应该是支付清算业务和电子汇兑业务。在信息技术进入银行业之前，各家银行之间的支付清算十分麻烦：各家银行在将其他银行的应收票据整理好之后，统一送往当地的清算所。清算所根据各家银行的应收应付额计算出各家银行的净收付额，然后借记净付银行的账户，贷记净收银行的账户。然而，在引入电子清算系统之后，银行间的支付清算变得快捷，大大降低了成本。

电子支付清算系统包括大额实时支付系统和小额批量支付系统。世界上比较有名的大额实时支付系统包括欧洲间实时全额自动清算系统、瑞士同业清算系统、美国联邦电子资金转账系统、清算所银行同业支付系统、日本银行金融网络系统。

我国信息技术进入银行业始于 20 世纪 70 年代，在支付清算、电子汇兑方面都有不同程度的应用。中国现代化支付系统（CNAPS）开发了一整套支付应用处理系统，其中包括基于 RTGS 系统的大额实时支付系统（HVPS）、小额批量支付系统（BEPS）、银行卡授信系统，以及政府证券簿记系统。

2. 银行服务方式的变化

电子支付技术不仅改变了银行对传统业务的处理方式，而且给银行业务注入了新鲜血液。借助新计算机技术和通信技术，银行推出了不同于以前“面对面”服务的电子化服务方式。这些新的服务方式极大地改变了银行的传统面貌，并为银行带来了丰厚利润。

（1）以 ATM 及 POS 机为主的自助银行服务。自助银行是指由银行在某一营业区域内设置的为客户提供的多种专用机器设备，由客户自行选择和操作这些机器设备进行自我服务。

这种新型服务方式起源于美国。1972 年 3 月，美国首先开设了提供客户自我服务的银行。经过 50 多年的发展，目前，客户在自助银行的各种终端设备上已经能够享受几乎与柜台业务完全一致的一整套银行服务。我国 20 世纪 80 年代中期也开始引进自动柜员机（ATM）。1988 年第一台自动柜员机在我国正式投入运行，这正式宣告了我国银行客户自助服务的诞生。随后的几年，自动柜员机的数量逐年增加，客户自助服务的项目也在逐渐增加，越来越多的客户开始享受这种新型电子化服务。1993 年，中国工商银行在上海市设立了第一家自助银行，安装了自动柜员机、自动存折打印机等终端设备为客户提供服务，可以认为这是国内银行推广客户自助服务这一新型电子化服务的新发展，代表了该种服务在国内的发展现状与先进程度。

现金自动取款机、出纳自动收付两用机、自动柜员机、自动查账机、自动打印机等都是自助银行为客户提供自助服务所使用的一些关键终端设备。

自动柜员机是一种最常见的银行个人电子化服务方式，是在自动取款机、自动存款机的基础上开发出来的能为客户提供自助服务的一种新型电子设备，其原理就是利用新型的银行计算机网络上的专用终端设备代替人工来自动完成传统的柜员为客户提供的一系列金融服务。它们一般设置于银行营业大厅内或临街墙面上，用于处理提现、存款、转账等常见的日常金融交易。ATM 的一个显著的优点是，可以提供 24 小时不间断的日常服务，从而摆脱了银行正常营业时间的限制，缩短了客户的等待时间，可以更好地为客户服务。同时，它们将银行柜员从烦琐的劳动中解放出来，并极大地提高了劳动效率，在降低服务成本的同时提高了服务质量，这使它们迅速发展为电子资金转账系统（EFTS）中最典型的、应用最成功的设备之一。

目前，在 ATM 上能实现各种客户自我服务的项目包括现金的提取、账户转账和贷款的偿还等。从发展趋势看，伴随计算机科学技术的发展和客户需求的不断增加，ATM 的功能也在不断增加。就目前而言，ATM 的五个基本功能分别为取款、存款、查询、转账和客户修改密码。

随着现代计算机技术在金融领域中应用的不断扩大，一些超级市场、商店等机构里也开始安装销售点终端（POS）。POS 是指在商店销售柜台上使用的计算机终端设备。POS 机的功能包括自动转账支付、自动授权以及数据管理。

（2）以电话银行为主的家庭银行。家庭银行（home banking）正是银行业将计算机技术和通信技术引入银行个人业务后，为客户投资理财提供更方便、及时的服务而形成的一个新概念，这种新型服务使客户在家便能办理各种业务。各种家庭银行服务大多具有灵活方便、反应快捷等优点，因而吸引了大量客户，提高了银行服务效益。在西方发达国家中，这种服务方式已经成为银行业的一个比较成熟的业务项目。近年来，家庭银行的服务方式在我国银行业也得到了迅速的发展。

根据家庭银行服务所基于的设施的不同，家庭银行大体可分为电话银行（telephone banking）、视频终端家庭银行等，目前以电话银行为主。

电话银行是指银行运用先进的计算机技术、通信网络技术、数字语音转换技术等，在原有业务处理系统上，借助公共电话网络，使客户能通过电话同银行进行金融交易，如查询账户信息、进行账户挂失、办理转账结算、委托证券买卖等。

电话银行服务在西方发达国家和地区开展得很早，在新加坡、中国香港、中国台湾等地也有很大程度的发展。电话银行服务在中国的发展则开始于中国银行深圳分行 1992 年 6 月率先推出的电话银行系统。从此以后，电话银行服务发展迅速，北京、上海、广州、深圳等大中城市的各家商业银行纷纷推出了该项服务，并且在实践中不断发展完善。特别是近年来，随着网络银行的出现和发展，众多电话银行业务与网络银行业务结合在一起，为客户提供更好的一体化服务。

电话银行服务可以提供多种功能，包括：账务查询功能、自助转账功能、证券转账功能、客户账户管理服务。

（3）面向企业的企业银行系统。企业银行（corporation banking）是指银行的企业客户使用位于企业办公室的计算机、电话等处理终端，通过网络连接到银行业务处理系统；客户通过操作设备可以发出各种指令，进行资金转账、债务清偿、投资等金融活动，而无须前往银行柜台办理。

企业银行的主要服务对象是各大中型企事业单位，同时还包括政府机关等具有法人身份的组织。从企业和银行之间的服务关系看，自从银行电子化发展和经济环境发生了很大变化之后，银行对企业提供的服务也发生了质的变化，这表现在两个方面。首先，银行对企业的服务范围大大扩展了，由于使用了电子设备，银行在自己的数据库里存储了大量相关的金融交易数据，同时新技术的使用还使银行具有了对这些数据进行归类、加工、处理的能力。这样，银行除了可以为企业提供传统的票据管理和资金转账等服务之外，还可以为企业提供各种信息服务，协助企业投资理财，为企业提供各种投资咨询服务。其次，银行的服务方式也发生了变化。银行开始转变过去在企业理财方面的简单协助方式，转而积极投入企业的财务经营过程中，为企业筹划财务。这些变化都说明了银行电子化的浪潮使银行在企业经济中的地位和作用由被动转为主动，从一个后援的角色转变为共同前进的伙伴的角色。这一系列变化充分地体现在企业银行的内涵中。

一般说来，企业银行向企业客户提供的服务可以分为金融交易服务和信息服务。具体说来，企业银行主要为客户提供下列服务：资金管理服务、融资管理服务、商务管理服务、客户服务和投资银行服务。

（4）网上银行业务。20 世纪 90 年代中期以来，互联网逐渐发展，以互联网为基础发展起来的电子商务随之出现。电子商务的发展在很大程度上取决于信息流、物流、资金流的配合情况。互联网的发展本身就是信息流的发展，物流取决于网下配送体系的发展，而资金流则对现有的银行支付系统提出了严峻的挑战。网上银行就是银行体系顺应电子商务的发展，在电话银行（家庭银行）的基础上开展服务的模式。1995 年 10 月 18 日，世界上第一家网络银行——安全第一网络银行——诞生之后，网络银行便如雨后春笋般涌现。近几年，国内各商业银行也相继推出了自己的网上银行服务。1997 年以来，招商银行（www.cmbchina.com）、中国银行（www.bankofchina.com）、中国建设银行（www.ccb.com.cn）、中国工商银行（www.icbc.com.cn）陆续推出了网上银行服务，开展网上支付、网上自助转账和网上缴费等业务。

网上银行提供服务的方式以及业务类型可以从经营实体、业务模式、技术模式的角度来分析。

从经营实体的角度看，网上银行可以分为两种：第一种是没有网下的经营网点，所有业务全部在网上展开，即所谓的“虚拟”银行，比如说安全第一网络银行。第二种是传统银行通过互联网开展网上银行服务。这种类型的银行有很多，大部分网上银行都属于这类。从近期的发展来看，完全脱离传统银行存在的网上银行在条件（包括消费观念、商务环境、技术手段、法律制度）成熟前，不会大量存在，而应该是所谓的“鼠标加水泥”模式，即网上银行与传统银行作为在过渡时期面向不同环境的平台而存在，传统银行仍然利用原有的网点，而网上银行则为人们在“虚拟”社会提供金融服务。因此，目前的模式仍然是在传统银行内部设立网上银行部，负责网上银行业务的开展。而从长远的角度看，纯粹的网上银行极有可能会出现。届时，现有的网上银行可能的发展模式是剥离现有的网上银行业务，成立专门的“虚拟”网上银行。

从业务模式的角度看，目前网上银行的业务基本上覆盖大部分个人银行业务。实际上，从某个角度说，银行服务是一种信息服务，即利用银行的特殊地位，以规模经济的方式获得客户想知道的金融信息。因此，将来的网上银行可能会提供投资理财方面的金融咨询服务，这可以进一步发挥网上银行在提供个性化服务方面的优势。另外，由于网上银行是建立在信息技术的基础之上，因此它可以低成本地提供程序化的业务，由此银行可以将无利可图的、可以自动完成的业务，如信息查询、转账、修改密码等业务放在网上，而在网下开展高附加值的、非程序化的企业客户业务。

从技术模式的角度看，从开始的电话银行到网上银行的发展，经历了一个从封闭网络到开放网络的变化过程。开放网络的“开放”不仅表现在可以多点接入，也表现在可以以多种方式接入。因此，多种接入服务将陆续出现，基于 GPRS 协议的无线手机接入、机顶盒接入将是网上银行发展的热点，并且各种网络（电话网、互联网、无线网）的融合也将成为趋势。

（5）手机银行。随着通信技术的发展以及手机的普及，许多银行推出了手机银行服务。现阶段手机银行通常基于 WAP 技术，为手机客户提供账户查询、转账、缴费、消费支付等金融服务。

与其他电子银行渠道相比，手机银行具有可随身携带，使用便捷、安全、可靠等特点。

下面以中国工商银行手机银行业务为例分析手机银行的特点与功能。

中国工商银行手机银行基于 WAP 2.0 技术推出了手机银行（WAP）3G 版。中国工商银行手机银行（WAP）业务具有可随身携带、使用便捷、申请简便、功能丰富、安全可靠等特点，主要涵盖了以下功能：

（1）账户管理。用户通过此功能可进行余额查询、当日明细查询、历史明细查询、注册卡维护、账户挂失、设置默认账户等。

（2）转账汇款。用户通过此功能可实现向本行汇款、跨行汇款、向 E-mail 及手机号汇款、定活转账、通知存款、本人外币转账、我的收款人维护。向 E-mail、手机号汇款是指如果收款人绑定了个性化别名和收款账号，那么汇款人汇款时只需要输入收款人姓名、汇款别名和金额即可汇款。通知存款功能是将理财金账户卡或灵通卡内的活期子账户的资金转存为通知存款，通知存款的最小起存金额为 5 万元。本人外币转账功能是指向指定账户进行本异地账户外币转账汇款。

（3）缴费。用户通过此功能可缴纳水电费等费用，并且可在非工作时间内进行缴费预约。

（4）手机证券。用户通过此功能可进行股票、基金、国债、外汇、贵金属买卖以及信息查询等。

（5）信用卡。用户通过此功能可查询信用卡余额、交易明细，以及还款等。

3. 银行业务类型的变化

电子支付的发展为银行产品的多样性提供了条件。银行业的业务范围在不断扩大，业务类型也更加多样化。第一，结算业务的竞争更为激烈，不仅有来自同业的竞争，也有来自外部的竞争。同时，由于电子商务中企业可直接结算，所以通过银行结算的次数减少，银行的结算利润越来越低。第二，存贷利差进一步缩小。由于网络银行带来的挑战，传统银行不得不随之缩小存贷利差。

银行的主要业务（主要收益）将不再来自提供保管、支付清算服务，而转向提供金融信息服务。由于电子形态的货币可以做到低成本且安全地保存，因此在电子形态下，每个人不用建造一个坚固的保险库，也能将其货币保管好，而在银行支付清算中，其成本包括保管成本、处理成本等。从资产负债业务来看，随着成本的降低、货币形式的转变，银行的盈利来源也在变化。由于这些变化，银行业务重心不得不发生转移，网络银行的业务明显分为两块，即银行（banking）与筹划（planning）。例如，安全第一网络银行的业务部门分为两个：银行部（banking sector）和筹划部（planning sector）。银行部结合网络银行的优势，不仅提供传统银行业可以提供的服务，如附息支票账户、基本支票账户、储蓄账户、货币市场账户、大额可转让存单、信用卡、抵押，而且提供具有网络银行特色的服务，如为加拿大皇家银行客户提供的美国与加拿大之间交易的金融服务以及在线支票支付、最近的 ATM 方位信息、财务报告、利率信息、投资咨询、保险等服务。筹划部的业务包括为银行客户提供预算、储蓄、投资、退休计划、旅游筹划活动，这些业务体现了安全第一网络银行的业务在逐渐发生变化。不仅网络银行的业务在发生变化，传统银行的业务也在发生变化。据报道，德国最大的银行——德意志银行——将改变传统的发放信贷加收取中介佣金的经营方式，而将经营重点转向金融咨询、风险管理及面向全球的股票、债券、金融衍生品等标准化交易。

随着电子形态的货币的出现，也就是说，随着电子技术在银行业的广泛应用，银行业与非银行业的界限越来越不清晰，电子科技行业参与的金融业务越来越多，出现了诸如P2P、第三方支付等更多新兴领域。

（四）电子支付对金融稳定的影响

电子支付的发展对金融市场的发展起到了积极的促进作用，它不仅降低了交易成本，也提高了金融市场的运转效率。国际互联网和电子支付系统的出现使金融体系的全球化成为可能。

支付系统是金融危机传导的主要渠道，在现代经济体系中，一家或多家金融机构问题的爆发通常首先反映在其支付活动的中断上。即使只有一家或多家金融机构无法及时完成债务清偿，也会引发金融体系中其他清算活动参与者对这些机构的信心的动摇。为了降低对出现问题的银行的信用风险额度，其他机构往往会中断对该机构的支付，从而进一步加剧该机构的资金流动性压力。如果出现问题的金融机构在一国支付系统中占据重要地位，那么一家金融机构的问题很容易演化为具有传染性的系统风险。因此，一国支付系统的稳定会影响到该国金融的稳定乃至社会的稳定。

电子支付的发展减少了原有系统的风险，所以基本消除了封闭和孤立系统由于信息不完备而产生的风险，但同时也引发了一些新的问题。技术的进步使风险变得更加难以测度和控制。通过网络与计算机，可以在瞬间将巨额资金从地球的这一端传送到地球的另一端。大量资金的突发性转移无疑加剧了金融市场的波动，而网络的快速传播特征会使这种波动迅速蔓延，造成整个金融体系的不稳定。例如，大量资金短期涌入某个国家，会造成该国汇率和利率的急剧波动，导致该国货币币值不稳定，甚至会影响该国的货币信用，造成该国金融市场的动荡。这种波动会迅速蔓延到其他国家，造成整个金融市场动荡，甚至全球经济动荡。于是，金融风险演变成金融危机，而金融危机会造成社会经济的动荡与衰退。

随着全球经济、金融的日益融合，金融体系的稳定性越来越重要。电子支付系统作为未来金融体系的基础，其安全性与稳定性更为重要。随着技术的进步，电子货币系统本身的安全性与稳固性无疑会越来越好，但相应产生的欺诈风险与洗钱等电子犯罪活动却更加隐蔽。国际互联网的形成和它的开放性为电子货币的发展提供了先决条件，但也使风险变得更加难以察觉、难以控制。它有速度快、隐蔽性强、在时间和地理位置上不确定等特征，因此，建立一个运转良好的金融监控体系势在必行。

电子支付的发展加剧了金融机构间的竞争。对于电子货币来说，其本身及其体系的技术含量较传统的货币要高得多，技术成为影响电子货币发展的一个至关重要的因素。由于金融危机初期往往表现为支付系统支付活动的中断，因此中央银行的有效监管非常重要。一个运行良好的金融监控体系必须利用现代电子技术、计算机网络通信技术等高科技作为手段，及时发现异常的资金移动，从而及早对可能出现的金融市场波动给出警示，保证金融体系的稳定性。

（五）电子支付对银行监管的影响

电子支付进一步将电子化环境下的银行信用泛化了。出现这种信用泛化的原因有三：第一，从货币发行权的争夺入手，银行有可能重返商业银行发行银行券时代。因为电子货币具有直接结算的性质，商业银行发行的电子货币就可以充当交易媒介。第二，银行业成员结构的变化会使一些以前仅能提供商业信用的企业转化为能提供更具普遍性的银行信用的银行。第三，银行业务处理方式的变化引起了银行经营对象的电子化以及提供的业务方式的电子化，造成信用提供的周转速度加快。由于银行的控制能力增强，其信用损失减少，因此可以提供的银行信用也增加了。

由于电子支付的本质是信用扩张，所以金融管理与金融监管的难度也加大了。

电子货币在促进金融市场发展的同时对金融监管提出了不同于以往的更高的要求。

三、数字化时代的金融监管概述

（一）数字化时代的金融监管原则

金融监管是一柄双刃剑：一方面，有效的金融监管可以维护金融市场的稳定，及时发现金融风险，控制金融风险，维护市场秩序；另一方面，过分严格的金融监管又有可能抑制金融创新。而金融创新是现代银行发展的动力，网络银行与相应的电子化条件下的金融创新都是现代银行发展的基础与动力，因此数字化时代的金融监管应采取适时和适度的原则。也就是说，要在适当的时机采取适时的对策，既要保证金融市场的正常运行，又要能够有效防范金融风险。

数字化时代的银行监管应遵循适时与适度原则。凡事不可过度，过犹不及。过于严厉的限制会阻碍金融创新和金融发展，但数字化时代又具有高技术特征，因此在适当的时机采取相适应的监管措施，实现金融体系的稳步发展是最适当的选择。

1. 法制性原则

法制性质则是金融监管的首要原则。

我国加入世界贸易组织后，在管理上与国际接轨势在必行，但在具体业务上又要注重中国国情，根据我国发展现状制定相应的规章，并及时补充修改。因此，应该总结先进国家的监管经验，加大立法和执法力度，使数字化时代的金融监管有法可依、有章可循。同时，要及时跟踪电子货币、电子银行业务的最新发展情况，适时调整相关的政策措施，保证监管法规、手段等能适应各种变化。

在金融监管方面要保证客观标准的持续性、监管手段的有效性以及监管方式的全面性，尽力避免主观主义、长官意志。要做到有法可依，监管政策具有持续性、一致性；通过计算机和网络等手段进行监控，保证信息的实时性；对各项指标通过模型等进行有效量化，准确反映实际情况；通过计算机监管系统随机、快速、准确、全面地进行监控。

2. 谨慎性原则

数字化时代的金融监管应该遵循谨慎性原则，既促进金融业务的发展，又进行严格的监控。

要对申请开办银行的机构，包括其资产负债情况、技术方案、业务人员素质、相关设施、业务开展情况、客户关系处理、信息沟通方案、内部监察稽核方案、紧急情况后备方案等一系列工作进行严格的审查。对于业务的审批，应该从规定“能做什么”转为规定“不能做什么”，以鼓励银行开展新的业务，不断创新，同时又能防范相应的风险。

3. 鼓励和支持原则

对于各家银行，尤其是中小银行，应该鼓励和支持其开办电子货币和电子银行业务，提高其竞争能力，并制定一套规范，在业务开发与风险防范方面给予一定指导。

4. 统一协调与专业化原则

对电子货币、电子银行的监管需要与多个部门协作。各个部门要通力合作，互通信息，尤其在标准制定上要共同参与，一起推动电子货币、电子银行的发展。在我国尤其应该避免重复投资，造成标准与接口的不统一，避免再次出现诸如各家银行 ATM 和 POS 不通用的状况。

电子货币、电子银行业务可能涉及多个监管部门，为了避免电子货币、电子银行业务的监管真空，应该组建一个专门的小组对电子货币、电子银行业务进行监管。

（二）数字化时代金融监管的主体与客体

1. 确立监管的主体，明确职责，解决谁来监管的问题

监管的主体——谁来监管——是金融监管中的首要问题。从世界范围看，很多国家中央银行的职能就是维护和保证支付系统的安全性与有效性。但银行监管的主体并非全部是中央银行，有的国家是财政部，有的国家是独立于中央银行、财政部的政府机构，更多的国家是由几个部门分别对不同的或同一金融机构实行监管。

美国的银行监管机构由货币监理署、联邦储备银行、联邦存款保险公司三大联邦级银行监管机构以及州政府管理机构组成，监管的目标是维护公众对银行体系的信心，保护存款人的资金安全，保证银行经营的合规性并提供高质量的金融服务。

英国的金融监管体系名义上归英国财政部负责，但在实际操作中则由英格兰银行（中央银行）和其他金融监督机构（主要是英国证券与投资理事会）具体执行。监管的目标有两个：一是确保银行安全可靠，也就是保护存款人的利益不受损失；二是促使银行协助实施政府的货币政策，服务于经济发展。

日本对于银行的监管以前主要由财务省负责，同时日本银行作为中央银行与财务省紧密合作完成对银行的监管任务。1998 年 7 月，日本正式成立金融监管厅，原财务省对银行和其他金融机构的监管职能移交给金融监管厅负责。

根据《中华人民共和国中国人民银行法》，中国人民银行在国务院的领导下，制定和实施货币政策，维护金融稳定，提供金融服务。2003 年，中国银行业监督管理委员会成立，负责对银行业进行审慎、有效的监管。2018 年，银监会与保监会合并为银保监会，贯彻落实党中央关于银行业和保险业监管工作的方针政策和决策部署，在履行职责的过程中坚持和加强党对银行业及保险业监管工作的集中统一领导。2023 年 3 月，我国在银保监会的基础上组建了国家金融监督管理总局，不再保留银保监会。

监管包含以下四个方面的内容：

（1）监管机构之间的明确分工和配合。由于银行、证券、保险分别由不同的监管机构负责监管，业务领域和特点各不相同，因此，在利用电子化手段上也存在差异。但是，金融领域的业务范围趋于混合，界限不断模糊，应用现代技术时必须统一考虑，由监管机构提出明确的要求，以减少重复研究和投入，提高效率。

（2）监管机构与技术发展和规划部门的合作。国家科学技术部门是技术发展规划的管理部门，监管机构在对电子银行业务的技术风险进行监管时，必须与技术管理部门进行沟通，保证有关技术的安全、可靠。

（3）金融机构与技术提供商之间的合作。由于数字化时代的高技术特性，银行机构不是完全由自己开发软件，而是由第三方技术供应商提供技术和服务，同时对技术进行维护和更新，确保银行业务的顺利开展。因此，金融监管还应包括对技术供应商的监控，要确保技术供应商的职责符合银行规范。

（4）监管机构的人员非常重要。监管机构的人员是一个重要因素，其人员的选拔与录用应该遵循公开、公平竞争的原则，保证由高素质的人才担任监管人员。

另外一个与监管主体有关的问题是数字化时代的跨国界风险由谁监管。信息技术的发展使银行可以非常方便地进行远程直至跨国界的业务活动。如何对银行跨国界的电子银行业务的操作风险、声誉风险、法律风险和其他风险进行评估、控制和监控是值得深入研究的问题，它已经现实地摆到监管部门的面前。其中的首要问题就是在跨国界交易中由谁进行监管，这涉及各国法律上的差异、经济发达程度的差异等。由此，跨国监管已经被提上议事日程，各国银行监管部门的合作势在必行。

2. 确立监管客体，解决监管什么的问题

尽管世界各国金融监管的目标不尽相同，但总的来说都是为了维持银行体系的稳定和信誉，保护存款人的利益，促进货币政策的良好实施。

谨慎监管应当包括三个功能：管理（对银行产品与银行交易的管理）、控制（对上述管理的监控）和监督（对整个银行体系的监管）。为实现有效的监管，除了中央银行以外，行业自律与银行的自我管理也十分必要。

银行监管通常包括四个方面的内容：对金融机构市场准入的监管；对日常经营活动的监管；对危机处理和市场退出的监管；现场和非现场稽核。

这四个环节彼此之间紧密联系，构成了一根完整的链条，涵盖银行成立、日常经营和市场退出的全过程。在这四个环节中，各国的监管部门有不同的习惯做法，这种差异源自不同的历史文化背景和经济发达程度，但基本的思路是一致的，其本质都是对于金融风险的监控。

（三）数字化时代的金融监管对策

1. 建立并完善相应的法律法规，保持法律的一致性、连续性、可操作性

依法监管是保证金融业健康发展、防范风险、维护金融体系稳定的基础。法律法规的制定要注重一致性和连续性，同时本着适时与适度的原则，谨慎监管。只有法律法规具有连续性和一致性，才能让执法者依法管理，守法者有法可依，排除长官意志，客观有序地进行监管，避免大起大落，过于激进。

法律法规的可操作性也十分重要，国外许多法规的可操作性都比较强，这样在出现问题时就可以比较客观、公正地解决问题。

法规特别是具体条例应尽量与国际接轨，又要兼顾我国的实际情况，这是我国加入世界贸易组织后所面临的问题。目前电子支付体系的发展尚不完善，特别是在边远地区，因此在制定条例时要考虑多种因素，防范可能的风险。同时，由于金融电子化业务的高技术与跨国界的特性，与国际条例一致十分必要，这对防止洗钱等犯罪活动十分有益。

所颁布的法律法规要明确参与电子支付交易的各方的权利和义务，特别是保护消费者权益，这在我国以往的法规中有所欠缺。在明确各方职责的同时也就加强了可操作性，避

免了运行过程中的模糊性，减少了纠纷。

2. 建立完善的控制与监管机制

数字化时代完善的控制与监管机制包括以下几个方面的内容：

(1) 数字化时代金融机构的市场准入监管。市场准入监管是防范风险的首要步骤，市场准入通常包括机构准入、业务准入和高级管理人员准入三个方面。

首先，由监管机构对申请从事网络银行业务的申请人设定资格条件，对申请机构进行筛选，以保证只让适合从事电子银行业的机构和人员进入市场。

其次，对业务范围进行限制。随着金融创新的不断涌现，加之电子银行业具有高科技特性，因此此项监管的重点应该从对所经营的业务的限制逐步转移到对不能从事的业务的禁止上，对于高风险的业务活动应当予以限制。应该积极鼓励银行进行金融创新，同时加强监管，并根据发展情况对予以鼓励、限制或禁止的业务及时做出修改。同时，对于新出现的金融创新服务，应给予特别关注，以防范可能出现的风险。

最后，对管理人员特别是高级管理人员的准入是监管成功的关键，在人员的选拔上应提倡公平与公正的竞争，同时制定严格的规章对人员进行管理。

准入监管是减少风险的有效手段，可将不合格的机构排除在外。

目前，由于电子货币与网络银行正处于发展初期，因此许多国家对经营网络银行业务的金融机构或非金融机构还没有制定具体的法规予以限制。特别是由于电子银行业的高技术特性，一些非金融机构也步入电子银行业，银行与非银行、金融机构与非金融机构的界限越来越模糊。

(2) 数字化时代金融机构的风险监控机制。风险防范是数字化时代金融监管的核心。

1) 数字化时代金融风险的新特点。在数字化时代，银行依然面临许多传统银行所具有的各种风险，但由于数字化的作用，这些风险有了新的形成机制与传导路径，有了新的表现形式和规律，形成了新的特点。

信用风险的变化：第一，由于电子银行和电子货币可以通过非传统渠道提供信用，甚至可以向国外客户提供信用，所以银行的信用风险会增大，比如银行可能无法获得通过远程申请信贷的借款人违约的准确信息或获得信息的成本太高。第二，参加电子银行发行计划的银行可能会由于第三方服务提供商出现问题而面临承担债务的风险。第三，电子货币的代理行更有可能会由于发行银行不履行兑付义务而面临信用风险。信用风险的管理可以通过加强内部稽核及客户评估、对第三方服务提供商进行严格的审核和实时监控来落实。

操作风险的变化：第一，未经授权的系统访问，如黑客进入银行内部系统，未经授权的第三方截取客户机密等；第二，雇员欺诈，如雇员修改数据，以从银行账户中提取资金和从记录中获取信息；第三，服务商风险，如服务商没能提供银行期望的服务，或者在系统、数据完整性或可靠性方面存在不足之处；第四，用户的错误使用或者银行没有对用户进行充分的教育导致交易数据（信用卡账号、密码）泄露可能造成的风险；第五，病毒感染造成的数据丢失及系统瘫痪；第六，电子货币的欺诈风险；第七，系统过时或银行管理人员及技术人员对新知识的了解较少。操作风险可以通过适当的安全机制，例如防火墙、口令设置、密码技术、适当的用户授权加以防范；加强对网上交易的管理与跟踪，做好日志管理；加强内部管理与监控机制建设，加强对雇员的监督；加强对服务商的监控；根据市场变化不断更新原有系统，维护系统的有效性；加强人员培训；加强对用户的指导，提高系统的安全性。

法律风险的变化：第一，不确定或不明确的法律、法规风险。对电子银行业务和电子银行来说，由于现行法律框架对交易中各方的权利和义务没有给出具体的可以参照的标准，因此可能产生风险。第二，洗钱的风险。互联网使犯罪分子利用银行系统进行洗钱活动，尤其是国际洗钱活动具有了隐蔽性，也更加方便，由此会产生法律上的连带风险。第三，由于电子交易凭证，如数字签名的有效性等目前在法律上没有得到普遍的承认，这也可能会产生一定的法律风险。第四，由于电子银行和电子货币可以进行跨国交易，因而它们该适用哪个国家的监管体系目前还不太确定。第五，未经客户授权造成客户信息泄露引起的风险。法律风险可以通过进行国际合作，开发适当的程序来确认客户，并建立相应的法律法规防止洗钱等来防范。

声誉风险的变化：第一，银行没有向客户提供足够的信息，于是削弱了客户对银行的信心；第二，由于系统和产品有被攻击的可能性，公众信心被削弱，引起电子银行和电子货币的声誉风险。此外，一家提供相似服务的电子银行的业务出现问题，可能也会引起其他银行的声誉风险，甚至会引起整个银行系统的声誉风险。声誉风险可以通过加强对系统的测试以及做备份以防止可能的攻击、制订更完整的计划以应对偶然事件的发生等来防范。

流动性风险的变化：如电子货币发行者的流动性不足，兑现电子货币的需求突然增加。流动性风险可以通过加强监控和内部稽核，以便对异常情况及时做出警示来加以防范。

市场风险的变化：主要表现为利率、汇率的变化对银行收益以及与电子货币债务相关的资产价值的影响。市场风险可以通过建立相应的风险管理和控制模型，以及通过对冲等风险管理方法来规避。

此外，对于电子银行业务而言，维护消费者对它的信任非常重要。消费者的信任不仅仅关乎一家机构，而且对整个电子银行界都非常重要。它涉及的问题包括安全性、核实真伪、可靠性、隐私保护、持续可用等。

2）数字化时代的金融风险防范。风险管理程序包括风险评估、风险控制和风险监控三个环节。

风险评估是一个不断进行的过程，它有三个步骤：第一，检查金融机构是否有识别风险的分析过程，并尽可能地将风险量化；如果不能量化，检查金融机构是否已经采取措施确定潜在的风险。第二，确定金融机构高级管理人员在特定问题发生时的风险承受能力。第三，对金融机构高级管理人员在特定问题发生时的风险承受能力与对风险大小的评估结果进行比较，以确定风险是否在承受范围内。

对风险和金融机构高级管理人员在特定问题发生时的风险承受能力进行评估之后，应该采取合理的步骤控制风险，主要措施包括制定各种系统安全策略和措施、建立信息披露制度、制订应急计划等。系统安全性涉及保护数据和操作过程的完整性、真实性和可靠性，以及应用和内部控制的组合。系统安全策略规定了制定和落实信息安全措施的责任等。系统安全措施是建立一套安全的系统和操作，包括软件、硬件以及人事管理的组合，如加密、口令、防火墙、病毒控制以及雇员监管等。建立信息披露制度有助于银行减少法律和声誉风险。制订应急计划可以建立对服务中断的处理方法，减少内部处理服务或产品传送中断，包括数据恢复、替代性数据处理、紧急备用人员和其他支持等的风险。

风险监控包括系统运行测试和审计。系统运行测试有助于发现异常活动，避免出现严重的系统故障、中断和攻击。可以通过可控的、非常规的程序进行侵入测试，这种测试可以发现安全机制在设计、实施中存在的缺陷，以便进行识别、隔离和确认。审计是在电子银行和电子货币的运行过程中，为发现系统不足之处和尽量减少风险所采取的一种重要的、独立的控制机制。审计的任务就是保证银行制定恰当的标准、策略、程序，并认真执行。

同时，监管部门应该增加监管的手段，建立自己的信息监测系统，以保证金融机构业务的安全经营。这种信息系统能够对金融机构的经营管理状况进行全面的分析，提供预警机制，反映金融机构的风险状况。

在数字化时代，由于监管机构和被监管对象（金融机构）的高度信息化，加之日常监管中某些合规性检查的高度程序化，可能可以自动完成某些合规性检查，即可以由监管信息系统自动搜集相关信息，自动判断是否符合要求，并对违规行为做出预警。这可以提高监管机构对金融风险的预测能力，并建立快速反应机制应对危机。

(3) 日趋完善的安全控制机制。数字化时代对金融机构日常经营的监管是金融监管的核心，而安全控制机制是其中最重要的部分，它包括以下几个方面：

1）授权机制。授权机制是系统安全性与保密性的基础。

授权机制通常包括：特定的授权与存取权限设置；所有金融机构信息系统要保证只与有效的授权数据库连接；任何个人或系统未经许可都不能改变自己的授权或存取权限；任何关于授权或存取权限的改变都要经过拥有修改权利的机制完成，并能够对所有修改进行及时的检查和跟踪审核；要采取足够的措施保证授权数据库能够防止入侵袭击，使这些入侵能够被在线监控过程探测到，并且能被跟踪和记录；被入侵的数据库能够马上停止使用，直到数据恢复；在进行电子交易的过程中应该能够防止且能控制对授权的改变，并对所有企图修改的操作进行跟踪和日志记录。

对于所有电子银行用户以及所有中间银行用户和第三方服务提供商，应该建立特定的安全机制并赋予和维护特定的授权权限，软件存取控制应该能够支持职责分割。

电子银行数据和系统应该依据数据的敏感性和重要性进行分类，并进行相应的保护，可以采取一些适当的机制，例如密码机制、存取控制、数据恢复计划等来维护银行的高风险系统、服务器以及数据库和应用。所有储存的数据应该被最小化并且利用密码机制、存取控制和数据恢复机制进行适当的保护，数据与系统应尽量模块化，这样在出现问题时就可以将损失控制在最小限度内。

应完善物理控制机制以防止对于所有电子银行系统、服务器以及数据库和应用的未授权存取；采取适当的技术措施防止外部侵入，如在所有关键部位安装远程存取服务器、电子邮件代理服务器以及在所有桌面系统安装病毒扫描软件、入侵探测软件以及其他安全控制工具来查明对网络、服务器以及防火墙的可能入侵，以此探查网络、服务器以及防火墙的弱点并及时提出相应的防范措施；加强对于外部网络和内部网络的持续测试，进行实时监控，以发现可能的入侵。

2）交易稽核跟踪。对日常交易的监控是防范风险的重要措施，通过异常交易捕获和示警，不仅能够对风险进行预测，而且能够防止洗钱、欺诈等网上犯罪活动，还能够为交易纠纷提供相应的证据。具体可以采用以下方法：系统对所有交易进行充分的日志记录；系统捕捉并保留法律证据，以保护证据，防止假证据的干扰。

对于第三方服务提供商，银行应该能进行相应的跟踪并保持日志记录。

3）外包服务监控机制。数字化时代的高技术特征使外包服务逐渐成为金融机构打造核心竞争力的重要手段，而对外包服务的管理与监控势在必行。

在对第三方服务提供商以及合作方的管理方面，金融机构应采取适当的方法来评估第三方服务提供商以及合作方，应该有明确的目的、收益和成本估算，并且要保证第三方服务提供商以及合作方所提供的服务的关键功能与金融机构的业务和规章一致，并能估测到第三方服务提供商以及合作方可能会引起的特定风险；金融机构应该能够知道第三方服务提供商以及合作方是如何对业务进行支持的以及如何与金融机构现在的运作相融合的。

金融机构在选择第三方服务提供商以及合作方之前，应该采取合适的风险分析与监控措施，考虑开发适当的法律提案过程；对初步选定的第三方服务提供商以及合作方进行风险分析，包括财务实力、信誉、风险管理政策和控制，以及完成任务的能力；然后在合约执行过程中应该进行合规监控与定期常规监管，并对第三方服务提供商以及合作方所提供的服务的质量、相关风险进行谨慎监管；要保证在监管过程中有充足的资源，同时要保证监管职责明确；金融机构可以采用适当的退出策略中止和第三方服务提供商以及合作方的合约，以规避可能的风险。

金融机构应该采取适当的机制对外包合约进行管理，管理的具体内容应包括：明确各方的职责；明确第三方服务提供商以及合作方提供信息和接收信息的责任，提供的信息应该是及时且全面的，足以对服务水平以及风险做出充分的评估；清楚地说明一旦服务瘫痪或发生安全性问题或者其他事件对金融机构可能造成的风险；明确定义金融机构对存储于第三方服务提供商以及合作方的服务器或数据库上的数据的更新或中止时间，如合约中止时间；定义正常情况与紧急情况下所提供的功能；有充分的工具和条件来完成对于第三方服务提供商以及合作方的稽核，确保其遵守金融机构的策略；对于第三方服务提供商以及合作方的不合规行为能够给出及时且有序的干涉和修正；对于跨国界的第三方服务提供商以及合作方的管理，要明确各国的法律法规，包括隐私和消费者保护方面的法律法规；要明确银行有独立评估和稽核安全性、内部控制以及商业经营的连续性和稳定性的权利。

金融机构应该保证定期内部和外部稽核的独立性，比如对于第三方提供的关键技术或复杂技术，应该派技术专家对其进行独立测试。

对于外包服务，金融机构应该制定持续的策略，进行阶段性测试，估计最坏情况，并建立一支队伍负责数据恢复和应对其他紧急状况。金融机构应该能对第三方服务提供商以及合作方进行充分的信息监控，以控制可能的风险。

4）保护消费者隐私等信息。保护消费者隐私等信息是金融机构安全控制的另一个关键。金融机构可采用适当的密码技术、特定的协议或其他安全控制措施来保证信息的可靠性。同时，金融机构还要确保第三方服务提供商以及合作方也能保护保密性。

金融机构应该采取适当的措施，如制定相关政策，告诉客户有关他们信息的机密性；用简洁明确的语言让客户了解规章，避免使用冗长和生僻的词句，因为过长的法律用语容易让客户没有耐心读完；指导客户保护自己的密码、个人识别号码以及其他银行个人资料信息；提醒客户注意其个人电脑的安全性，如安装杀毒软件、物理存取控制机制和个人防火墙等。

5）商业经营的连续性与稳定性。对于金融机构来说，保证商业经营的连续性与稳定性在防范声誉风险方面很重要。可以采取以下措施：对金融机构的服务和应用，包括那些由第三方服务提供商以及合作方提供的服务和应用都予以明确并进行风险评估；建立性能指标并依据该指标进行监控，采取适当的措施以保证金融机构在处理高和低的交易量时，系统的性能是一致且稳定的，避免交易量过大时系统不稳定或者瘫痪。在考虑电子商务的持续性与稳定性时要考虑第三方服务提供商以及合作方与其他外部独立因素的影响，还要考虑对于现有系统的恢复和替换能力，以应付偶然的系统崩溃。

（4）良好的危机处理和市场退出机制。良好的市场退出机制不仅有利于金融市场的稳定，也是消费者利益的重要保障。

监管部门有必要对金融机构的破产和清算进行有力的监管，包括开办机构在什么条件下必须停业，停业机构的债权债务如何确认、如何清理，被停业机构如何由另一家机构接管等。在适当的时候，监管部门有权宣布金融机构已不具备清偿能力，并将其关闭，全权负责金融机构的倒闭和清算，妥善处理相关的法律、债权债务问题。所有这些都是为了保证市场退出不对市场产生太大的负面影响，维护市场的正常运行。

金融机构法人的市场退出主要有三种方式：强制退出、通过收购兼并退出以及自动解散退出。

3. 通过现场和非现场稽核来进行监督

在数字化时代，金融监管的主要内容依然是合规性与风险性两方面，监管手段依然包括现场检查和非现场检查。

非现场检查重点分析金融机构的资产质量、资本充足性、流动性、市场风险、盈亏状况等，对金融机构做出评价，发现潜在的问题以及疑点，作为现场检查的依据。

现场检查通常包括对资产质量和资产损失准备金充足程度、实际资产充足水平、资产负债结构及流动性状况、收益结构及真实盈利水平、市场风险水平及管理能力、管理与内控完善程度，以及对法律法规的遵守情况等的检查。通过现场检查，可以核实非现场检查中发现的问题和疑点，以便对金融机构所面临的风险做出客观、全面的评价和判断。

四、数字化时代国外电子支付监管的借鉴

信息技术不仅对商业银行的业务产生了重要影响，而且对中央银行的监管产生了巨大的冲击。一方面，银行业的电子化加大了中央银行对商业银行监管的难度，因为信息技术的应用使银行的风险增大了，也削弱了中央银行的某些监管措施的效力。另一方面，它又可以提高中央银行监管的有效性，中央银行可以利用信息技术对商业银行进行监管，同时通过金融监管信息系统更好地实施货币政策。

网络银行和电子货币已成为商业银行竞争的焦点之一。应该使用什么样的法律来规范电子货币，是目前各国监管机构、国际组织、实务界和理论界争论的焦点。对于智能卡这样的卡类电子货币，由于它本身就是从信用卡发展起来的，针对它的许多规则肯定少不了

关于信用卡调整规则的一些内容，制定调整这类电子货币的法律时可以继承和借鉴的内容较多；而对于以计算机为基础的网络电子货币，或是将智能卡和网络货币相结合的混合型货币而言，由于所有有关网络支付手段的东西都是全新的，所以在制定调整这种网络支付手段的法律时可以继承和借鉴的内容非常有限。

数字化时代的金融监管可以借鉴国际清算银行、美联储和欧洲中央银行的经验。

（一）国际清算银行

对于电子银行和电子货币，国际清算银行 20 世纪 90 年代初就开始进行研究，并发表了一系列报告，报告内容涉及电子货币的发展和可能产生的问题、网络银行的发展、电子金融产品的发展及其对未来金融系统的影响、风险管理以及金融监管等各个方面。特别是近些年来，每年都有关于全球电子货币发展的报告问世。在金融监管方面，国际清算银行提出了谨慎监管的原则。

国际清算银行认为，电子银行及电子货币的风险可以通过以下三个阶段来控制。

第一阶段，风险评估。对电子银行及电子货币活动中可能涉及的风险，其评估包括三步。第一步：评估从事电子银行及电子货币业务可能涉及的风险，并且在可能的情况下对这些风险予以量化。第二步：评估银行在可能出现的问题真正发生时，可能会对银行造成的损失以及银行对风险的承受能力。第三步：在前两步的基础上，比较风险造成的危害以及银行的风险承受能力，以确保风险是在银行可以承受的范围之内。

第二阶段，风险管理与控制。在进行风险评估之后，银行管理层必须采取措施管理和控制风险。这个阶段的工作包括实施安全策略及安全控制措施、内部合作交流、对所提供的产品与服务的评估以及升级、控制外包风险、披露信息、对客户进行教育、采取紧急应对措施等。高级管理层必须确保负责风险监控的职员具有与具体业务独立的权限。经验表明，建立相应的规章制度对提高管理和控制风险的能力十分有效。

第三阶段，风险监测。监测风险是风险管理的重要内容，对于电子银行及电子货币业务而言，监测风险显得更为重要。这一方面是因为这种业务的性质是随着技术的发展而不断发展的；另一方面是因为这种业务的一些产品面向开放的网络，例如互联网。监测风险的两种主要做法是系统测试和审计。

国际清算银行下设的巴塞尔银行监管委员会将电子银行及电子货币联系在一起来考虑电子化条件下的监管问题，并且更加强调对声誉风险、操作风险等由技术因素引发的风险的控制。巴塞尔银行监管委员会在 2001 年 5 月发布的有关电子银行风险管理的报告中，分别论述了金融机构管理层视角、安全控制以及法律风险、声誉风险与操作风险管理。

1. 金融机构管理层视角

在金融机构管理层方面，巴塞尔银行监管委员会提出了三个原则，即建立一套有效的监管机制，对与电子银行活动相关的风险进行有效管理和监控，包括制定一套特定的策略、控制和责任机制来管理这些风险；建立一个全面的安全控制过程；建立一套全面并且审慎的监管机制，对第三方服务提供商及其他相关部门进行审慎和全面的管理。

审慎监管对电子银行活动的有效内部监管至关重要，电子银行除了具有互联网所带来的特性外，由于它的业务开展是基于互联网或其他相关技术，因此常常容易处于银行的直接控制之外；互联网加速了电子银行业务在不同法律管辖范围之间、不同国家地域之间的传播，加之与电子银行相关的问题通常与高技术相关，而这些活动通常都超出了传统银行的管理范围。因此，银行等金融机构应当建立明确的机构来对与电子银行相关的业务进行风险管理；建立关键授权和报告机制，以防止网络问题、雇员安全性侵害，以及任何对于计算机系统的滥用对银行安全性和声誉的损害；识别任何一个与风险相关的因素，以保证电子银行产品和服务的安全性、完整性和可用性，同时应该要求与电子银行业务相关的第三方服务提供商以及合作方也采取相应的措施，以保证整个系统的稳定；确保对于任何与电子银行相关的产品在推广应用之前都有适当的监督和风险分析。

为了保证对电子银行的安全机制的建立和维护进行全面的监控，并保证其内部和外部数据的安全性不受到威胁，应该建立适当的授权机制、软件及硬件存取控制、充分的基础安全措施来维护系统，并对内部和外部用户的行为进行限制。关键有效的安全措施包括：分配明确的管理人员负责监管措施的制定和落实；建立充分的物理控制机制，以防止对于计算机环境的非授权物理存取；建立充分的软件控制和监控机制，以防止对于银行应用和数据库的非授权的内部以及外部存取；对安全措施和控制机制进行定期检查和测试，包括对于当前行业发展进行持续追踪，安装适当的升级软件、服务包和其他所需的工具。

由于电子银行的很多服务都依赖于高技术，所以很多银行业务会依赖于其他机构，甚至国外的机构，而这会使银行的直接控制能力降低。因此，对于由此产生的风险进行管理是十分必要的，这就需要建立一个相应的风险控制机制。这样的风险控制机制应当能够：对于第三方服务提供商以及合作方可能产生的风险有全面了解；在和第三方服务提供商以及合作方合作之前对其竞争力进行全面谨慎的考察；明确定义各方的义务与职责；保证所有第三方服务提供商以及合作方的与银行相关的系统在安全性和风险管理方面都符合银行的标准；保证这些业务的内部和外部稽核标准至少与银行的要求一致；对于所有这些业务，保证计划的持续性。

2. 安全控制

该报告对安全控制机制提出了七个原则：对电子银行客户的确认和授权；电子银行交易的可证实性以及不可拒绝性；适当的责任分割措施；对电子银行系统、数据库系统以及应用系统的恰当的授权控制；电子银行交易、记录以及信息等数据的完整性；对电子银行交易的结算稽核机制；银行关键信息的可靠性保证。

对于银行来说，确认用户特殊的通信、交易和存取的合法性是最基本的，银行应当使用适当的方法来确认用户的合法性，以防止造假风险、欺诈风险、洗钱风险以及其他犯罪活动，通常可以通过用户账号、口令、个人识别号以及电子邮件地址来确认客户。目前银行还可以使用智能卡技术、生物测定学以及数字确认技术来保证银行信息的可靠性。同时，还要防止系统被破坏和崩溃，以及任何对系统数据库的非法修改。

不可拒绝性可以保护发送者可以证实的、已经发生的交易和传输信息，且信息和交易的接受者无法否认的已经发生的交易；同时也可以保护接受者，证实发送者没有发送信息或没有发生交易。对于电子银行来说，由数据修改、黑客侵入以及欺诈行为造成的风险更为突出。为防止这类风险，银行可以采取如下措施：由电子银行系统设计专门的机制防止授权用户进行失误操作的可能性，并让用户对所发生的交易以及由此产生的风险有所了解；要求所有交易的参与方必须都是经过正确授权的，并且是可以控制和维护的；要求所有金融交易数据必须能防止自身被非法修改；使用公开密钥技术来进行数字确认（有些国家还使用数字签名等技术，以保证数据的完整性）。

职责分割是基本的内部控制措施，该措施被设计用于减少运作过程和系统中的欺诈风险，以保证交易被正确授权、记录以及维护，并可以保证数据的准确性和完整性。该系统应该被设计成不能允许任何雇员或第三方服务提供商随意进入系统、进行授权并完成交易的形式，并应进行测试以保证系统的安全。

数据的完整性是指信息在交易和存储过程中不会被进行未授权的修改。由于电子银行应用于公共网络，如互联网，因此时时面临数据崩溃、欺诈以及记录被损毁的风险。银行应该采取适当的措施保证交易准确、完整并且可靠，使交易数据不能被轻易获取和修改，同时应该制定一套变化控制策略，对交易过程进行监控和测试，以便及时探测出可能的入侵，防止非法修改。

银行对所有交易都应该有明确的跟踪稽核系统，但遍布于互联网上的电子金融服务加大了银行进行内部控制的难度，因此银行应该监控以下操作：客户账户的打开、修改或关闭；任何金融交易；任何客户要求的超过限额的授权；任何对于系统进入权限的授予、修改和撤销。

机密性是银行防范其声誉风险和法律风险的基础。为满足这些要求，银行应该保证所有数据的存取都经过授权，对于数据的所有维护也应当以安全的方式进行，第三方服务提供商以及合作者对用户数据进行存取时也应该满足银行对于数据使用的标准和控制要求，并对所有存取进行日志记录。

3. 法律风险、声誉风险与操作风险管理

为减少与电子银行活动相关的法律风险和声誉风险，银行应该保证在其网页上提供充分的信息，以保证所有进入电子银行的客户在进行电子银行交易之前都能够对所进行的交易有充分的了解。银行提供的信息应包括：银行的名称；总部的办公地点；客户在遇到问题时如何与客户服务部门联系；客户如何进入并进行交易，以及遇到问题时如何申诉；客户如何获取必要的信息；相关的法律法规信息。

维护客户信息的机密性是银行的关键职责，对客户数据的滥用或未经授权披露客户信息都会造成法律风险和声誉风险。为防止这类风险，银行的客户隐私政策和标准应当符合所有的隐私政策和法规。未经客户授权，任何人都不得随意分享客户的信息；银行在和第三方服务供应商以及合作方合作时也要遵守这些规则，以保证客户信息的机密性。

为防范法律风险和声誉风险，电子银行必须提供连续且及时的服务，并对这些服务进行测试和不断升级，以满足客户需要。

有效的偶然事件应对机制也是银行减少法律风险、声誉风险与操作风险的重要措施。银行应该开发适当的偶然事件应对计划，以保证商业经营的连续性、有效控制声誉风险以及将偶然事件造成的可靠性损失降到最低。银行可以制订特定情形，包括不同情景、不同业务、不同地点等情况下的应对计划，并分析事件发生可能对银行造成的影响，同时要制订由第三方服务供应商以及合作方造成的特定事件发生时的应对计划；在偶然事件发生后，要能够及时发现并加以控制；通信策略应该包括对外部市场和相关媒介的监控，以保证在遭受网络攻击时能及时应对；开发预警系统，在发现异常时及时给出警告；培训一支应付偶然事件的队伍，在遇到突发事件时及时应对；建立一套明确的命令机制，包括内部和外部指令，保证能够应付突发事件；建立一条相关的外部信息通道，以便及时与客户和合作方等沟通，以应对偶发事件；收集并保存相关的法律证据，以便对偶发事件进行适当的事后分析，必要时对攻击者提起法律诉讼。

（二）美联储

1995 年 5 月，美国监管当局（即美联储）批准安全第一网络银行在互联网上开展电子银行业务，之后美国主要通过《电子资金转移法》来完成对电子货币的监管。从 1978 年颁布的《电子资金转移法》可知，美国监管当局的出发点主要是保护使用电子资金转移服务的消费者的利益，明确消费者的基本权利和义务以及提供电子资金转移服务的金融机构的责任。当时许多电子支付手段不断涌现，如 ATM、通过 ACH（the automated clearing house，自动化交易所）直接转账、电话支付，以及 POS 等。随着这些电子支付手段的出现，相应的犯罪活动也产生了。监管当局列举了许多可能出现的问题，证明建立一个监管框架有利于包括银行和客户在内的各方。当时监管当局认为，电子支付手段的主要问题就是信息披露不够完全，没有向消费者充分说明使用电子支付手段的权利及义务，因此《电子资金转移法》中有许多条款涉及消费者权利及义务的披露问题。

《电子资金转移法》指出，电子支付手段的主要风险在于：(1) 非法授权使用；(2) 欺诈；(3) 操作失误；(4) 信息披露不完全。如果实施 E 条例，那么就要求银行采取以下措施：(1) 对每笔交易打印相应的收据；(2) 对丢失或偷盗的卡承担责任；(3) 制订错误纠正方案；(4) 定期向监管机构报告相应的数据；(5) 向投资者通知条款的改变，每年向消费者提醒错误纠正程序；(6) 向初次使用电子支付手段的消费者充分披露有关信息。

美联储于 1980 年颁布的 E 条例落实了 1978 年的《电子资金转移法》，规定了使用电子资金转移服务的消费者和金融机构的权利、义务和责任。

1998 年，美联储又颁布了 E 条例的补充条款，该规则适用于电子货币，这主要体现在以下三个方面：(1) 强调必须进行充分的信息披露。在消费者开始使用电子货币的时候，发行机构必须充分地向消费者告知使用电子货币的权利和义务，比如在遭受损失的时候发行者的责任、出现操作失误的处理程序、电子货币的限额、收取的费用等。(2) 有选择地适用某些条款。在选择这些条款时也面临三种选择：第一，要求所有的电子货币都必须满足所选择的条款；第二，根据电子货币的用途及特征来制定不同的监管要求；第三，根据电子货币实现的技术特征来制定不同的监管要求。(3) 豁免法案对于某些电子货币的要求。例如，对于有限额的电子货币，在某些社区如学校、公司使用的电子货币，用于某些专门用途的电子货币（如公共交通），不要求满足《电子资金转移法》的监管要求。

此外，美国监管当局希望以下几个方面也能够有利于对电子银行进行监管。例如，用现有的法律框架和市场力量来规范电子货币的发展；监管当局发表的指导性意见；对消费者的教育活动。

美联储前主席格林斯潘认为，现有的创新与 19 世纪 50 年代银行大量发行银行券不同，现有的强有力的监管体系也非当时可比。[①] 由于自律就是维护自己的最佳利益，电子货币发行者将会设立高度的行业自律标准，如同现有的衍生证券和商业票据市场那样。由于现有的电子货币所占有的市场份额较小，因此他三张认真考虑对电子货币的监管，并努力促进这个“21 世纪的货币”发展。

在美国，目前由储蓄机构发行的电子货币是包含在货币统计当中的，对储蓄机构是有准备金要求的；对发行电子货币的非储蓄机构目前没有硬性要求上交统计报表，但鼓励非银行金融机构上报有关电子货币的统计报表。

（三）欧洲中央银行

欧盟对电子货币的研究和开发近年来发展迅速，欧洲中央银行就电子银行和电子货币问题专门进行了大量研究。

电子货币在欧洲也处于发展的早期阶段，欧盟认为应当对电子货币进行审慎的监管，通过引入对电子货币最低的审慎监管措施，保证金融服务的单一市场的形成，通过做出相应的制度安排，既能保证电子货币机构的稳定及良好运行，又能防止个别电子货币机构的失败造成人们对这种新兴支付方式丧失信心。

1. 欧盟对电子货币发行人的态度

欧盟在 1994 年发布的《预付价值卡报告》中指出，“代表购买力价值的储存在电子钱包中的资金需要被看作银行存款，因而只能由银行来处理”，因此，对电子货币的发行，欧盟认为只能由银行来承担，其理由主要包括：这样做可以维护小额支付系统的安全，有利于中央银行和被监管银行之间沟通信息；代表电子货币的资金同银行存款没有本质区别；电子货币也可以利用现行的银行清算系统进行清算。但欧盟法律并不禁止非银行机构同银行合作开发电子货币产品，或者自己独立投资开设银行从事电子货币经营。作为例外，该报告也指出，在某些情况下，比如该政策出台之前已经运行的电子货币系统，地方银行监管机构允许其继续由非银行机构运行的，必须满足三个条件：第一，只能在国内提供服务；第二，必须遵守适当的规定，如有关流动性的规定；第三，由银行监管机构进行监管。

目前欧盟已经有九个国家通过扩大现有法律解释范围的方式以及修改法律和重新制定新的法律的方式，规定只有银行才有权发行电子货币。其中奥地利、西班牙、希腊、法国、德国、意大利、荷兰和葡萄牙八个国家规定，储值卡之类的电子货币只能由银行发行。在这八个国家中，奥地利、德国、法国、意大利和荷兰进一步规定以计算机为基础的电子货币也只能由银行发行。

1998 年，欧洲中央银行发布了《电子货币报告》，该报告是欧盟发布的对电子货币进行监管的重要文件。该报告认为，最直截了当的方法就是将电子货币的发行主体限制为银行，这样就不会改变现有的有关货币政策和银行业务活动的法律体制。

但几乎同时，欧盟委员会于 1998 年 9 月针对电子货币提出建议案，明确定义了电子货币，并否定 1994 年将电子货币等同存款的报告。该建议案提议修订法律，将非金融的发行机构纳入金融法的规范中。根据该立法建议的说明，整个立法建议的目的在于“促进

① The Role of Government Treasury. Conference on Electronic Money and Banking，16 Sept.，1996.

欧洲电子货币市场的竞争，允许市场不断发展和创新，以便向消费者提供符合其需要的产品，并使电子货币在国际市场上具有竞争力”。欧盟委员会采取这样的态度，主要还是为了继续保持欧盟在卡类电子货币方面的优势，在面临美国非金融机构特别是网络电子货币方面的竞争时，为自己境内的机构松绑。但是，该建议案并没有产生法律效力。

2. 欧盟对电子货币业务的监管要求

《电子货币报告》就如何对电子货币进行监管提出了最低要求，与此同时，欧盟委员会提出的《关于电子货币机构审慎监管的立法建议》也对电子货币的监管提出了立法建议。这两个文件虽然对电子货币的发行人持不同的态度，但对电子货币业务机构的监管却采取了相近的态度。具体包括：

(1) 监管目标。监管的目标之一是促进系统的相互兼容，这种相互兼容实际上是支付系统效率的体现，这需要电子货币系统的发行人、设计者进行合作，防止重复投资并促进各个系统的相互兼容。其中，最重要的表现就是采用共同的标准，实现系统之间的相互兼容，从而为消费者和特约商户提供选择的余地，使它们可以很容易地放弃一个系统，转用另外一个系统，从而促进竞争，提高效率。

监管的另外一个目标就是维护社会信用。具体来说就是，为了维护消费者和特约商户对电子货币系统的信心，防止某一个电子货币的发行人倒闭引发的对系统稳定的负面影响，为电子货币提供一定程度的政府信用保证。迄今为止，法国、意大利、瑞典、奥地利、德国和西班牙都将现有的存款保险制度适用于电子货币系统。

在 1998 年 8 月以及 1999 年 1 月欧盟发布的有关电子货币的报告中，欧盟对电子货币、电子银行的监管提出了以下七个最低的监管要求：

1) 谨慎监管。电子货币的发行人必须接受谨慎监管。

2) 坚实且透明的法律安排。对电子货币实施中涉及的消费者、商户、发行人、运营者的权利和义务要做出明确规定，并予以充分的披露。做出的所有规定在所有的相关法律裁定中都具有法律效力。

3) 充分的技术安全性。电子货币方案要有足够的技术、组织、运行上的安全措施，以阻止、处理和检测安全问题带来的威胁，尤其是伪造的威胁。

4) 防止犯罪活动。在设计和实施电子货币方案时，必须考虑能够防止如洗钱等犯罪活动。

5) 货币统计报告。电子货币方案中必须明确向每个相关国家中央银行提供制定货币政策所需的任何信息。

6) 可赎回性。电子货币的发行人必须承担等价赎回电子货币持有者的电子货币的义务。

7) 准备金要求。对电子货币的发行人要有一定的准备金要求。

除了以上最低监管要求外，欧盟还在当时的报告中提出了另外两个值得追求的目标：第一个是实现不同电子货币的兼容；第二个是设立相应的担保机构，对消费者的损失予以一定的补偿，以保护消费者对电子货币的信心。

(2) 对消费者的保护。欧盟委员会立法建议第二条规定了在什么情况下电子货币项下的款项不被认为是存款，即如果电子货币的发行人规定，电子货币发行后只能用于消费购物，消费者从发行人那里取得电子货币之后，不能再用电子货币从发行人那里赎回款项，这时电子货币项下的资金不被认为是存款，发行人应该在合同中向消费者披露。如果该种电子货币可以由消费者直接要求发行人赎回，则要具体说明赎回的条件、形式和期限。

欧洲中央银行的《电子货币报告》在这方面也提出了一些类似的最低要求。总的来讲，就是要使各方当事人明白电子货币各个交易环节中各方的权利和义务，主要是通过有关的法律文件向当事人披露有关的信息，包括电子货币是否有保障制度和争端解决机制。如果是跨国的电子货币系统，系统的开发者和发行人还必须根据系统的技术特点，确保其符合所涉及国家的法律，以及如果不符合可能会产生的法律后果。

1997 年，欧盟委员会发布了名为《增进消费者对电子支付手段的信心》的公告，提出监管机构应考虑的与消费者有关的问题是：一是监管机构必须向电子货币的发行人及使用者提供透明度、责任和争议解决程序的指南，以保护使用者的信心。为此，欧盟委员会随公告附上了给各成员国的建议，该建议涉及的问题主要包括：交易条件应该透明、发行人应该披露的最低限度的信息和条件、发行人及使用者的权利和义务、争端解决程序等。二是监管机构必须考虑欺诈和伪造的风险，提高安全性。

（3）欧盟对于电子货币的发行人的管理。欧盟的《电子货币指令》（E-money Directive 2000/46/EC）生效后，经过修订，对信用机构的定义进行了限定，并且对可赎回性要求进行了说明，主要涉及以下八个问题：

1）对于电子银行业务的限定。法案对电子银行机构的商务活动进行了限定。

2）银行规程的应用范围。在电子银行所应用的法规中，只有两个规程：一个是 2000/12/EC，应用于信用机构的商务活动；另一个是 91/308/EEC，应用于对洗钱活动的处理。

3）可赎回性。电子货币的持有者可以在电子货币的有效期内要求电子货币的发行机构以等值的银行券相交换或转到相应的账户上。电子货币的发行人与持有者的合约应该明确说明赎回的条件，以及最低的手续费（目录规定该手续费不能超过 10 欧元）。

4）电子货币金融机构最初资本金与最小营运资本要求。最初资本金以及最小营运资本要求为 100 万欧元。

5）投资限制。对电子银行金融机构的投资限制是：所有对于衍生品的投资只能用于保值，以规避市场风险。

6）对于最初营运资本的确认和特定监管要求，每年不能少于两次。

7）坚实并且谨慎的内部管理控制机制。

8）电子货币的发行人的退出机制。

案例 5 开放
银行与监管

本章思考题

1. 金融风险有什么特性?
2. 谈谈你对支付系统风险防范的理解。
3. 浅谈电子支付法。
4. 试论数字化时代的银行监管。
5. 如何理解电子支付对货币政策的影响?
6. 谈谈电子支付对货币政策中介指标的影响。
7. 电子支付对货币政策的实施有何影响?
8. 试论电子支付对现代金融体系的影响。
9. 电子支付对金融体系的稳定有何影响?

参考文献

1. 巴曙松. 巴塞尔新资本协议研究 [M]. 北京：中国金融出版社，2003.
2. 陈彩霞. 电子支付与网络金融 [M]. 2 版. 北京：清华大学出版社，2020.
3. 胡波. 解析央行第二代支付系统及其影响 [J]. 银行家，2012 (4)：122－124.
4. 〔美〕肯尼思・劳东，卡罗尔・圭尔乔・特拉弗. 电子商务：商务、技术、社会 [M]. 英文版・第 16 版. 北京：中国人民大学出版社，2023.
5. 苏宁. 2006 年中国支付体系发展报告 [J]. 金卡工程，2007 (11)：21－26.
6. 孙维佳. 欧洲联盟电子商务立法评介 [J]. 法律科学，2001：29－40.
7. 王一怀. 欧盟与美国的电子签名法述评 [J]. 信息网络安全，2006，24 (2)：59－61.
8. 张璟霖，杨净. 欧盟支付服务法令研究 [J]. 时代金融，2017 (21)：196.
9. 中国人民银行. 中国支付体系发展报告 [M]. 北京：中国金融出版社，2007—2014.
10. 周虹，王鲁滨. 从虚拟货币的生命周期论金融监管体系构建 [J]. 中央财经大学学报，2008 (1)：27－32.
11. Bolt，W.，Jonker，N.，Van Renselaar，C. "Incentives at the Counter：An Empirical Analysis of Surcharging Card Payments and Payment Behaviour in the Netherlands" [J]. *Journal of Banking & Finance*，2010，34 (8)：1738－1744.
12. DiMartino，A.，Miller，R. H.，Roche，E.，et al. "Method for Launching an Electronic Wallet：U. S. Patent 8，126，806" [P]. 2012－02－28.
13. Flint，I.，May，J. "Method and Apparatus for Facilitating Online Payment Transactions in a Network-based Transaction Facility Using Multiple Payment Instruments：U. S. Patent 7，499，875" [P]. 2009－03－03.
14. Foster，K.，Meijer，E.，Schuh，S.，et al. "The 2008 Survey of Consumer Payment Choice" [A]. FRB of Boston Public Policy Discussion Paper，2010 (09－10).

15. Giordano, J. A. "Systems and/or Methods for Simplifying Payment Systems, and Payment Instruments Implementing the Same Investors: U. S. Patent Application 12/461, 668" [P]. 2009-08-20.

16. Griffith, R. "Electronic Money and Monetary Policy" [J]. *Southwestern Economic Proceedings*, 2012, 31 (2): 47-56.

17. Mann, R. J. "Adopting, Using, and Discarding Paper and Electronic Payment Instruments: Variation by Age and Race" [J]. *SSRN Electronic Journal*, May 2011: 1-31.

18. Schuh, S., Stavins, J. "Why Are (Some) Consumers (Finally) Writing Fewer Checks? The Role of Payment Characteristics" [J]. *Journal of Banking & Finance*, 2010, 34 (8): 1745-1758.

19. von Kalckreuth, U., Schmidt, T., Stix, H. "Choosing and Using Payment Instruments: Evidence from German Microdata" [J]. *Empirical Economics*, December 2009: 1-37.

图书在版编目（CIP）数据

电子支付与网络银行/周虹编著. --5 版. --北京：中国人民大学出版社，2023.10

经济管理类课程教材. 金融系列

ISBN 978-7-300-32176-9

Ⅰ.①电… Ⅱ.①周… Ⅲ.①电子商务-银行业务-教材 Ⅳ.①F830.49

中国国家版本馆 CIP 数据核字（2023）第 174379 号

"十二五"普通高等教育本科国家级规划教材

经济管理类课程教材·金融系列

电子支付与网络银行（第五版）

周　虹　编著

Dianzi Zhifu yu Wangluo Yinhang

出版发行	中国人民大学出版社		
社　址	北京中关村大街 31 号	邮政编码	100080
电　话	010－62511242（总编室）		010－62511770（质管部）
	010－82501766（邮购部）		010－62514148（门市部）
	010－62515195（发行公司）		010－62515275（盗版举报）
网　址	http://www.crup.com.cn		
经　销	新华书店		
印　刷	天津中印联印务有限公司	版　次	2006 年 1 月第 1 版
开　本	787 mm×1092 mm　1/16		2023 年 10 月第 5 版
印　张	19.75	印　次	2023 年 10 月第 1 次印刷
字　数	462 000	定　价	48.00 元

教学支持说明

1. 教辅资源获取方式

为秉承中国人民大学出版社对教材类产品一贯的教学支持，我们将向采纳本书作为教材的教师免费提供丰富的教辅资源。您可直接到中国人民大学出版社官网的教师服务中心注册下载——http://www.crup.com.cn/Teacher。

如遇到注册、搜索等技术问题，可咨询网页右下角在线 QQ 客服，周一到周五工作时间有专人负责处理。

注册成为我社教师会员后，您可长期根据您所属的课程类别申请纸质样书、电子样书和教辅资源，自行完成免费下载。您也可登录我社官网的“教师服务中心”，我们经常举办赠送纸质样书、赠送电子样书、线上直播、资源下载、全国各专业培训及会议信息共享等网上教材进校园活动，期待您的积极参与！

2. 高校教师可加入下述学科教师 QQ 交流群，获取更多教学服务

经济类教师交流群：781029042

财政金融教师交流群：182073309

国际贸易教师交流群：162921240

税收教师交流群：119667851

3. 购书联系方式

网上书店咨询电话：010－82501766

邮购咨询电话：010－62515351

团购咨询电话：010－62513136

中国人民大学出版社经济分社

地址：北京市海淀区中关村大街甲 59 号文化大厦 1506 室　100872

电话：010－62513572　010－62515803

传真：010－62514775

E-mail：jjfs@crup.com.cn